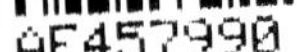

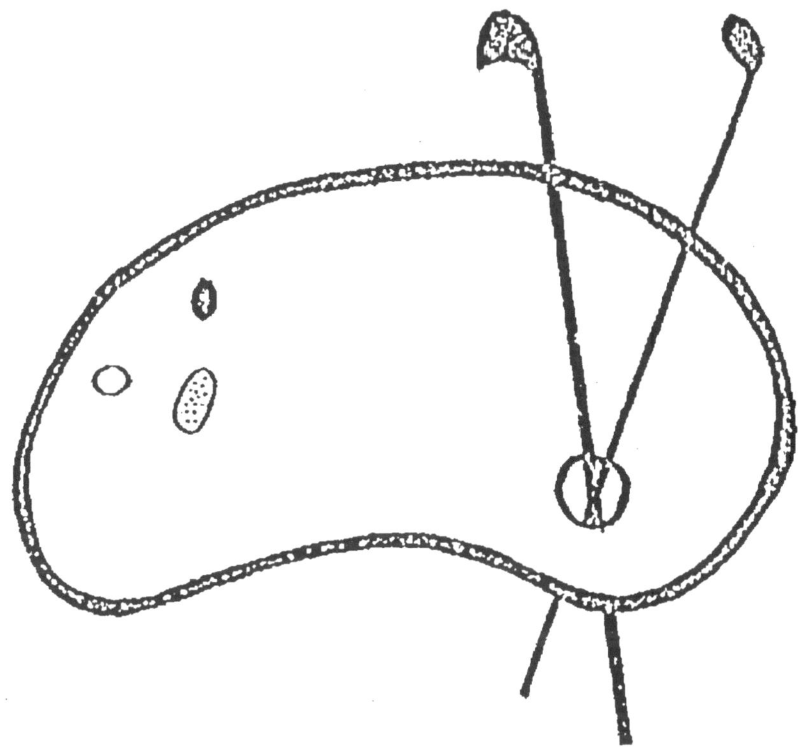

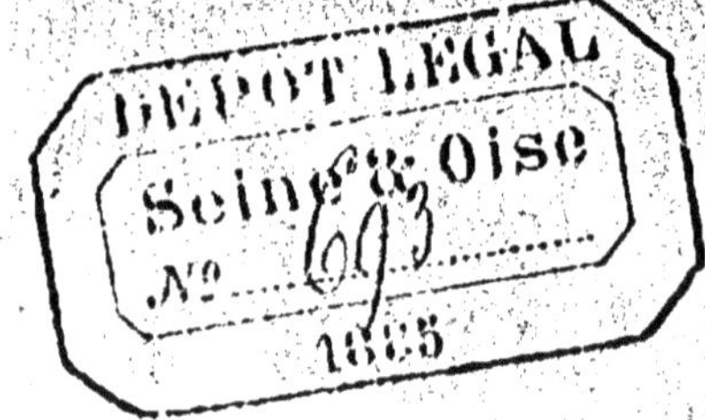

FRANCINET

LIVRE DE LECTURE COURANTE

PRINCIPES ÉLÉMENTAIRES

DE

MORALE ET D'INSTRUCTION CIVIQUE

D'ÉCONOMIE POLITIQUE, DE DROIT USUEL,

D'AGRICULTURE, D'HYGIÈNE ET DE SCIENCES USUELLES

PAR G. BRUNO

OUVRAGE COURONNÉ PAR L'ACADÉMIE FRANÇAISE
ET PAR LA SOCIÉTÉ POUR L'INSTRUCTION ÉLÉMENTAIRE
Approuvé pour les bibliothèques scolaires
et inscrit sur la liste des ouvrages fournis gratuitement par la ville de Paris
à ses écoles communales

CINQUANTE-CINQUIÈME ÉDITION
Conforme aux nouveaux programmes & ornée de 350 gravures instructives

COURS MOYEN ET COURS SUPÉRIEUR

PARIS

LIBRAIRIE CLASSIQUE EUGÈNE BELIN

Vve EUGÈNE BELIN & FILS

RUE DE VAUGIRARD, N° 52

1885

PRÉFACE

Dans cette nouvelle édition, nous avons dû introduire les matières des récents programmes sur l'*instruction civique*, le *droit usuel* et l'*organisation de la France*, afin de fournir aux maîtres l'occasion de développer ces importantes questions.

Pour rendre possibles des additions indispensables, sans augmenter le nombre de pages et conséquemment le prix du volume, nous nous sommes borné à condenser quelques chapitres, à abréger quelques citations, plusieurs épigraphes, plusieurs développements philosophiques. Sans supprimer ni modifier aucune idée, nous avons retranché ce qui faisait double emploi avec d'autres passages du livre ou ce qui pouvait paraître trop difficile à comprendre pour les enfants.

Nous avons pu, en gagnant ainsi de la place, faire un bon nombre d'additions : sur les héritages, les testaments, les faillites et banqueroutes, la tenue des livres et la comptabilité, les contrats de vente et de louage, les baux, les caisses d'épargne scolaires et postales, les titres de rente, l'assistance publique, l'usure, les hypothèques et les notaires, le devoir militaire et la discipline, les ventes sur saisie, les grèves, le danger des révolutions, la nature et les limites de la souveraineté nationale, les droits civils, les actes de l'état civil, les maires, les préfets, les conseils municipaux et généraux, les tribunaux civils et de commerce, la cour de cassation, etc., etc.

Nous espérons que les maîtres trouveront désormais dans ce livre ainsi augmenté une réponse complète, quoique toujours très élémentaire et sous forme d'exemples, à toutes les questions des nouveaux programmes[1].

PROGRAMMES OFFICIELS DE 1882

ET PAGES CORRESPONDANTES DE *FRANCINET*

Instruction civique, droit usuel, notions d'économie politique.

COURS MOYEN

» Notions très sommaires sur l'*organisation de la France:* le citoyen, ses obligations et ses droits, p. 249, 251, 255, 366, 368 ; l'obligation scolaire, 162, 163 ; le service militaire, 255 ; l'impôt, 251 ; le suffrage universel, 255. La commune, le maire et le conseil municipal, 366. Le département, le préfet et le conseil général, 366, 368 L'Etat, 249 ; le pouvoir législatif, le pouvoir exécutif, 254 ; la justice, 139, 214, 366.

COURS SUPÉRIEUR

» Notions plus approfondies sur l'**organisation politique**, administrative et judiciaire de la France : la constitution, 254 ; le Président de la République, 249 ; le Sénat, la Chambre des députés, la loi, 254 ; l'administration centrale, départementale et communale, les diverses autorités, 255, 366, 368 ; la justice civile et pénale, 139, 214, 366 ; l'enseignement, ses divers degrés, 163, 164 ; 165, 277 ; la force publique, 249, 254 ; l'armée, 255.

» Notions très élémentaires de **droit**

1. Pour les développements, voir le *Livre du maître.*

pratique : l'état civil, 366 ; la propriété, 105, 107, 121 ; les successions, 124 ; les contrats les plus usuels : vente, louage, etc., 109, 112, 113, 305. — Notions les plus élémentaires d'**économie politique** : l'homme et ses besoins, 51, 54, 55 ; la société et ses avantages, 84, 93 ; les matières premières, 57 ; le capital, 149, 155 ; le travail et l'association, 60, 87, 89, 92. La production (travail physique et intellectuel), 57, 63 ; l'échange, 109, 118 ; l'épargne, 103, 104, 151 ; les sociétés de prévoyance, de secours mutuels, de retraite, 323, 324, 325, 327, 330.

Morale.

COURS MOYEN

I. *L'enfant dans la famille* (5, 7, 21, 30, 67 et *passim*).

L'enfant dans l'école, etc. (37, 38, 39, 40, 50, et *passim*).

La patrie.

» La France, ses grandeurs et ses malheurs, 131, 137, 176, 258, 343[1].

II. *Devoirs envers soi-même.*

» 1° Le *corps* : propreté, 258 ; sobriété et tempérance, 317 ; dangers de l'ivresse, 314, 317 ; etc.

» Les *biens extérieurs* : économie, conseils de Franklin, 100, 101 ; éviter les dettes, 307 ; funestes effets du jeu, 322 ; prodigalité ; avarice, 149. Le travail, 329 ; obligation du travail pour tous, 38 ; noblesse du travail manuel, 23, 62.

» 2° *L'âme* : Véracité et sincérité, 12 ; ne jamais mentir, 305. Dignité personnelle, respect de soi-même, 14. Modestie, éviter l'orgueil, 203 ; avoir honte de l'ignorance et de la paresse, 38. Courage dans le péril, 72, et dans le malheur, 286 ; patience, 77, esprit d'initiative, 93. Dangers de la colère, 12, 14 ; etc.

III. *Devoirs envers les autres hommes*

» Justice et charité (ne faites pas à autrui ce que vous ne voudriez pas qu'on vous fît ; faites aux autres ce que vous voudriez qu'ils vous fissent), 138, 141. Ne porter atteinte ni à la vie, ni à la personne, ni aux biens, ni à la réputation d'autrui, 139 ; bonté, fraternité, 141 ; respect de la croyance d'autrui, 366.

IV. *Devoirs envers Dieu* (32, 55, 302, 370).

» L'instituteur apprend aux enfants à ne pas prononcer légèrement le nom de Dieu ; il associe étroitement à l'idée de la Cause première et de l'Etre parfait un sentiment de respect et de vénération, 18, 20, 24, 26, 32, 33, 37, 38, 57, 58, 81 142, 143, 262, 302, 370, etc. Il s'attache à faire comprendre à l'enfant que le premier hommage qu'il doit à la divinité c'est l'obéissance aux lois de Dieu telles que les lui révèle sa conscience, 142, 143, 362, 224, 81, 365, 370, etc.

Morale.

COURS SUPÉRIEUR

» Plus particulièrement la *morale sociale*....

I. *La famille* (voir plus haut).

II. *La société.*

» Nécessité et bienfaits de la société, 84, 87, 89. La justice, condition de toute société, 139, 145, 148. La solidarité, 118, 119 ; la fraternité humaine, 87, 141, 143. Respect de la vie et de la liberté humaine, 139, 142, 201 ; respect de la propriété, 121, 139 ; respect de la parole donnée, 305 ; respect de l'honneur et de la réputation d'autrui, 139 ; respect des opinions et des croyances, 366 ; la probité, l'équité, la délicatesse, 225. Le dévouement, forme suprême de la charité, 48, 141 : 67, 72, 224.

III. *La patrie.*

» Ce que l'homme *doit* à la patrie : l'obéissance aux lois, le service militaire, discipline, dévouement, fidélité au drapeau, 255. L'impôt, 256. Le vote (il est moralement obligatoire, il doit être libre, conscien-

1. Sur la France, voir spécialement le *Tour de la France par deux enfants.*

Eléments usuels des sciences physiques et naturelles.

Agriculture.

SAINT-CLOUD. — IMPRIMERIE Vᵉ EUGÈNE BELIN ET FILS

FRANÇINET

I. — Entrée de Francinet en apprentissage.

L'enfant qui, par son travail, se rend utile à sa famille et à ses semblables, est déjà un homme. L'homme qui, par sa paresse, se rend inutile à tout le monde, n'est encore qu'un enfant.

Un vendredi, de bon matin, le jeune Francinet, en compagnie de son parrain, le père Jacques, fit son entrée comme apprenti dans la grande manufacture de tissus dirigée par M. Clertan.

Le portail était situé juste en face de la demeure de Francinet ; il n'y avait donc que la rue à traverser. Bien des fois avant ce jour, Francinet et son petit frère Eugène, assis sur une borne près de leur maison, s'étaient amusés à regarder la riche habitation de M. Clertan. C'était surtout lorsque le domestique ouvrait le portail à double battant pour laisser passer la voiture du maître, que les deux bambins jetaient à loisir des regards de curiosité sur la grande cour sablée, plantée d'arbres. Au milieu, une jolie pelouse dessinait un ovale, dont chaque extrémité se parait d'un massif de fleurs ; dans le fond les murailles, couvertes de plantes grimpantes, faisaient un horizon de verdure qui réjouissait l'œil ; et les deux enfants, plus d'une fois, avaient désiré voir de près ces belles choses, ainsi que l'intérieur de la manufacture où s'entendait toute la journée le bruit des métiers et des machines.

Ce jour-là, Francinet suivait avec émotion le père Jacques dans l'allée qui contournait la pelouse. Après avoir traversé la cour, ils entrèrent dans un corridor un peu sombre, qui aboutissait à de grands ateliers de teinturerie où Francinet allait être occupé. Son travail devait consister à tourner le moulin à l'indigo.

Moulin à broyer l'indigo.

La pièce où se trouvait ce moulin était une sorte de cave très obscure. Une seule lucarne avait jour sur la cour d'entrée, et encore était-elle masquée par un rideau de plantes grimpantes. Cependant ce rideau n'était pas assez épais pour empêcher de voir ce qui se passait dans la cour.

Indigotier ; ses fleurs, ses fruits et ses graines. Cet arbre croît dans l'Inde. Son suc renferme une matière bleue appelée indigo, qu'on emploie dans la teinture après l'avoir broyée dans un moulin.

A coup sûr, le lieu de travail destiné à Francinet n'était ni gai, ni agréable ; mais l'enfant, habitué déjà à une maison sombre, pauvre et triste, n'y fit guère attention au premier abord. D'après les instructions du père Jacques, il s'assit sur une petite planche au fond de la cave, et se mit à tourner courageusement le moulin. Cela n'était pas difficile, et demandait plus de patience que de force : une fois lancé, le moulin marchait sans grand effort.

Le père Jacques laissa Francinet, et s'en alla vaquer à ses occupations d'un autre côté. Notre petit travailleur ne restait pas pour cela sans surveillance : au-dessus de son moulin même il y avait une large ouverture carrée, donnant dans la pièce voisine où se tenaient d'autres ouvriers. De temps à autre, le contre-maître venait jeter un coup d'œil pour voir ce que faisait l'enfant.

La première demi-heure ne parut pas très longue à Francinet. Il pensait à son père qui était mort; il se rappelait les paroles que sa mère lui avait dites plus d'une fois :

— Tu es l'aîné des garçons, tu dois être raisonnable, parce que tu seras plus tard le chef de la famille.

Francinet, qui avait un excellent cœur, se sentait fier d'aider sa mère à gagner le pain de la maison ; et il avait bien raison de l'être, car c'est une grande et belle chose de travailler pour les siens et de rendre ainsi en partie à ses parents ce qu'ils vous ont donné.

II. — M. Clertan. — L'œil du maître.

« Il n'est pour voir que l'œil du maître. »
LA FONTAINE.

Pendant la seconde demi-heure, Francinet, toujours seul dans sa cave, s'amusa à regarder à travers la lucarne ce qui se passait dans la cour. De sa place c'était très facile, et cela le distrayait beaucoup.

Le domestique allait, venait, étrillant les chevaux qui hennissaient. Une foule de gens entraient et sortaient : la laitière, le boulanger, la cuisinière, et leurs conversations intéressaient le petit ouvrier.

A huit heures, le maître de la maison, M. Clertan, parut.

C'était un grand vieillard sec, vif, alerte, l'œil à tout. Il passa une sorte de revue du haut en bas de la manufacture, encourageant les uns, grondant les autres, s'apercevant des négligences les plus légères, ainsi qu'il convient à un bon maître de maison.

En dernier lieu, il entra dans la cave où se tenait Francinet ; le père Jacques était présent.

Intérieur d'une manufacture.

— Approche, petit, dit M. Clertan d'un ton bref.

L'enfant s'avança, sa casquette à la main.

— Quel âge as-tu ?

— Neuf ans, monsieur.

— Sais-tu lire ?

— Pas beaucoup, monsieur.

— Tu serais mieux à l'école qu'ici, mon garçon.

Francinet baissa la tête.

— La mère est veuve, monsieur Clertan, fit le père Jacques ; elle a trois enfants, et, avant de leur apprendre à lire, il faut les faire vivre.

— C'est juste, dit le vieillard. Comment t'appelles-tu, mon petit homme ?

— Francinet, monsieur, pour vous servir.

— Eh bien, François, Francinet, il faut travailler avec courage. Si l'on est content de toi, ton salaire sera augmenté ; mais si tu n'es qu'un paresseux, on te renverra.

III. — Le jeu. — Francinet oublie son travail.

Si vous prenez l'habitude de jouer sans cesse, le travail vous sera pénible, et le jeu lui-même finira par vous ennuyer. Vous n'aurez donc des deux côtés, au travail comme au jeu, que de l'ennui.

Mais si vous prenez l'habitude de travailler, le travail vous deviendra peu à peu agréable, et le jeu qui sera votre récompense vous sera agréable aussi. Vous n'aurez alors que de l'agrément.

M. Clertan s'était éloigné, et Francinet s'était remis au travail, continuant à regarder par la lucarne.

Il faisait grand soleil. C'était une de ces belles matinées de mars qui annoncent le printemps, et de sa place Francinet voyait briller, comme des perles, les gouttes de rosée sur le gazon de la pelouse.

Tout à coup une petite fille vêtue de blanc, avec de longs cheveux flottant en boucles sur ses épaules, s'avança dans l'allée qui bordait la pelouse. Elle semblait avoir de huit à dix ans.

Un grand chien de fine race épagneule, aux longues soies noires et blanches, accourut aussitôt, saluant sa petite maîtresse par de folles gambades, et aboyant pour lui manifester sa joie de la revoir.

— A bas, Phanor! disait-elle, chut! taisez-vous, ne me salissez pas.

Et quand l'intelligent animal, pour lui complaire, s'éloignait docilement, la petite fille aussitôt, du geste, le rappelait. Tous les deux alors, l'un courant après l'autre, faisaient le tour de la pelouse. Et c'étaient des éclats de rire sans fin, puis des commandements faits de cette petite voix d'enfant qui se grossit pour paraître importante. En revanche, Phanor, adoucissant la sienne, aboyait discrètement, et agitait en signe de joie sa longue queue noire dont l'extrémité avait une tache blanche.

La petite demoiselle prit un cercle, l'éleva à la hauteur de son épaule, et se mit à crier : Hop, hop ! Phanor ! — Phanor, aussitôt, d'un bond s'élança à travers le cercle. Puis ce fut le foulard de sa maîtresse qu'il courut chercher et que, fièrement, la tête droite, il lui rapporta.

Épagneul, espèce de chien originaire d'Espagne, aux longs poils soyeux, aux oreilles pendantes.

Francinet ne perdait rien de cette scène. Il suivait chaque mouvement du bel épagneul aussi bien que les moindres gestes de la jeune demoiselle ; et dans la contemplation de ce gai spectacle, son cœur se mit à battre démesurément. Il avait une envie folle d'aller, lui aussi, courir avec le docile Phanor et s'ébattre en plein soleil autour de la pelouse.

Francinet n'avait pas été habitué à travailler longtemps de suite, car sa mère n'avait jamais le temps de le surveiller. La veuve Roullin partait à sa journée dès sept heures du matin ; elle ne rentrait que le soir, quelquefois bien tard. Pendant ce temps, Francinet et son petit frère, toujours seuls, flânaient dans la rue entre les heures de classe.

On comprend combien un travail assidu devait être difficile à Francinet. Rien, en effet, n'est plus difficile que de se délivrer d'une habitude prise, et c'est pour cela qu'il n'en faut prendre que de bonnes. Francinet eut beau résister d'abord à l'envie de laisser là son travail, il finit par oublier la tâche qui lui était assignée, quitta son moulin, courut à petits pas vers la lucarne, et se consola de ne pouvoir jouer en regardant du moins le jeu de plus près.

IV. — La jalousie.

Quand vous êtes malheureux, ne soyez pas jaloux du bonheur des autres. Si les autres étaient malheureux comme vous, en seriez-vous plus heureux? Se guérit-on d'une maladie en souhaitant la même maladie à son voisin?

Il y avait cinq minutes à peine que Francinet était là, lorsqu'une grosse voix rude lui cria :

— Eh bien! paresseux, est-ce ainsi que tu gagnes la journée qu'on te paiera demain?

Le jeune garçon honteux retourna à son moulin, osant à peine regarder le visage sévère du contre-maître, qui venait de le gronder.

Il se remit à travailler, mais à contre-cœur, et dès lors sa tâche lui devint lourde. La cave lui parut plus noire, les minutes lui semblèrent des siècles, et, dans l'ennui qu'il éprouvait, les aboiements de Phanor l'irritèrent, la gaîté de la petite fille lui sembla insupportable à voir.

En même temps son esprit mal disposé lui retraça les murmures contre les riches qu'il avait entendu faire bien des fois, en flânant dans la rue. La rue n'est pas une bonne école, et c'était merveille encore que Francinet fût resté aussi raisonnable qu'il l'était ordinairement. Mais en ce moment-là il ne le fut guère, et il se laissa aller à un vilain sentiment de jalousie.

— Que je suis malheureux! disait-il. Pourquoi cette petite fille a-t-elle de si beaux habits, des journées entières pour jouer, des domestiques pour la servir; tandis que moi j'ai des haillons, je dois travailler sans relâche et déjeuner avec un morceau de pain sec? Cela est bien injuste.

Puis il se rappelait qu'une fois le grand épagneul, étourdiment, était entré dans leur maison au moment où sa mère trempait la soupe; et la veuve Roullin lui avait jeté un bâton à la tête, en criant : — Veux-tu te sauver, paresseux de chien! Tu es nourri mieux que nous, et tu voudrais nous dévaliser!

Une autre fois, la jeune maîtresse de Phanor, accompagnée d'une bonne, passait dans la rue sous la fenêtre de la veuve Roullin, et une voisine s'était méchamment écriée : — Voyez ces riches, s'ils aiment à jeter l'argent! Ils habillent de blanc cette petite fille, été comme hiver. Cela habitue mademoiselle à faire la dame, et pendant ce temps les pauvres n'ont pas de quoi se vêtir.

Tous ces souvenirs de paroles envieuses se pressaient dans la petite tête de Francinet. Comme il était à la fois mécontent de son sort, mécontent de lui-même, et fort blessé d'avoir été appelé paresseux par le contre-maître, la colère fit naître en lui les plus méchantes pensées.

V. — La jalousie mène à la méchanceté.

La colère est une mauvaise conseillère.

Au moment où Francinet se laissait aller ainsi à la jalousie, Phanor, entraîné par la vivacité de sa course, s'élança dans le corridor sur lequel s'ouvrait la cave de Francinet; la petite fille le suivait en courant. Tous deux passèrent, puis repassèrent comme des ombres devant la porte.

Francinet avait saisi une pierre.

Après un moment, l'épagneul repassa de nouveau; la pierre lancée avec force lui atteignit la patte. Phanor surpris, la tête basse et boitant, vint chercher un abri dans les jupes de sa maîtresse.

Elle, elle n'avait rien vu et ne comprenait rien. Mais une grosse voix sortant du fond de la cave s'écria :

— Ah! méchant vaurien, tu ne te contentes pas de paresser, tu jettes des pierres! Attends un peu, attends, c'est moi qui vais te corriger.

Le contre-maître, en prononçant ces paroles, sauta par l'ouverture placée au-dessus du moulin de Francinet, et saisit l'enfant par les oreilles. Mais la gentille maîtresse de Phanor était entrée, elle aussi, dans la cave.

— Monsieur André, fit-elle gravement, mon grand-père ne veut pas qu'on frappe les enfants.

— Je le sais, mademoiselle Aimée; mais si M. Clertan avait vu comme moi ce méchant sujet lancer sa pierre, au risque de vous attraper, il lui eût peut-être chiffonné les oreilles plus rudement que je ne le fais.

— Bah! dit l'enfant en secouant avec mutinerie sa tête bouclée; ce garçon ne savait pas que nous arrivions, Phanor et moi, et il a dû être aussi surpris que nous de sa maladresse. Mais parle donc, petit, et dis que tu ne nous voyais pas.

Si Francinet avait de grands défauts, il n'avait pas du moins celui d'être menteur. Il avait entendu dire bien des fois qu'il n'y a que les lâches à mentir, parce que c'est la peur seulement qui entraîne au mensonge : soit la peur d'être puni, soit celle d'être reconnu méchant ou sot pour une méchante ou sotte action. Or Francinet, pour rien au monde, n'eût voulu être lâche, et en toute occasion il avouait intrépidement la vérité. Il répondit donc sans hésiter :

— Si, mademoiselle, je vous voyais.

Et il baissa la tête.

Les grands yeux bleus de la petite exprimèrent une sorte d'effroi et de tristesse.

— Qu'est-ce que je disais, mademoiselle Aimée? s'écria le contre-maître. Mais soyez tranquille, ce vaurien ne remettra pas les pieds ici.

— Monsieur André, répondit Aimée en faisant un grand effort pour garder son calme, cela me regarde. Laissez-moi m'expliquer avec lui. Il ne peut avoir voulu me faire du mal, puisque je ne lui en ai jamais fait. S'il avait un aussi méchant cœur, il ne serait pas aussi franc. Mon grand-père dit qu'il ne faut pas se méfier de ceux qui ne savent point mentir.

Le contre-maître obéit à Aimée et s'en alla; mais il se cacha dans une pièce voisine, de façon à tout entendre.

VI. — Aimée et Francinet. — La fierté.

La fierté est parfois un bon sentiment, mais elle doit toujours avoir pour compagne la douceur, qui l'empêche de dégénérer en orgueil.

Les deux enfants restés seuls se regardèrent. Ils avaient l'air aussi émus l'un que l'autre.

— Pourquoi voulais-tu me faire du mal ? dit Aimée ; tu me détestes donc ? Que t'ai-je fait ? C'est la première fois que je te parle, et je ne sais pas même ton nom.

A ces questions prononcées d'une voix douce et presque tremblante, comme celle d'un enfant qui a envie de pleurer, Francinet se sentit si honteux de sa méchanceté, que le courage lui manqua pour répondre. Il baissa la tête sans rien dire.

— Mais parle donc ! reprit Aimée.

Et comme il se taisait toujours, elle ajouta :

— As-tu peur d'être chassé ? Je te promets que tu ne le seras pas.

Nous avons dit que Francinet détestait par dessus tout la lâcheté. Ce mot : « as-tu peur ? » lui fit relever la tête ; et, voulant faire voir qu'il était brave, il raconta ses méchantes pensées de tout à l'heure, sans même parler de son repentir présent.

— Je n'ai pas peur d'être chassé, dit-il. Vous voulez savoir si je vous déteste ? Eh bien ! je déteste tous les riches. Je déteste aussi votre chien, parce qu'il est mieux nourri que moi : c'est pour cela que je vous ai jeté une pierre à tous les deux.

Aimée était une enfant charmante ; elle eût été presque parfaite sans une excessive fierté qui l'emportait toujours trop loin. Les accusations de Francinet, qui lui jetait à la tête, comme un crime, une richesse à laquelle elle ne pensait jamais, la blessèrent extrêmement.

— Alors, dit-elle, tu aurais été bien content si tu avais estropié mon chien, plus content encore si tu m'avais blessée moi-même, et si tu avais pu voir les larmes de mon grand-père? Tout cela parce que ce bon grand-père, à force de travail, m'a gagné de la fortune! Va, tu es bien méchant, mon pauvre garçon! Mais je t'ai promis que tu ne serais point chassé; tu ne le seras point. D'ailleurs, je ne te crains pas, quoique tu sois tout à fait lâche, toi qui te mets là dans les petits coins pour frapper plus sûrement..... N'importe, reprit-elle avec une animation de plus en plus orgueilleuse, tu ne me fais pas peur. Je ne te ressemble pas, moi, je suis très brave, et Phanor aussi. Je te préviens même de bien cacher ton jeu, si tu veux me faire du mal, car mon chien, qui ne s'est pas défendu quand tu l'as blessé, te mettrait en morceaux si tu me touchais, absolument comme il ferait d'un voleur ou d'un brigand.

Aimée, en achevant ces paroles, sortit de la cave, droite et hautaine comme une petite princesse.

— Monsieur André, dit-elle dans le corridor, je me suis expliquée avec votre apprenti; je lui ai promis que vous seriez bien gentil avec lui; et vous le serez, n'est-ce pas, mon bon monsieur André?

Le contre-maître promit de ne pas gronder Francinet; mais il s'empressa de raconter à M. Clertan ce qui s'était passé.

VII. — **Remords de Francinet.**

Il est une voix qui parle en nous; quand elle nous approuve, nous sommes heureux; quand elle nous désapprouve, nous sommes malheureux: c'est la voix de la conscience.

Francinet, resté seul, se remit au travail.

Il éprouvait une vive colère d'avoir été traité de lâche par Aimée; il éprouvait une honte plus vive encore en songeant qu'il avait mérité ce nom.

L'habitude de ne jamais mentir lui avait donné une grande droiture de conscience. Il ne s'excusait pas plus en lui-même de ses fautes qu'il ne cherchait à s'en excuser devant autrui. Il ne se dit donc pas pour se justifier, comme l'auraient fait bien des enfants, qu'il n'avait pas réfléchi avant de jeter sa pierre, qu'il avait seulement agi par étourderie, qu'il n'avait pas eu un seul instant la lâche pensée de se cacher pour faire ce mauvais coup. Non, il se dit simplement que son action était très mauvaise, ce qui était vrai.

Il en ressentit une humiliation d'autant plus grande qu'Aimée, au lieu de vouloir qu'il fût puni par le contre-maître, avait demandé qu'on fût bon pour lui. Si elle avait fait cela par douceur, Francinet lui eût demandé tout de suite le pardon de sa faute ; mais la petite fille lui avait parlé avec tant de mépris que Francinet ne voyait pas de réconciliation possible. Il se sentit alors châtié par l'orgueil de cette enfant d'une façon si dure, qu'il ne put s'empêcher de pleurer amèrement.

VIII. — Les humiliations de Francinet.

Pour celui qui a mal fait, tout devient un sujet d'humiliation.

Lorsque neuf heures sonnèrent, tous les ouvriers quittèrent leur blouse de travail ; ils se lavèrent le visage et les mains à la rivière qui coulait au bord de l'atelier ; puis ils traversèrent la belle cour sablée de M. Clertan, et s'en allèrent déjeuner.

Francinet marchait à la file, honteux et embarrassé de lui-même, car Aimée était assise sur un banc, un livre d'étude à la main. Tous les ouvriers, en passant, ôtaient leur casquette et disaient :

— Bonjour, mademoiselle Aimée.

L'enfant leur rendait leur salut en souriant, et les appelait chacun par son nom, celui-ci : père Jacques, cet autre : monsieur Louis.

Quand vint Francinet, elle se leva, faisant mine de

poursuivre un papillon. Elle tournait le dos à Francinet. Il pensa qu'elle ne voulait pas de son salut. Néanmoins il fit un grand effort, et mit la main à sa casquette.

Au moment où Francinet s'approchait du portail, Phanor, qui lui gardait rancune, s'élança hors de sa niche en montrant les dents ; mais Aimée accourut. Sans daigner regarder Francinet, elle fit un geste de menace à Phanor et le renvoya au chenil. L'épagneul alors essaya d'apaiser sa maîtresse, et se coucha à ses pieds ; mais elle, pour lui faire une leçon, le renvoya sévèrement, levant en l'air son petit bras, comme si elle était très courroucée et avait grande envie de le battre. Le chien tout honteux retourna dans sa niche.

Francinet était plus honteux encore. Il aurait voulu être à cent pieds sous terre plutôt que de se voir défendu par Aimée. Il s'empressa donc d'enjamber le portail pour regagner sa maison ; mais une autre épreuve l'attendait encore.

M. Clertan se promenait les mains derrière le dos dans la rue, devant la porte.

Au moment où Francinet passait, le grand vieillard lui fit signe d'approcher ; il le regardait avec tant d'attention, observant ses yeux rougis par les larmes, que l'enfant perdit contenance.

Francinet s'imagina qu'Aimée avait tout dit à son grand-père malgré sa promesse, et qu'il allait être honteusement chassé, là, en pleine rue, devant les passants et les ouvriers qui s'en allaient. Enfin M. Clertan rompit son examen silencieux.

— Eh bien ! Francinet, il paraît que tu travailles comme il faut ; on m'a dit cela.

Francinet regarda le grand-père d'Aimée, pensant qu'il voulait se railler de lui ; mais M. Clertan avait l'air naturel de quelqu'un qui parle très sérieusement.

Cette dernière humiliation fut la plus dure de toutes : Francinet ne put la supporter. Recevoir en silence un éloge quand il ne méritait que des blâmes, lui parut impossible. Quoi de plus honteux, en effet, que d'accepter sans rien dire une louange dont on n'est point digne? N'est-ce pas comme si on trompait les autres, et comme si on voulait se tromper soi-même? Double fausseté, double mensonge qui répugnait à Francinet; car, nous le savons, sa grande qualité était d'être franc avec lui-même et avec les autres.

—Non, monsieur, s'écria-t-il courageusement, je n'ai pas fait mon devoir ce matin; mais je me conduirai mieux ce soir.

— Alors, dit le grand-père d'Aimée, tu es plus sévère pour toi que mon contre-maître. C'est bon signe, Francinet. Si tu veux, tu deviendras un brave garçon. Va déjeuner.

Francinet ne se le fit pas dire deux fois.

IX. — Le livre d'Aimée. — Il faut aimer ceux qui nous haïssent.

« Aimez vos ennemis. » (*Évangile.*)

Lorsque les ouvriers furent partis, Aimée reprit son livre. Elle lisait avec une attention bien grande, car il s'agissait d'une leçon à apprendre par cœur. Le livre qu'elle étudiait ainsi, c'était l'Évangile.

Et le livre disait :

— « Moi, je vous commande : aimez vos ennemis, bénissez ceux » qui vous maudissent, faites du bien à ceux qui vous haïssent, et » priez pour ceux qui vous outragent et qui vous persécutent.

» Afin que vous soyez enfants de votre Père qui est dans les cieux.

» Car il fait lever son soleil sur les bons et sur les méchants, et » il fait tomber sa pluie bienfaisante sur les justes et les injustes.

» Si vous n'aimez que ceux qui vous aiment, quelle récompense » en aurez-vous ?

» Et si vous ne faites bon accueil qu'à vos frères, que faites- » vous d'extraordinaire ?

» Soyez donc parfaits comme votre Père céleste est parfait. »

Aimée posa le livre. Elle était fort émue. C'était la

première fois de sa vie qu'elle comprenait ce que c'était que d'avoir un ennemi ; et, ce jour-là même, voilà qu'il lui était ordonné d'aimer cet ennemi, de le bénir, de prier pour lui !

Elle trouvait bien dur de penser que quelqu'un la haïssait, bien injuste surtout d'être détestée parce qu'elle était riche. Depuis sa petite scène avec Francinet, l'espèce de joie orgueilleuse qu'elle éprouvait d'avoir humilié l'enfant sous son dédain n'avait point encore été troublée. Le plaisir de s'être vengée d'une haine qu'elle n'avait point méritée, lui avait semblé tout naturel et était jusqu'alors demeuré complet ; mais voici qu'à présent un trouble se faisait en elle. Quelque chose comme un remords s'élevait dans son âme, car le livre la condamnait.

Il ne s'agissait pas de savoir si Francinet avait eu le premier tort, s'il était son ennemi ou non ; cela importait peu, puisque toujours et dans tous les cas il fallait pardonner et aimer.

Mais quoi, elle ferait le premier pas ! Cela se pouvait-il ? Que lui dirait-elle ? Et s'il refusait de se réconcilier ?... L'altière petite Aimée avait des frissons d'impatience à la pensée de s'humilier ainsi.

Pour contenter à la fois sa conscience troublée et son orgueil en révolte, Aimée pensa que la journée n'était pas finie, qu'elle avait le temps, qu'elle saisirait la prochaine occasion favorable ; qu'enfin Francinet, ayant eu le premier tort, ferait peut-être le premier pas, et qu'ainsi la réconciliation s'accomplirait toute seule.

Ensuite elle se remit à ses leçons et à ses devoirs.

X. — La conscience d'Aimée ne se rassure pas.

Quand la conscience n'est point tranquille, on ne peut goûter aucun repos.

Lorsque les ouvriers arrivèrent après leur déjeuner, Aimée se trouva sur leur passage.

Elle espérait que Francinet lui ferait quelque excuse, ou qu'elle-même aurait le courage de lui adresser la parole ; mais Francinet se contenta d'ôter sa casquette devant elle sans la regarder, et Aimée ne put jamais se décider à lui accorder d'autre bonjour qu'un petit signe de tête tout à fait protecteur.

Dès qu'Aimée eut donné cette pauvre victoire à son orgueil, son âme se remplit de tristesse, car elle eut la conscience plus troublée encore.

Son grand-père, la voyant toute soucieuse, l'emmena après déjeuner à la campagne pour la distraire ; mais l'enfant ne put jouir du plaisir de la promenade. Les paroles du livre bourdonnaient à son oreille, et tout ce qui l'entourait semblait prendre à tâche de les lui rappeler encore. Le gai soleil, qui se jouait sur la prairie uniforme et calme aussi bien que sur les cimes escarpées des collines, semblait lui dire :

— « Vois, petite Aimée, je brille pour tous, je prodigue ma chaleur et ma lumière aux humbles comme aux audacieux, aux bons comme aux méchants. Je suis le soleil du bon Dieu. On appelle Dieu le bon Dieu, parce qu'il est la bonté même. Petite Aimée, tous les hommes doivent s'efforcer d'être parfaits comme leur Père céleste est parfait. »

Puis, c'était le blé qui, vert comme l'émeraude, ondulait sur les sillons, et semblait murmurer :

— « Petite Aimée, je pousse mes tiges fécondes tant que je puis ; mais ce n'est pas pour toi seule que je crois, car je suis la plante bénie qui nourrit l'humanité entière. Le pauvre, le riche, l'homme bon, l'homme méchant, tous s'alimenteront de mon grain : je suis le blé du bon Dieu ! Je me dois à tous, parce que tous les hommes sont frères, et que Dieu est leur père commun. Il les aime tous, et le premier des commandements, c'est l'amour : — Mes petits enfants, aimez-vous tous comme je vous ai aimés ! »

XI. — Ayez un grand cœur et on vous aimera.

La plus belle victoire, c'est d'attirer à soi tous les cœurs.

— A quoi penses-tu, fillette, fit le grand-père, caressant la joue de l'enfant?

— Je regarde le blé, dit-elle.

Et elle rougit, baissant la tête, n'osant dire ce qui la préoccupait.

M. Clertan le devinait sans doute : les parents lisent si facilement dans l'âme de leurs enfants ! Il reprit :

— Te rappelles-tu, petite fille, pourquoi j'ai voulu que tu eusses le nom d'Aimée ?

L'enfant releva la tête, et fixant ses grands yeux bleus sur ceux du vieillard, elle répondit en soupirant :

— Oui, grand-père. Votre plus cher désir, c'était que je fusse aimée de tous, et vous m'avez donné le nom d'Aimée pour me le rappeler sans cesse.

Mais pourtant, grand-père, reprit Aimée après un instant de silence, il ne suffit pas de vouloir être aimée de tous pour y arriver. Si l'on me déteste sans que je le mérite, qu'est-ce que je puis y faire ?

Le grand-père prit l'enfant dans ses bras, et l'assit sur ses genoux :

— Petite fille, lui dit-il gravement, croyez-vous donc que la victoire la plus noble, celle qui consiste à attirer à soi l'amour de ses semblables, puisse s'obtenir sans effort ? S'il en était ainsi, fillette, je me soucierais moins du beau nom que vous portez. Aimée, petite Aimée, on n'obtient rien ici-bas sans effort, sans lutte, sans courage ! Le soldat n'hésite pas à donner sa vie pour conquérir le nom de brave ; et tu voudrais, mon enfant, que les plus difficiles victoires, les victoires du cœur, ne coûtassent rien à gagner ?

Écoute bien, petite fille, continua M. Clertan, et souviens-toi. Les cœurs humains, et parfois les plus fiers, résistent à la puissance, à la force, à l'intelligence, souvent à la grâce et à la beauté ; mais il n'en est pas, même parmi les plus mauvais, que ne sache vaincre l'irrésistible douceur, l'héroïque charité, la noblesse d'une âme aimante. Aie donc un grand cœur, mon enfant, et tu attireras à toi ceux mêmes qui te haïssent.

Aimée jeta ses bras au cou de son grand-père, elle cacha sa petite tête sur le sein du vieillard, et lui dit entre deux baisers :

— Je tâcherai, mon grand-père !

XII. — **La chanson du pauvre.**

« Si tu veux, mon frère, aimons-nous ! »

Cependant la soirée s'avançait. Aimée aurait bien voulu revenir ; elle avait hâte de se réconcilier avec Francinet. Mais M. Clertan, qui avait des affaires importantes à sa ferme, avait chargé la fermière de leur préparer à dîner, si bien qu'il était huit heures du soir lorsque la voiture de M. Clertan le ramena chez lui. Les ouvriers venaient de partir.

Aimée n'avait point revu Francinet. Elle était fatiguée plus que de coutume, parce qu'elle n'avait pas le cœur satisfait ; elle demanda à se mettre au lit de bonne heure. Mais, une fois couchée, l'enfant ne put s'endormir. Tout ce qui s'était passé dans la journée lui revint à l'esprit. Tandis qu'elle y songeait, la nuit se faisait de plus en plus, et bientôt les mille bruits du jour s'éteignirent.

Neuf heures sonnèrent. Le silence était devenu si grand dans l'habitation de M. Clertan, qu'Aimée put compter chaque coup de la grosse horloge. Puis l'horloge elle-même se tut, et Aimée n'entendit plus rien.

Mais, un moment après, un bruit très faible et très sourd vint frapper son attention. C'était comme un balancement uniforme qui se fût élevé du sein de la terre.

Aimée songea tout de suite à Francinet, car ce bruit ressemblait à celui de son moulin; et la chambre de la petite fille étant au-dessus de la cave, il n'était pas étonnant qu'elle l'entendît.

— Mais, se dit Aimée, Francinet veille donc? Grand-père, d'habitude, ne laisse pas veiller les enfants. Il faut que le travail ait été bien pressé. Pauvre Francinet!

Et l'imagination de la petite fille se représenta le jeune garçon seul, dans son obscure cave que la nuit faisait plus obscure encore. Comme Aimée était heureuse, elle, d'être là bien chaudement dans son petit lit aux rideaux de mousseline! Francinet pensait peut-être à cela, lui aussi, et il la haïssait plus encore!... Aimée se sentit envie de pleurer.

Alors, dans le silence de la nuit, une voix s'éleva, une petite voix d'enfant, triste, plaintive; et la voix chantait:

Je suis l'enfant de la misère,
Et le dur travail est ma loi.
Le riche, dit-on, est mon frère;
Mon frère pense-t-il à moi?
Si le travail vaut la prière,
Juste Dieu, je m'adresse à toi!

Du berceau jusqu'au cimetière,
Longue est ma chaîne de labeurs!
Mais le travail fait l'âme fière;
L'oisiveté, les lâches cœurs.
Seigneur! donne-moi ta lumière,
Je suis le fils des travailleurs!

C'est le travail qui rend féconde
La vieille terre aux riches flancs;
C'est le travail qui prend à l'onde
Corail, perles et diamants;
Au travail appartient le monde,
Aux travailleurs, à leurs enfants.

Mon riche frère aux mains oisives,
Je suis fils de Dieu comme vous!
Nous sommes d'inégaux convives

Dans le banquet servi pour tous;
Mais l'amour rend les forces vives;
Si tu veux, mon frère, aimons-nous!

Si notre origine est commune,
Pourquoi nous haïr plus longtemps?
De ton orgueil naît l'infortune,
Ma haine a des rêves sanglants.
De deux âmes n'en faisons qu'une;
Dieu nous a nommés ses enfants!

Si tu veux, nous irons sans cesse,
Bras enlacés, âmes sans fiel,
Oubliant tout ce qui nous blesse
Dans un même effort fraternel.
J'aurai nom: Force! et toi: Tendresse.
Frère, l'amour est fils du ciel!

Lorsque la voix de Francinet se tut, Aimée joignit ses petites mains un instant. Elle priait.

Puis elle se leva sans bruit, s'habilla, et, d'un pas léger comme celui d'une ombre, descendit dans la cour.

La bonne, qui veillait toujours dans sa cuisine quand les ouvriers veillaient, s'était endormie en tricotant; elle ne vit point l'enfant passer. Seul, le fidèle Phanor, qui avait senti sa petite maîtresse, accourut à elle. Du geste, elle lui fit signe de se taire, et le docile épagneul la suivit en silence.

XIII. — La réconciliation. — Ne nous croyons jamais ennemis les uns des autres.

« Si, étant sur le point d'offrir votre don à l'autel, il vous souvient que votre frère a quelque chose contre vous, laissez là votre offrande, et courez vous réconcilier avec votre frère; vous reviendrez ensuite présenter votre offrande. » (*Évangile.*)

Nous nous croyons parfois ennemis, et il nous suffit de nous connaître mieux les uns les autres pour nous estimer mutuellement et devenir des amis.

Il faisait un clair de lune magnifique, et, par la lucarne de Francinet, un long rayon blanc illuminait la cave d'une lueur pâle et douce. Francinet tournait son moulin tristement. Il songeait aux paroles de sa chanson.

Tout à coup une petite forme svelte traversa le seuil de la porte, et s'arrêta au milieu du rayon de lune qui miroitait dans la cave. Cette ombre, toute blanche comme une apparition, c'était Aimée; de grosses larmes inondaient ses joues.

— Francinet, dit-elle, je ne puis pas dormir, parce que tu m'as dit que tu me détestais. Je le sens, j'ai mérité que tu me haïsses plus encore, puisque, au lieu de te répondre avec douceur, je t'ai injurié et traité de lâche. Pardonne-moi, Francinet, car le devoir est de pardonner toujours. Ne me déteste plus, car l'Évangile dit d'aimer même ses ennemis, et je ne suis pas ton ennemie, Francinet! Car je t'aime parce que tu es pauvre, parce que tu travailles à l'heure où je me repose; je t'aime aussi parce que tu ne sais pas mentir, et que mon grand-père a dit qu'on reconnaît à cela les nobles âmes. Veux-tu me pardonner, Francinet?

Elle tendit ses deux petites mains à Francinet; il y mit les siennes sans hésiter, il pleurait plus fort qu'elle, et il lui disait :

— C'est à vous de me pardonner, mademoiselle Aimée; c'est moi qui aurais dû faire ce que vous faites là, et vous êtes plus brave que moi, puisque vous savez mieux remplir votre devoir.

— Ne dis point cela, Francinet, tu te trompes. Du moment que je suis plus heureuse que toi, c'est à moi de te tendre la main la première; c'est à moi de me faire aimer malgré ma richesse, et de savoir la porter avec tant de justice et de droiture qu'elle ne puisse me faire haïr de personne. Je n'avais jamais pensé à cela avant de t'avoir vu. Tout ce qui s'est passé hier m'a fait réfléchir à des choses auxquelles je n'avais point songé. Je suis bien ignorante, vois-tu, Francinet, car je suis incapable de répondre à tous les reproches que tu fais aux riches;

mais je veux m'instruire, j'interrogerai mon grand-père. Il est bon, il répondra à toutes mes questions. Ce qu'il m'apprendra, je te le répéterai et tu en profiteras aussi. Et puis, mon frère Henri, qui est à faire un voyage avec son précepteur, va bientôt revenir. Mon grand-père me fera assister aux leçons de mon frère ; je deviendrai plus savante, et si tu veux, Henri et moi nous te raconterons les belles choses que nous aurons apprises. Grand-père dit que le savoir est la plus sûre des richesses ; nous serons bien contents de t'enrichir comme cela. Veux-tu, Francinet ?

— Oui, répondit-il, je veux tout ce que vous voulez, mademoiselle Aimée.

Après un moment de silence, Aimée lui dit :

— Qui t'a appris la chanson que tu chantais tout à l'heure ? Elle est bien belle ! C'est en l'écoutant que j'ai trouvé le courage de venir te tendre la main.

— Je l'ai apprise du père Jacques, répondit Francinet ; mais je ne la chante pas souvent. C'est parce que j'étais seul et triste ce soir qu'il m'est venu à l'esprit de songer à Dieu, et que j'ai chanté cela.

— Oh ! que tu as bien fait, Francinet, de songer à Dieu ! Moi aussi, c'est en pensant à lui que j'ai compris mes torts envers toi. Veux-tu ? pour le remercier, nous le prierons ensemble avant de nous quitter ?

Et la petite Aimée, joignant ses mains, se mit à répéter d'une voix douce la belle prière du *Notre père*. Francinet répondit à son tour. Ils étaient là, tous les deux, à genoux l'un près de l'autre sur le sable de la cave : l'un, pauvre, vêtu de haillons ; l'autre, riche, habillée de mousseline et de soie ; mais leurs deux petites voix également jeunes, également pures, s'unissaient fraternellement pour appeler Dieu du même nom : Notre père !

Lorsque la prière fut achevée, Aimée se releva :

— Bonsoir, Francinet, dit-elle ; maintenant je vais dormir sans remords. A demain.

Puis Aimée s'éloigna, faisant signe à Phanor de ne pas quitter Francinet.

L'intelligent animal, comme s'il comprenait la pensée de sa maîtresse, vint se coucher aux pieds du jeune garçon; et Francinet, tout en tournant son moulin, passait sa main gauche, qui ne travaillait pas, dans les longues soies de l'épagneul. Phanor, en signe de satisfaction, battait de sa queue le sable de la cave, et de temps en temps caressait avec son museau les pieds du jeune garçon. La veillée parut délicieuse à Francinet : le bon chien lui faisait l'effet d'un ami; il ne se trouvait plus seul, et il bénissait Aimée de cette dernière attention qu'elle avait eue en s'en allant.

Une heure après, la veillée était finie, les portes fermées, et tout le monde couché dans l'habitation de M. Clertan. Seul, le grand-père d'Aimée, qui ne dormait pas, et qui avait suivi sa petite-fille sans qu'elle s'en aperçût, entra dans la chambre de l'enfant.

Elle reposait dans un tranquille sommeil, un gai sourire errait sur ses lèvres. L'une de ses petites mains pendait hors du lit; elle portait quelques légères taches. C'étaient les mains de Francinet bleuies par l'indigo qui l'avaient tachée ainsi. Le grand vieillard prit cette main et la baisa :

— Sois bénie, mon Aimée, murmura-t-il, toi dont le cœur est si pur, toi qui marches si droit et si hardiment dans le chemin du devoir !

XIV. — Le déjeuner partagé.

On double un plaisir en le partageant.

Le lendemain Aimée, à l'heure de son déjeuner, qui était aussi l'heure de sa récréation, vint faire une visite à la cave de Francinet.

Elle tenait d'une main une grande tartine de confitures; de l'autre, le livre où elle devait apprendre sa leçon après déjeuner.

— Bonjour, mademoiselle Aimée, s'écria Francinet tout joyeux de la revoir.

— Bonjour, Francinet, répondit-elle avec une vivacité espiègle. Je viens te demander de me faire un plaisir; veux-tu me l'accorder sans savoir ce que c'est?

— Oh! oui, oui, je le veux de tout mon cœur.

— Eh bien, répondit-elle en tendant sa longue tartine à Francinet, partageons!

Le petit garçon, surpris de la proposition, était un peu honteux; sa fierté souffrait. Mais la bonne petite Aimée, qui devinait que Francinet était susceptible et ne voulait pas se laisser nourrir comme un mendiant, reprit aussitôt:

— Allons, allons, Francinet! tu vois bien que c'est en signe de bonne amitié et de réconciliation; ne me refuse pas. D'ailleurs, ajouta-t-elle malignement, j'ai ta promesse, tu ne peux plus te dédire.

Francinet ne se fit pas prier plus longtemps. Il prit un bout de la tartine tandis qu'Aimée tirait sur l'autre; et l'espiègle petite s'arrangea de si belle sorte que la part la plus grosse resta aux mains de Francinet.

Si le petit garçon s'était fait prier pour accepter, nous devons dire qu'il n'en mangea pas moins d'un fort grand appétit. C'était la première fois de sa vie qu'il goûtait aux confitures, et cette tartine lui parut un régal de prince.

Aimée, de son côté, croquait la sienne à belles dents, et Phanor, qui s'était couché aux pieds des deux enfants, les regardait faire avec beaucoup de calme; car, à la grande surprise de Francinet, Phanor n'aimait pas les confitures.

Tout en mangeant, Francinet n'interrompait pas pour cela son travail. Il tenait d'une main sa tartine, et de l'autre tournait son moulin; en même temps, la conversation marchait son train.

— C'est quelque chose de très bon que les confitures, disait Francinet.

— C'est délicieux! reprenait Aimée. Cela fait qu'on peut manger des fruits en tout temps.

Ici, il y eut une pause pendant laquelle les deux enfants avalèrent chacun une nouvelle bouchée. Puis Francinet reprit, changeant le sujet de la conversation : — Je vous vois toujours un livre à la main, mademoiselle Aimée, vous avez donc bien des leçons à apprendre?

— J'en ai deux le matin et deux le soir.

— Cela doit être bien ennuyeux!

— Quelquefois, car il y a des leçons difficiles à retenir; mais alors je prends un grand courage et je m'en tire tout de même.

— Hélas! mon Dieu, pourquoi donc votre grand-père, qui vous aime tant, vous fait-il travailler, vous qui êtes si riche et qui pourriez être si heureuse en vivant sans rien faire?

— Voilà justement ce que j'ai dit une fois à mon grand-père, Francinet, et il m'a fait comprendre que je me trompais.

— Je voudrais bien savoir comment?

— Oh! cela n'est pas difficile; écoute, tu vas comprendre aussi.

XV. — Le travail rend heureux.

Enfant, le travail et le jeu ne sont pas si différents que tu le crois : pour jouer comme pour travailler il faut de l'activité, parfois même de la peine; et il n'est pas plus difficile d'apprendre à faire des choses utiles que des choses inutiles. La seule différence, c'est que le jeu est le plaisir d'un moment, tandis que le travail prépare le bonheur de toute la vie.

— D'abord, Francinet, demanda Aimée, qu'est-ce que tu appelles vivre sans rien faire?

— Dame, c'est de vivre sans travailler, sans se fatiguer, et en s'amusant tant qu'on peut.

— Mais, Francinet, tous les jeux donnent de la fatigue et sont une sorte de travail. Pour apprendre à jouer à la balle, par exemple, à sauter à la corde, à lancer une toupie, ne faut-il pas se donner beaucoup de peine et de fatigue? Jouer, ce n'est donc pas vivre sans se fatiguer.

— C'est vrai; mais une fois qu'on sait tous ces jeux, comme on est content, et comme cela amuse!

— Certainement; mais lorsque je sais ma leçon, je suis plus contente encore. Mon grand-père m'embrasse, je l'entends me dire : « Petite Aimée, vous avez bien rempli votre devoir, vous êtes une bonne petite fille et vous me rendez bien heureux! » Je t'assure, Francinet, qu'il n'y a rien qui vous mette plus de joie au cœur. Et après cela, comme j'ai permission de m'amuser, la récréation m'en semble moitié meilleure. Au contraire, lorsque j'ai manqué de courage pour étudier ma leçon et que je ne l'ai pas très bien sue, mon grand-père me dit : « Petite Aimée, je suis fort mécontent, vous n'avez pas employé comme il faut l'heure du travail! » Et alors, Francinet, j'ai le cœur si triste que je ne peux pas réussir à trouver du plaisir tout le temps de la récréation.

— Je comprends très bien cela, dit Francinet, car, hier au soir, quand maman m'a embrassé en rentrant de ma journée, elle m'a dit : « Te voilà presque un ouvrier, mon Francinet, tu aides ta mère à gagner le pain de la famille; c'est beau, cela, c'est une œuvre d'homme et d'homme courageux! » Alors je me suis senti si fier et si content que j'ai oublié d'un seul coup l'ennui de toute la journée.

— Tu vois donc bien, Francinet! il y a des plaisirs de toute sorte, c'est là que j'en voulais venir. Lorsque, dans ma journée, j'ai goûté la joie d'avoir bien fait mon devoir, et ensuite le plaisir de m'être amusée sans remords et sans arrière-pensée, n'ai-je pas été plus heureuse que si j'avais lancé ma balle ou mon cerceau sans vouloir faire autre chose? N'ai-je pas eu deux satisfactions pour une? Les enfants paresseux ne font-ils pas, comme dit grand-père, un calcul très sot, puisqu'ils préfèrent un seul plaisir, et encore mélangé de remords, à deux joies très complètes et très vives?

XVI. — Pense avant d'agir.

L'étourdi agit avant d'avoir pensé. Celui qui est raisonnable pense avant d'agir : il sait ce qu'il va faire, pourquoi il va le faire, et comment il va le faire. A cause de cela, il fait plus vite et mieux que les autres ; il est content de lui-même et on est content de lui.

— Je comprends bien cela, dit Francinet ; mais quand j'allais à l'école, et que j'avais mon livre devant moi, je ne songeais jamais qu'à l'ennui d'étudier, et cela me décourageait tout de suite.

— Je faisais de même dans le commencement ; aussi mon grand-père m'a défendu de jamais me mettre au travail sans avoir auparavant réfléchi quelques minutes au chagrin que je me préparais en me livrant à la paresse.

— Et vous pensez toujours à faire cette réflexion ?

— Je tâche de ne pas oublier. Mon grand-père tient beaucoup à ce que je n'agisse jamais étourdiment. Il est toujours possible, dit-il, de prendre les habitudes qu'on veut ; celui qui s'habitue à penser avant d'agir, et cherche à faire bien tout ce qu'il fait, atteint très vite une grande supériorité.

— Je le crois ; mais c'est, il me semble, une habitude bien difficile à prendre.

— Pas plus qu'une autre, je t'assure, Francinet. Ainsi, le matin, après ma prière, je songe quelques minutes aux choses que j'ai à faire dans la journée ; d'un coup d'œil je les vois toutes, et je me promets de les faire le mieux possible. Je me dis : « Je vais d'abord souhaiter le bonjour à mon grand-père et l'embrasser bien fort, bien fort ; puis je vais déjeuner en m'amusant bien. » Jusqu'à présent voilà qui est tout à fait facile, comme tu vois ; mais les leçons viennent après. Ah ! elles seront peut-être très difficiles ?... Bah ! Je ne perdrai pas une minute, je m'appliquerai tant, tant, que je les saurai. Mon grand-père me tapera gaiement sur la joue ; je serai bien fière, et le soir, intérieurement, la voix de ma conscience me dira : « Petite Aimée, c'est bien, vous n'avez pas manqué à vos devoirs, et Dieu vous bénit. »

— Oh! mademoiselle Aimée, je veux, moi aussi, faire comme cela tous les matins. C'est bien plus simple que je ne m'imaginais de trouver le courage de remplir son devoir.

— N'est-ce pas? dit Aimée, on se fait des montagnes à l'idée du travail, et quand on y réfléchit, c'est si facile! Pour commencer, petit Francinet, je vais te quitter, car je crains que ma récréation ne soit écoulée, et il ne faut pas que j'oublie l'heure de ma leçon.

— Mon Dieu! dit Francinet, vous avez manqué pour moi d'aller vous amuser, et vous avez perdu là le temps de votre récréation!

— Bon, voilà une sottise! Tu trouves donc que nous aurions eu plus de plaisir à faire une partie de balle qu'à causer raison tous les deux, toi en travaillant, moi sans jouer?

— Oh! bien sûr non, dit Francinet.

— Tu vois donc bien qu'il y a quelquefois plus de plaisir à être raisonnable qu'à perdre son temps.

Et sur cette sage conclusion, la petite fille, pour se dégourdir les jambes avant d'ouvrir son livre, fit faire quelques exercices à Phanor, en présence de Francinet.

— Hop, hop, Phanor! s'écriait-elle en riant, sautez un grand saut pour Monsieur Francinet.

Elle tendait son livre à Phanor, qui ne se fit pas prier et sauta plusieurs fois par-dessus, de la meilleure grâce du monde. Aimée courut ensuite à la pendule voir si l'heure du travail était venue.

XVII. — De la prière.

Une âme pure est l'image de Dieu, et la prière purifie l'âme.

Quelques instants après Aimée revint, toujours courant, car elle était vive et gaie comme un petit lutin. Une bonne conscience rend le cœur si léger !

— Francinet, dit-elle, j'ai encore dix minutes à moi.

Elle tenait son livre tout ouvert sous son bras, comme pour ne pas perdre un instant à chercher la leçon lorsque l'heure sonnerait.

Le petit garçon regardait curieusement le livre d'Aimée ; il semblait désireux de savoir ce qu'il y avait dedans.

Aimée devina sa pensée ; elle s'approcha de la lucarne afin d'y voir plus clair.

— Écoute, dit-elle, je vais te lire ma leçon si tu veux. J'ai là deux pages que je dois réciter à mon grand-père, en ayant bien soin de m'arrêter aux points et aux virgules, et en faisant sentir les *s* et les *t* à la fin des mots devant les voyelles. En lisant à l'avance avec toi, cela m'exercera.

Et elle commença d'une voix claire, s'arrêtant doucement à chaque verset, avec le ton ému de quelqu'un qui comprend ce qu'il lit.

LA PRIÈRE.

Mon enfant, lorsque tout petit votre mère vous prenait dans ses bras pour vous épargner une fatigue, lorsqu'elle vous donnait un fruit ou vous cueillait une fleur, ne vous a-t-on pas appris à joindre à votre petit sourire de reconnaissance le mot merci ! et ne trouvez-vous pas bien naturel de remercier ainsi celle qui vous aime tant ?

Eh bien ! mon enfant, songez à une chose : ce sont les dons de Dieu dont votre mère vous comble, et vous devez aussi votre merci à Dieu. Tout ce qui vous entoure n'est-il pas son œuvre ? le fruit velouté qui pend à l'arbre du chemin, aussi bien que ces myriades d'étoiles qui rendent la nuit lumineuse ?

La petite marguerite des prés, dont la collerette blanche s'emplit des gouttes de la rosée, est comme vous, mon enfant, une œuvre de Dieu. Seulement la petite pâquerette n'a point une intelligence pour admirer son créateur, ni un cœur pour l'aimer, ni une voix pour le glorifier. Elle n'a que sa beauté pour elle. Vous, petit enfant, parlez à la place de la fleur, et bénissez le nom de Dieu.

Seul dans la nature vous avez la parole ; élevez donc la voix, et faites-vous l'interprète de la nature entière; bénissez la bonté du Créateur!

Comment, vous écriez-vous, j'oserais parler à Dieu? Dieu est sans bornes, infini! Et moi, petit enfant, si petit, je ne puis pas même le comprendre. La goutte de rosée qui tremble sur le sein de la marguerite peut-elle contenir l'immensité du ciel bleu? Ma pauvre intelligence peut bien moins encore comprendre l'immensité de celui qui a fait le ciel même.

Mon enfant, approchez de plus près, et voyez. Cette petite goutte, si petite, qui se balance sur le pétale de la fleur, est en même temps si pure et si transparente qu'une parcelle du ciel bleu s'y réfléchit. La perle limpide se fait miroir, elle reflète la belle nuance des cieux! Eh bien! mon enfant, une âme pure est comme la goutte de rosée, elle reflète en elle l'image du Dieu infini qui a créé le monde. Plus l'âme est pure, plus l'image céleste y laisse une visible empreinte.

Soyez donc pur, mon enfant, soyez donc bon, soyez donc sage. La pureté, la bonté, la sagesse nous font ressembler à Dieu, et la prière est le lien qui nous unit à lui!

Aimée s'arrêta, sa petite voix douce tremblait. La leçon était belle, et cette leçon l'avait émue. Elle s'approcha de Francinet pour savoir ce qu'il pensait de sa lecture, et elle vit qu'il était touché lui aussi; car il la remercia timidement, encore sérieux des choses qu'il venait d'entendre. Elle lui sourit:

— A ce soir, dit-elle! Je suis contente, Francinet, car je vois que tu es bon, et que tu ne me détestes plus.

XVIII. — Être heureux, c'est avoir la conscience tranquille.

Enfants, le vrai bonheur ne vient pas du dehors; il vient du plus profond de notre âme, il vient de notre conscience.

Lorsque Francinet se retrouva seul, il repassa dans son esprit tout ce qui lui était arrivé depuis la veille.

C'était justement à cette heure-là que, le jour précédent, son cœur s'était empli de tant de fiel et de jalousie, en contemplant la petite fille aux riches vêtements et aux cheveux bouclés, qui s'ébattait sur la pelouse. C'était à ce moment-là qu'il avait eu la méchanceté de lancer une pierre : Phanor avait été blessé, et Aimée aurait pu l'être.

Quelle triste journée il avait passée à la suite de cette faute ! Comme sa conscience, honteuse et mécontente, l'avait tourmenté et rendu malheureux ! Qu'il était désolé, le soir, en chantant sa chanson tout seul, aux faibles clartés de la lune ! et combien Aimée lui avait paru bonne d'être venue la première lui tendre la main et mettre fin à sa tristesse !

Et Francinet se disait intérieurement :

— Il est meilleur d'aimer que de haïr, car la haine est amère, la haine porte au mal, la haine remplit le cœur de remords et de tristesse. La haine est mauvaise, et Dieu se détourne des cœurs vindicatifs. Je ne veux plus haïr personne, je ne veux plus jamais faire le mal. Riches ou pauvres, j'aimerai tous les hommes, puisque tous les hommes sont mes frères. Et lorsque ma pauvreté me semblera dure, au lieu d'appeler la haine à mon secours j'appellerai la lumière de Dieu à mon aide.

Et Francinet reprit à demi-voix, comme une prière, deux beaux vers de sa chanson :

Seigneur, donne-moi ta lumière,
Je suis le fils des travailleurs !

Et pendant que Francinet priait ainsi, il sentit s'élever en son cœur quelque chose de fort et de doux qui le rendait heureux. C'était la voix de sa conscience qui l'approuvait.

Francinet comprit que les meilleurs plaisirs nous viennent de l'âme ; et les peines que coûte l'accomplissement du devoir lui parurent alors bien légères, en comparaison de cette satisfaction intérieure qui le remplissait tout entier.

XIX. — Le riche doit s'instruire.

L'instruction est la nourriture de l'âme comme le pain est la nourriture du corps.

Toi, riche, grâce au travail de tes pères, tu n'as pas à craindre la faim ; tu es donc plus coupable que tout autre si tu ne donnes pas à ton âme sa nourriture.

Le soir, à l'heure de son goûter, Aimée revint près de Francinet pour passer avec lui une partie de sa récréation.

Elle avait encore son livre à la main, et Francinet ne put s'empêcher de lui demander si toutes les pages du livre étaient aussi belles que celles dont elle lui avait fait la lecture le matin même.

— Certainement, répondit Aimée ; et si tu veux t'en convaincre, tiens, Francinet, ouvre au hasard. Je te lirai le chapitre que tu auras tiré, et tu jugeras.

Francinet prit une épingle qui était piquée proprement sur la manche de sa blouse, et tandis qu'Aimée tenait le livre bien fermé, il enfonça l'épingle au milieu des feuillets.

— Je choisis le côté gauche ! s'écria-t-il gravement, comme s'il se fût agi de tirer à la conscription.

Aimée ouvrit le livre et fit une petite moue.

— Ce chapitre est très beau, dit-elle ; néanmoins il conviendrait mieux pour moi que pour toi. Le suivant, au contraire, t'intéresserait davantage ; faut-il le lire?

— Non, non, j'ai tiré celui-là, je veux savoir ce qu'il dit. Je vous en prie, mademoiselle Aimée, lisez-le-moi.

— Cela te fait plaisir? Eh bien ! je commence.

LE RICHE DOIT S'INSTRUIRE.

Mon enfant, il y a temps pour tout dans la vie. Le temps de la jeunesse est celui de l'étude. Si vous laissez passer vos jeunes années sans rien apprendre, vous êtes coupable, et votre faute vous rendra malheureux dans l'avenir.

— Mais, dites-vous, je suis riche, je n'ai pas besoin de travailler pour vivre ; pourquoi me fatiguerais-je à étudier ? Que m'importe la science ? je saurai vivre heureux sans elle.

— Vous vous trompez, mon enfant. Il ne suffit pas d'être riche pour être heureux, il faut aussi être bon. Eussiez-vous les plus grandes richesses de la terre, si vous avez une âme basse et méchante, vous serez malheureux.

— Mais ne puis-je être bon en restant ignorant ?

— Mon enfant, si vous restez ignorant volontairement, vous commettez déjà une faute et une faute énorme, car vous êtes un paresseux. Vous préférez vivre comme la brute, pour boire, manger et dormir, au lieu de vivre en homme par la pensée. Etudier, travailler, penser, c'est chercher à comprendre tout ce qui nous entoure ; ce qui nous entoure étant l'œuvre de Dieu, c'est toujours de Dieu que nous nous rapprochons en nous instruisant. Songez-y donc, mon enfant, l'étude est plus noble que vous ne le croyez : étudier, c'est chercher Dieu ? Celui qui étudie ne cherche-t-il pas la vérité, et Dieu n'est-il pas la vérité même ?

— Quoi donc, mon alphabet et cette grammaire aux règles ennuyeuses me feraient chercher Dieu ? Est-ce possible ? Son nom n'y est même pas prononcé.

— Mon enfant, écoutez une comparaison.

Dans la maison de campagne de votre père il y a un grand verger entouré de murs, avec une porte soigneusement fermée. Les beaux arbres du verger sont couverts de fruits, et leur vue vous a tenté :

« Mère, avez-vous dit, donnez-moi ces jolies branches de cerises que je vois là-haut. »

Votre mère qui vous aime a répondu : oui, et vous a pris par la main. Mais voilà qu'au lieu de vous mener au verger, elle revient avec vous à la maison.

Alors, petit enfant impatient que vous êtes, vous pleurez, croyant que votre mère vous trompe. Elle, sans s'inquiéter de vos larmes, prend à la muraille la grosse clef du verger, et vous ramenant alors :

« Etourdi, ne fallait-il pas faire ce détour d'abord, pour pouvoir entrer ensuite ? »

Mon enfant, la science est comme le grand jardin fermé de votre mère : il faut faire un détour ennuyeux avant d'entrer, car la clef de tous les beaux livres instructifs, c'est l'alphabet. Apprenez donc vite à lire, mon enfant, apprenez la grammaire qui est la science de la parole et de l'écriture.

Ne vous ennuyez pas pour un peu de peine que vous prenez d'abord ; plus tard, quand vous serez grand, et quand la vie vous aura donné les heures tristes qu'elle tient en réserve pour tous, —

riches comme pauvres, — la science vous consolera. Les bons livres, comme des amis fidèles, viendront charmer votre solitude.

Ils vous parleront de Dieu et de l'impérissable justice, que les efforts des méchants ne sauraient empêcher de triompher.

Ils vous parleront des hommes, vos frères, qui souffrent comme vous, plus que vous peut-être ; et votre âme, que l'instruction aura depuis longtemps ennoblie, oubliera ses propres douleurs en songeant à celles de ses frères.

Vous voudrez faire quelque chose pour aider leur infortune ; et cela vous sera possible, car celui qui sait beaucoup de choses trouve des ressources que l'ignorant ne soupçonne pas.

Alors vous vous apercevrez qu'en voulant soulever le fardeau de vos frères pour les soulager, vous avez allégé le poids de votre propre misère. Le grand consolateur par excellence, c'est l'amour du prochain, c'est la charité ; mais la charité est toujours doublement féconde, quand elle est accompagnée de la science.

Instruisez-vous donc, enfant du riche, si vous voulez être utile aux hommes qui sont vos frères, et utile à vous-même en perfectionnant votre âme, ce présent de Dieu dont il vous sera demandé compte un jour.

Aimée se tut, le chapitre était fini.

— Ces pages sont belles, dit Francinet ; mais vous aviez raison, mademoiselle Aimée, elles sont écrites pour vous qui êtes riche..., non pour moi...

Francinet s'arrêta, il était visiblement embarrassé, il avait envie de dire quelque chose et n'osait pas. Enfin, le désir de parler fut le plus fort : — Pourquoi, s'écria-t-il, le livre n'engage-t-il à s'instruire que les enfants riches ? Les aime-t-il mieux que les autres ?

Aimée sourit ; elle rouvrit son livre pour toute réponse, et commença le chapitre suivant.

XX. — Le pauvre doit s'instruire.

L'ignorant est destiné à jouer toute sa vie, au milieu de ses semblables, le rôle d'un enfant.

— Mais moi qui suis pauvre, moi qui dois passer ma vie à labourer les champs, ou à travailler le fer dans la forge en feu, ou à élever pierre par pierre la maison du riche, ai-je besoin d'étudier ? La science est-elle faite pour moi ? Mes mains n'ont-elles pas plutôt besoin de savoir manier les lourds outils du travail que les feuillets délicats des livres ?

— Mon enfant, le pauvre doit s'instruire aussi bien que le riche; car le pauvre a, comme le riche, des devoirs à remplir ici-bas pour devenir bon, sage, vertueux ; et il est à propos qu'il puisse sans cesse se rappeler ces devoirs en lisant et relisant les lois morales.

Mais les lois morales ne sont pas les seules qui intéressent le travailleur ; il est soumis aux lois de la société dans laquelle il vit, et s'il viole ces lois, il peut être traduit devant les tribunaux. N'est-ce pas une inconséquence effrayante que de ne pas savoir lire ces lois humaines qui peuvent vous condamner à l'amende, à la prison, ou même à la mort ?

Mon enfant, que vous travailliez la terre, ou le fer, ou le bois, il vous faudra prendre des engagements avec vos semblables et en recevoir : ne devez-vous pas être en état de donner à ces engagements une fixité certaine au moyen de l'écriture ?

Jeune ouvrier qui vivras de ton salaire, si tu n'as pas appris à compter, si tu ne sais pas calculer ce que tu as le droit de réclamer, tu ignores les conditions mêmes auxquelles l'existence du travailleur est attachée.

Le travailleur qui ne sait ni lire ni écrire est destiné à jouer toute sa vie, au milieu de ses semblables, le rôle d'un enfant.

A trente ans comme à dix il sera encore en tutelle. Il faudra que chacun pense, parle, lise, écrive, compte pour lui, fasse ses affaires et le dirige de ses conseils..

Naître pauvre, mon enfant, est regardé comme un malheur. Eh bien ! enfant du pauvre, le premier remède à ce malheur, c'est de t'instruire. L'ouvrier qui a un bon fonds d'éducation sent bientôt que sa valeur a doublé. Il s'estime davantage, et il est aussi estimé davantage par tous ceux qui le connaissent.

— Mais j'ai si peu de temps à passer à l'école ! je ne pourrai jamais savoir grand'chose ?

— Le temps est comme l'étoffe, mon enfant : celui qui ne la gaspille pas, taille un vêtement tout entier, là où le prodigue ne trouve pas même de quoi draper son pourpoint.

Sois donc économe de ton temps, cher petit enfant du travailleur ! Ne perds pas une minute lorsque tu viens t'asseoir sur les bancs de l'école.

Aime le livre où tu essaies d'éclairer ton intelligence ; étudie-le avec courage; arrache-lui un à un tous ses enseignements. Qu'il soit pour toi comme une promesse de délivrance pour l'avenir ! Va, cela est plus vrai que tu ne le crois. Ton livre t'aime sans que tu t'en doutes. C'est un ami qui te parle et veut t'éclairer. Ces lignes régulières de petits points noirs qui se déroulent sous tes yeux, qui donc les aurait tracées, sinon la main de quelqu'un qui t'aime? Va, cher enfant du peuple, ta mère n'est pas la seule à suivre d'un œil attendri ton jeune visage dans la foule. Celui qui te parle ici, par la voix de ton livre, est un ami inconnu, mais dévoué, qui voudrait te voir heureux. Ecoute donc les leçons de ton livre, mon enfant; étudie tant que tu pourras. La sagesse arrive à mesure que l'ignorance s'enfuit; et la sagesse, c'est le bonheur!

XXI. — **Francinet prend une bonne résolution. — Utilité de la lecture.**

Quand vous avez lu quelques pages d'un bon livre, suivez les conseils qu'il vous donne; car ce sont les conseils d'un ami.

— Voilà un bien beau chapitre! s'écria Francinet, tandis qu'Aimée refermait son livre. Je n'aurais jamais cru qu'il fût si utile de savoir lire. Maintenant je m'appliquerai avec tant de courage que je finirai bien vite d'apprendre, ne fût-ce que pour pouvoir lire les belles choses dont votre livre est plein, mademoiselle Aimée.

— C'est une bonne résolution, Francinet; mais qui donc te montrera à lire?

— Oh! dit Francinet, dès que je ne veillerai plus, ma sœur Pauline me fera lire tous les soirs en revenant de sa journée; au lieu de suivre mes lettres avec nonchalance, je serai très attentif. Puis le dimanche, dans l'après-midi, j'étudierai encore. Je veux suivre comme il faut les conseils du livre: je ne veux pas rester ignorant.

— Quand tu sauras lire, Francinet, je te prêterai tous mes livres; cela fait que tu pourras apprendre tout ce que je sais.

— Vous êtes bien bonne, mademoiselle Aimée, et je voudrais bien pouvoir vous rendre autant de services que vous m'en avez déjà rendu depuis quelques jours seulement que je vous connais.

— Francinet, répondit la petite Aimée d'un air sérieux, tu m'as été aussi utile que j'ai pu l'être pour toi.

Tu m'as fait beaucoup réfléchir depuis hier ; et si je t'ai donné l'envie de t'instruire, tu as de ton côté, je te l'assure, fait naître en moi le même désir. Je veux apprendre beaucoup de choses auxquelles je n'avais jamais songé ; je ne veux pas rester indifférente aux questions qui intéressent les pauvres ; car, je le sens, j'aime ceux qui sont moins heureux que moi; je les aime plus encore que ceux qui, comme moi, ont de la fortune. Je veux donc être aimée d'eux, et pour cela, Francinet, je veux devenir meilleure. Vois la belle résolution que tu m'as inspirée, et dis-moi si je ne te dois pas beaucoup ?

Aimée tendit la main en souriant à Francinet et s'échappa vite, car l'heure du travail venait de sonner.

XXII. — La robe blanche d'Aimée. — La pureté du cœur.

Ayez un cœur sans tache.

— Mademoiselle Aimée, dit le lendemain Francinet en voyant arriver la petite fille, vous avez toujours une robe blanche, et je vois le grand soin que vous prenez de ne pas la salir. Je voudrais bien savoir pourquoi vous êtes ainsi toujours vêtue de blanc, au lieu de porter, comme les autres demoiselles riches, du rose, du bleu et toute sorte de couleurs.

— Francinet, répondit Aimée sérieusement, c'est pour obéir à un désir de ma mère. Je ne l'ai jamais connue ; mais je suis heureuse de lui prouver que je l'aime en lui obéissant.

— Vous avez raison, mademoiselle Aimée, dit Francinet ; car je sais qu'on doit toujours suivre la fantaisie de ses parents.

— Oh ! fit Aimée avec un sourire, ma mère a eu autre chose qu'une fantaisie. Elle a eu une pensée d'affection pour moi. Le blanc est la couleur que ma mère préférait ; il paraît, Francinet, que dans tous les temps et dans tous les pays le blanc a été regardé comme l'image de l'innocence? Eh bien! en me faisant porter cette couleur si facile à ternir, ma mère mourante a voulu me faire souvenir sans cesse, par la propreté minutieuse à laquelle elle me condamnait, des soins scrupuleux que je dois prendre pour conserver à mon âme toute sa pureté. Cette robe, que ma mère m'a imposée, me rappelle constamment son souvenir et ce qu'elle m'aurait dit si elle avait vécu.

— C'est singulier, dit Francinet, comme vous savez comprendre toutes choses, mademoiselle Aimée. Moi, je n'aurais jamais deviné cela.

— Je ne l'ai pas deviné davantage, dit Aimée. C'est mon grand-père qui m'a donné cette explication. Sans lui, je n'aurais pas compris plus que toi la pensée de ma mère, et j'aurais eu peut-être envie de murmurer contre les privations que m'imposa plus d'une fois ma robe blanche.

— C'est vrai, dit Francinet tout songeur, vous avez dû bien souvent être privée de jouer, mademoiselle Aimée.

Et en disant cela, Francinet pensa que c'était sans doute ce constant respect pour la volonté affectueuse d'une morte, imposé à cette enfant dès l'âge le plus tendre, qui avait habitué Aimée à être si raisonnable.

Il comprit vaguement ce qu'il y avait de touchant dans cette pensée maternelle survivant à la tombe, pour rappeler sans cesse à une enfant le souvenir de sa mère et le respect de soi-même au moyen d'un signe extérieur, d'une robe blanche. Aussi Francinet fut-il ému sans trop savoir pourquoi. Il trouvait maintenant Aimée supérieure à lui par l'élévation des sentiments plus encore que par la fortune; et la pensée qu'il avait eue en la voyant pour la première fois lui revint, sans qu'il sût comment, sur les lèvres. — Les riches sont bien heureux! s'écria-t-il.

Aimée sourit gaiement.

— Francinet, dit-elle, tu as toujours l'air de considérer les riches comme une espèce d'hommes à part. Cependant mon grand-père est le fils d'un ouvrier. Veux-tu que je te dise en deux mots son histoire, qu'il m'a bien des fois racontée?

— Je le veux bien, dit Francinet.

XXIII. — Histoire du grand-père d'Aimée. — Riches et pauvres.

Il n'est pas de riche qui n'ait parmi ses aïeux quelque pauvre; il n'est pas de pauvre qui n'ait parmi ses aïeux quelque riche.

Les fils du riche deviendront pauvres s'ils sont prodigues; les fils du pauvre deviendront riches s'ils savent épargner.

Pourquoi donc le riche mépriserait-il le pauvre, et pourquoi le pauvre haïrait-il le riche?

Aimée continua:

— A ton âge, Francinet, mon grand-père marchait pieds nus et ne portait de sabots que quand il gelait très fort. Il ne savait ni lire ni écrire, et ce n'est qu'à l'âge de dix-huit ans qu'il lui a été possible de s'instruire. Il était colporteur; il portait sa petite boutique à son cou, et commença son métier à neuf ans avec cinquante sous de marchandises. Il dormait la nuit dans les granges, dînait d'un morceau de pain sec, et buvait dans le creux de sa main aux fontaines de la rue.

Il a mené, vingt ans durant, cette existence de travail sans relâche et de privations continuelles, avant de se décider à jouir un peu de la fortune qu'il avait si péniblement amassée.

Il s'est marié alors, et a monté une manufacture, continuant à travailler et épargnant toujours.

Enfin, Francinet, mon grand-père a soixante-quinze ans; en voilà soixante-six qu'il travaille. S'il est riche, il ne le doit qu'à lui seul. Ne trouves-tu pas qu'il a mérité le bien-être qui l'entoure, et penses-tu qu'on doive le regarder de travers, parce qu'il peut se servir d'une voiture, maintenant qu'il n'a plus assez de forces pour faire de longues marches à pied ?

— Oh ! dit Francinet, M. Clertan est un fier homme ! Mais comment tout cela peut-il être vrai ?

— Francinet, fit Aimée, c'est mon grand-père lui-même qui me l'a dit, et comment mon grand-père mentirait-il, lui qui m'a inspiré tant d'horreur du mensonge ?

— Pardonnez-moi, mademoiselle Aimée ; mais je trouve cela si singulier de penser que vous êtes la petite-fille d'un ouvrier, et que vous ne vous en cachez pas ! Cela me rend bien honteux du mauvais accueil que je vous ai fait la première fois.

— Ah ! dit la petite fille gaiement, n'en parlons plus. Puisque nous ne sommes plus ennemis, c'est l'essentiel.

Je vais vite dîner à présent, car mon grand-père aime l'exactitude, et j'entends la cloche du dîner.

XXIV. — Francinet met en pratique les conseils d'Aimée : Il faut réfléchir avant d'agir. — La prudence.

« Agir sans avoir réfléchi, c'est se mettre en voyage sans avoir fait de préparatifs. »

« N'entreprenez jamais rien sans y avoir réfléchi avec prudence. Mais quand votre résolution est prise, exécutez-la avec courage. »

Le soir de ce jour, Francinet veilla encore jusqu'à dix heures. M. Clertan l'avait prévenu que ce serait pour la dernière fois.

C'était une nécessité impérieuse qui avait décidé M. Clertan à faire travailler le jeune apprenti pendant la veillée. Francinet devait être payé très avantageusement : les heures de veille devaient lui être comptées au même taux qu'à un homme.

L'enfant s'en réjouissait beaucoup, et au lieu de s'ennuyer tout seul, il regrettait que cette soirée fût la dernière qu'on lui fit passer.

Phanor venait de temps en temps se coucher à ses pieds et lécher ses mains ; mais il repartait bientôt, allant, venant, furetant d'un air inquiet. Il flairait l'air comme s'il sentait quelque chose d'inaccoutumé.

Francinet, qui l'observait, finit par trouver qu'il y avait comme une odeur de brûlé. Plus la soirée s'avançait, plus l'enfant était frappé de cette odeur.

Il en fit part au contre-maître. Celui-ci passa une revue dans l'atelier et n'aperçut rien. En ouvrant la porte voisine de la cave de Francinet, il sembla bien que l'odeur de roussi se prononçait. Le contre-maître examina tous les recoins sans lumière. S'il y avait eu du feu, on l'aurait vu ; il n'y avait rien.

M. André déclara qu'il fallait aller se coucher, que Francinet rêvait, que cette odeur de roussi venait de quelques allumettes brûlées l'instant d'auparavant.

Bref, on ferma les portes, Francinet rentra chez lui et se coucha.

Mais il ne put réussir à trouver le sommeil. Il était inquiet, il écoutait, et le plus léger bruit lui arrivait au milieu du silence de la nuit.

La largeur de la rue séparait seule le portail de M. Clertan du pauvre rez-de-chaussée qu'habitait Francinet ; de son lit, il entendait l'intelligent Phanor courir à travers la cour en jetant une sorte d'aboiement plaintif comme un avertissement.

Branche de cotonnier.

L'enfant agité regrettait de n'avoir pas insisté davantage auprès du contre-maître. D'autre part, il ne s'expliquait pas comment cette longue pièce toute noire, remplie de sacs de coton posés sur le sable même de la cave, eût pu offrir quelque danger d'incendie. On ne pénétrait jamais le soir dans l'atelier qu'avec une lanterne; il était défendu de fumer dans les pièces où l'on ployait les cotons; enfin toutes les précautions étaient prises.

A ce moment même, Francinet se ressouvint qu'un des ouvriers, le père Léon, chargé précisément du soin des cotons dans le séchoir à la vapeur, avait la mauvaise habitude de fumer, malgré les réprimandes qu'il recevait à cet égard. Le soir même, Francinet l'avait vu la pipe à la bouche, lorsqu'il rapportait les sacs de coton sur son épaule; puis, ayant cru entendre M. Clertan, le père Léon avait précipitamment fourré sa pipe dans sa poche en disant : — Ah! voilà le patron; petit *Cinet*, ne parle pas de ma pipe.

Séchoir à la vapeur. Pièce chauffée par des tuyaux de calorifère, et où l'on étend les cotons que l'on veut faire sécher.

A mesure que Francinet se rappelait toutes ces choses, il lui semblait de plus en plus certain qu'un accident avait pu avoir lieu, et qu'un danger menaçait le grand-père d'Aimée.

Néanmoins le jeune garçon n'osait se décider à retourner chez M. Clertan :

— Tout le monde est couché, pensait-il; comment oser réveiller les gens sans savoir si mes craintes sont fondées?

Mais bientôt une pensée plus désintéressée l'enhardit :

— Qu'est-ce que je risque en y allant? se dit-il. Qu'on se moque de moi, si je me trompe, et qu'on me gronde? Eh bien! j'aime mieux risquer cela que d'exposer à un danger mademoiselle Aimée et son grand-père, si je ne me trompe pas.

XXV. — Prudence est mère de sûreté.

Ne retardez jamais ce que vous pouvez faire tout de suite.

Sans plus hésiter, Francinet s'habilla à la hâte :

— Mère, dit-il, je ne puis pas dormir, je crains que le feu ne soit chez mon patron; laisse-moi l'éveiller.

En achevant ces paroles, Francinet s'élança dans la rue et frappa à coups redoublés à la grande porte. Phanor unit aussitôt le tapage de ses aboiements aux coups de marteau et de sonnette. C'était un bruit à réveiller les morts. La servante ne tarda pas à venir :

— Qui est là? demanda-t-elle à travers la porte.

— Moi, Francinet, le tourneur du moulin à l'indigo, Je veux parler à M. Clertan.

— Te moques-tu, petit imbécile, de réveiller les gens à cette heure? Monsieur dort, que lui veux-tu?

— Ne vous fâchez pas, mademoiselle Catherine, et ouvrez-moi la porte. Il faut que je parle à M. Clertan; je crois bien que le feu est dans la cave aux cotons teints.

A ce mot de feu, la bonne ouvrit sans plus tarder. Le jeune garçon courut du côté de la cave. Une odeur de brûlé très forte s'en échappait.

— Tenez, tenez, mademoiselle Catherine, ne sentez-vous pas?

— C'est vraiment vrai! dit la vieille cuisinière, il y a quelque chose qui brûle là; je cours chercher Monsieur.

Un instant après, le vieillard ouvrait la porte et pénétrait dans la cave avec Francinet et Catherine. Il n'y avait toujours aucune trace d'incendie, sauf une insupportable odeur de chiffon brûlé. M. Clertan s'approcha d'un des sacs fermés :

— C'est d'ici que vient cette odeur, dit-il; l'incorrigible père Léon aura laissé tomber quelque étincelle de sa pipe en serrant les cotons. Le feu couve sans nul doute dans ce sac fermé ; mais avant peu il se fût déclaré et eût communiqué l'incendie aux cotons environnants. Catherine, portez ce sac dans la cour. Francinet, prends un seau et pompe de l'eau.

On porta le sac et on le dénoua dans la cour. Dès qu'il fut ouvert, la fumée commença à s'échapper, et la flamme suivit bientôt. On jeta de l'eau en abondance et on éteignit le feu.

Tout cela n'avait guère demandé plus de dix minutes, pendant lesquelles Francinet avait répondu aux questions de M. Clertan et de Catherine.

— Allons, dit le riche négociant, tu es un brave garçon, Francinet ; tu as fait preuve ce soir de plus d'intelligence et de réflexion qu'un homme éprouvé de longue main, que mon contre-maître. Je te remercie, mon ami ; je n'oublierai pas le service que tu m'as rendu.

Francinet était bien fier en rentrant chez lui ; mais il ne voulut pas se mettre au lit sans remercier Dieu de la bonne inspiration qu'il lui avait envoyée. Ce devoir rempli, il s'endormit le cœur plein de satisfaction.

XXVI. — Francinet est récompensé. — Un service appelle un autre service. — La rente sur l'État.

> Le bienfaiteur ne doit pas faire voir qu'il se souvient du service rendu ; l'obligé doit faire voir qu'il s'en souviendra toujours.

M. Clertan, de son côté, n'était pas resté inactif ; il avait songé aux moyens les plus convenables de récompenser Francinet du service qu'il lui avait rendu.

M. Clertan savait bien que Francinet, en lui rendant ce service, ne l'avait point fait par intérêt ni par espoir de récompense ; mais l'action du jeune apprenti n'en était que plus méritoire et plus digne d'être récompensée, car rien n'est plus beau que de faire le bien pour le bien.

M. Clertan fit venir l'enfant dans son cabinet.

— Mon ami, lui dit-il, tu m'as épargné, par ton intelligence, un malheur dont les suites pouvaient être fort graves ; sans toi notre atelier ne serait peut-être qu'un amas de ruines à cette heure. Je tiens donc à t'exprimer ma reconnaissance. Voici une enveloppe cachetée que tu porteras à ta mère. Elle contient une rente sur l'État pour Mme veuve Roullin. Chaque trimestre ta mère détachera du titre de rente un de ces petits carrés de papier qu'il contient et qu'on nomme *coupons;* elle ira chez le trésorier général présenter son coupon et, en échange, on lui remettra la somme indiquée dessus. Quant à toi, mon enfant, je désire te donner ce que je regarde comme le plus grand bienfait, une bonne éducation ; mais je ne veux pas te faire sortir de ta condition d'ouvrier, car je veux que tu sois toi-même l'artisan de ta fortune. Tu continueras donc ton apprentissage chez moi. Seulement tu ne travailleras à ton métier que quatre heures par jour ; le reste du temps tu assisteras aux leçons de mes enfants, tu feras comme eux des devoirs, et je l'espère, Francinet, tu t'appliqueras de façon à ne pas me causer de regrets. Plus tard, tu instruiras ton petit frère à ton tour ; tu veilleras à ce qu'il devienne un bon travailleur et un ouvrier intelligent. Si tu veux, Francinet, il ne tient plus qu'à toi de sortir de la misère.

N° 0,326,634 Rente 100 fr.

Trimestre du 16 FÉVRIER 1882

VINGT-CINQ FRANCS

Coupon de rente. — Chaque titre de rente sur l'Etat est bordé de petits feuillets appelés *coupons*, qu'on peut couper ou détacher tous les trois mois ; sur ces coupons est inscrite une certaine somme, et pour toucher cette somme il suffit de présenter le coupon chez le percepteur ou le trésorier général.

Francinet était si agréablement surpris qu'il ne savait que dire. M. Clertan mit fin à son embarras en l'envoyant aussitôt porter à sa mère le titre de rente.

Aimée accompagna Francinet, et elle s'y prit si

gentiment pour exprimer à la veuve les idées de son grand-père, qu'elle triompha des résistances de Mme Roullin : celle-ci ne voulait pas comprendre que le service si simple de Francinet valût une telle récompense.

XXVII. — Les leçons en commun. — M. Edmond.

L'étude en commun est plus douce.

Huit jours après, Francinet, vêtu d'habits bien propres, prenait sa première leçon en compagnie d'Aimée et de son frère Henri, qui était de retour de son voyage.

Henri était, comme sa sœur, un enfant studieux et bien élevé ; il traita vite Francinet en camarade.

M. Edmond, le précepteur des deux enfants, était un ancien instituteur qui, à force de travail, avait appris par lui-même une multitude de choses, les langues anciennes et les sciences modernes.

Il ne manqua pas, en bon maître qu'il était, d'établir entre ses trois écoliers l'égalité la plus parfaite. Il ne montrait ses plus grands égards qu'à celui qui travaillait le mieux, et ne dispensait ses approbations que suivant le mérite.

Quoique Francinet fût bien en retard, puisqu'il savait à peine lire, il mit tant d'ardeur au travail et il était d'ailleurs si intelligent, que la distance qui le séparait des deux autres enfants diminua assez vite.

L'excellent M. Edmond s'arrangea d'ailleurs de façon à remplacer, autant que possible, pendant la première année, les devoirs écrits par des leçons orales, ce qui rétablissait l'égalité entre les trois élèves.

Lorsqu'il faisait beau temps, les leçons se prenaient au grand air, sur la pelouse de la cour.

Parfois aussi, M. Edmond emmenait nos jeunes amis faire une promenade à la campagne ; le long du chemin il les instruisait, et la route en paraissait mille fois plus agréable.

Enfin, lorsqu'il pleuvait, les enfants se réunissaient dans une salle d'étude semblable à l'école où M. Edmond enseignait autrefois. Il y avait là un grand tableau noir, sur lequel M. Edmond traçait des problèmes, des figures de dessin linéaire et des modèles d'écriture. Sur les murs, on voyait des cartes de géographie où les enfants s'exerçaient à trouver la place des villes et des contrées. Tout cela émerveillait le jeune Francinet, qui prenait un grand goût à l'étude.

L'arrangement de cette existence nouvelle n'avait pas fait perdre de vue à Aimée les pensées sérieuses que sa première entrevue avec Francinet avait éveillées en son âme.

Elle roulait dans sa petite tête de grosses questions dont elle voulait avoir la réponse, et un beau jour, après avoir bien mis en ordre ses idées, elle demanda à M. Edmond la permission de l'interroger. Henri et Francinet étaient présents ; ils ne manquèrent pas de se mêler au débat, et voici la conversation qui a eu lieu.

XXVIII. — **Aimée voudrait connaître des remèdes aux souffrances des pauvres. — La souffrance, principe de la charité.**

La souffrance est le lien des hommes.

— Monsieur Edmond, dit Aimée, je trouve bien malheureux qu'il y ait des pauvres, bien triste qu'il y ait des gens obligés à tant se donner de mal, tandis que d'autres ne font rien. Mon pauvre grand-père a travaillé soixante ans pour gagner la fortune qu'il a ! Malgré cela, cette fortune est une exception, à ce qu'il paraît ; car il y a des gens qui, après avoir travaillé le même nombre d'années, meurent à la peine, sans avoir pu se reposer et sans la consolation de savoir au moins leurs enfants sortis de la misère ! N'est-ce pas bien triste ? Quel remède y a-t-il donc à cela? Oh! je voudrais, moi, qu'il fût en mon pouvoir que personne ne souffrît ici-bas! Dussé-je souffrir à la place des autres, j'y consentirais volontiers.

— Mon enfant, reprit doucement M. Edmond, attendri par les yeux humides de la petite, vous voyez bien déjà que la souffrance est utile à quelque chose, puisqu'elle peut faire naître, même dans l'âme d'un enfant, une compassion assez vive pour lui inspirer l'idée généreuse d'un dévouement. La souffrance est l'origine de ce qu'il y a de plus beau sur la terre : la charité, la pitié et l'amour.

La souffrance, qui vous attriste tant, est le lien le plus fort qui puisse unir les hommes, en les obligeant à travailler en commun, à se secourir les uns les autres, et par cela même à s'aimer. Ne voyez-vous pas que, pour combattre la souffrance, il leur faut mettre en commun toutes leurs forces? Car les pauvres ne sont pas les seuls à souffrir en ce monde: les infirmités, la maladie, la mort, ne frappent-elles pas aussi les riches? A cause de cela, les riches ont besoin comme les pauvres du secours de leurs semblables, ils ont besoin de leur amour, qui aide à supporter les peines en les rendant plus douces. La souffrance, en forçant les hommes à travailler ensemble, en fait des frères.

Voilà une première utilité de la souffrance, mes enfants; elle développe en nous ce qu'il y a de plus précieux sur la terre et dans le ciel même : la bonté, la charité.

La souffrance a encore bien d'autres utilités que je vous montrerai plus tard.

XXIX. — Les hommes doivent lutter ensemble contre la souffrance.

Il est nécessaire à tous, riches ou pauvres, de s'éclairer sur les meilleurs moyens de soulager la misère.

— Mais alors, dit Henri, si la souffrance est utile, il ne faut donc pas la combattre?

— Au contraire, mon ami, car elle n'est utile que parce qu'elle nous excite à la combattre en mettant en commun toutes nos forces. Je ne prétends nullement qu'il faille se résigner à voir souffrir autour de soi, comme on se résigne à savoir qu'il y a des gens qui meurent sur la terre à chaque minute de la journée. Quoique les hommes sachent qu'ils doivent tous mourir, ne voyez-vous pas qu'ils font des efforts constants pour écarter la mort aussi loin que possible, et diminuer le nombre des victimes qu'elle fait autour d'eux chaque jour? Eh bien, nous devons faire pour les autres maux comme nous faisons pour celui-là.

Seulement, le médecin qui se consacre à l'étude des maladies, ne commence pas par se faire des illusions, et par se figurer qu'il arrivera du jour au lendemain à guérir tous les malades, à empêcher tous les hommes de souffrir et de mourir. Non. Mais il se promet de guérir le plus de gens possible et de diminuer ainsi l'empire de la mort. De même, ceux qui se consacrent à l'étude des misères qui existent dans la société et de leurs remèdes, c'est-à-dire à l'étude des *questions sociales*, ne doivent pas commencer par rêver l'impossible, ni espérer une guérison complète et soudaine de tous les maux, par exemple de la pauvreté. En revanche, on peut combattre la pauvreté comme les maladies et la mort, la faire diminuer et lui arracher le plus de victimes possible.

— C'est déjà quelque chose, c'est beaucoup! s'écria Francinet, qui ne perdait pas une seule parole. Ah! monsieur Edmond, vous voyez bien! Mlle Aimée n'avait pas tout à fait tort, et il doit y avoir des remèdes au sort misérable des pauvres.

— Oui, oui, c'est cela! s'écria Aimée en frappant des mains. Oh! monsieur Edmond, je vous en prie, expliquez-nous ce qui concerne cette question. Je vois bien que vous savez toute sorte de choses là-dessus; et moi, je ne sais rien, je ne connais rien, sinon qu'il y a des gens malheureux qui souffrent; et cela me fait souffrir, et cela me rend malheureuse aussi. La chanson du pauvre me poursuit partout; dès que je suis seule, je la chante sans le vouloir, et la nuit, en rêve, je crois encore l'entendre.

— Mon enfant, ce que vous me demandez là est toute une science, qu'on appelle *économie sociale* ou *économie politique*. C'est l'étude des moyens d'accroître la richesse et de diminuer la misère dans une nation.

— Oh! monsieur, s'écrièrent les trois enfants tout d'une voix, que nous serions heureux d'apprendre cela! Comme nous nous appliquerions pour comprendre!

— Allons, dit M. Edmond en souriant, j'aurais mauvaise grâce à me faire trop prier; car, sachez-le, M. Clertan m'avait précisément recommandé de m'entretenir avec vous sur ces intéressantes questions ainsi que sur les problèmes de morale civique et de législation usuelle qui s'y rattachent. Il croit que, dans notre société moderne, il est nécessaire à tous, riches et pauvres, de s'éclairer sur des sujets si instructifs, si moraux et si religieux. Seulement, j'aurai besoin de beaucoup d'attention de votre part. Comme cela, nous arriverons, j'en suis sûr, à un excellent résultat, car les choses les plus utiles sont aussi les plus intéressantes dès qu'on les comprend.

Les trois enfants étaient dans l'enthousiasme. Aussi demandèrent-ils un premier entretien pour le lendemain; puis ils coururent tous les trois remercier M. Clertan, qui avait songé avant eux-mêmes à l'objet de leurs désirs.

XXX. — L'homme est fait pour le progrès, et la souffrance l'y excite.

> La plus belle chose, c'est d'être éternellement parfait, comme Dieu; mais la plus belle après celle-là, c'est de se perfectionner sans cesse, et tel est le devoir de l'homme.

Le lendemain, le temps était froid et pluvieux; il fut impossible de prendre la leçon dans la cour. Les trois écoliers se réunirent dans la salle d'étude. M. Edmond se promenait de long en large en les interrogeant, pour les habituer à trouver les choses par eux-mêmes. Il commença par Aimée.

— Petite Aimée, lui dit-il, vous qui voulez savoir d'où viennent le mal et la souffrance, écoutez une comparaison. Quand une mère voit que son enfant est capable de marcher seul, elle se place à quelque distance de lui, et que fait-elle?

AIMÉE. — Elle lui tend les bras, elle lui sourit.

M. EDMOND. — Oui, mais elle veut qu'il marche et fasse quelques pas vers elle. L'enfant pleure parfois sans oser avancer, mais comme il est heureux lorsqu'il a pu marcher et que, séparé de sa mère par une distance de quelques pas, il a réussi à la franchir pour se jeter sur le sein de celle qu'il aime! Eh bien, nous sommes tous comme l'enfant. Dieu veut que nous apprenions à marcher seuls dans le chemin de la vie, dans la voie du progrès, à nous rapprocher de la perfection par le travail et la vertu. Pour cela, il faut que quelque chose nous avertisse de notre imperfection et nous empêche de nous y complaire : c'est la douleur.

La première utilité de la souffrance, vous vous le rappelez, c'était d'éveiller en nous l'amour du prochain et le désir de travailler au bonheur d'autrui; la seconde, c'est de nous exciter à nous perfectionner nous-mêmes, c'est de nous faire travailler à notre propre bonheur.

La souffrance nous fait apercevoir toutes nos imperfections et tous nos besoins. Par exemple, Francinet, qu'est-ce qui nous avertit plusieurs fois par jour qu'il est temps de réparer nos forces?

— La souffrance, la faim.

— Si des occupations trop nombreuses, ou la paresse, ou le manque de nourriture, empêchent l'homme de prendre ses repas habituels, voyez comme la faim, légère d'abord, se fait bien vite impérieuse. Il n'y a plus moyen de lui résister; il faut manger, il faut vivre. Si l'homme ne souffrait pas ainsi quand il oublie de manger, il l'oublierait sans cesse, et il mourrait. Grâce à la souffrance, nous pouvons être tranquilles, il n'oubliera pas.

— Oh! monsieur, dit Henri, c'est bien singulier! Vous nous dites là des choses au milieu desquelles nous vivons, et cependant je ne les avais jamais observées. Comme je suis étourdi!

— Moi aussi, dit Aimée; car je ne m'étais jamais avisée de songer à cela.

— Et moi encore bien moins! dit Francinet.

M. Edmond sourit, et continua.

— Vous aviez faim et vous souffriez; mais vous mangez, et un bien-être se fait sentir aussitôt. En même temps, le fruit porté à vos lèvres vous cause un plaisir. Vous songerez peut-être alors, Francinet, à prolonger ce plaisir et à manger sans besoin; ne craignez rien : la souffrance veille; elle accourt de nouveau, elle vous enseignera la modération. Vous avez trop mangé parce qu'il était agréable de manger; mais la nourriture prise sans besoin fatiguerait votre estomac et compromettrait votre existence : votre estomac la refuse, et vous voilà en proie aux souffrances de l'indigestion.

Vous voyez, mes enfants, le rôle salutaire de la souffrance auprès de l'homme. Elle l'instruit, le presse, le modère, éveille sa raison et sa volonté.

Remarquez-le bien, mes enfants, la souffrance ne nous avertit pas seulement des besoins de notre corps, mais aussi des besoins de notre âme. Ainsi l'âme a besoin de connaître et de s'instruire, elle a soif de vérité; eh bien, vous souffrez en présence de l'inconnu, et toute chose nouvelle que vous apprenez vous est agréable. Avons-nous fait quelque action mauvaise? la souffrance nous en avertit et nous la fait expier; c'est ce qu'on appelle le remords. Souvent aussi la souffrance est une épreuve; elle est la condition du mérite, de la vertu. En un mot, c'est le pressant aiguillon qui nous excite au progrès.

— Je vous remercie, monsieur, dit Aimée. Plus vous parlez, plus je vois combien j'étais ignorante, et comme ma pauvre petite intelligence réussissait mal à m'expliquer ce que je désirais savoir.

— Étudions donc, mes amis; car plus nous nous instruirons, et plus nous serons portés à admirer les plans simples et féconds de la Providence.

XXXI. — La *NATURE* et l'*INDUSTRIE*. — Deux sortes d'utilités. — Les matières premières.

La nature fournit à l'homme les matériaux, l'industrie les met en œuvre.

Le lendemain, la pluie avait cessé et le temps était superbe. Les enfants se réunirent sur la pelouse. Aimée, ravie de prendre la leçon au grand air et par ce beau soleil, était d'une vivacité plus grande qu'à l'ordinaire; elle laissait éclater sa joie en exclamations de toutes sortes.

— Que le ciel est bleu! disait-elle, et que Dieu est bon de nous envoyer des journées comme celle-ci!

— Oui, répondit Henri en apportant une chaise pour M. Edmond. Tout paraît moitié plus beau par ce gai soleil.

— Comment donc s'appelle ce gentil petit arbre que voici, mademoiselle Aimée? dit Francinet, qui connaissait beaucoup mieux la ville que les champs.

Aimée. — C'est un cerisier.

Francinet. — Il est tout couvert de fleurs; vous aurez bien des cerises cet été.

Aimée. — Probablement, Francinet; et cela me semble tout à fait merveilleux de songer que ces mille fleurettes, qui ressemblent à de petits flocons de neige, vont se changer par la suite en autant de cerises roses, sucrées et rafraîchissantes.

Francinet. — Oui, mademoiselle Aimée; mais ce qui est plus étonnant encore, c'est de penser que la terre soit couverte de bien d'autres choses plus extraordinaires qu'un cerisier, et qui n'ont pas demandé pour cela plus de peine au bon Dieu.

Branche de cerisier en fleurs. — Le cerisier, originaire de l'Asie-Mineure, fut apporté à Rome l'an 68 avant Jésus-Christ; et de là il se répandit peu à peu dans toute l'Europe.

HENRI. — Moi, ce qui m'émerveille beaucoup aussi, c'est de songer que Dieu a donné à ses créatures la puissance de faire elles-mêmes tant de belles choses. Quand je regarde la manufacture de grand-papa, et que je vois toutes les inventions qu'il a fallu faire pour tisser seulement un mouchoir à carreaux rouges, cela me plonge dans l'admiration que Dieu nous ait donné tant d'intelligence.

— Dites-moi, Henri, répondit M. Edmond qui arrivait, quelle différence y a-t-il entre les œuvres de Dieu et celles des hommes?

HENRI. — Oh! monsieur, une bien grande! L'homme ne peut faire quelque chose avec rien; il ne peut créer.

M. EDMOND. — Dieu seul, en effet, est créateur, mon enfant, tandis que l'homme, pour travailler et faire n'importe quel objet, a toujours besoin d'une matière première qu'il ne saurait créer et qu'il tire de la nature. Ainsi, pour produire du pain ou une maison, il faut avoir la matière première du pain, qui est le blé, la matière première d'une maison, qui est la pierre.

La nature, qui nous fournit les matières premières, ressemble à un vaste magasin d'où nous tirons toutes les choses qui nous sont utiles.

Seulement, parmi ces choses, il y en a que nous trouvons déjà prêtes au service, et d'autres qui exigent de notre part un travail. On appelle les premières *utilités gratuites*, c'est-à-dire données gratis par la nature, et les autres, *utilités coûteuses*, c'est-à-dire qui coûtent du travail et de la peine. C'est là une distinction dont vous reconnaîtrez plus tard l'importance.

Comme les utilités naturelles sont insuffisantes pour satisfaire tous les besoins de l'homme, l'humanité a toujours été obligée de travailler pour plier la nature à ses besoins; et c'est ce travail de l'homme sur la nature qu'on appelle l'*Industrie*.

Voulez-vous un exemple des deux sortes d'utilités? Dites-moi, Henri, le besoin de respirer, l'un des plus impérieux puisque sa privation entraîne la mort la plus rapide, exige-t-il du travail de notre part?

— Non, monsieur, répondit Henri, il nous suffit d'ouvrir la bouche sans y penser pour le satisfaire.

M. Edmond. — L'air est donc un présent de la nature, d'une utilité incontestable, et cependant purement *gratuit*. Mais le besoin de manger n'est pas si facile à satisfaire : il faut du travail et de l'industrie pour se procurer des aliments. Les aliments sont donc des *utilités coûteuses*.

Petite Aimée, ajouta M. Edmond, pour me prouver que vous avez bien compris ce que je viens de dire, voulez-vous me trouver toute seule un autre exemple que le mien?

L'enfant réfléchit; elle était fort embarrassée; Francinet et Henri cherchaient de leur côté. Il se fit un grand silence; mais bientôt Aimée s'écria avec vivacité, et toute rouge du plaisir d'avoir trouvé :

— Monsieur Edmond, l'homme a besoin de lumière. Celle du soleil est gratuite parce qu'elle est due à la nature. Lorsque la lumière du soleil nous manque, on la remplace par une lampe : dans ce second cas la lumière, due à l'industrie, est devenue coûteuse.

— A merveille, dit M. Edmond; vous vous êtes très joliment expliquée, mon enfant, et je vois que vous m'avez admirablement compris. — Et vous, messieurs? ajouta le précepteur, en regardant les deux petits garçons fort surpris de la rapidité avec laquelle Aimée avait trouvé son exemple.

Un second silence se fit, chacun de nos petits hommes se creusait la tête. Henri prit la parole le premier.

— A mon tour, s'écria-t-il. J'ai mon exemple! Boire, se baigner ou se laver sont des besoins de l'homme. La rivière, qui passe ici au bas de notre jardin, nous fournit l'eau gratis, puisque nous n'avons d'autre effort à faire que de la puiser. Mais, à la campagne de grand-papa, la maison est sur une hauteur : là il n'y avait pas d'eau. Il a fallu creuser un puits très profond, établir une pompe; enfin, en été, pour amener l'eau du puits dans les jardins, il faut un autre système avec des tuyaux en caoutchouc qui coûtent très cher. Voilà l'eau devenue en cet endroit une chose coûteuse, ou due à l'industrie.

Henri avait à peine achevé son exemple que Francinet prit la parole : — La chaleur est un besoin, et un grand besoin, puisqu'on peut mourir de froid. En été, le soleil nous la donne : voilà une chose gratuite. En hiver, il faut faire du feu, brûler du bois et du charbon : voilà une chose coûteuse, produite par l'industrie.

— Allons, mes enfants, dit M. Edmond, je suis fort content; tout le monde a bien répondu.

Vous le voyez, Dieu a fait pour nous les premiers frais, et nous a accordé gratuitement les premiers dons qui nous étaient nécessaires; mais il veut que nous acquérions le reste par notre travail, et que nos plus belles richesses soient notre œuvre.

XXXII. — **Le travail et l'industrie élèvent l'intelligence de l'homme. — Le sagoutier et les habitants de Céram.**

« L'oisiveté est la mère de tous les vices. »

M. Edmond. — Il y a des pays, mes enfants, où la nature semble avoir fait tout pour les hommes, car elle leur fournit presque gratuitement de quoi satisfaire leurs besoins. Là l'industrie est à peu près inconnue.

— Oh! dit Francinet, cela doit être bien agréable de vivre dans de tels pays!

M. Edmond. — Mon enfant, les habitants de ces pays

ne sont guère dignes d'envie. Comme ils ont eu moins besoin de travailler, ils sont restés moins industrieux, moins intelligents, et leur progrès moral est presque nul.

A Céram, par exemple, l'une des îles de l'Océanie, croît en abondance l'arbre appelé sagoutier. Cet arbre produit une excellente farine, le sagou, qui se mange cuit à l'eau et au sel ou bien sous forme de gâteaux. Un arbre de bonne taille peut produire de quoi faire 1,800 gâteaux.

Le sagoutier, grand arbre de la famille des palmiers, dont la moelle fournit la farine appelée sagou.

HENRI, *en riant.* — Oh! oh! voilà un arbre bien plus commode encore que notre cerisier!

M. EDMOND. — Oui, mon enfant; car ces 1,800 gâteaux suffisent pour nourrir un homme pendant une année entière. Comme le travail nécessaire pour convertir un sagoutier en gâteaux ne demande que dix jours, il s'ensuit que les habitants de Céram, avec deux semaines de travail, se procurent de quoi vivre pendant un an. Malheureusement, cette facilité de la vie a pour conséquence l'incurie la plus complète. Les indigènes de Céram, sont, au dire des voyageurs, de beaucoup inférieurs aux habitants des autres îles où le sagoutier n'existe pas. Ils sont paresseux, voleurs, marchent nus comme des sauvages, se contentent d'un misérable abri, et s'enivrent à chaque fois que leurs relations avec les Européens le leur permettent.

— Que cela est singulier, monsieur! dit Aimée.

M. Edmond. — Pas autant que vous croyez, mon enfant. L'oisiveté dégrade l'homme; le travail, au contraire, est moralisateur par excellence; il excite et élève notre intelligence.

XXXIII. — **Le travail de l'intelligence, dans l'industrie, remplace et diminue peu à peu le travail du corps. — L'instruction obligatoire.**

Par le progrès de l'industrie, l'intelligence règne de plus en plus sur toutes choses, et la nature devient la servante de l'humanité.

M. Edmond. — Francinet, si je t'envoie faire une course à l'autre bout de la ville et que tu sois fatigué, tu auras bien soin, n'est-ce pas, de réfléchir au chemin que tu dois prendre pour abréger ta route, et de mettre en œuvre ton intelligence?

Francinet. — Oh! oui, monsieur, et même je demanderai aux passants la route la plus courte, si je crains de me tromper.

M. Edmond. — Eh bien! mon ami, l'humanité entière, depuis la création du monde, fait ce que tu dis là pour diminuer de plus en plus sa lourde tâche. De même que tu réfléchis pour trouver le chemin le plus court et épargner une fatigue à tes jambes, ainsi l'humanité réfléchit pour faire travailler à sa place la nature et les choses qu'elle renferme, comme la force de l'eau, de la vapeur, de l'air, etc. C'est là la part de l'intelligence, c'est ce qu'on appelle *le travail intellectuel*. De même que tu interroges les passants dans la crainte de te tromper de route, de même l'humanité interroge la nature et s'interroge elle-même par l'instruction. Le savant français qui veut inventer une machine capable de remuer des fardeaux que mille hommes ne pourraient soulever, interroge les livres écrits sur la *mécanique* par tous les savants des autres pays. Il réfléchit aussi de son côté, il observe tout ce qui l'entoure, il fait travailler son intelligence.

Le premier homme qui réussit à dompter le cheval sauvage et à se faire porter docilement sur son dos, s'épargna l'effort de la marche et le poids de lourds fardeaux. Et dis-moi, Francinet, ne l'épargna-t-il qu'à lui-même?

FRANCINET. — Monsieur, il l'épargna à tous les hommes, qui profitèrent désormais de son idée.

M. EDMOND. — De même, le premier homme qui songea à utiliser la pesanteur de l'eau pour mettre en mouvement la roue d'un moulin, ou la force du vent pour tourner les ailes du moulin à vent, celui-là fit accomplir à l'air et à l'eau le travail que, sans cela, il eût été obligé d'accomplir, lui et tous les autres hommes qui devaient vivre après lui, pour tourner la meule du moulin.

Vous voyez, mes enfants, le rôle important de l'intelligence, et comme le travail intellectuel remplace peu à peu le travail du corps dans l'industrie.

Il n'y a pas un seul des objets dont vous vous servez qui ne soit une conquête de l'intelligence sur la nature. Conquêtes plus glorieuses cent fois que toutes les victoires sanglantes qui ont coûté la vie à des milliers d'hommes! Conquêtes paisibles et douces, destinées à diminuer les peines de l'humanité!

Mais, pour accomplir ces conquêtes sur la nature, l'intelligence doit être cultivée. L'instruction est donc bien nécessaire à tous les hommes, et la loi qui rend l'instruction obligatoire et gratuite, est une loi sage. Les jeunes enfants qui emploient mal le temps précieux de l'étude sont bien coupables. Ils se privent dans l'avenir d'une foule de ressources pour eux-mêmes, et ils en privent aussi tous leurs semblables, car l'invention la plus humble du plus humble des hommes rend plus tard des services à tous.

Et à ce sujet, mes enfants, je vous raconterai l'histoire d'un pauvre mineur anglais, appelé Georges Stephenson, dont les découvertes montrent bien l'importance du travail intellectuel et de l'instruction.

XXXIV. — Histoire de Georges Stephenson. Son enfance.

« C'est le travail qui rend féconde
La vieille terre aux riches flancs;
C'est le travail qui prend à l'onde
Corail, perles et diamants.
Au travail appartient le monde,
Aux travailleurs, à leurs enfants! »

La pensée d'entendre une histoire réjouissait beaucoup nos trois écoliers; aussi arrivèrent-ils avec empressement à la leçon. M. Edmond commença ainsi:

— Vous savez, mes enfants, ce que c'est qu'une mine? Une espèce de ville sous la terre, creusée par la main des mineurs. Là, dans les entrailles du sol, des hommes travaillent tout le jour à extraire le charbon ou le métal que certains terrains renferment.

Georges Stephenson était fils d'un pauvre ouvrier mineur. A huit ans il commença à travailler. Il gardait les vaches dans les champs qui avoisinaient la mine où son père était occupé, et gagnait à cela quatre sous par jour.

A dix ans, son père l'emmena avec lui à la mine. L'enfant était si petit qu'il se cachait derrière les chariots et les machines, quand passait l'inspecteur des mines: il craignait qu'on ne le trouvât trop jeune pour gagner son salaire. Et le pauvre enfant ne recevait que douze sous!

Il se montra si travailleur, si attentif à sa besogne, qu'on s'empressa, à mesure qu'il avançait en âge, de lui confier des occupations de plus en plus difficiles. Lorsqu'il atteignit l'âge de seize ans, on lui remit le soin de la machine à vapeur.

Georges avait un goût tout particulier pour les machines; on s'aperçut vite à la mine combien celles qui étaient confiées à ses soins étaient en bon état. Mais là ne se bornait pas l'attention de Georges. Il voulait encore comprendre le mécanisme ingénieux des machines qu'il surveillait. Au lieu donc d'exécuter son pénible travail de douze heures par jour avec l'indifférence d'un automate, il observait les rouages compliqués de la machine à vapeur qui lui était confiée.

Mine de houille, avec son puits.

Malheureusement Georges, qui avait alors dix-sept ans, ne savait ni lire ni écrire : ses parents, trop pauvres, n'avaient pu l'envoyer à l'école. Il comprit vite que ces machines qu'il aimait tant resteraient pour lui des énigmes jusqu'au jour où il serait devenu moins ignorant. Il résolut donc d'apprendre à lire, et acheta un alphabet.

Le soir, il allait trouver le maître d'école du village et prenait une leçon ; pendant le jour, à l'heure des repas, il étudiait. Avait-il un instant de loisir, on le voyait tirer de sa poche un livre de lecture, une ardoise sur laquelle il s'essayait à écrire et à calculer. C'était un travailleur si énergique que, sa journée achevée, il recommençait à travailler la nuit, raccommodant les vieux souliers de ses camarades pour gagner l'argent nécessaire à l'achat de ses livres.

— Oh! monsieur, dit Francinet, que voilà un bel exemple pour moi!

— Oui, mon ami; et ce qui est plus encourageant encore, c'est que ce rude travailleur, parti des plus pauvres rangs du peuple, a fini non seulement par surmonter la misère, mais par devenir une des gloires de son pays, et l'une des plus pures. Mais, avant d'arriver aux découvertes qui ont immortalisé Stephenson, je tiens à vous montrer les qualités morales auxquelles il a dû assurément ses succès. L'intelligence, quelque admirable qu'elle soit, et le génie lui-même, n'arrivent à rien sans le travail, le courage, la persévérance et la sobriété, dont Stephenson va nous donner les plus beaux exemples.

XXXV. (*Suite.*) — Stephenson refuse d'aller au cabaret. — Ses premiers travaux.

M. Edmond. — Georges se maria jeune. Pour subvenir aux besoins de sa famille, il dut travailler plus que jamais. Le dimanche, il employait ses loisirs à s'instruire, lisant et calculant sans cesse, étudiant sur des dessins le mécanisme de toutes les machines nouvelles et se mettant ainsi mieux au courant des choses de son métier.

Il était si sobre qu'on ne l'a jamais vu au cabaret. Il s'exposa même à mécontenter le chef de la mine, auquel il devait sa place de mécanicien, plutôt que de consentir à l'accompagner dans une taverne pour y prendre un verre d'eau-de-vie.

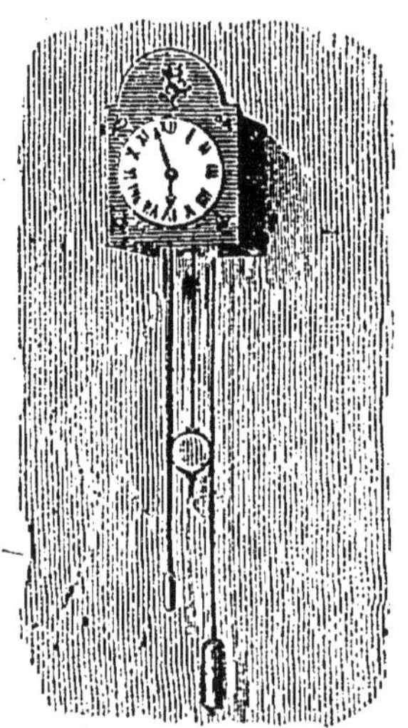
Horloge en bois appelée coucou. C'est dans la Forêt-Noire qu'on fabrique en grand l'horlogerie de bois.

— Excusez-moi, monsieur, répondit fermement Stephenson, mais je me suis promis à moi-même de ne jamais boire.

Le feu prit un jour à la demeure de Georges en son absence. Une partie de son mobilier brûlée ou endommagée lui causa de grandes pertes. Entre autres, le coucou qui marquait les heures était dans un si triste état qu'on ne pouvait plus le faire marcher; et ce qui était plus fâcheux encore, l'argent manquait pour s'adresser à l'horloger. Stephenson fit pour sa précieuse horloge ce qu'il faisait pour ses machines : il la démonta avec précaution, l'examina, la nettoya, la remit à neuf avec tant d'intelligence qu'elle marcha ensuite mieux que jamais.

— Bon! pensa alors notre industrieux travailleur, voilà désormais une nouvelle corde à mon arc : au lieu de raccommoder simplement les chaussures à la veillée, j'y joindrai la réparation des horloges. L'incendie au moins m'aura été bon à quelque chose.

Et en effet, à partir de cette époque, tout le village lui confia le soin de ses montres et de ses coucous.

XXXVI. (*Suite.*) — **Le père et le fils de Stephenson. — Amour filial et amour paternel.**

Cependant, la réputation d'habileté de Stephenson comme mécanicien se répandait. On l'envoya au fond de l'Ecosse réparer une machine importante. Au lieu de prendre une voiture, il fit courageusement la route à pied, un bâton à la main. — Autant d'économisé, pensait-il ; cela me permettra de payer les mois d'école de mon fils.

Georges Stephenson, né en 1781, près de Newcastle, en Angleterre, mort en 1848.

Georges en effet avait un fils, qu'il avait appelé, du nom de son vieux père : Robert. Ce que Georges désirait le plus pour son fils, c'était de pouvoir lui donner une bonne éducation. C'était dans ce but qu'il joignait depuis tant de temps le travail de la nuit à celui du jour.

La machine dérangée que Stephenson était allé voir finit, grâce aux bons soins de notre ami, par reprendre son service. Il reçut 700 francs en paiement. — Que me voilà riche, pensait-il! C'est égal, je suis venu à pied ; je retournerai de même pour ne pas entamer mon trésor.

Chemin faisant, il voulut passer par le village qu'habitait son vieux père, et il y arriva épuisé de fatigue.

Un affreux accident avait eu lieu. Le vieux Stephenson, horriblement brûlé par un jet de vapeur qu'une machine lui avait lancé, était devenu aveugle. De plus, il était tombé dans une misère profonde.

Stephenson, qui avait fait une longue route à pied plutôt que de toucher à ses 700 francs, en dépensa aussitôt la moitié pour payer les dettes de son vieux père.

Puis il lui fit quitter la pauvre cabane où il languissait, et l'emmena dans une jolie maisonnette, à peu de distance de sa demeure. L'aveugle vécut là, heureux, pendant de longues années.

— Le bon, l'excellent fils! fit Aimée. Comme il méritait bien la protection de Dieu!

— Oui, chère enfant, car Dieu bénit les bons fils. Mais de nouvelles épreuves attendaient encore notre ami.

Stephenson avait déjà eu précédemment le malheur de perdre sa femme ; il ne lui restait donc plus que son petit Robert, très jeune encore, et son vieux père aveugle.

A ce moment-là l'Angleterre, engagée contre la France dans une guerre désespérée, appelait sous les armes tous les hommes valides, même les ouvriers dont la famille réclamait le travail pour vivre.

Georges, forcé de partir ou de s'acheter un remplaçant, dépensa ses dernières économies pour s'exempter du service, afin de gagner le pain de son père et de son fils.

Ainsi, de tant de travail, de tant de nuits passées, il ne restait plus rien à Stephenson. Un chômage, une maladie, auraient suffi pour le plonger dans la plus affreuse misère. — « Que de fois, disait-il lui-même, dévoré d'inquiétude sur l'avenir, j'ai fait en pleurant le trajet de ma cabane à la mine! »

XXXVII. (*Suite.*) — **Stephenson ingénieur de la mine.**

Néanmoins, le découragement de Stephenson dura peu. Il se remit au travail avec plus d'ardeur que jamais; le travail et l'étude le consolèrent.

Une nouvelle machine avait été établie dans une mine voisine de celle où travaillait Georges. Cette machine devait pomper l'eau qui se trouve toujours dans les excavations des mines; mais elle était mal placée et se refusa à marcher. De savants ingénieurs tentèrent, mais en vain, de la réparer. Un an se passa sans que personne pût en obtenir un service convenable.

Stephenson saisissait toutes les occasions possibles de

s'approcher de cet appareil obstinément rebelle. Son esprit n'avait plus de repos ; il voulait trouver l'obstacle qui empêchait la machine de fonctionner.

Un samedi soir, après l'avoir longuement observée, il s'en revint tout joyeux : — Je sais comment il faudrait faire pour la mettre en mouvement ! s'écria-t-il.

Cette réflexion fut rapportée au directeur de la mine, qui, non sans hésitation, se décida à lui confier les réparations. Quelques jours plus tard, la machine avait si bien fonctionné que toute l'eau qui obstruait la mine était épuisée, et les ouvriers s'étaient remis au travail. Émerveillés, ils surnommèrent Stephenson le *médecin des machines*. Le directeur reconnaissant le nomma ingénieur de la mine, avec une assez grande augmentation de traitement.

XXXVIII. (*Suite.*) — **Nouvelles études de Stephenson. — Robert et son petit âne.**

Stephenson, loin de profiter de ce commencement de fortune pour se reposer un peu, songea aussitôt à reprendre ses études avec plus de vigueur. Il acheta de nouveaux livres, qu'il lisait le soir au retour de sa journée.

En même temps il envoya son petit Robert étudier à la ville voisine. Comme il ne voulait pas se séparer de lui complètement, et que la route était trop longue pour les jambes du bambin, il lui acheta un petit âne.

Robert, perché sur sa monture, partait le matin de bonne heure pour l'école, avec son panier aux provisions et son carton plein de livres. Le soir, au retour, le père et l'enfant faisaient les devoirs ensemble ; Robert répétait à son père les précieuses leçons de ses professeurs, et le père recommençait ainsi son éducation.

Cet admirable exemple d'amour de l'étude faisait comprendre au fils combien la science est précieuse. Robert se passionnait pour le travail, et il adorait son père qui lui enseignait si bien le prix du savoir. Le grand-père, quoiqu'il ne pût voir ses deux chers enfants, jouissait au milieu d'eux d'une vieillesse heureuse et paisible. L'aisance était revenue dans l'humble ménage.

A mesure que Stephenson étudiait les livres sur les sciences, il s'attachait à découvrir des perfectionnements pour les machines. Il avait dans sa maison un petit atelier où s'étalaient des modèles de toute sorte, et il passait de longues heures à en étudier les divers mécanismes.

Il se mit à construire lui-même des machines, et il en fabriqua plusieurs pour les houillères voisines; elles marchèrent merveilleusement.

Georges reprit alors une idée qu'il avait eue depuis sa jeunesse : c'est qu'en perfectionnant les machines à vapeur dont on se servait pour transporter les chargements, on arriverait à se passer du secours des chevaux et à franchir l'espace avec une vitesse bien plus grande. Les locomotives existaient déjà; mais fort imparfaites, elles n'accomplissaient que deux lieues à l'heure, consommaient beaucoup de charbon, enfin faisaient un tel bruit que chevaux et bétail en étaient épouvantés. Dès qu'un troupeau ou une voiture se montrait, on était obligé d'arrêter l'effrayant chariot à vapeur pour éviter les accidents. Tout cela causait beaucoup d'ennuis et ralentissait à un tel point la vitesse que les locomotives tombaient en défaveur.

Stephenson commença à porter remède à ce bruit excessif en inventant une nouvelle espèce de tuyau.

Mais il ne devait pas arriver du premier coup à réaliser entièrement l'idéal qu'il s'était proposé.

XXXIX. (*Suite.*) — **L'incendie dans la mine. — Le feu grisou.**

M. EDMOND. — Tout en poursuivant le perfectionnement de la locomotive, Stephenson ne négligeait pas le travail que lui donnait son emploi dans les mines.

Fils d'ouvrier mineur, mineur lui-même, il savait qu'il y a peu d'existences plus pénibles et plus exposées à la fois que celle du mineur; car trop souvent, hélas! les explosions du *grisou* foudroient les ouvriers ou les ensevelissent sous des éboulements.

FRANCINET. — Monsieur, qu'est-ce que le grisou?

— Mon ami, c'est un gaz que l'on peut comparer à celui de l'éclairage. Il se rencontre dans la terre, et son explosion est terrible. Il suffit de la flamme d'une seule lampe pour produire la détonation du grisou. D'autre part, il est impossible de travailler dans une mine sans lumière. Les pauvres mineurs étaient donc exposés autrefois à une mort certaine, dès que le grisou se produisait dans un lieu où ils travaillaient. Georges Stephenson était depuis longtemps préoccupé de ce danger.

Explosion de grisou dans une mine.

Un jour, un mineur épouvanté arrive à la maison de Stephenson. — Le feu vient de prendre dans un tuyau d'aération de la mine ! s'écrie-t-il.

Georges s'élance aussitôt de ce côté. Femmes et enfants se pressaient effarés à l'entrée de la mine. Il y avait danger de mort pour qui descendrait dans la galerie menacée.

Stephenson n'hésite pas; il se fait descendre aussitôt. S'adressant aux mineurs épouvantés, rassemblés au fond de la mine, et pour lesquels la fuite était impossible puisqu'on ne pouvait remonter qu'un petit nombre d'hommes à la fois : « S'il y a seulement parmi vous, s'écrie-t-il, six hommes de courage résolus à me suivre, je vous promets que nous nous rendrons maîtres du feu. »

La voix calme et ferme de Stephenson ranima l'énergie des mineurs. On se mit au travail avec activité. Stephenson en tête, la truelle à la main, fit élever un mur devant le tuyau enflammé.

L'air cessant d'alimenter la flamme, le feu s'éteignit.

Cependant quelques hommes avaient péri, et tandis qu'on retirait leurs cadavres du puits, les mineurs entourèrent Stephenson; ils avaient une confiance sans bornes dans son intelligence et son génie.

— Ah! lui dirent-ils, vous n'essayez donc pas de trouver le moyen d'empêcher de pareils malheurs?

— Je le cherche, reprit Stephenson.

— Mais alors hâtez-vous! Voyez, reprirent-ils en montrant les cadavres de leurs camarades, le charbon s'achète avec la vie des mineurs!

XL. — Invention de la lampe des mineurs.

> Notre plus belle gloire et nos plus belles richesses,
> c'est le bien que nous avons fait à nos semblables.

Stephenson, rentré chez lui, se remit avec plus de persévérance à chercher le moyen de faire une lampe préservatrice, dont la flamme fût abritée contre le grisou.

Souvent il se faisait descendre dans les galeries, et les ouvriers le voyaient s'approcher, une lumière à la main, des endroits les plus dangereux. Émus alors par le péril que Stephenson courait, ils essayaient de l'arrêter:

— Laissez-moi, répondait-il avec une douce fermeté. Ce que je cherche, c'est à protéger la vie de milliers de travailleurs. Cela vaut bien la peine que je m'expose!

Souvent il faisait, dans sa maison, des expériences avec des gaz semblables au grisou; et comme, malgré tout ce qu'il avait étudié, il ignorait néanmoins bien des choses, ces expériences n'étaient pas sans danger.

Un jour même une explosion se produisit; le plafond s'écroula, détruisant les instruments et les essais de Georges. Georges seul fut respecté, et s'estima fort heureux d'en être quitte pour si peu.

Enfin, la lampe préservatrice fut achevée. Un treillis métallique devait garantir la flamme du contact du grisou. Il ne restait qu'à en faire le dangereux essai.

Stephenson se fit descendre au fond du puits avec un ouvrier expérimenté et le contre-maître de la mine.

Ce dernier conduisit Stephenson dans une galerie qu'on avait dû abandonner, à cause des gaz meurtriers qui s'échappaient par toutes les fentes avec un bruit aigu de sifflet. Le contre-maître s'avança sans lumière dans la galerie, ce qui excluait tout danger.

Il revint bientôt vers Georges en lui affirmant que, s'il introduisait une flamme quelconque, une explosion terrible aurait lieu : c'était la mort. Stephenson sourit.

— « Placez-vous en lieu sûr, dit-il, j'entrerai seul. »

Le contre-maître et l'ouvrier se mirent en effet à l'abri, tremblant pour la vie de Stephenson, dont ils admiraient le courage. Lui, sa lampe allumée, ne tarda pas à disparaître dans les profonds détours des galeries.

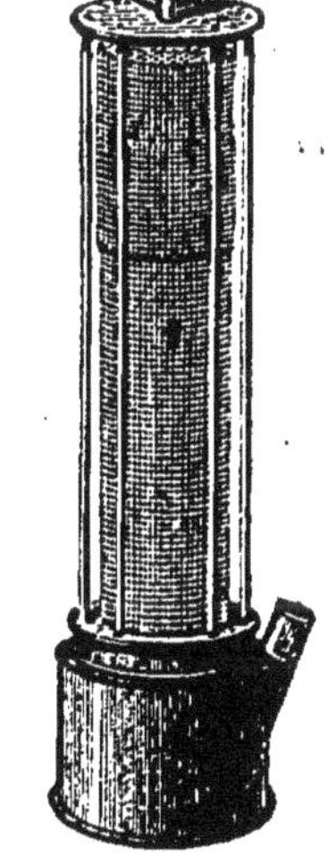

Lampe des mineurs à treillis métallique, inventée par Stephenson.

Dès qu'il fut entré dans le courant d'air meurtrier, la lumière de sa lampe s'éleva subitement; on eût dit que l'appareil s'enflammait. Puis elle diminua, et s'éteignit.

Il revint vers ses deux compagnons et leur raconta ce qui s'était passé, en les suppliant de se rapprocher assez pour être témoins eux-mêmes de la chose. Ils s'y décidèrent, et ce qui avait eu lieu la première fois se renouvela exactement sans la moindre explosion.

Georges, après avoir attentivement étudié l'effet de sa lampe, expliqua à ses deux compagnons les perfectionnements qui restaient encore à y ajouter. Puis il se remit à son travail opiniâtre, et la lampe, refaite de nouveau, fut essayée le 4 novembre.

Elle était enfin complète : elle atteignait à merveille le but proposé. Les houilleurs reconnaissants la baptisèrent aussitôt du nom de son inventeur, et l'appelèrent un *georget*.

Cependant, mes amis, cinq jours après l'essai de la lampe de Stephenson, un grand savant anglais, Davy, présentait à la Société royale ou académie de Londres une autre lampe de sûreté.

Comme Davy était un savant célèbre, et Stephenson un pauvre travailleur ignoré, la lampe de Davy obtint aussitôt la renommée : elle fut seule connue de toute l'Angleterre, et bientôt du monde entier. Le *georget* des houilleurs de Newcastle resta connu d'eux seulement. Si donc Stephenson n'avait eu que ce titre de gloire, son nom ne fût point passé à la postérité.

Mais Georges ne s'arrêta pas là. Au lieu de se laisser décourager par cet échec de la fortune, il s'émerveilla au contraire de voir qu'il s'était rencontré avec un savant illustre, et il s'encouragea lui-même à travailler plus encore, afin d'arriver toujours plus haut.

XLI. (*Suite.*) — **Stephenson cherche la meilleure locomotive. — Les luttes du progrès contre la routine.**

Stephenson reprit son ancienne préoccupation : le perfectionnement de la locomotive et l'invention des chemins de fer. Robert, à mesure qu'il grandissait, prenait sa part des travaux de son père.

Nous ne suivrons pas les deux Stephenson dans tous les essais qu'ils durent faire, dans toutes les luttes qu'ils soutinrent contre les préjugés, les ignorances et l'envie. Qu'il vous suffise de savoir, mes enfants, qu'à partir de la découverte de la lampe, quatorze années complètes s'écoulèrent, quatorze années de dur labeur, d'essais de toute sorte, pendant lesquelles, loin de trouver aide et encouragement chez ses compatriotes, Georges fut abreuvé de mépris et traité de fou.

Lorsqu'il lui fallait passer sur les terres des fermiers pour lever des plans et étudier le terrain où l'on devait poser les rails, il rencontrait les résistances les plus obstinées. Les cultivateurs s'imaginaient que l'établissement de ces nouvelles machines allait les ruiner. L'air, disaient-ils, serait empoisonné par les locomotives ; on ne pourrait plus élever de volailles, les arbres sécheraient sur pied, les bestiaux épouvantés refuseraient de paître dans le voisinage de ces infernales routes, les étincelles qui s'échappaient de la locomotive mettraient le feu aux récoltes. Bref, c'était un concert de haines et de malédictions.

Stephenson fut odieusement chassé par les fermiers d'un seigneur, qui lui interdirent de passer sur leurs terres en lui faisant mille menaces.

Puis ce furent le propriétaire et les employés d'un canal voisin qui, pensant que les chemins de fer allaient ruiner les transports par eau, se concertèrent pour faire avorter les plans de Georges. On apostait des hommes partout pour empêcher Stephenson de lever des plans.

Afin d'échapper à cette ridicule surveillance, il eut recours à la ruse. Lorsqu'il voulait lever un plan, il faisait tirer des coups de fusil dans un endroit opposé ; les gardes, croyant au passage de braconniers, quittaient leur poste pour courir sus aux prétendus malfaiteurs.

Pendant ce temps, Stephenson, à la hâte, et au clair de lune, levait le plan dont il avait besoin.

— Mon Dieu ! dit Francinet, les Anglais sont donc un peuple bien arriéré !

— Non, mon ami ; mais en Angleterre, comme en France et comme partout, il y a des ignorants. Or, l'ignorance s'épouvante de tout ce qui est nouveau ; elle essaie de se mettre en travers de ce qu'elle ne comprend pas, et le progrès se fait toujours malgré elle. Voilà pourquoi, mes enfants, il est si important de s'instruire ; car, si l'instruction que nous recevons ne nous rend pas capables de rien inventer nous-mêmes, elle nous empêchera du moins d'apporter des entraves au génie.

XLII. (*Suite.*) — Invention de la meilleure locomotive. — Concours de 1829. — La *FUSÉE*.

Un concours fut ouvert : on proposait un prix à l'inventeur d'une locomotive capable d'entraîner un poids énorme avec une vitesse de trois lieues à l'heure.

Locomotive la *Fusée*, inventée par Stephenson.

Les Stephenson, qui avaient enfin résolu les difficultés de leur travail, présentèrent au concours une locomotive qu'ils appelèrent la *Fusée*. On donna le signal : la *Fusée* partit, et on vit qu'elle méritait bien son nom, car elle entraîna le poids convenu avec une vitesse de six lieues.

Débarrassée ensuite de sa charge, la *Fusée* partit une seconde fois et atteignit dix lieues à l'heure.

Quatre autres locomotives concoururent ; elles ne remplissaient pas les conditions, et furent écartées.

A partir de ce jour, le triomphe de Georges fut complet. Acclamé par ceux-là même qui le raillaient la veille, il devint l'objet de l'orgueil national.

On n'avait d'abord songé aux locomotives que pour transporter des marchandises ; on comprit enfin ce que Stephenson prédisait et ce à quoi il travaillait depuis vingt ans : « Les hommes finiront eux-mêmes, disait-il, par voyager à l'aide de la vapeur. »

La réputation de l'ancien mineur était sans rivale.

De simple ingénieur des mines il se fit entrepreneur de chemins de fer. C'est lui qui établit la première voie ferrée en Angleterre et plusieurs voies en France.

XLIII. — La devise de Stephenson. — Persévérance.

Stephenson devint possesseur d'une immense fortune, due à son travail et à son intelligence. Quand il se sentit trop fatigué pour continuer ses travaux industriels, il en laissa la suite à son fils. Il reporta alors son activité sur des institutions charitables. Il fit construire des écoles pour ses ouvriers, ouvrit des bibliothèques à leur usage, créa pour eux des caisses de secours.

LA LOCOMOTIVE MODERNE, DUE A STEPHENSON ET AU FRANÇAIS SÉGUIN. — F, foyer où brûle le charbon de terre. A, chaudière renfermant un grand nombre de tubes (o o) à travers lesquels passe la flamme, comme dans autant de petites cheminées, pour mieux chauffer l'eau. — L'invention de cette chaudière, sans laquelle on ne pourrait atteindre une grande vitesse, a été la gloire de Séguin, qui inventa la locomotive presque en même temps que Stephenson. — B C, conduits par lesquels la vapeur arrive sur le piston, placé en bas, à droite, qui fait mouvoir les roues.

Sans cesse il leur rappelait, quand il se rendait au milieu d'eux, qu'il ne devait sa fortune et ses succès qu'à la persévérance.

— La persévérance, leur disait-il, a toujours été ma devise ; sans elle je ne serais arrivé à rien. En dépit de ma pauvreté et des difficultés qu'elle me créait, j'ai persévéré à m'instruire. En dépit des conseils et des mauvais exemples, j'ai persévéré à ne jamais mettre les pieds au cabaret. En dépit des revers de la fortune qui m'ont accablé si souvent, je me suis toujours répété ma devise : Persévérance ! Elle m'a fait triompher de toutes les misères. Si vous voulez l'adopter, mes amis, elle fera pour vous ce qu'elle a fait pour moi : elle vous rendra heureux.

Ces simples paroles de Stephenson trouvaient toujours un écho dans les âmes des ouvriers; car ces hommes savaient qu'avant de donner des conseils, Stephenson avait commencé par donner l'exemple.

La vie de Georges Stephenson est une des plus belles qui se puissent offrir comme modèles de travail, de persévérance et d'intégrité. Il mourut à 67 ans, en 1848.

XLIV. — Le fils de Stephenson, Robert. — Les ponts sur mer. — Les chemins de fer de Rouen et de Marseille.

— Et le fils de Stephenson, monsieur, demanda Francinet, qu'est-il devenu?

— Robert a suivi les nobles exemples de son père.

Pont tubulaire construit sur un bras de mer.

Malgré la fortune que celui-ci lui avait laissée, il n'a jamais cesser de travailler, et, comme son père, il a appliqué son esprit à faire de nouvelles découvertes.

C'est lui qui a inventé les fameux ponts tubulaires, énormes tuyaux ou tubes de fonte dans lesquels passent les voyageurs et les trains de marchandises, par-dessus les fleuves et même les bras de mer.

On doit à Robert le viaduc Britannia qui traverse la

mer et conduit de l'île d'Anglesey à l'Angleterre. Au-dessous peuvent passer les plus hauts navires.

Robert aida son père à construire le chemin de fer de Paris à Rouen et celui de Marseille à Avignon.

Il a fait beaucoup d'autres travaux grandioses, qui rendront son nom immortel comme celui de son père.

XLV. — L'industrie rapproche les hommes et prépare le règne de la paix.

« Bienheureux ceux qui sont pacifiques, parce que la terre leur appartient. » (*Évangile.*)

Combien l'industrie qui fait vivre est plus glorieuse que la guerre qui tue ! L'une et l'autre portent sur leur front la couronne de la victoire ; mais les lauriers de l'industrie sont sans tache, tandis que ceux de la guerre sont couverts de sang.

M. Edmond. — Les deux Stephenson sont, avec le français Séguin, les inventeurs des chemins de fer. Il y a longtemps qu'on a dit des chemins de fer qu'ils finiraient par supprimer les guerres entre les peuples. Devinez-vous, mes enfants, la raison qui a inspiré cette pensée toujours vraie, malgré la fréquence des guerres qu'on fait encore ? Voyons, tâchez de m'expliquer cela.

Rouen. — Patrie de Corneille, est une des villes les plus industrieuses et un des ports les plus commerçants de France (115,000 habitants.) Son industrie consiste surtout en tissus de coton dits *rouenneries*. — Son premier chemin de fer a été construit par les deux Stephenson.

Les trois enfants se regardèrent embarrassés.

Henri. — Monsieur, j'ai en effet entendu dire : « La vapeur fera tomber les barrières qui séparent les peuples ; » mais je n'ai point du tout compris cette grande phrase.

Un nouveau silence se fit ; Aimée réfléchissait.

Elle regarda Francinet :

— Je crois que je comprends, fit-elle. Un frère et une sœur, comme Henri et moi, s'aiment tout naturellement, car l'habitude de vivre et de penser ensemble a uni leurs cœurs dès qu'ils se sont connus ; mais les enfants de deux familles étrangères, et qui ne se connaissent pas, — comme nous étions, Francinet et moi, — restent indifférents l'un à l'autre ; ils peuvent même quelquefois se haïr, si l'on vient à dire à l'un du mal de l'autre. Pour les réconcilier, il suffirait qu'ils se connussent mieux...

La gare de Marseille. — Marseille est aujourd'hui égale à Lyon pour la population (350,000 habitants). C'est le plus important de nos ports de commerce. Son industrie très active consiste surtout en savonneries et raffineries très renommées. — Son premier chemin de fer a été construit sous la direction des deux Stephenson.

L'enfant s'arrêta, interdite. — Continuez, petite Aimée, dit M. Edmond ; votre comparaison est fort juste. Vous voulez nous dire que les peuples ennemis se réconcilieraient s'ils se connaissaient mieux.

— Oui, monsieur, dit la petite, et les chemins de fer, qui traversent si rapidement toute l'Europe, feront tôt ou tard que les différentes nations de l'Europe se connaîtront et s'aimeront, comme font aujourd'hui les habitants des diverses provinces de la France, jadis ennemis. Cela demandera peut-être bien du temps, mais cela arrivera sans doute.

— C'est très bien, mon enfant, lui dit M. Edmond, tandis qu'Henri, fier de l'explication de sa sœur, l'embrassait de toute sa force.

Pour Francinet, il avait les yeux baissés ; il semblait continuer en lui-même la pensée d'Aimée.

M. Edmond s'en aperçut. — Voyons, mon ami, lui dit-il, pense tout haut, et tire la conclusion.

— Oh ! dit Francinet avec embarras, c'est trop difficile, monsieur, car je pensais trop de choses à la fois.

— Eh bien! mon enfant, essaie tout de même.

Francinet rougit :

— Monsieur, dit-il, en vous écoutant dire qu'un jour les peuples renonceraient à la guerre, j'ai songé au pauvre mineur Georges, fils d'ouvrier comme moi, qui, en s'instruisant à force de veilles et de fatigues, aura ainsi contribué à empêcher un jour les hommes de se haïr. Cette pensée, qu'un pauvre ouvrier pouvait accomplir de si grandes choses, m'a rendu heureux. Je me suis mis à aimer le travail, à songer que je voulais, comme Georges, étudier avec courage et m'instruire tant que je le pourrais, sans me rebuter des difficultés de l'étude. Puis alors, j'ai songé à Dieu qui bénit les travailleurs, à Dieu qui veut que tous les hommes s'aiment comme des frères, et je l'ai prié de me donner la force nécessaire pour bien remplir mes devoirs.

— Allons, cher petit Francinet, dit M. Edmond, je suis content de toi : tu as trouvé une fort belle conclusion à nos réflexions sur le travail. Le fruit que tu retires de mes leçons me rend très douce la tâche de les continuer.

— Monsieur, dit Henri, il n'y a que moi qui n'ai rien su dire aujourd'hui; mais je tâcherai de faire mieux une autre fois, je vous le promets.

XLVI. — **Pascal et l'invention de la brouette. — Les avantages de la civilisation.**

Ouvrier, quand tu travailles au milieu de tes instruments, tu n'es point aussi seul que tu pourrais le croire : tous les inventeurs des outils qui abrègent ta peine, quand même ils seraient morts depuis longtemps, ne continuent-ils pas à faire une part de ta besogne? Que de compagnons et d'amis tu as sans t'en douter!

M. Edmond. — Je vous ai donné, mes enfants, un exemple de grandes inventions faites par de pauvres ouvriers; je vais aujourd'hui vous parler d'une invention plus modeste qui fut l'œuvre d'un grand savant.

Quand vous étiez encore tout petits, vous avez eu probablement parmi vos joujoux une petite brouette, que vous vous amusiez à remplir de sable ou de pierres avec une pelle et que vous traîniez ensuite.

— Oh! monsieur, dit Henri, je connais cela, et je me suis souvent amusé de cette manière.

— Les ouvriers se servent tous de brouettes, dit Francinet; c'est bien moins lourd qu'une charrette, et c'est bien plus commode que s'il fallait porter les choses avec les bras ou sur le dos. Mais, monsieur, est-ce que cela n'a pas toujours été connu?

La brouette.

M. Edmond. — Non, mon cher Francinet. Quoique la chose semble si facile aujourd'hui, elle n'en est pas moins due aux calculs d'un grand génie. L'inventeur est l'illustre Pascal, né à Clermont. Tu connais Pascal, n'est-ce pas, Henri? N'est-il pas digne d'être proposé comme modèle à tous les enfants par son amour du travail et de la science?

Pascal, né en 1623, mort en 1662.

Henri. — Oui, monsieur, vous m'avez dit qu'il étonna de bonne heure ses parents par sa passion pour les mathématiques. A 14 ans, sans avoir encore appris la géométrie, il s'amusait tout seul à tracer des figures, à les mesurer. Il faisait sur le sable ou le papier des lignes et des cercles qu'il appelait des barres et des ronds, et il avait retrouvé à lui tout seul des choses très difficiles, autrefois trouvées par les grands géomètres. A 16 ans, il avait déjà fait des découvertes, et il en a fait un grand nombre dans sa vie.

M. Edmond. — Oui, mon ami, et parmi celles-ci on place l'invention de la brouette, instrument que les menuisiers n'ont pas grand'peine à faire et qui ne coûte pas bien cher. Le difficile était de l'inventer.

Clermont-Ferrand. — (45,000 habitants), ancienne capitale de l'Auvergne, est voisine du Puy-de-Dôme, où Pascal fit des expériences célèbres sur la pesanteur de l'air. Clermont fait un grand commerce de draps, toiles, blé et pâtes alimentaires.

Nous, nous jouissons gratuitement de cette invention ; car, ce que nous payons en achetant une brouette, c'est le bois et le travail de l'ouvrier ; mais nous ne payons point du tout l'idée et les calculs de Pascal.

Tels sont les bienfaits de l'intelligence : quoiqu'ils aient coûté à l'origine bien des efforts, nous en jouissons aujourd'hui gratuitement, comme de l'air qui nous entoure, de la lumière qui nous éclaire et de toutes les richesses que la nature met à notre disposition.

A l'origine, l'humanité ignorante était pour ainsi dire plongée dans la nuit. Chaque idée nouvelle, chaque invention de la science ressemble à une étoile plus ou moins brillante, qui, une fois suspendue au firmament, ne cessera plus de briller pour tous : autant de vérités découvertes, autant d'étoiles qui rendent la nuit de moins en moins obscure. Tout le monde profite de leur lumière ; tout le monde aussi peut les voir et apprendre à les reconnaître : elles répandent gratuitement sur tous leur bienfaisante clarté.

Comme nous jouissons du travail de nos pères, nos descendants jouiront de notre travail.

C'est ce progrès de l'intelligence, de l'industrie et de la moralité, qu'on nomme *civilisation*.

XLVII. — L'homme est fait pour vivre en société. — Robinson et ses compagnons invisibles. — Les premiers âges de l'humanité et les forêts vierges.

« L'homme n'est pas un animal sauvage, mais un être sociable et aimant. » (Aristote.)

Henri. — Monsieur, vous nous avez parlé hier des avantages de la civilisation. Je trouve en effet tout cela bien beau; mais je viens de lire l'histoire de Robinson, jeté par un naufrage dans une île, et il me semble qu'il serait encore plus amusant de vivre, comme lui, dans une terre déserte. J'aimerais bien mieux sa cabane de feuillage et son lit de mousse que notre grande usine; et puis, quel plaisir de pêcher ou de chasser tous les jours avec Phanor, au lieu d'étudier l'arithmétique et les sciences! Et les ouvriers, les mineurs, par exemple, qui sont toujours sous la terre, ne seraient-ils pas plus heureux au milieu des forêts, en liberté? Pourquoi donc les hommes bâtissent-ils des villes où ils se réunissent en si grand nombre, plutôt que de s'en aller au hasard dans les beaux pays inhabités où la

La forêt vierge. — On appelle *forêts vierges* celles où l'homme n'a pas encore porté la cognée. Les forêts vierges, qui couvraient autrefois le centre de l'Europe, se trouvent encore en grand nombre en Amérique.

terre est couverte de fruits et de fleurs? Est-ce que ce ne serait pas plus agréable?

— Mon ami, dit M. Edmond, tu parles fort bien de ce qui serait agréable, et non de ce qui serait possible. L'histoire de Robinson est un conte charmant, très amusant à lire; mais ce n'est qu'un conte.

— Cependant, monsieur, dit Aimée, pas une fée n'apparaît dans la vie de Robinson pour le sauver des périls qui le menacent. C'est toujours par le seul effort de son courage et de son adresse que Robinson se tire d'affaire, absolument comme dans les histoires véritables.

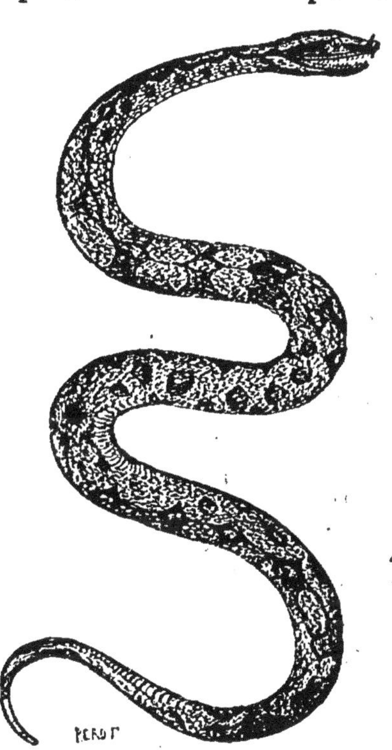

LES ANIMAUX DES FORÊTS VIERGES : LE SERPENT. — Le *serpent* est un reptile au corps très allongé, sans pieds, qui se meut au moyen des replis qu'il fait sur le sol. Les serpents, fort agiles, montent aisément aux arbres. Très répandus dans les contrées méridionales, ils acquièrent sous les Tropiques un volume énorme.

— Petite Aimée, en êtes-vous bien sûre? Les instruments, les armes, les outils, les habits mêmes du solitaire, au moment où la tempête le jette dans l'île, sont-ils les produits de son industrie? N'est-ce pas plutôt autant de trésors que la bonne fée Civilisation laisse au pauvre naufragé pour l'empêcher de mourir? N'avait-il pas pour compagnons invisibles, jusque dans son île déserte, tous ceux qui avaient fabriqué ses outils, ses armes, ses vêtements, tous ceux qui l'avaient instruit? N'est-ce pas la Civilisation qui avait à l'avance développé l'intelligence de Robinson, de manière à lui inspirer à chaque pas les expédients qui pouvaient le tirer d'affaire? Sans cela, que serait-il advenu de lui, jeté seul, nu, sans aucune instruction, sans armes, sans outils, sans une seule épave du navire, sur son île déserte? En supposant qu'il ne fût mort ni de faim ni de froid, la première bête féroce l'eût dévoré.

— C'est vrai, dit la petite, il fût mort sans doute; mais je n'y avais point songé.

M. Edmond. — Eh bien, mon enfant, réfléchissez-y. Et toi-même, Henri, dis-moi s'il y a rien de plus faible qu'un homme isolé, rien de plus fort que les hommes en société? Non seulement les progrès de la science et de l'industrie eussent été impossibles sans la société; mais encore l'homme n'aurait pas même pu vivre dans l'isolement.

Il ne faut pas s'imaginer, mes enfants, qu'aux premiers âges de l'humanité la terre ressemblât en rien à ce qu'elle est aujourd'hui. D'immenses forêts, impénétrables aux rayons du soleil, remplaçaient les plaines fertiles qui nous donnent notre nourriture. Si aux branches touffues des arbres pendaient un grand nombre de fruits sauvages, en revanche les reptiles et les serpents de toute sorte pullulaient à l'ombre de cette végétation puissante.

Les animaux des forêts vierges : le lion. — Le *lion* est un grand animal qui atteint 2 mètres de long sur $1^m,30$ de hauteur. Ses épaules et sa poitrine, recouvertes d'une épaisse crinière, sa tête qu'il tient relevée, lui donnent un air de majesté qui l'a fait de tout temps regarder comme le roi des animaux. Les lions, nombreux autrefois, ne se trouvent plus guère qu'en Afrique et dans quelques contrées de l'Asie.

Les hurlements des lions et des tigres se répétaient d'écho en écho. Les bêtes fauves erraient en troupes nombreuses.

A chaque pas, se rencontraient des marais pestilentiels. Torrents, montagnes, précipices, dressaient de tous côtés leurs obstacles infranchissables.

L'homme, nu, faible, sans abri, sans autres armes que ses mains, n'avait, pour dompter cette riche mais effrayante nature, que son intelligence.

Quelque belle que fût cette intelligence, mes enfants, si l'homme eût vécu seul, il eût été vaincu par les forces

LES ANIMAUX DES FORÊTS VIERGES : LE TIGRE. — Le *tigre* ressemble à un grand chat. Son pelage magnifique fournit une des plus belles fourrures. Le tigre, aussi fort que le lion, est plus féroce encore. Il habite surtout l'Asie méridionale.

brutales de la nature et des animaux. Aussi la sagesse de la Providence lui a-t-elle donné des goûts et des penchants qui le portent à rechercher la société de ses semblables. Vous-mêmes, quoique la vie de Robinson vous paraisse charmante dans un moment d'irréflexion, vous vous ennuieriez bientôt de l'existence des solitaires. La première averse de pluie ôterait à votre lit de mousse bien des charmes, surtout si le cri des bêtes féroces vous servait de réveille-matin.

Les trois enfants se mirent à rire.

XLVIII. — Les hommes sont des compagnons de travail. — Les quatre sauvages et le bloc de pierre. — Le corail. — Le tripoli.

« Je conclus qu'il faut qu'on s'entr'aide. » LA FONTAINE.

M. EDMOND. — L'homme a toujours compris, mes enfants, même dans la vie sauvage, la nécessité où il était de vivre avec ses semblables, et les avantages qu'il en pouvait retirer.

Voici, je suppose, un énorme bloc de pierre qui s'est détaché de la montagne. Il obstrue l'entrée d'une caverne où, la veille encore, un Indien trouvait un refuge contre la pluie et le froid. Le sauvage essaie de soulever cette pierre, mais inutilement. Un autre sauvage passe, il essaie à son tour, mais toujours en vain. Mille sauvages pourraient ainsi passer un à un devant l'obstacle sans réussir à l'ébranler.

Indien d'Amérique ou *peau-rouge.*

— Unissons-nous, dit alors le premier à trois de ses camarades.

Ils se réunissent, et la pierre roule au loin : l'entrée de la caverne devient libre.

Les sauvages alors, pour prix de leur effort commun, s'entendent, une fois la caverne libre, pour en jouir tous les quatre.

Le corail existe dans la Méditerranée; il a la forme d'un arbrisseau. On trouve, à des profondeurs de 25 à 200 m., de véritables forêts de corail. La pêche du corail se fait sur les côtes de l'Espagne et de l'Algérie.

La société, mes enfants, n'est qu'une vaste association de travailleurs qui s'entr'aident tous ainsi, sans même parfois se connaître, et qui désirent tous avoir une part à la satisfaction résultant de ce travail en commun.

Même dans la nature, rien ne se fait solitairement ; il semble que toutes les forces de la nature aient besoin de s'unir pour arriver à leurs plus beaux résultats.

La mer du corail ou Archipel dangereux. — Les coraux, dans les mers de l'Inde ou de l'Océanie, forment de vastes lignes de récifs sur lesquels les vaisseaux se brisent souvent. La Nouvelle Calédonie a sur sa côte une barrière de récifs de 140 lieues de longueur. L'île que représente la gravure est celle de Borabora, située dans l'*Archipel dangereux*.

Des milliers de petits animaux, en se collant les uns contre les autres, et en laissant après eux cette dépouille vermeille nommée corail, ont formé des îles, des archipels entiers d'une grande étendue. Des milliards d'autres petits animaux, dont la dépouille forme ce sable fin qu'on nomme tripoli, et qui sont tellement petits qu'un pouce de tripoli en contient des centaines de mille, ont formé en s'accumulant d'énormes montagnes.

Qu'est-ce que les hommes ne sont pas capables de faire en associant leurs efforts et leur travail, eux qui ont reçu de Dieu une âme intelligente, aimante et libre ?

XLIX. — De la *DIVISION DU TRAVAIL* dans l'industrie, et de ses heureux effets.

Divisez les difficultés si vous voulez les résoudre ; divisez les travaux si vous voulez les rendre faciles.

— Monsieur, dit le lendemain Francinet, je suis loin de désirer, comme M. Henri, d'aller vivre tout seul dans les îles désertes. Je trouve qu'on a déjà bien assez de mal à vivre en se prêtant tous un appui. Seulement, je trouve que c'est très ennuyeux de travailler à la manière de tout le monde, c'est-à-dire chacun faisant toujours une même chose. Moi, par exemple, je tourne un moulin ; le père Jacques trempe ses écheveaux dans la cuve de campêche, de cochenille ou de garance. Ma mère tisse continuellement ; le boulanger, notre voisin, fait cuire du pain depuis le matin jusqu'au soir ; le cordonnier d'en face est toujours assis vis-à-vis d'une paire de souliers. Ne serait-il pas plus agréable de faire soi-même ses chaussures, son pain, sa blouse et tout ce dont on a besoin ? Quand on fait une chose nouvelle, c'est toujours amusant ; si l'on changeait toujours de travail, on s'amuserait toujours en travaillant.

Industrie de la teinture.
La cuve.

M. Edmond. — Cela serait fort bien trouvé, Francinet,

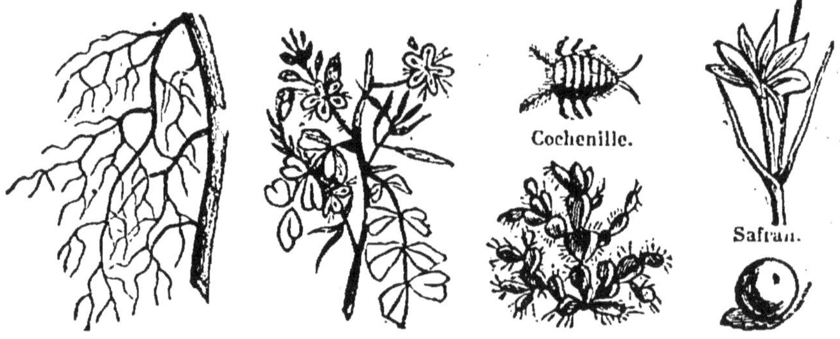

Industrie de la teinture. — La *garance* est la plante la plus importante de notre pays pour la teinture. Sa racine peut servir à faire ces beaux rouges solides dont sont teints par exemple les pantalons de nos soldats. Le département de Vaucluse produit par an 30 millions de kilogrammes de garance. — Le *bois de Campêche* vient du Mexique, où se trouvent la ville et la baie de Campêche. Il donne un suc rouge. — La *cochenille* est un insecte du Mexique qui fournit une belle couleur écarlate. La cochenille vit sur les *cactus*, plantes grasses armées de piquants. Les Mexicains plantent des cactus autour de leurs maisons, et y déposent des cochenilles, qui y pondent leurs œufs et produisent des milliers de petits insectes. — La *noix de galle* est une excroissance produite sur le chêne par la piqûre d'insectes. Elle sert à faire de l'encre et à teindre en noir. — Le *safran* sert à teindre en jaune. Il s'emploie aussi dans la cuisine et en médecine.

si nous n'avions ici-bas qu'à nous amuser. Les hommes sont forcés de rechercher pour travailler, non la manière la plus amusante, mais celle qui produit le plus de travail avec le moins de fatigue possible.

Ta mère, Francinet, s'il lui fallait boulanger votre pain, coudre et tailler tous vos vêtements, fabriquer vos chaussures, tricoter vos bas, semer les légumes que vous mangez, le blé avec lequel vous faites le pain, couper le bois qui vous chauffe, réparer votre toiture quand la pluie la dérange, fabriquer enfin toutes les choses dont vous jouissez ; ta mère, dis-je, même aidée par ta sœur, ne trouverait ni le temps ni la force de faire tout. Eût-elle le temps et la force, comment se procurerait-elle le coton, le lin ou le chanvre de vos vêtements, les matières premières dont sont faits vos meubles et votre maison, puisqu'elle n'a pour tout bien que son travail de chaque journée ? Évidemment ce serait impossible, et ta mère serait dans une misère effrayante.

L'industrie du tissage. Métier à tisser.

Fleur du lin.

Eh bien! mon enfant, grâce à la *division* des métiers, tout cela s'arrange. Ta mère et ta sœur, ont choisi l'état pour lequel elles avaient du goût et de l'aptitude : elles ont appris à tisser. L'excellence de leurs yeux leur permet de distinguer rapidement l'ordre dans lequel les fils doivent être passés entre les dents des peignes, et l'adresse de leurs doigts leur permet d'exécuter ce travail minutieux avec rapidité. En échange du service qu'elles rendent ainsi à la fabrique, elles gagnent à elles deux des journées tantôt de trois francs, tantôt de quatre. Avec cela elles se procurent leur pain tout fait chez le boulanger, et meilleur qu'elles ne pourraient le réussir. Elles achètent tout faits la blouse, les bas et les sabots que tu portes; et la blanchisseuse, pour quelques sous, entretient vos vêtements propres.

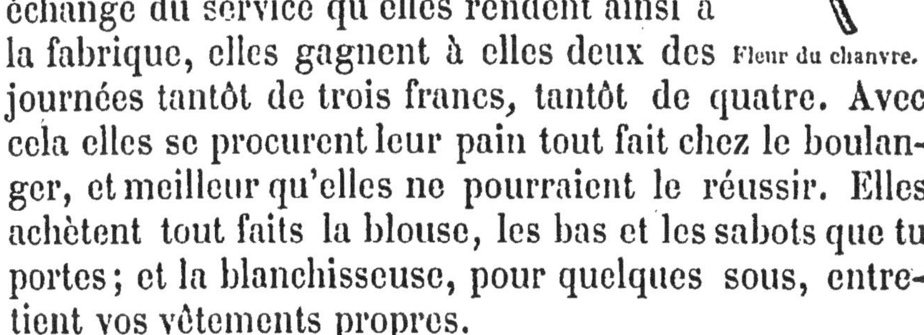

Fleur du chanvre.

« A chacun son métier, » dit le proverbe, et le proverbe a raison. J'ajoute : — Chacun doit aimer le métier qu'il a choisi, et chercher à le remplir de son mieux.

L. — Chacun profite du travail de tous. — *BIENFAITS DE L'ASSOCIATION.* — L'épingle, le sel, le poivre, le café.

En travaillant pour soi, on travaille aussi pour autrui.

M. Edmond. — Francinet, toi qui voudrais faire tous les métiers pour varier tes plaisirs, tu serais bien embarrassé s'il te fallait seulement fabriquer une simple épingle. Sais-tu par combien de mains passe une épingle avant d'être achevée? Par les mains de dix-huit ouvriers qui, ayant chacun une besogne différente, la font mieux et plus vite.

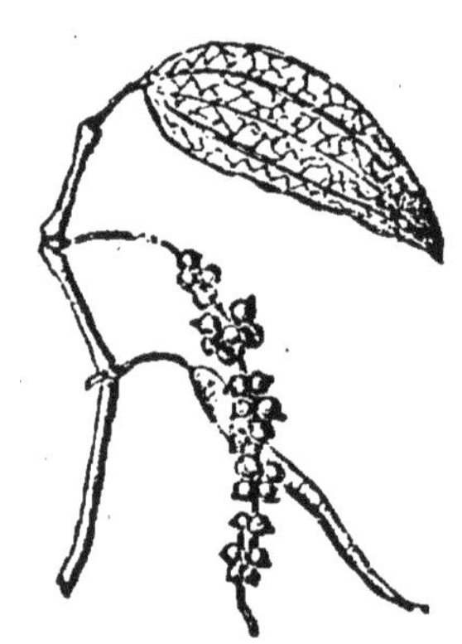

Le poivrier, arbrisseau sarmenteux, croît en Océanie, en Asie et en Amérique.

Une aiguille passe par les mains de deux cent cinquante ouvriers, entre lesquels est divisé le travail.

Ainsi pour toutes choses. Les moindres objets sont le résultat d'un travail divisé entre une foule d'hommes dont chacun a fait sa besogne.

Et chacun est bien heureux de n'avoir pas tout à faire par lui seul. Ainsi, l'épicier qui vous procure du sel recueilli au bord de l'Océan, du chocolat, du café et du poivre récoltés aux colonies, du fromage confectionné en Suisse, s'estime très heureux de n'être point obligé d'aller chercher si loin toutes ces choses.

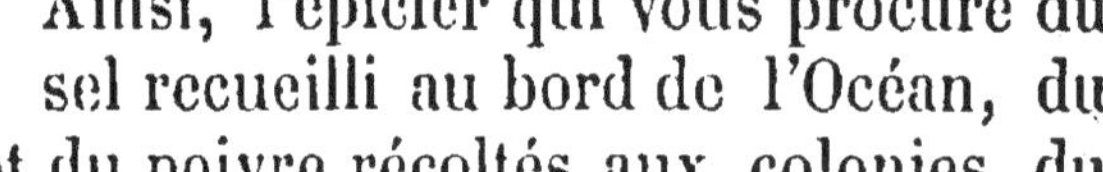

Le cacaoyer.

— Comment! monsieur, s'écrièrent les trois enfants, le chocolat, le poivre, le café, viennent d'aussi loin!

— Oui, mes amis; les quelques grains de poivre qui assaisonnent votre soupe ont été amenés de bien loin par delà les mers. Il a fallu un navire, des matelots qui eussent le goût de voyager, la bonne harmonie entre les peuples de l'Europe et les colonies, pour que l'échange pût s'établir librement.

— Que tout cela est beau, monsieur! dit la petite Aimée, et comme il a fallu que tous les hommes s'entendissent bien entre eux, pour arriver à s'arranger d'une façon si intelligente!

— Vous avez raison, mon enfant; car, pour obtenir ces résultats merveilleux du travail, il faut que l'harmonie règne entre les hommes. Chacun choisit sa tâche selon ses aptitudes ou son goût, et comme il ne se dérange point à tout propos, il devient par l'habitude plus habile. En travaillant ainsi pour soi, chacun se trouve avoir travaillé pour les autres. Un seul profite du travail de cent mille, et les cent mille à leur tour profitent de son travail. Tels sont les bienfaits de l'*association* et de la *division du travail* dans l'industrie.

BRANCHE DE CAFÉIER, avec ses fleurs et ses fruits appelés *cerises*. L'une des cerises, coupée en deux, laisse voir à l'intérieur les deux grains de café qu'elle renferme.

LI. — *PUISSANCE DE L'ATTENTION.* — **L'enfant et la machine à vapeur. — Histoire du jeune Potter.**

Enfants, habituez-vous à être attentifs et à réfléchir sur toutes choses. Un esprit attentif a plus de puissance que vingt esprits distraits.

M. EDMOND. — Un des plus heureux effets de la division des métiers, c'est qu'elle concentre l'attention de chaque travailleur sur un même objet et par là lui donne plus de puissance.

Enfants, écoutez une comparaison. Quand les rayons du soleil se répandent et se dispersent librement dans l'espace, ils réjouissent et réchauffent l'at-

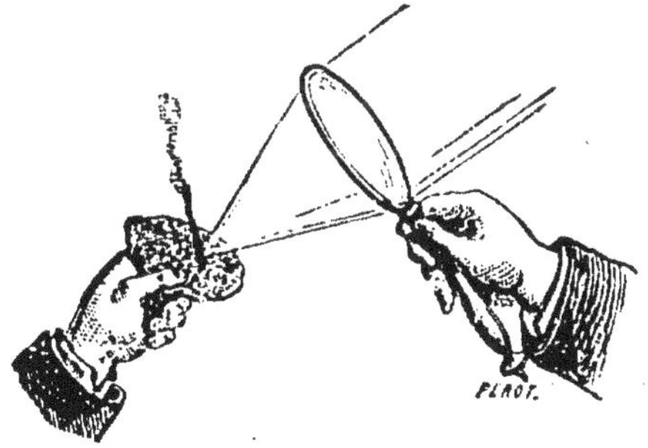

La lentille des physiciens est un verre bombé dont la forme rappelle celle des lentilles.

mosphère ; mais ils ne sauraient produire le feu et la flamme, n'est-il pas vrai? Eh bien! mes amis, parmi les instruments de physique achetés pour Henri, regardez ce verre qu'on appelle *lentille;* il a la propriété de rassembler les rayons du soleil sur un même point ; vous allez voir quelle force leur donne cette concentration.

M. Edmond mit la lentille au soleil, au-dessus d'un morceau d'amadou. Au bout d'une minute l'amadou prit feu.

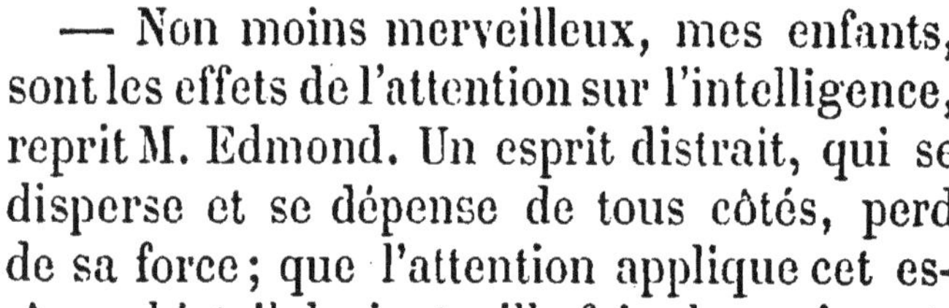

Champignon à amadou.

Francinet battit des mains. — Voilà une chose bien merveilleuse, dit Aimée.

— Non moins merveilleux, mes enfants, sont les effets de l'attention sur l'intelligence, reprit M. Edmond. Un esprit distrait, qui se disperse et se dépense de tous côtés, perd de sa force ; que l'attention applique cet esprit sur un même objet, il devient mille fois plus puissant.

L'esprit d'un enfant, s'il est toujours attentif à un même travail, découvrira parfois des choses qui avaient échappé à des savants. En voici un exemple.

Au commencement de l'invention des machines à vapeur, un enfant était chargé d'ouvrir et de fermer sans cesse deux robinets ; il ne pouvait quitter son travail sans mettre en danger la machine tout entière. Un enfant nommé Potter, chargé de ce travail dans une usine d'Angleterre, et trouvant sa besogne ennuyeuse et fatigante, regardait avec attention les robinets et la machine pour voir comment tout cela marchait.

« Quel malheur, se disait-il, puisque les autres pièces vont si bien toutes seules, que celles-là n'aillent pas seules aussi! Moi, je me croiserais les bras ou je ferais autre chose, et je n'aurais besoin que d'un coup d'œil jeté de temps en temps sur la machine pour la surveiller. »

A force d'attention, notre petit bonhomme eut une excellente idée. Il attacha les deux robinets aux deux bras de la machine avec des ficelles, et il vit que la machine faisait sa besogne beaucoup mieux encore que lui-même. Sûr que tout irait bien, il en profita pour aller jouer quelques instants avec des camarades.

Tout à coup le contre-maître arrive; il pousse une exclamation de terreur et de colère en voyant la machine abandonnée, au risque de se briser. Il s'approche, reconnaît que tout marche comme d'ordinaire, s'en étonne, et découvre l'ingénieux expédient.

Le jeune Potter cherchant à perfectionner la machine à vapeur et attachant les robinets aux bras de la machine.

« Bonne idée! » se dit-il. Et en effet, l'enfant avait trouvé, par son attention, un perfectionnement qui avait échappé aux savants inventeurs et aux vieux mécaniciens.

FRANCINET. — Monsieur, je voudrais bien être aussi ingénieux que cet enfant-là, et trouver un moyen pour que mon moulin à l'indigo tourne tout seul.

M. EDMOND. — La chose n'est pas aussi simple, mon ami; mais, si ce n'est pas toi qui le trouves, ce sera certainement un autre, et avant peu, j'en suis sûr, ce procédé incommode sera remplacé par quelque mécanisme.

LII. — Découvertes dues à l'attention. — Christophe Colomb et les herbes du rivage. — La lampe de la cathédrale de Pise et le balancier des horloges.

Le grand inventeur James Watt avait pris pour devise : « Observer. »

L'histoire des inventions contient bien d'autres exemples qui montrent la nécessité de faire attention à tout. Beaucoup de découvertes tirent leur origine d'un fait en apparence insignifiant qui a frappé l'attention d'un travailleur intelligent ou d'un homme de science.

Le *varech* sert à faire de la soude, des engrais.

La mer abandonne sur la plage des herbes et varechs d'une espèce inconnue en Europe ; Colomb les ramasse, les examine attentivement, se dit qu'ils ont dû venir de terres lointaines, et rêve par delà l'océan la découverte d'un nouveau monde.

Dans la cathédrale de Pise, une lampe suspendue à la voûte se balance en face de l'autel. Galilée se met à en suivre les mouvements avec attention : Une, deux ! une, deux ! toujours le même temps, toujours le même battement régulier. Le savant revient chez lui enthousiasmé : il a découvert une des lois les plus fécondes de la physique : la durée régulière des balancements du *pendule*. On appelle *balancier* ou *pendule* tout corps suspendu qui se balance.

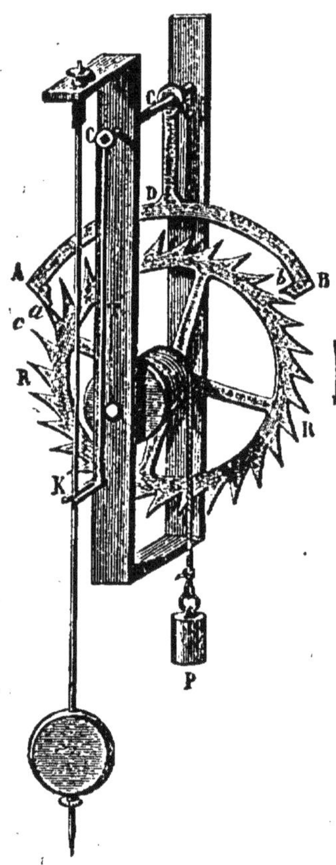

BALANCIER D'UNE HORLOGE A POIDS. — Le poids P fait tourner la roue R. Le pendule K, en se remuant régulièrement de droite à gauche, fait entrer les crochets A et B, l'un après l'autre, dans les dents de la roue qui tourne, et il règle ainsi le mouvement de l'horloge.

— Tiens ! dit Henri, c'est le même nom que pour les pendules qui marquent les heures.

— Précisément, mon ami ; on les appelle pendules à cause du balancier qu'elles contiennent. C'est seulement depuis la découverte de Galilée, qu'on a pu faire des horloges marquant l'heure avec exactitude.

LIII. — Les horloges d'autrefois. — L'horloge des sauvages. — Les noix de coco et le cocotier.

L'horloge dit au travailleur : — Mets à profit l'heure qui passe, car elle passe pour ne plus revenir.

FRANCINET. — Comment donc, Monsieur, faisait-on autrefois pour savoir l'heure, sans horloges?

M. EDMOND. — Mon ami, on mesurait les heures d'après le temps que le sable mettait à tomber d'un sablier, ou l'eau à couler d'un vase.

Le cocotier est une espèce de palmier d'une taille souvent gigantesque et dont la hauteur moyenne est de 30 mètres. Les fruits, de la grosseur de la tête, ont un noyau très dur qui sert à faire des vases et ustensiles. Ils renferment une sorte de crème sucrée. Avec la filasse qui recouvre leur coque, on fait des cordages. Avec les feuilles de l'arbre on fait des paniers et des nattes.

Dans un archipel de l'Océanie, on se sert encore d'un moyen fort singulier. Sur un seau rempli d'eau, on pose la moitié d'une coquille de noix de coco, bien lisse et polie, avec un petit trou au fond, par lequel l'eau s'introduit très lentement. Peu à peu la coquille s'emplit : sa grandeur est si bien calculée, qu'elle n'est pleine et ne peut tomber au fond du seau qu'au bout d'une heure. Le bruit qu'elle fait en tombant avertit que l'heure est écoulée.

Chez les nations civilisées, depuis la grande découverte de Galilée, on a construit des pendules et des montres où les battements réguliers d'un balancier mesurent le temps avec la plus rigoureuse exactitude. Mais voilà assez d'histoires. Revenons à notre sujet.

Sablier.

— Oh ! non, monsieur ; encore quelques-unes ! s'écrièrent les enfants. Cela nous intéresse et nous instruit beaucoup.

— Eh bien ! soit ; j'y consens.

LIV. — La pomme de Newton. — Découvertes astronomiques. — Les merveilles du ciel.

> « Bienheureux celui qui étudie les cieux : il apprend à faire moins de cas de ce que le monde admire le plus ; les œuvres de Dieu sont pour lui au-dessus de tout, et leur étude lui fournit la joie la plus pure. »
>
> (KÉPLER, *Harmonies du monde.*)

M. EDMOND. — Pour vous montrer encore la puissance de l'attention et de la réflexion, qualités bien nécessaires aux enfants comme aux hommes, je vais vous raconter l'histoire d'une pomme qui, en tombant, suggéra à Newton une découverte admirable.

PISE, patrie de Galilée (né en 1564, m. en 1642), est une des villes illustres de l'Italie. Ses principaux monuments sont la *Cathédrale* et la *Tour penchée,* du haut de laquelle Galilée fit d'importantes expériences sur la pesanteur et la chute des corps.

FRANCINET. — Une pomme ! monsieur ; ce n'est pas possible. J'ai bien souvent mangé des pommes, et j'en ai souvent laissé tomber par terre : comment cela peut-il faire faire une découverte ?

M. EDMOND. — Mon ami, c'est que, pour mettre à profit tout ce qu'on voit et observe, il faut un certain fonds de connaissances, un certain *acquis.* Voilà pourquoi l'instruction est si utile à tout le monde. Des hommes instruits et intelligents verront quelque chose d'intéressant et de profitable là où un ignorant ne voit rien du tout. S'ils ne sont pas des hommes de génie, comme Newton ou Galilée, ils seront du moins des hommes ingénieux et utiles.

Un jour que Newton rêvait dans son jardin, étendu sous un arbre, il vit une pomme tomber. Elle était tombée du plus haut de l'arbre et faillit lui faire mal ; car vous savez que plus un objet tombe de haut, plus il augmente de vitesse et de force en tombant.

HENRI. — J'ai remarqué cela bien des fois en jouant à

la balle. Lorsqu'on jette sa balle peu haut, on la reçoit dans les mains très doucement ; mais, si on la lance extrêmement haut dans l'air, elle retombe lourde comme une pierre et vous fait mal aux mains.

M. Edmond. — Précisément, mon ami. Newton, qui savait cela, se dit : « Si l'arbre avait été dix fois plus haut, cette pomme aurait pu me tuer. Et si l'arbre était haut de plusieurs lieues, ce serait bien pis encore ! »

En ce moment, la lune était déjà haute sur l'horizon et planait dans le ciel pur.

« Si l'arbre était assez haut pour s'élever jusqu'à la lune, pensa Newton, la pomme serait toujours tombée vers le centre de la terre, et aurait acquis en tombant une vitesse effrayante... Mais alors, pourquoi la lune elle-même ne tombe-t-elle pas? Elle doit cependant être pesante, elle aussi, et bien plus qu'une pomme ! »

Newton, né en Angleterre en 1642, mort en 1727 Il perdit son père à l'âge de trois ans, fut envoyé à de petites écoles de village, puis à l'école publique de la ville, où il se fit remarquer par un goût très vif pour les inventions mécaniques. Il entra ensuite au collège de Cambridge. Il devint un des plus grands savants des siècles modernes.

Cette pensée frappa Newton, et il chercha tout de suite quelle cause pouvait maintenir la lune ainsi suspendue dans l'espace.

Il se livra dès lors à des calculs dont les mathématiciens seuls peuvent concevoir la difficulté. Il sut mettre à profit les belles découvertes déjà faites avant lui par un astronome d'Allemagne, le fils d'un pauvre cabaretier, qui fut d'abord lui-même garçon de cabaret et qui devint à force de travail un grand savant : Képler.

Vingt ans après ses premières réflexions sur la chute d'une pomme, Newton publia son immortel livre des *Principes*. Il y explique les mouvements des astres.

La contemplation du firmament avait inspiré à Newton une profonde croyance en Dieu. Un jour qu'on lui demandait une preuve de son existence, il se découvrit et, sans rien dire, montra le ciel étoilé.

— Voilà une bien belle réponse, dit Aimée; j'aime beaucoup ce savant, car je vois qu'il était très bon.

— Mon enfant, la vraie science rend toujours les hommes meilleurs. En effet, un esprit attentif aux choses qui l'entourent ne saurait rester indifférent à lui-même; or, c'est l'attention portée sur nous-mêmes qui nous fait découvrir nos défauts et nous aide à nous corriger. Puisque toute la leçon s'est passée aujourd'hui à vous raconter des histoires, je vais terminer en vous donnant un exemple de constante attention à soi-même.

LV. — Faire attention à soi-même. — Le cahier de Franklin et l'examen de conscience.

« Connais-toi toi-même. » (Socrate.)
« Examine chaque soir ta conscience. » (Pythagore.)

Dès sa jeunesse Franklin avait conçu la noble ambition de devenir aussi parfait que possible. Sachant bien qu'on n'arrive à rien sans attention, il résolut d'exercer une surveillance active sur lui-même.

Franklin, l'inventeur du paratonnerre, naquit à Boston en 1706, d'une famille pauvre, et fut d'abord ouvrier imprimeur. Il est non moins célèbre par son dévouement à sa patrie que par ses découvertes scientifiques. Quand la guerre éclata entre l'Angleterre et ses colonies américaines, Franklin vint proposer à la France un traité d'alliance avec sa patrie. C'est lui qui, en 1783, signa la paix qui assurait désormais l'indépendance des Etats-Unis. Lorsqu'il mourut (1790), l'Assemblée nationale en France prit le deuil.

Pour cela, il inscrivit sur un petit cahier de douze pages douze vertus importantes. Tous les soirs il faisait son examen de conscience, et il notait au bas de chaque page les fautes qu'il avait pu commettre contre chacune des douze vertus.

— « Lorsque je commençai à exécuter ce projet, raconte lui-même Franklin avec une douce humilité, je fus surpris de me trouver beaucoup plus de défauts que je ne l'aurais imaginé. »

Cette découverte, loin de le décourager, l'excita à être plus attentif sur lui-même qu'il ne l'avait été jusqu'alors. « Bientôt, dit-il, j'eus la satisfaction de voir diminuer sur mon livre les marques qui indiquaient mes fautes journalières. C'est à ce moyen et à l'aide de Dieu que j'ai dû le bonheur constant de toute ma vie, jusqu'à ma 70° année dans laquelle j'écris ces pages. »

FRANCINET. — Oh! voilà une bien bonne idée. Quand je saurai mieux écrire, je ferai, comme Franklin, un cahier pour noter toutes mes sottises et me corriger bien vite!

HENRI. — Moi, je vais faire ce soir mon examen de conscience bien attentivement.

AIMÉE. — Moi aussi, et je n'y manquerai plus jamais.

M. EDMOND. — Voilà d'excellentes pensées, mes enfants.

LVI. (*Suite.*) — **Le caissier et la tenue des livres de commerce. — Faillites et banqueroutes.**

La négligence du commerçant est un *délit*. La fraude du commerçant est un *crime*. (*Code pénal.*)

Les trois registres obligatoires pour tout commerçant sont : le *livre-journal*, le *copie de lettres* et le registre d'*inventaire*. (*Code de commerce.*)

M. EDMOND. — En faisant ainsi chaque jour l'examen de ses actions, Franklin suivait, dans l'ordre moral, l'exemple que nous donnent les bons commerçants pour les intérêts matériels. Le caissier qui te paie tous les samedis, Francinet, n'est-il pas tenu de compter chaque jour son argent, de faire le total des ventes et des achats?

Le caissier et la paie.

— Monsieur, dit Henri, mon grand-père fait inscrire toutes les sommes qu'il paie ou qu'on lui paie sur son *livre-journal*. Il transcrit aussi toutes ses lettres sur le *copie de lettres*. Chaque année il fait son *inventaire*, pour voir s'il a eu du profit.

C'est à ce moment-là qu'il ne faut pas le déranger dans ses calculs ! Il serait bien mécontent.

M. Edmond. — Votre grand-père, en agissant ainsi, obéit à la loi. La loi oblige tout commerçant à une bonne tenue des livres, car celui qui ne tient pas exactement ses registres s'expose à ne plus pouvoir payer ses dettes. Comment appelle-t-on cela, Henri ?

Henri. — Faire *faillite*. Mon grand-père m'a dit que celui qui a fait faillite, outre qu'il perd son honneur de commerçant, perd aussi le *droit de voter* aux élections.

M. Edmond. — Oui, mon enfant, et la loi est encore plus sévère quand la faillite est due, non à des malheurs involontaires, mais à une mauvaise tenue des livres. On l'appelle alors *banqueroute simple*. Le commerçant imprévoyant ou négligent qui a causé ainsi par sa faute à ses créanciers des pertes d'argent, est puni comme un voleur d'un emprisonnement d'un mois à deux ans.

S'il y a eu non seulement négligence, mais fraude et mauvaise foi dans la tenue des livres, la banqueroute est appelée *frauduleuse*, et est punie de plusieurs années de travaux forcés. Ainsi, tout commerçant honnête doit se rendre compte de ses moindres profits et dépenses, pour ne pas s'exposer à se ruiner et à ruiner les autres.

Maintenant, mes enfants, répondez-moi, les vertus et la richesse morale ont-elles moins de prix pour un honnête homme que les richesses matérielles ? Non, sans doute. Que chacun de vous se préoccupe donc, comme Franklin, des pertes ou des profits moraux qu'il a pu faire dans la journée ; qu'il apporte à se perfectionner un zèle que ne puisse surpasser le zèle mercantile du commerçant. Demandez-vous tous les soirs, en examinant votre conscience : « Si tout le monde agissait comme je l'ai fait aujourd'hui, serait-ce un bien et un progrès pour l'humanité ? Mes actions pourraient-elles être proposées pour modèle à tous les hommes ? »

LVII. — La prévoyance et l'épargne. — Le sauvage imprévoyant.

Là où vous voyez quelque richesse, grande ou petite, soyez sûr qu'il y a eu quelqu'un qui savait *prévoir* et *épargner*.

M. Edmond. — Le travail, même le plus attentif et le plus intelligent, a besoin, pour porter tous ses fruits, de l'aide d'une autre vertu. Voyons, mes amis, si vous trouverez le nom de cette vertu indispensable.

Les trois enfants se regardèrent, se consultant en vain sans deviner.

M. Edmond, pour les aider, reprit :

— Voyons, Francinet ; supposons un homme qui n'ait d'autre vertu que le travail : que va-t-il arriver? Voilà, par exemple, un sauvage qui pêche chaque jour dans le fleuve pour se nourrir, car il est laborieux et ne voudrait pas rester un jour sans rien faire. Parfois la pêche est bonne et lui donne plus de nourriture qu'il ne lui en faut pour un jour ; alors il laisse se perdre son poisson, — saumons ou aloses —, et recommence à travailler le lendemain avec la même conscience.

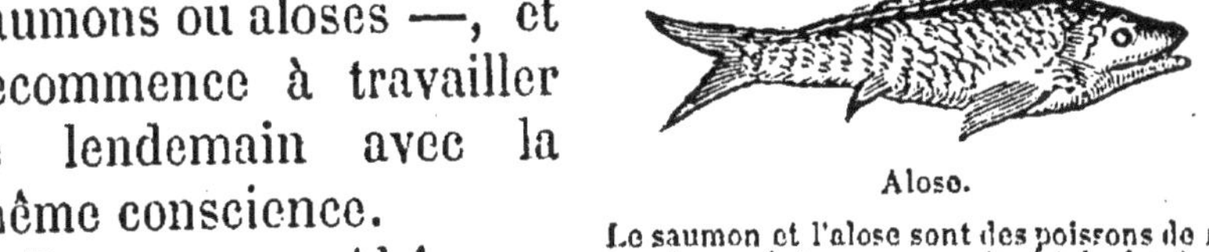

Saumon.

Alose.

Le saumon et l'alose sont des poissons de mer, qui au printemps remontent très haut dans les fleuves pour y déposer leurs œufs.

Francinet. — Ah! monsieur, à quoi cela lui sert-il de travailler avec aussi peu de réflexion? S'il laisse se perdre le fruit de son travail maintenant qu'il se porte bien et qu'il est jeune, comment fera-t-il quand il sera malade, vieux, ou que la pêche deviendra mauvaise?

— Évidemment, dit Henri, il ne sert de rien d'être travailleur si l'on n'est pas prévoyant.

— Et si l'on n'épargne pas pour les mauvais jours, ajouta Aimée.

M. Edmond. — A merveille! mes enfants; vous avez

nommé la vertu qui doit toujours accompagner le travail : la *prévoyance*, mère de l'épargne. Ayez la vertu de l'attention, vous mettrez à profit le présent; ayez de la mémoire, vous mettrez à profit le passé ; ayez de la prévoyance, vous serez certains de l'avenir.

LVIII. — L'imprévoyant est un aveugle. — Nécessité de la prévoyance et de l'épargne pour l'ouvrier.

Travailleurs, songez à l'avenir.

M. Edmond. — Vous savez, mes enfants, quelle est la misérable condition de ceux qui n'ont que le sens du toucher sans avoir celui de la vue.

L'aveugle ne peut saisir que les objets à la portée de sa main; il n'est maître que de l'étroit espace qu'il occupe. La vue, au contraire, s'étend au loin, jusqu'aux étoiles mêmes, séparées de nous par des milliards de lieues. S'il nous fallait aller auprès des étoiles pour les toucher de la main, ce voyage durerait plus de mille années, et pour certaines étoiles plus de cent mille ans. Mais nous n'avons pas besoin de faire ce voyage : nous ouvrons les yeux, et la lumière de l'étoile nous la révèle à travers l'infini. La vue nous rend donc maîtres d'un immense espace.

Eh bien! mes amis, le travailleur imprévoyant est comme l'aveugle : il ne touche et ne possède que le présent. Le travailleur prévoyant est comme les yeux qui voient au loin: il embrasse l'avenir.

L'imprévoyant est pour ainsi dire esclave des autres, comme l'aveugle ; car, si les autres ne le conduisent pas par la main, il ne pourra se conduire lui-même, il se heurtera à tous les obstacles et sera exposé à tous les dangers. L'homme prévoyant, au contraire, est libre; il peut aller et venir par lui-même, il est son maître, parce qu'il est maître du temps et de l'avenir.

Le fruit visible de la prévoyance, c'est *l'épargne*. L'épargne est la provision de l'avenir. Francinet, toi qui es un jeune travailleur, ne l'oublie pas, le travail sans l'épargne, c'est la fatigue continuelle sans le repos, c'est la pauvreté. L'épargne, c'est le repos assuré pour la vieillesse et la maladie ; c'est la richesse.

Heureux l'ouvrier prévoyant qui sait épargner !

LIX. — Histoire d'un sauvage industrieux. — De la propriété. — Le filet.

« La *propriété* est le droit de jouir et de disposer absolument des choses qui nous appartiennent, pourvu qu'on n'en fasse pas un usage défendu par la loi. »

(*Code civil.*)

Celui qui écrit sa pensée dans une lettre, la ferme et pose son cachet sur l'enveloppe. Ce cachet veut dire : Respectez ce qui est à moi.

Ce cachet, si facile à briser, est pour l'honnête homme une barrière plus infranchissable qu'une haute muraille.

De même, enfants, les choses que nous avons produites par notre travail portent le cachet de notre intelligence. Ce cachet que notre travail met sur les choses et qui les rend inviolables, c'est la *propriété*.

M. Edmond. — Je me suis aperçu que les histoires de sauvages vous font aisément saisir mes explications ; voulez-vous que je m'en serve pour vous faire comprendre comment se développe l'industrie dans l'humanité ?

— Oh ! monsieur, quel bonheur ! s'écria Henri. Les sauvages, cela m'amuse comme l'histoire de Robinson.

— Moi aussi, dit Aimée.

— Moi, ajouta Francinet, je n'ai vu l'histoire de Robinson Crusoë qu'en images ; aussi j'aime encore mieux les histoires de M. Edmond que celle-là.

— Eh bien donc, mes amis, remontons aux premiers temps du monde ; prenons pour principal personnage de notre histoire un des hommes de cette époque, un sauvage d'Amérique, si vous voulez, et nommons-le Paul. Le premier homme qui a pêché, a dû chercher à prendre les poissons avec la main, et il passait à cela un temps considérable. Paul, notre sauvage, ne vivait que de poisson, et pêchait avec la main. A bout de fatigue, il s'adressa à son intelligence : il réfléchit, observa, chercha, et un jour l'idée lui vint de se remplacer lui-même au milieu de l'eau par un filet.

JEUNE PÊCHEUR TENDANT SON FILET. — Le filet est fabriqué avec des ficelles nouées entre elles d'une façon régulière. On compte plus de 70 espèces de filets pour la pêche, ayant des formes diverses.

« Je tisserai ce filet, pensa-t-il, avec des plantes sèches, telles que les filaments solides de l'aloès; je le jetterai dans l'eau, et les poissons seront pris dans les mailles comme par un grand nombre de mains. »

La famille de notre sauvage lui aide à fabriquer le précieux filet. Le voilà achevé, il fonctionne, et Paul, armé de ce filet, prend en quelques heures plus de poissons qu'autrefois dans toute sa journée. Dès lors, tout va mieux dans le ménage ; la nourriture est plus abondante, et cependant la peine moins grande pour tous. C'est que la famille a déjà une richesse, une propriété : le filet.

L'ALOÈS d'Amérique, ou *agave*, a des feuilles épineuses, longues de plus d'un mètre, qui fournissent d'excellente filasse.

Dis-moi, Francinet, es-tu bien sûr que le filet appartienne à Paul, qu'il soit sa propriété? et que cette propriété soit une chose juste qu'on ne puisse lui enlever sans crime?

FRANCINET. — Comment, monsieur, pourrait-il en être autrement? Ce filet, c'est lui qui l'a inventé et fabriqué; sans lui le filet n'existerait pas. Rien ne me semble plus juste que de l'en voir propriétaire.

M. EDMOND. — Donc, mes amis, voilà un droit incontestable pour l'homme, le droit de propriété, c'est-à-dire le droit de posséder ce qu'il a produit par son travail.

IX. — Francinet propriétaire. — Diverses sortes de propriétés. — Propriété de la personne. Biens meubles et immeubles.

« Chaque *personne* s'appartient à elle-même. »
« Tous les *biens* sont meubles ou immeubles. » (*Code civil.*)

M. Edmond. — Il y a trois sortes de propriétés, mes enfants. Petite Aimée, voulez-vous nous dire quelle est la première ? Pour cela, rappelez-vous ce que Paul possédait avant son filet, avant même de pêcher.

L'enfant sourit. — Il ne possédait rien que lui-même, monsieur, de bons bras pour travailler, la volonté et l'intelligence pour diriger son travail.

M. Edmond. — Eh bien, mon enfant, c'est là en effet la première des propriétés, que Dieu nous a donnée également à tous, et qui doit être sacrée pour les autres hommes, la propriété de nous-même et de notre personne.

Pour revenir à notre sauvage, dis-moi, Francinet, la seconde chose qu'il a possédée et qui était son *bien*.

Francinet. — C'est son filet, monsieur, et les poissons qu'il pêchait avec.

M. Edmond. — Ces choses rentrent dans la deuxième espèce de propriété, qui s'appelle *mobilière*.

Francinet. — Mobilière, qu'est-ce que cela veut dire?

M. Edmond. — Mon enfant, *mobilière* et *meuble* viennent du mot *mobile*, qui indique le mouvement ; ainsi l'on a coutume de dire que les enfants sont des êtres très mobiles, pour indiquer qu'ils sont toujours en mouvement. Eh bien ! les choses qu'on peut déplacer, — livres, vêtements, meubles, argent —, sont des propriétés mobilières ou *biens meubles*, c'est-à-dire *mobiles*.

— Je suis donc propriétaire, moi ! dit Francinet, en montrant son petit couteau de quatre sous et ses sabots de douze sous. Ce sont là mes *biens meubles?*

— Mais certainement, mon ami : tu possèdes des

bien meubles, sans compter la propriété de toi-même, de ta personne et de ton travail.

— Eh bien! je ne m'en doutais guère, dit l'enfant en riant, et maman non plus.

BIENS IMMEUBLES. — La *ferme* et la *pompe*, attachées au sol par leur *nature*, sont des *immeubles par nature*. Le *bétail* et les *instruments* de travail, attachés à la ferme par leur *destination*, sont aussi des immeubles. Le code civil les nomme *immeubles par destination*.

M. EDMOND. — Maintenant, si je demande à notre Henri de quel genre est la troisième propriété, il pourra assurément nous répondre quand j'aurai dit qu'elle s'appelle propriété *immobilière*.

HENRI. — Oui, monsieur. Immobilière, c'est l'opposé de mobilière, comme immobile de mobile. Il s'agit donc sans doute de choses qui restent

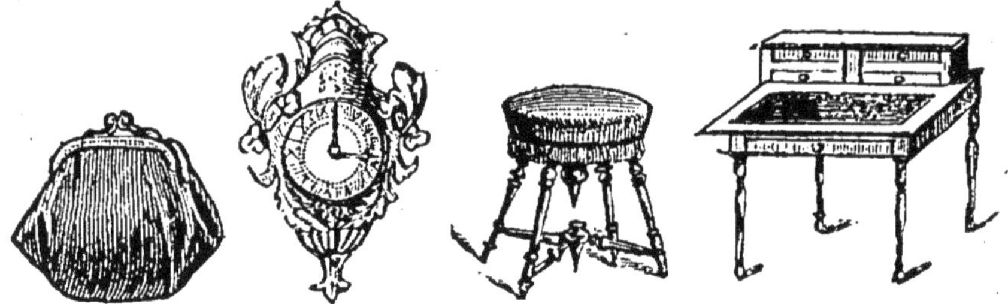

DES BIENS MEUBLES. — Le *porte-monnaie*. La *pendule*. Le *tabouret*. Le *bureau*.

attachées au même endroit, comme les maisons et les champs. Ainsi, la manufacture de mon grand-père, où nous voici réunis, sa ferme, son châlet de campagne, sont des propriétés immobilières, des immeubles. Mon porte-monnaie avec mes petites économies, le tabouret sur lequel je suis assis, le bureau où j'écris, la pendule de la cheminée, la cage de ma fenêtre avec son chardonneret et son canari, le bocal aux poissons rouges que mon grand'père m'a donné, voilà des propriétés mobilières.

Des biens meubles. — La *cage*, le *chardonneret*, le *canari*, le *bocal aux poissons*.

M. Edmond. — C'est cela même, mon ami.

LXI. — Le sauvage industrieux (*suite*). — **L'*ÉCHANGE*, les conventions et *CONTRATS*. — Fabrication d'un second filet. Construction d'une hutte. — Le hamac.**

L'industrie et le commerce consistent dans des *services mutuels* que les hommes se rendent entre eux. Pour cela, ils font entre eux des conventions et contrats. « L'exécution des contrats est *obligatoire*. » (*Code civil.*)

M. Edmond. — Nous avons laissé Paul fort occupé à pêcher avec son filet. Survient alors un autre sauvage, un pêcheur aussi, mais moins industrieux, et qui en est encore à prendre le poisson avec ses mains : appelons-le Pierre. Il s'approche de la rivière ; il voit Paul jeter son filet dans l'eau, et au bout de très peu de temps le retirer plein de poissons.

— Ah ! s'écrie-t-il, que cela est merveilleux, et que de peine tu t'épargnes ! Paul, mon ami, prête-moi ton filet.

Paul réplique : — Si je te le prête, pendant ce temps je ne ferai rien, et ma famille souffrira de la faim comme auparavant. Puisque tu veux un filet, fabriques-en un.

— Mais, objecte Pierre, qui est moins intelligent et moins industrieux, je ne pourrai pas.

— Tant pis, dit Paul. Il m'a bien fallu inventer le mien : tu es plus heureux, toi, qui as un modèle sous les yeux. Si cela ne te suffit pas, qu'y puis-je faire? Pêche avec ta main ! S'il me fallait fabriquer des filets pour tous les pêcheurs qui vivent dans notre île, je mourrais à la peine; et que deviendrait ma famille? Je pourrais le faire pour quelques-uns, par amitié; mais je n'y suis point obligé, et en ce moment je ne le puis pas.

UNE GROTTE. — Les grottes sont des excavations qui se sont formées naturellement dans les terres ou dans les rochers. Il y en a de si grandes qu'elles ont parfois plusieurs kilomètres de profondeur. Elles sont souvent ornées de colonnades et de *stalactites*. Les grottes, qui abritent encore aujourd'hui les sauvages, servaient de demeure aux premiers hommes; c'est là qu'ils couchaient et préparaient leur nourriture. On a retrouvé dans les cavernes et dans les grottes les ossements des hommes de ces anciens âges, souvent mêlés à ceux des bêtes féroces qui leur disputaient ces repaires.

Pierre, malgré ce refus, ne peut se décider à s'en aller. Il a même un instant la méchante pensée de se jeter sur Paul, de le terrasser et de lui dérober son filet. Mais Paul est robuste : Pierre n'est pas sûr d'être le plus fort. En même temps Pierre sent qu'il commettrait une injustice. Ce filet qu'il convoite, c'est le fruit du travail et de l'industrie de son voisin, c'est une *propriété loyalement acquise ;* s'en emparer de vive force serait un *vol*, un *crime.* Pierre songe à prendre un meilleur moyen.

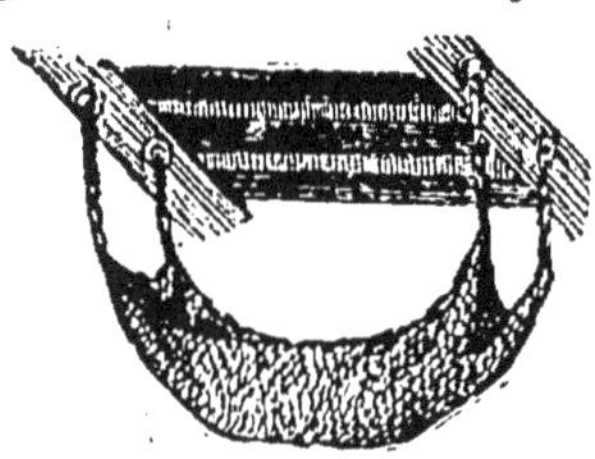

LE HAMAC ou lit suspendu. — On a imité dans nos navires les hamacs des sauvages dans leurs huttes.

— Écoute, dit-il à Paul, ce que tu viens de dire est

juste ; néanmoins j'ai bien besoin d'avoir un filet, moi aussi. Faisons un arrangement, une convention : pendant quinze jours ma femme et mes enfants aideront les tiens à préparer les filets ; moi, de mon côté, je pêcherai à ta

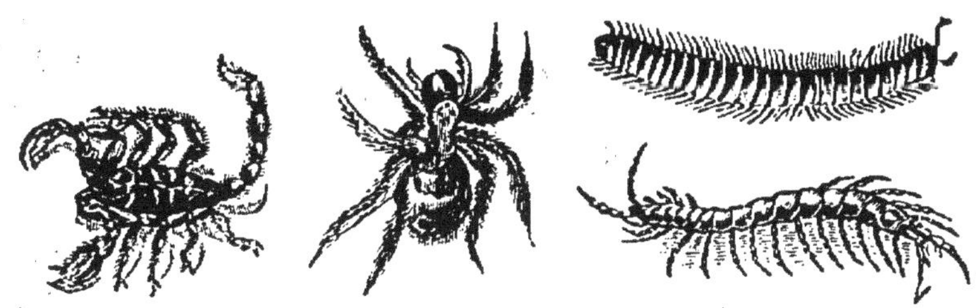

LES INSECTES VENIMEUX. — Le *scorpion* dans nos pays, n'est pas très dangereux, mais celui des pays chauds est plus redoutable. C'est dans sa queue que le scorpion a son venin. L'*araignée venimeuse*, ou *tarentule*, se trouve en Amérique comme dans les contrées méridionales de l'Europe. Sa piqûre produit une sorte d'ivresse et d'exaltation bizarre. Les *millepieds*, peu à craindre dans nos pays, sont très gros en Amérique et causent une morsure très douloureuse.

place pour nourrir nos deux familles réunies. Pendant ce temps, tu te reposeras ou tu feras autre chose, et en récompense tu me donneras un filet.

Paul trouve avantageuse la convention ou *contrat* qu'on lui propose. Il y a longtemps, en effet, que Paul songe à une idée : il voudrait se faire une hutte ; il est las de dormir exposé au froid de la nuit, ou dans le creux des rochers et des grottes, dont les parois sont humides.

Le *serpent à sonnettes* a la queue garnie d'espèces de grelots. Son venin redoutable tue l'homme en quelques heures. Le *vampire* d'Amérique est une grosse chauve-souris qui suce le sang des animaux pendant leur sommeil.

De plus il se tressera un hamac, semblable à ses filets, pour s'y suspendre, et une couverture pour s'y envelopper tout entier. Il sera ainsi protégé contre les insectes venimeux, les serpents et les vampires. Il accepte donc le marché proposé, qui est un contrat fait de vive voix. Et pendant que son voisin veille à la nourriture de tous, il commence sa hutte.

LXII. Le sauvage industrieux (*suite.*) — **Le** *LOUAGE DU TRAVAIL*. **Ouvrier et patron.** — **Le** *LOUAGE DE LA MAISON*. **Le bail. Propriétaire et locataire.**

« Les conventions et contrats, pour être valables, doivent être faits *librement*. » (*Code civil.*)

Quinze jours ne suffisent pas à Paul pour achever sa hutte. Aussi au bout de ce temps, c'est lui qui propose une autre convention à Pierre.

— Continue, dit-il, de pêcher pour nous nourrir tous : ma hutte, une fois achevée, sera assez grande pour nous deux. Je te permettrai d'y habiter avec ta famille, depuis le moment où les arbres perdent leurs feuilles jusqu'à celui où ils reverdissent. Tu continueras alors de travailler pour nous un jour seulement par semaine, et je serai ainsi payé de ma peine.

HUTTE DE SAUVAGES. — Presque tous les sauvages se construisent des huttes de branchages, recouvertes de paille. Certains nègres se font de grands nids dans les arbres, cachés au milieu des feuilles.

Le marché se conclut aussitôt, car Pierre s'aperçoit que ce nouveau contrat offre autant d'avantage pour lui que pour Paul.

Voilà donc nos deux sauvages en train de faire des arrangements ou contrats semblables à ceux qui se font de nos jours.

Pierre a *loué* son travail à Paul moyennant un prix débattu. Il s'est donc fait l'*ouvrier* de Paul.

D'autre part, Paul a *loué* la cabane qu'il possède. Il a fait de vive voix avec Pierre un bail de six mois. Paul est donc maintenant un *propriétaire* ayant un *locataire.*

Retenez bien toutes ces choses ; car il est indispensable, pour comprendre l'économie politique et la législation usuelle, de connaître les *contrats de louage :* — louage du travail et location des maisons.

Vous voyez là, mes enfants, les premiers exemples de l'échange. Remarquez-le, chacun de nos deux sauvages, tout en faisant une chose profitable pour lui-même, a fait aussi une chose profitable pour son compagnon ; en échangeant leurs travaux ou les produits de leurs travaux, ils n'ont fait que se rendre des services mutuels. Vous le reconnaîtrez de plus en plus, chers enfants, le véritable intérêt des uns est aussi le véritable intérêt des autres.

LXIII. — Histoire d'un sauvage (*suite*). — Vente des filets. — Le *COMMERCE* et les contrats de vente.

Le commerce et les contrats rapprochent les hommes.

Une fois l'ingénieuse idée de Paul réalisée, sa famille munie de filets, et nos sauvages sous leur hutte à l'abri des bêtes fauves, il arrive qu'ils pêchent plus de poissons qu'il ne leur en faut pour vivre.

Les bêtes fauves de l'Amérique du Sud. — Le *loup*, qui se trouve dans presque toutes les contrées, est un carnassier de l'espèce des chiens. — Le *jaguar* est de l'espèce des chats. — Le *chat-tigre* d'Amérique fait surtout la chasse aux singes.

Des paresseux imprévoyants auraient dit : — Nous nous reposerons. — Mais Pierre et Paul sont courageux, jeunes et bien portants : ils ne songent pas au repos.

Pierre, qui a été si heureux de jouir du filet de Paul, propose à ce dernier d'aller offrir des filets aux autres pêcheurs de l'île, moyennant une compensation. Comme l'idée est bonne, Paul s'y prête. Et voilà nos deux pêcheurs, munis de filets, œuvre de leurs mains, qui partent un jour à la recherche de leurs semblables pour leur offrir leurs services : les voilà devenus *commerçants*.

Avant de rien offrir, ils essaient, devant les pêcheurs qui pêchent à la main, l'industrieux filet qui prend les poissons bien plus vite. Lorsqu'ils ont fait voir les avantages de l'invention qu'ils apportent, on s'approche d'eux aussitôt pour les prier de céder leurs filets.

— Volontiers, disent-ils; c'est même pour cela que nous sommes venus vous trouver. Seulement, remarquez que nous vous apportons à la fois un instrument et une idée; nous avons fait une longue marche pour vous rendre ce service, et passé plusieurs jours à fabriquer les filets. Dédommagez-nous de notre peine : que quatre d'entre vous travaillent pour nous pendant vingt jours.

Ces conditions se débattent de part et d'autre avec fermeté, mais avec *justice*, puisque de part et d'autre il n'y a nulle violence. Car, ne l'oublions pas, la *liberté* complète est la condition de la justice dans les *contrats de vente*.

Pierre et Paul, après avoir obtenu ce qu'ils demandaient, reviennent satisfaits. Et leur satisfaction est bien motivée : car, en étendant au loin leurs échanges, ils ont rendu service à un plus grand nombre de personnes, et conséquemment ils vont recevoir eux-mêmes en retour un plus grand nombre de services.

Vous le voyez, mes enfants, la sagesse de la Providence a pris soin de rapprocher les hommes par leurs intérêts mêmes. C'est l'intérêt de Paul qui le pousse à se rapprocher des autres sauvages pour tirer profit de son idée et de son invention auprès d'un plus grand nombre d'hommes. En même temps, les autres ont intérêt à entrer en commerce avec Paul, à *contracter* avec lui, pour pouvoir profiter de son idée industrieuse. Tous ces intérêts se trouvent donc en harmonie. Les hommes, en échangeant leur travail ou les produits de leur travail, ne font ainsi qu'échanger des services. Ce que l'*industrie* a inventé et produit, le *commerce* en fait profiter tout le monde.

LXIII (*bis*). — (*Suite*). Invention d'un canot.

Point de commerce sans les moyens de transport.

M. Edmond. — En s'en allant, nos deux pêcheurs se consultent pour savoir à quoi ils emploieront les quatre-vingts journées de travail qu'on doit faire à leur profit :

c'est presque le quart d'une année, pendant lequel ils auront des ouvriers à leur service.

Paul, l'homme aux idées, voudrait bien pouvoir, quand il a une avance de poisson, échanger cette nourriture dont il est las contre le gibier des chasseurs, qui chassent les oiseaux, les mouflons et les sangliers *pécaris*.

LES ANIMAUX DES FORÊTS DE L'AMÉRIQUE DU SUD. — I. Le *mouflon* est un mouton sauvage qu'on rencontre dans les diverses parties du monde et qu'on trouve encore aujourd'hui en Europe, surtout en Sardaigne et en Corse. — II. Le sanglier *pécari* vit par troupes.

— Mais, dit Pierre, les chasseurs habitent les grands bois peuplés de singes qu'on aperçoit tout au bout de l'île ; comment aller si loin avec une charge de poisson sur l'épaule pour revenir non moins chargé de gibier ?

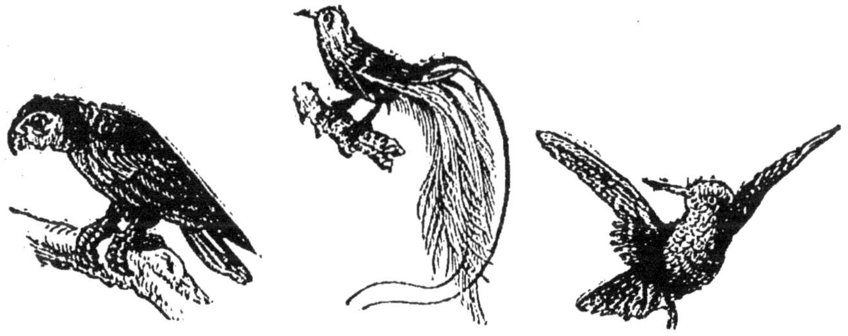

LES ANIMAUX DES FORÊTS DE L'AMÉRIQUE DU SUD. — III. Les *perroquets* ont un magnifique plumage, vert, rouge, bleu, blanc. Ils se nourrissent surtout de fruits. — IV. Les *oiseaux de paradis* ont un plumage éblouissant. Les dames ornent leur coiffure des plumes de leur longue queue. — V. Les *oiseaux-mouches* brillent aussi de splendides couleurs.

La peine est trop grande en effet, et il faut y renoncer si l'on n'a que ses jambes pour se porter. Mais Paul a vu que la rivière porte les arbres déracinés par le vent, et la rivière s'en va toujours courant jusqu'à la forêt giboyeuse où résident les chasseurs. Paul, un jour qu'il se baignait, a essayé de se coucher sur un arbre emmené par le courant : l'arbre l'a porté, et il en aurait porté plus lourd encore. Paul veut essayer d'arranger un arbre creux, de façon à placer dedans les provisions de poisson. «Je m'assiérai moi-même sur l'arbre, se dit-il, et je serai conduit sans effort jusqu'à la forêt voisine. Je ferai mes offres aux hommes chasseurs, et je remporterai leur gibier à la place des poissons que je leur aurai portés. »

Les animaux des forêts de l'Amérique du Sud. — VI *L'écureuil* se trouve en Amérique comme chez nous. C'est un petit animal gracieux et agile, qui sait mettre de côté des provisions pour l'hiver. — VII. La *sarigue*, sorte de fouine, a dans le ventre une poche où se réfugient ses petits au moindre danger. — VIII. Le *paresseux* d'Amérique marche très lentement, mais grimpe avec agilité sur les arbres.

L'idée de Paul est acceptée avec enthousiasme par Pierre. Pendant trente jours, on travaille sans relâche pour faire des provisions de nourriture. Car comment travailler à la barque sans manger, et comment manger si l'on n'a pas mis de côté des vivres ? Sans une épargne précédente, qui permette de négliger pendant quelques jours le travail destiné à procurer le pain quotidien, il est impossible de se livrer à un autre travail dont le bénéfice ne sera pas immédiat. N'oubliez jamais, mes enfants, que l'épargne est indispensable à tout progrès de l'industrie.

LXIV. — (*Suite.*) **Voyage dans la forêt. Les perroquets et les singes. — Avantages du commerce.**

Après beaucoup de peine, beaucoup d'essais, le

canot est prêt. Paul monte dedans, accompagné des hourras de ses compagnons, et le courant l'entraîne doucement, sans effort. Grande est la joie. Il rame avec une longue planche pour revenir, comme avec ses deux bras quand il nage : l'expérience a réussi. Il aborde à la rive, et dans l'allégresse de tous, on fait un repas de fête en même temps que d'adieux.

LE CANOT. — Les sauvages fabriquent leurs canots légers avec des troncs creux ou avec l'écorce des arbres. L'aviron dont ils se servent pour ramer se nomme une *pagaie.*

Le lendemain on part. Le canot léger emporte Paul et Pierre jusque sous les grands arbres de la forêt, où jasent les perroquets, les oiseaux de paradis et les oiseaux-mouches, où gambadent les écureuils, où se balancent sarigues et singes de toute taille.

Sapajou. Sagouin. Ouistiti.

LES SINGES DU NOUVEAU CONTINENT. — Les singes se divisent en deux grandes classes : ceux du nouveau continent et ceux de l'ancien. — Le *sapajou* est un petit singe intelligent, vif, facile à élever et à instruire. — Le *sagouin* a des yeux propres à voir la nuit. — L'*ouistiti* est de la taille d'un écureuil. Il a beaucoup de gentillesse et d'intelligence.

Paul revient ensuite sans encombre. Les deux familles ont maintenant des vivres variés. De plus, Paul a rapporté une foule d'objets utiles en usage chez les chasseurs.

Vous le voyez, mes enfants, si Paul et Pierre ont encore accru leur fortune, c'est qu'ils ont étendu plus au loin leurs relations commerciales et leurs échanges.

LES SINGES DE L'ANCIEN CONTINENT. — Le *gorille*, qui ressemble beaucoup à l'homme, est grand, fort et féroce. — L'*homme des bois* ou *chimpanzé* ressemble aussi beaucoup à l'homme; il peut s'apprivoiser et se plier à plusieurs des travaux d'un domestique. — Le *singe volant* a entre les membres une peau qui lui sert de parachute et lui permet de faire des bonds énormes sans retomber à terre. — Le *mandrill* est remarquable par sa laideur : il a une face bleue, avec un nez rouge et une barbe jaune. — La *guenon* est la femelle du singe : elle est très tendre pour ses petits, qu'elle défend au péril de sa vie.

Le *commerce*, par les services mutuels que les hommes s'y rendent, *augmente* leur richesse et fait *circuler* cette richesse d'un individu à l'autre ou d'un peuple à l'autre.

LXV. — Communauté d'intérêts entre les hommes.

Enfants, l'humanité est une vaste *association de travailleurs*. Chacun est intéressé au bonheur et à la fortune de tous.

M. EDMOND. — Paul est maintenant riche en comparaison des autres sauvages. Il a rapporté de la forêt des peaux d'antilopes, de chaudes toisons de lamas et d'alpagas avec lesquelles les femmes fabriqueront des vêtements pour les jours froids. Il a pris aussi le long du ri-

L'antilope. Le lama *alpaga*.

L'ANTILOPE est un joli animal qui a une place intermédiaire entre les cerfs, les chèvres et les bœufs. On le trouve en Asie, en Amérique, et surtout dans l'Afrique centrale.
LE LAMA est comme le chameau de l'Amérique du Sud, mais il est beaucoup plus petit que le chameau et bien plus gracieux. L'*alpaga*, avec la laine duquel on fait les tissus de ce nom, est une sorte de lama : il pourrait vivre en domesticité dans le midi de la France.

vage des fruits qui abondent aux approches de la forêt et qui sont rares ailleurs, des bananes, des ananas.

Vous comprenez, mes enfants, comment Paul, trafiquant de son idée, a dû en effet s'enrichir avec elle ; mais remarquez bien l'harmonie magnifique qui existe dans les faits industriels et commerciaux auxquels vous venez d'assister.

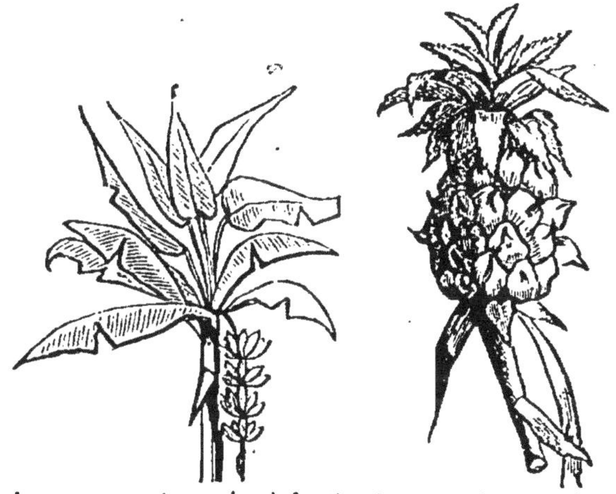

LE BANANIER est un arbre à feuilles énormes, longues de 2 à 3 m. Il peut suffire à presque tous les besoins de la vie des sauvages. La *banane* a la saveur de la pomme; sa fécule sert à faire du pain, son jus à faire du vin. La moelle du bananier se mange comme légume. Une seule de ses feuilles peut habiller un homme. Sa tige fournit du fil dont on fait des tissus. — L'ANANAS a des fruits charnus qu'il ne faut pas confondre avec les fraises *ananas* de nos pays.

Paul, en inventant le filet et en vendant sa découverte, est celui dont la richesse subite nous frappe le plus, car Paul est au premier plan. Observez cependant, mes amis, que, grâce à Paul, voilà Pierre son associé dans une situation presque aussi favorable ; et non seulement Pierre, mais la peuplade entière des pêcheurs. Tous, allégés désormais d'une quantité de travail considérable, auront le temps de s'occuper d'autres besoins que du besoin de nourriture.

Qu'y a-t-il de plus juste, de plus beau, de plus attrayant que cette étroite union des hommes entre eux, cette communauté d'intérêts, ou *solidarité*, qui fait que le profit des uns est aussi le profit des autres!

Par là se trouve peu à peu diminuée l'inégalité primitive qui existe entre les dons naturels des hommes. Paul était né évidemment plus intelligent, plus réfléchi que toute la peuplade des pêcheurs ses voisins et ses ancêtres. Eh bien! voyez, petite Aimée, combien les lois de la Providence sont admirables : voilà cette inégalité native, qui, au premier moment, pouvait choquer votre petite âme affectueuse, voilà, dis-je, cette inégalité se changeant elle-même de plus en plus en égalité, par le seul effet de la liberté et de la justice.

Ainsi celui qui a reçu plus d'intelligence bénéficie de ce don si enviable, mais il en fait en même temps bénéficier autrui. Quelle belle leçon de fraternité, mon enfant, et combien elle devrait engager les hommes à la justice!

LXVI. — (*Suite*). **Les conséquences de l'injustice.**

L'injustice d'un homme est nuisible à tous.

M. Edmond. — Mes enfants, tout le bénéfice fait par nos sauvages vient précisément de ce que la *justice*, c'est-à-dire la liberté la plus parfaite et la plus égale de part et d'autre, a présidé à leurs échanges et contrats.

Supposez que Pierre, au lieu de se décider à payer de son travail l'idée de Paul, eût songé à lui ravir son filet par la force, et que Paul eût été frappé à mort.

Voilà Pierre en possession du filet par ce crime. Il a gagné quinze jours de travail, c'est vrai; mais il a perdu les autres idées de Paul : la hutte, le canot, les échanges avec les chasseurs, — une véritable fortune enfin.

De plus, comment osera-t-il proposer l'idée du filet à la peuplade voisine des pêcheurs? Ne devra-t-il pas, jugeant les autres par lui-même, supposer qu'on va le tuer pour s'emparer du filet sans le payer? Au lieu de montrer ce filet, il le cachera avec soin, s'en servira furtivement, toujours inquiet, toujours soupçonneux.

Voilà donc l'injustice de Pierre nuisible non seulement à Pierre lui-même, mais encore à toute la peuplade, qui sera privée comme Pierre des idées de la hutte, du hamac, du canot et du filet.

Nouvelle preuve de l'union des hommes dans le bien et dans le mal! Si les dons de l'intelligence accordés à un homme profitent à tous et sont une richesse pour tous, l'injustice d'un homme est également nuisible à tous, et cause presque toujours une perte pour toute l'humanité.

LXVII. — (*Suite*). **Justice de la** *PROPRIÉTÉ.*

> L'envieux regarde les biens du riche, il les compare avec sa misère, et s'irrite ; il ne sait pas et il ne se demande pas comment ces biens ont été acquis par celui qui les possède ou par ses pères. S'il le savait, sa colère se changerait le plus souvent en respect, et sa basse jalousie en une noble émulation. Car, s'il y a des biens acquis injustement, la plupart des richesses sont le juste résultat du travail et de la prévoyance.

M. Edmond. — Les quatre pêcheurs qui sont venus travailler pour le service de Paul et de Pierre font, après leur retour dans leur peuplade, un récit merveilleux de la fortune accumulée par nos sauvages.

Arbres a suc vénéneux et a fécule alimentaire. — *Fleur de l'arbre à tapioca.* Cet arbre donne à la fois un violent poison et un aliment. Sa racine contient la fécule que nous mangeons sous le nom de tapioca.
Le *mancenillier* renferme dans ses fruits une fécule alimentaire comme le tapioca. Son suc est très vénéneux : quelques gouttes de ce suc projetées dans les yeux suffisent pour aveugler. Il est même dangereux de s'endormir sous le bel ombrage du mancenillier.

— Vous êtes presque nus, disent ces quatre pêcheurs à leurs compagnons ; ils ont, eux, des provisions de peaux de bêtes non seulement pour se vêtir, mais pour s'étendre dessus et éviter la fraîcheur du sol. Vous vous mettez à l'abri la nuit dans quelque trou de

La *grue-trompette* d'Amérique, ainsi appelée à cause de son cri perçant, est fort intelligente, et suit volontiers l'homme ; elle peut rendre les mêmes services que le chien et conduire comme lui les troupeaux.

rocher humide, ou vous dormez à la belle étoile ; ils ont, eux, une hutte chaude la nuit, fraîche aux ardeurs du soleil. Cette hutte est remplie de provisions : poissons salés, gibier fumé, fruits séchés au soleil, vin de bananes, pain de tapioca et de mancenillier. Ils possèdent un troupeau conduit par des grues qu'ils ont su apprivoiser. Ils ont des haches et des couteaux en pierre, des ustensiles de toute sorte, calebasses faites avec l'écorce des fruits pour

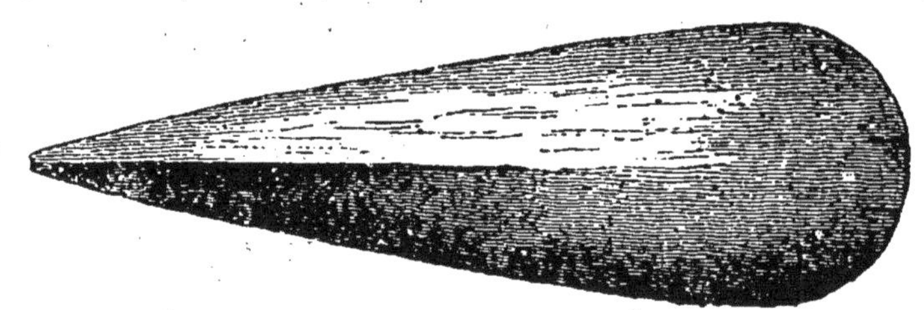

Hache en silex. — Les premiers hommes, ne connaissant point le fer et les métaux, fabriquaient leurs outils ou leurs armes avec une pierre très dure appelée *silex*. Ils se servaient aussi des os d'animaux et des arêtes de poisson.

conserver la boisson, vases en noix de coco, nattes et paniers en feuilles de cocotier, de bananier et d'aloès. En vérité ils sont bien heureux.

Ustensiles des sauvages. — Les *calebasses* et *gourdes* sont certaines espèces de courges vidées et desséchées.

Quelqu'un alors, poussé par la jalousie, prend la parole au milieu des pêcheurs, et s'écrie :

— Voilà une bien grande injustice que ces deux hommes possèdent tant de choses, tandis que nous, nous n'avons rien ! Ne sommes-nous pas les plus forts ? Comment souffrons-nous que ces hommes s'approprient tant de richesses à nos dépens? Car enfin, qui a creusé leur canot dans le tronc d'un arbre? Qui a élevé la palissade de bambou dont est close leur propriété? N'est-ce pas nous, qu'ils ont employés à leur service?... Nous sommes les plus forts. Allons, emparons-nous de ce qu'ils ont; nous partagerons ensuite leurs biens entre tous. De cette façon on ne verra pas des hommes qui possèdent toute la richesse, et d'autres qui n'ont rien!

LE BAMBOU. — Sorte de roseau gigantesque qui croît dans les pays chauds et qu'on cultive aussi près de Nîmes. Cet arbre est l'un des plus précieux qui existent : on mange ses jeunes pousses; son suc peut remplacer le sucre; son bois solide et léger sert à tous les usages.

Si quelqu'un parle ainsi, mes amis, pensez-vous qu'il ne se trouvera pas aussitôt un autre homme pour répondre:

— Quelle injustice voyez-vous à ce que deux hommes laborieux, intelligents et prévoyants, aient épargné les fruits légitimes de leur travail? Quel tort vous ont-ils fait en acquérant ces richesses, et en se privant du repos présent pour assurer l'avenir de leurs familles? N'êtes-vous pas libres de les imiter, de *travailler* comme eux, d'être vous aussi intelligents et *prévoyants*, de vous *associer* et de *diviser* entre vous le travail, de faire des *échanges* et *contrats* avec vos voisins, et tout cela sans violer la liberté d'autrui? Quel tort vous font-ils en étant heureux? Le bonheur des uns fait-il donc le malheur des autres? Ils profitent, dites-vous, du bénéfice de votre travail? mais vous, ne jouissez-vous pas des filets qu'ils vous ont donnés en échange? Le marché n'a-t-il pas été fait librement? S'il y a quelqu'un d'injuste, n'est-ce pas vous, qui vous plaignez à cette heure, après avoir reçu en paiement des instruments de travail que vous étiez incapables d'imaginer, et qui vous aideront, quand vous le voudrez, à vous enrichir vous-mêmes? Ces hommes ne vous ont-ils pas, en même temps, donné une leçon éloquente, en vous montrant ce que peuvent l'activité, l'intelligence et la prévoyance réunies; leçon précieuse que vous devriez mettre à profit?

Après avoir entendu les discours de ces deux sauvages, petite Aimée, de quel côté vous rangeriez-vous?

AIMÉE. — Oh! monsieur, ne vous raillez pas de moi! La justice est trop évidemment du côté de l'intelligent Paul pour qu'on puisse seulement hésiter.

LXVIII. — (*Suite*). L'*HÉRITAGE* et les *TESTAMENTS*. — Droit de donner. Droit de tester. — Conclusions sur l'histoire d'un sauvage industrieux.

Jadis, l'aîné héritait seul des biens du père : c'était le prétendu *droit d'aînesse*, la Révolution française et le code civil ont rétabli l'égalité entre les enfants.

Une âme généreuse travaille avec encore plus d'ardeur pour l'avenir de ses enfants que pour soi-même.

M. EDMOND. — Ecoute, Francinet; si un des pêcheurs de la peuplade disait à Paul : « Je veux bien que vous possédiez le fruit de votre travail, mais je ne veux pas que vous le transmettiez à vos enfants; » — que trouverais-tu à répondre?

FRANCINET. — Je ne sais trop, monsieur, mais il me semble que ce n'est pas posséder une chose, si on ne peut pas la donner à qui on veut, surtout à ceux qu'on aime le plus. Quand j'ai une pomme, j'ai bien le droit, au lieu de la manger tout entière comme un gourmand, de la partager avec mon petit frère.

AIMÉE. — Il me semble que Francinet a raison. Et puis, Monsieur Edmond, si les hommes, en travaillant, pensaient qu'ils ne pourront laisser le fruit de leur travail à ceux qu'ils aiment, je crois bien qu'ils se décourageraient en face du travail. Mon grand-père me dit toujours : « Petite Aimée, je n'aurais plus à mon âge le courage de me donner tant de peine, si je ne savais que vous en profiterez un jour, ton frère et toi. »

M. EDMOND. — Voilà qui est très bien répondu, mes enfants. Oui, le droit de propriété entraîne celui de *donner* ce qu'on possède, soit pendant sa vie, soit après sa mort.

Francinet, lorsqu'on met par écrit ce qu'on veut laisser à quelqu'un après sa mort, comment cela s'appelle-t-il?

FRANCINET. — Oh! cela, monsieur, je le sais : c'est un *testament*. Maman dit souvent que, nous autres pauvres, nous sommes débarrassés du souci de faire des testaments. Ce souci-là, c'est l'affaire des riches.

M. EDMOND. — Du reste, un testament n'est pas bien difficile à faire. Il n'y a qu'à écrire sur le premier papier venu : « Je lègue ceci à un tel, cela à un tel, etc. » Il faut seulement avoir grand soin de *dater* et de *signer*.

HENRI. — Alors, monsieur, on est absolument libre de donner à qui on veut?

M. EDMOND. — Oh! pas absolument, lorsqu'on a des enfants ou des père et mère : car la loi française n'a pas voulu qu'un père pût priver ses enfants de toute sa fortune. S'il veut en laisser une partie à d'autres qu'à ses enfants, il le peut; toutefois la loi *réserve* toujours aux enfants une certaine part de la fortune paternelle.

Mais revenons à nos sauvages. Ceux-là ne faisaient point de testaments, par la bonne raison qu'ils ne savaient pas écrire; il n'en est pas moins vrai que tout se passait entre eux comme cela se passe dans notre société.

Ne voyez-vous pas, aujourd'hui comme alors, le *travail* pourvoir aux besoins des hommes? Les plus *intelligents*, comme notre sauvage Paul, enrichissent sans cesse l'humanité de leurs découvertes; par l'*épargne*, la richesse s'amasse; en *divisant le travail*, comme font Pierre et Paul, on augmente les produits de ce travail même; l'*échange* et les *contrats* font profiter chacun du travail de tous; enfin la *propriété* se forme par le travail et l'épargne, puis se transmet par l'*héritage*, si bien que la richesse publique s'accroît de génération en génération.

La propriété acquise et transmise avec justice, c'est-à-dire sans violer la liberté d'autrui, a donc, de nos jours, le même droit à notre respect que la propriété du sauvage Paul au respect de ses voisins.

LXIX. — La première des propriétés est la *PROPRIÉTÉ DE SOI-MÊME*. — Injustice de l'*ESCLAVAGE*. — Misère des esclaves dans l'antiquité. — Les jardins de Babylone et les pyramides d'Égypte. — Les esclaves à la meule.

Celui qui veut traiter quelqu'un en *esclave*, lui faire *violence*, l'*enlever* malgré lui ou l'*enfermer*, est puni par la loi de l'emprisonnement ou des travaux forcés. (*Code pénal.*)

M. Edmond. — Les hommes n'ont pas toujours compris que leurs véritables intérêts sont d'accord avec la justice. Il y a eu des paresseux et des envieux qui, pour se dispenser de travailler eux-mêmes et pour se procurer les biens dont ils étaient jaloux, ont employé des moyens injustes : la violence et le vol sous toutes leurs formes. Par là ils ont préparé les plus grands malheurs à eux-mêmes et à leurs descendants.

La forme la plus honteuse de la violence et du vol, après l'assassinat, c'est l'esclavage.

Francinet. — Qu'est-ce que l'esclavage, monsieur?

M. Edmond. — Mon ami, c'est la violation de la plus sacrée des propriétés, la propriété de soi-même. L'esclave, au lieu de s'appartenir, appartient à son maître ; on ne le traite pas en homme, mais en bête de somme.

Pendant longtemps la guerre entre deux nations se terminait par l'esclavage des vaincus. Le peuple le plus fort s'emparait du plus faible et l'emmenait en captivité. Tu te rappelles, Henri, les Juifs captifs emmenés à Babylone derrière les chars de triomphe?

Char de triomphe antique, où le général victorieux se tenait debout, couronné de lauriers.

Henri. — Oui, monsieur, et je me souviens qu'on les employait aux travaux les plus durs.

M. Edmond. — Tous les grands travaux, en effet, toutes les merveilles de l'antiquité dont on parle tant, — par exemple les jardins suspendus de Babylone, les pyramides d'Égypte, les temples égyptiens avec leurs

JARDINS SUSPENDUS DE BABYLONE. — Lorsque Sémiramis, reine d'Assyrie, revint de ses conquêtes, elle ramena à sa suite de grandes troupes de vaincus réduits en esclavage. Elle fit faire par ces esclaves des travaux gigantesques, parmi lesquels on compte les jardins suspendus, l'une des « sept merveilles du monde » dans l'antiquité. Ces jardins étaient en terrasses étagées, portées sur des ponts en briques; ils étaient plantés de grands arbres et de vergers arrosés par des rivières artificielles.

allées bordées de sphinx gigantesques, — étaient l'œuvre des esclaves. Combien de peines, combien de sueurs, combien d'existences ces travaux ont coûtées!

SPHINX. — Animal symbolique dont les Égyptiens ornaient leurs temples. Il avait le corps d'un lion avec une tête d'homme ou de femme; il était l'emblème de l'intelligence et de la force réunies.

Le bras de l'esclave était à peu près le seul instrument de l'antiquité : comme on ne connaissait presque aucune machine, on se servait de ce qu'on appelait des *machines vivantes*, des *machines humaines*, c'est-à-dire des esclaves. On achetait et on vendait des ouvriers, comme on achète et on vend des bêtes de somme.

Les Romains recrutaient ainsi par toute la terre leurs esclaves. Les généraux romains ramenaient en triomphe des troupeaux d'hommes enchaînés, que les citoyens

Les pyramides d'Égypte. — Des millions d'hommes dans la servitude furent employés par les rois d'Égypte à la construction des Pyramides, qui servaient de tombeaux. On y retrouve encore des *momies*, ou cadavres embaumés qui se sont conservés intacts depuis des milliers d'années dans leurs cercueils. On y trouve même les corps embaumés de certains animaux sacrés, comme l'Ibis, vénéré des Egyptiens parce qu'il détruit les serpents et les œufs de crocodile. La plus grande des Pyramides coûta vingt ans de travail et occupa le tiers de la population de l'Egypte. Elle est large de 250 mètres à la base et haute de 150 mètres ; ses quatre faces regardent exactement les quatre points cardinaux.

riches achetaient et faisaient travailler à leur service.

A Rome, le maître qui possédait un ouvrier cordonnier lui coupait les nerfs des jambes pour lui ôter la possibilité de s'enfuir : la loi le permettait.

Momie trouvée dans les Pyramides.

Quand il s'agissait de tourner la meule pour moudre le blé, on attelait l'homme comme aujourd'hui le cheval, et on lui crevait les yeux. Pour le plus léger délit, pour un caprice du maître, l'esclave expirait sous les verges ou sur la croix, suspendu en l'air par des crochets de fer, livré tout vivant aux oiseaux de proie.

L'ibis sacré, destructeur des reptiles.

— Oh! monsieur, s'écria Aimée en pâlissant, que ces choses sont horribles! J'aimerais mieux ne pas les connaître.

— Mon enfant, reprit gravement M. Edmond, l'ignorance en effet peut sembler quelquefois plus douce que la science ; mais l'ignorance

MISÈRE DES ESCLAVES DANS L'ANTIQUITÉ. — Esclave romain tournant la meule pour moudre le blé.

est stérile, impuissante à nous rendre meilleurs, à nous élever plus haut. La science, au contraire, si rude, si austère qu'elle nous paraisse quand elle nous montre l'iniquité des anciens âges, la science est toujours féconde. Elle nous excite au bien par l'indignation. Elle trouble notre paresse, elle dérange notre tranquille égoïsme, mais en même temps elle nous soulève, elle nous entraîne au progrès moral. Elle nous déchire le cœur, mais nous ennoblit. Mieux vaut souffrir, mon enfant, puisque la souffrance rend meilleur.

Vous vous indignez aujourd'hui, petite Aimée, de toutes ces injustices, parce que vous avez été nourrie et élevée dans les sublimes préceptes de l'Évangile ; mais les enfants d'autrefois, et même les jeunes filles, ne trouvaient rien que de naturel à ces horreurs de l'esclavage. Ne voyait-on pas dans les cirques de Rome, tels que le Colisée, des jeunes femmes qui regardaient s'entretuer des esclaves? C'était un de leurs plus chers amusements, c'était aussi celui du peuple romain tout entier.

FRANCINET. — Les autres peuples, monsieur, ressemblaient-ils tous à ces cruels Romains?

M. EDMOND. — Ils n'étaient pas tous aussi cruels ; mais ils avaient tous des esclaves.

LE COLISÉE DANS SON ÉTAT ACTUEL. — Le Colisée (mot qui veut dire *colossal*), ainsi appelé à cause de sa grandeur, était le plus grand amphithéâtre de l'ancienne Rome. Il a près de 200 mètres de longueur et 50 mètres de hauteur. 87,000 spectateurs peuvent y trouver place. Il servait à des combats d'animaux féroces, à des combats d'esclaves et de gladiateurs, et même à des combats de navires, car on pouvait à volonté le remplir d'eau. Le Colisée est encore la ruine la plus imposante de Rome.

A Athènes, dans la Grèce, les ouvriers étaient aussi achetés et vendus au marché : un armurier valait à peu près 46 à 47 francs de notre monnaie ; un mineur, de 115 à 116 francs. Pourtant, c'était le pays du monde où les esclaves étaient traités avec le plus de douceur.

Il n'en était pas de même à Sparte, ville rivale d'Athènes. Deux mille esclaves s'étant un jour signalés par leur valeur dans une bataille où on les avait employés comme soldats, on craignit de les voir s'affranchir, et on les attira dans une embuscade où ils furent tous égorgés.

Le nombre d'esclaves que devait renfermer le pays était limité par la loi ; quand les esclaves avaient un trop grand nombre d'enfants, on organisait une chasse à l'homme. Les jeunes Spartiates, pour s'exercer à la guerre, traquaient les esclaves désarmés comme des bêtes farouches, les faisaient fuir devant eux, fous de terreur, et les massacraient sans pitié.

LXX. — Sainte Bathilde. Saint Vincent de Paul. — Part de notre pays dans l'abolition de l'esclavage. — Les noirs d'Amérique. — Les marchés d'esclaves.

Selon la loi française, **tout** esclave qui touche le sol de la France est libre.

— L'esclavage n'existe plus, n'est-ce pas, monsieur? demanda Aimée, que le récit de M. Edmond faisait tressaillir malgré elle.

Saint Vincent de Paul naquit près de Dax (Landes) en 1576. Il mourut en 1660. Il garda les troupeaux dans son enfance, et s'instruisit à force de travail. C'est lui qui créa l'admirable institution des sœurs de charité. On l'avait surnommé l'Intendant de la Providence.

— Hélas ! mon enfant, il existe encore dans certaines contrées. Cependant, cette odieuse institution tend à s'effacer de la terre. Bien des âmes généreuses ont lutté, à diverses époques, contre le torrent de la cruauté et de la barbarie, entre autres une reine de France, Ste Bathilde, épouse de Clovis II. Bathilde avait été elle-même esclave autrefois, et l'éclat de la royauté ne lui fit point oublier ses malheurs. Elle consacra sa fortune et sa vie à racheter des esclaves et à leur ouvrir des asiles.

Dax et sa fontaine d'eau chaude.

Plusieurs siècles après, s'il faut en croire une tradition très répandue, nous voyons saint Vincent de Paul, l'honneur de la ville de Dax, prendre les chaînes d'un esclave et acheter la liberté d'un galérien aux dépens de la sienne.

La France, toujours accessible aux sentiments généreux, a la première aboli l'esclavage dans ses colonies, d'abord en 1793, puis en 1848. Le Danemark, l'Angleterre, la Hollande imitèrent son exemple.

Malheureusement l'esclavage existait encore, il y a plusieurs années, dans les États-Unis d'Amérique. On voyait alors des hommes blancs, des Américains, acheter au marché, comme on achète un cheval ou un bœuf, d'autres hommes noirs, pour les faire travailler à leur profit, dans les vastes champs de cotonniers ou de cannes à sucre, sous les ardeurs du soleil des tropiques. Armés de fouets, ces hommes blancs rendaient docile leur troupeau humain. Le maître qui avait acheté un esclave en disposait à sa fantaisie. Il enlevait à ses négresses, si cette infamie lui semblait avantageuse, leurs petits enfants pour les vendre au marché ; et il se trouvait, à cet impitoyable marché de chair humaine, d'autres hommes, d'autres maîtres, pour acheter ces pauvres innocents et les enlever à leur mère, dont ils perdaient forcément le souvenir.

Un nègre.

La canne à sucre.

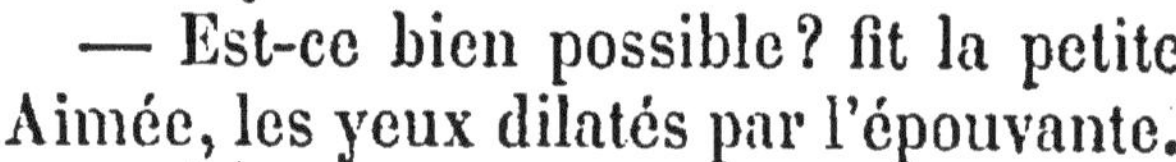
— Est-ce bien possible? fit la petite Aimée, les yeux dilatés par l'épouvante.

— Non seulement, mon enfant, cela existait aux États-Unis en pleine civilisation ; mais cela existe encore à
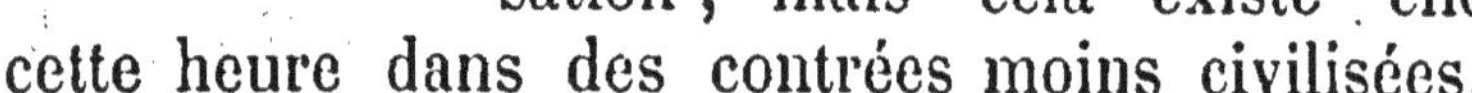
cette heure dans des contrées moins civilisées.

— Hélas! fit l'enfant avec un soupir d'angoisse ; que cela est triste! Ah! je veux prier matin et soir le bon Dieu afin qu'il rende la liberté à ces pauvres esclaves!

— Ma chère petite, vous le faites tous les jours sans vous en douter quand vous prononcez la belle prière du Notre Père. Ne dites-vous pas à Dieu : « Que votre règne arrive ; que votre volonté soit faite sur la terre comme au ciel ! » Le règne de Dieu, chère enfant, c'est le règne de la justice et de la charité ; la volonté de Dieu, c'est que tous les hommes travaillent sans cesse au triomphe de la justice et de la charité. Mais comment y travailler, si l'on ne se fait aucune idée exacte ni du droit de chacun ni des devoirs de tous?

— Oh ! monsieur, dit Francinet, que cela est juste, et que je vous suis reconnaissant de nous instruire ! Aussi, permettez-moi de vous faire encore une question. Comment donc a été aboli l'esclavage aux États-Unis?

— Par une grande guerre, mon enfant, où un homme de la classe ouvrière, un charpentier, Lincoln, devenu président des États-Unis, a joué le principal rôle.

LXXI. — *HISTOIRE DE L'ABOLITION DE L'ESCLAVAGE.* — **Les** *ÉTATS-UNIS* ; **leurs terres incultes et leurs animaux sauvages. — Les pionniers. —** *LINCOLN.*

Pour être vraiment grand, il ne suffit pas d'être puissant, il faut employer sa puissance à faire le bien.

M. Edmond. — Lincoln était fils d'un pauvre pionnier.

Henri. — Monsieur, qu'est-ce qu'un pionnier?

M. Edmond. Mon enfant, les pionniers sont les ouvriers qui s'avancent au milieu des terres incultes d'Amérique, immenses prairies et vastes forêts vierges. Ils n'ont souvent qu'une hache, un fusil et quelques outils pour toute fortune. Ils font la chasse aux animaux sauvages ; ils abattent les arbres de la forêt ; ils se

Les animaux de l'Amérique du Nord. — I. L'*ours blanc* habite le Groënland et les régions polaires du Canada. Il a jusqu'à 2 mètres de longueur. Il se nourrit de poissons et de phoques, et pour les atteindre plonge souvent sous l'eau.

construisent une maison en planches, et prennent possession du sol qu'ils ont défriché.

FRANCINET. — Ils font donc comme les premiers hommes?

Le phoque. Le morse. Le castor.

Le bison. L'élan

Le tapir. Le fourmilier. Le tatou.

LES ANIMAUX DE L'AMÉRIQUE DU NORD. — I. — Le *phoque* ou *veau-marin* est un mammifère intelligent, doux, qui s'attache à l'homme.

II. — Le *morse* ou *éléphant marin*, sorte de phoque sans oreilles, se défend avec fureur si on l'attaque. Ses énormes défenses ont plus de prix que l'ivoire même de l'éléphant.

III. — Les *castors* vivent en société et se bâtissent des espèces de villes au milieu des eaux. Ils savent abattre des arbres, les enfoncer dans le lit des rivières de façon à construire des digues qui ont jusqu'à 60 mètres de longueur. Un lac se forme ainsi, et c'est dans ce lac que les castors se construisent des huttes à deux étages, l'un sous l'eau pour leurs provisions, l'autre au-dessus de l'eau pour leur habitation.

IV. — Le *bison*, bœuf sauvage muni d'une longue barbe et d'une bosse, vit en troupes innombrables dans les prairies et forêts d'Amérique.

V. — L'*élan*, sorte de cerf, se plaît dans les forêts et les contrées marécageuses de l'Amérique du nord. Il vit en troupe et est d'un naturel doux, malgré sa grande force.

VI. — Le *tapir* a la forme du cochon, avec une taille plus grande et un nez prolongé en forme de trompe mobile. Il est herbivore et vit dans les forêts.

VII. — Le *fourmilier* des contrées chaudes se nourrit de fourmis, qu'il déterre ou dont il happe au passage les armées avec sa longue langue.

VIII. — Le *tatou* est remarquable par sa cuirasse d'écailles.

M. EDMOND. — Oui, mais ils entrent dans la vie sauvage munis des instruments de la civilisation.

Lincoln, dès l'âge de 7 ans, partagea les rudes travaux de son père. A 19 ans, il se loua comme marinier sur un bateau du Mississipi. A son retour, il se fit bûcheron, se bâtit une cabane, et débita les arbres des forêts vierges. Plus tard, il fut épicier, maître de poste.

Le *Mississipi*, fleuve le plus long du globe (7,200 kil.), a en moyenne une demi-lieue à une lieue de largeur. C'est une des plus grandes voies de navigation du monde.

Au milieu de ces divers travaux que la nécessité de vivre lui imposait, Lincoln, ainsi que tous les ouvriers de valeur, comprit bien vite que sans l'instruction on ne va jamais loin. Il commença seul ses études, empruntant des livres faute de ressources suffisantes pour en acheter. Il étudia avec tant de courage, qu'il put se faire maître d'école, et plus tard embrasser la profession d'avocat. A 38 ans, il fut élu membre du Congrès ou assemblée nationale, où il siégea dix années. A 51 ans, Lincoln se mit sur les rangs pour la présidence de la République.

Au moment où Lincoln aspirait à ce poste élevé qu'avait occupé pour la première fois Washington, il y avait aux États-Unis deux partis fort ennemis l'un de l'autre. Les États du sud voulaient à toute force maintenir l'esclavage ; ceux du nord voulaient l'abolir. L'élection de Lincoln marqua le triomphe des partisans de l'abolition.

Il y eut alors une grande guerre. Les États du sud voulurent se séparer des États du nord, et se révoltèrent. Lincoln maintint énergiquement l'union des États, et les droits des esclaves à l'affranchissement.

LXXII. — (*Suite.*) Noble réponse des esclaves. — Les écoles de noirs. — Les bivouacs. — La mort de Lincoln.

La loi française, en rendant l'instruction obligatoire pour tous, a aboli la dernière forme de la servitude, l'ignorance.

M. Edmond. — Le 1er janvier 1863, Lincoln, digne successeur de Washington, proclama l'émancipation des esclaves dans toutes les parties du pays révolté.

Washington, fondateur et premier président de la république des États-Unis, né en 1732, mort en 1799.

Aussitôt des multitudes d'hommes, de femmes et d'enfants, fuyant l'esclavage, accoururent à la suite des soldats du Nord; ils imploraient leur protection, et offraient en retour de combattre dans leurs rangs.

On cite, à ce sujet, une noble réponse faite par de pauvres esclaves : on leur disait qu'ils étaient libres, et on leur demandait ce qu'ils désiraient qu'on fît pour eux. Interdits d'abord, ils n'osèrent répondre; puis, lorsque leur première surprise fut passée, ils demandèrent simplement : « Apprenez-nous à lire. »

— La belle réponse, en effet, monsieur! fit Henri.

— Oui, mon enfant, belle et bien digne d'être comprise. Aussi l'une des gloires de l'Amérique sera précisément le zèle avec lequel tous les habitants, hommes et femmes, s'empressèrent d'instruire les esclaves affranchis. La seconde année qui suivit le décret d'affranchissement, 1500 écoles avaient déjà été ouvertes pour les noirs; trois ans plus tard, on en comptait 4000. Si on songe qu'autrefois une odieuse loi du Sud défendait, sous peine de mort, d'enseigner la lecture et l'écriture aux esclaves, on comprendra quelle puissante révolution c'était faire que d'ouvrir tant d'écoles à des hommes si profondément plongés dans l'ignorance!

Aussitôt qu'une ville était soumise, l'armée du Nord, en y entrant, amenait avec elle des instituteurs et des institutrices chargés d'instruire les nègres ou négresses. Dans les régiments où il y avait des noirs enrôlés, les généraux organisaient des écoles de régiment. On apprenait à lire aux affranchis au milieu des préparatifs de bataille, sous la tente et aux feux des bivouacs; le livre faisait partie des munitions de guerre. Aussi, la guerre finie, 40,000 affranchis qui avaient suivi les écoles de régiment savaient lire et écrire.

Noirs apprenant à lire au bivouac.

La guerre fratricide entre les États de l'Union dura cinq ans. Au bout de ces cinq ans, le pouvoir donné à Lincoln comme président de la République expirait; mais il fut réélu avec enthousiasme, et jura de poursuivre son œuvre jusqu'au bout. Peu de temps après, au moment où la guerre finissait et où les partisans de l'esclavage déposaient les armes, Lincoln, qui portait le poids de toutes les colères des vaincus, fut assassiné d'un coup de pistolet à bout portant.

Mais la mort de ce grand citoyen, surnommé en Amérique le « modèle de l'honnête homme, » ne fit que consacrer définitivement l'abolition de l'esclavage.

FRANCINET. — Monsieur, je suis bien fier de voir qu'il y a eu des ouvriers capables de faire de si grandes choses; car enfin Stephenson, dont vous nous avez entretenus, n'était qu'un petit ouvrier mineur à l'âge de dix ans, et ce grand Lincoln était à sept ans un petit ouvrier!

M. EDMOND. — Tu as bien raison, mon ami, d'en être fier; mais je te prie de remarquer que Stephenson et Lincoln ont eu grand soin de s'instruire. Malgré les misères de leur pauvre existence, ils ont eu l'énergie de prendre sur leur sommeil pour étudier. Tous les deux ont commencé à s'instruire dès qu'ils l'ont pu ; ils ne se sont point dit : « A quoi cela me servira-t-il? Je suis trop âgé pour apprendre ; je ne suis qu'un ouvrier, et l'étude ne me mènera à rien. » Non ; ils ont pensé, au contraire, que l'ignorance était la pire des misères, et ils ont voulu commencer par s'affranchir de celle-là. Un si grand courage a eu sa récompense : l'instruction a fait à la fois leur bonheur et celui de l'humanité.

LXXIII. — Distinction des devoirs de *JUSTICE* et de *CHARITÉ*. — Une restitution de saint Louis.

« Ne fais de *tort* à personne et fais du *bien* à tous les hommes par cela seul qu'ils sont hommes. »
CICÉRON (*Traité des Devoirs*).

AIMÉE. — Monsieur, en nous parlant des esclaves, vous nous avez dit que la volonté de Dieu, c'est que le règne de la justice et de la charité arrive. La justice et la charité sont donc deux vertus différentes?

M. EDMOND. — Oui, mon enfant ; mais elles doivent toujours être unies dans notre cœur. La simple justice consiste, selon la définition d'un philosophe de l'antiquité, Cicéron, « à ne point faire de *mal* aux autres hommes, ni par violence ni par ruse », tandis que la charité consiste « à leur vouloir et à leur faire du *bien*. »

« Ne faites pas aux autres ce que vous ne voudriez pas qu'on vous fît. » Telle est la célèbre maxime de justice donnée par l'Évangile. — « Aimez votre prochain comme vous-même, et faites aux autres ce que vous voudriez qu'on vous fît. » Telle est la maxime de la charité.

La justice non seulement s'abstient du mal, mais encore répare le mal déjà fait, — en restituant, par exemple, ce qui avait été pris injustement. Les prédécesseurs du roi Louis IX avaient enlevé par des moyens injustes plusieurs provinces aux Anglais. Saint Louis, poussant jusqu'au scrupule son amour de la justice, les leur restitua librement : il crut qu'il valait mieux que la France respectât la justice et eût une province de moins.

Justice signifie : respect du droit. Vous avez un voisin : vous respectez sa *propriété* et les fruits qu'il récolte ; vous respectez son *honneur*, et vous ne dites de lui aucun mal ; si vous êtes lié avec lui par quelque *promesse* ou *contrat*, vous en observez scrupuleusement toutes les conditions. Par là vous demeurez dans la stricte justice ou respect du droit, rien de moins, rien de plus.

La charité, elle, ne se contente pas de respecter le droit ou de réparer les torts : elle fait le bien, donne et se dévoue. Quand saint Vincent de Paul prenait les chaînes d'un esclave pour le délivrer, il nous montrait ce que peut faire la charité. Charité veut dire : amour d'autrui et dévouement.

LXXIV. — (*Suite.*) **La *LIBERTÉ*, l'*ÉGALITÉ* et la *FRATERNITÉ*, conséquences de la justice et de la charité. — Les crimes contre la justice. — Les tribunaux.**

Lois. — L'homicide avec préméditation, ou *assassinat*, est puni de mort ; l'homicide sans préméditation, ou *meurtre*, est puni de mort ou de travaux forcés ; l'*homicide par imprudence*, est puni d'emprisonnement.

Les *coups et blessures* sont punis d'amende et d'un emprisonnement de deux à cinq ans.

Le *vol* et le *faux témoignage* sont punis des travaux forcés ou de l'emprisonnement.

La *diffamation* est punie d'une amende et d'un emprisonnement de cinq jours à deux ans. (*Code pénal.*)

M. Edmond. — Être juste, nous l'avons vu, c'est respecter la vie, la conscience, la propriété et l'honneur de ses semblables. Par conséquent, c'est respecter leur *liberté*. Est-il libre, en effet, celui dont la vie, la conscience, les biens et l'honneur ne sont pas en sûreté ?

En même temps, être juste, c'est respecter la vraie *égalité*, qui veut que tous les hommes, ayant les mêmes droits, soient également protégés dans leur vie et leurs biens.

Maintenant, voulez-vous savoir les noms détestés des

crimes opposés à la justice, c'est-à-dire à la liberté et à l'égalité? — Ces crimes sont : l'homicide, la diffamation, le faux témoignage et le parjure, l'oppression, la tyrannie, le vol; et ce sont là les plus grands fléaux de l'humanité.

LE TRIBUNAL. — On appelle cour d'assises le tribunal chargé de juger les crimes contre la justice. Il siége temporairement au chef-lieu de chaque département. Il se compose d'un *président* et de deux *juges*, assistés de douze *jurés* tirés au sort parmi les citoyens. Les jurés prononcent sur le *fait* et disent si oui ou non l'accusé est coupable : les juges prononcent ensuite la *peine* que le crime entraîne d'après la loi.

Aussi les lois humaines les punissent : ceux qui ont violé la justice sont traduits devant les tribunaux.

Quant à ceux qui n'ont point observé leurs devoirs particuliers de charité, ils sont laissés au jugement de leur conscience et de Dieu.

Mais la charité n'est pas moins obligatoire que la justice devant notre conscience et devant Dieu.

Quel grand mérite auriez-vous si vous n'accordiez à vos semblables que ce qu'ils ont le droit d'exiger? Quels que soient notre pays et notre condition, riches ou pauvres, blancs ou noirs, vertueux ou coupables, nous sommes tous *frères,* nous sommes tous faits pour nous entr'aider et nous aimer.

Vous ne mentez point, dites-vous, et vous ne trompez point vos semblables. Mais ce n'est point assez de ne pas répandre injustement le mensonge et le parjure; la charité vous oblige encore à répandre la vérité, la lumière, la science et l'instruction. Vous ne prenez rien, dites-vous, de ce qui appartient à vos semblables, mais ce n'est pas encore assez : donnez-leur une part de ce que vous possédez; donnez-leur surtout ce qui échappe à toute contrainte, votre dévouement et votre amour.

La justice, ou respect de l'égalité et de la liberté, n'est

que le commencement de la vertu; la charité, la fraternité la complète. Une nation où les citoyens seraient vraiment *libres*, *égaux* et *frères*, serait à la fois la plus vertueuse et la plus heureuse des nations.

LXXV. — Beauté de la *CHARITÉ* et de la *FRATERNITÉ*. — Tous les hommes doivent s'aimer et s'entr'aider.

« La charité est l'amour du genre humain. »
CICÉRON (*Traité des Devoirs*).

« Quand je parlerais toutes les langues, quand je posséderais toutes les sciences, si je n'ai point la charité du cœur, je ne suis rien. » SAINT PAUL (*Épîtres*).

Oh! que l'aimante charité est aimable et belle ! Elle a dans son cœur des trésors inépuisables, et ce qui fait sa plus grande richesse, ce n'est pas ce qu'elle possède, mais ce qu'elle donne : car plus elle donne, plus elle est riche, plus elle veut donner encore, donner toujours, donner tout!

Ce qu'elle donne, en effet, ce ne sont pas seulement les biens matériels : ce sont les trésors de l'intelligence et du cœur, la lumière de la science, la chaleur de l'amour, qui ne font que s'accroître en se communiquant à autrui.

Tel un flambeau communique à un autre flambeau sa lumière, et en la donnant il ne l'a point perdue. C'est l'image de la charité.

Aimez tous les hommes, vos frères, le dernier comme le premier ; et ne dites pas : Comment pourrais-je aimer ceux qui n'ont rien d'aimable en eux, ou ceux qui ne m'aiment point et me haïssent, ou encore ceux qui n'aiment pas le bien? — Car il y a toujours dans une créature de Dieu quelque chose de bon et d'aimable. Dieu, qui voit au fond des âmes, aperçoit au fond de celles qui vous semblent les plus méprisables un reste de bonté et de grandeur. C'est à Dieu et non à vous de juger et de condamner.

« Ne jugez point sévèrement vos frères, et vous ne serez point jugé sévèrement; ne les condamnez pas, et vous ne serez pas condamné. » Ne rendez point le mal pour le mal, ni l'injure pour l'injure ; au contraire, ne vous vengez du mal qu'en faisant du bien ; cherchez à vaincre le mal par le bien.

Si vous saviez aimer assez les autres, vous leur feriez aimer le bien et vous vous feriez aimer d'eux. Que les bons, avant d'accuser les méchants, s'accusent donc aussi eux-mêmes ; car, s'ils ne parviennent pas à faire aimer le bien à tous les hommes, c'est qu'eux-mêmes ne l'aiment pas encore d'un amour assez ardent pour embraser les autres cœurs.

Que l'amour du bien et des hommes, que la charité soit d'abord dans votre cœur comme un incendie, et sa flamme se communiquera au loin, sans que rien puisse lui résister.

LXXVI. — Le *DROIT*.

« Où il n'y a point de *justice*, il n'y a point de *droit.* »
CICÉRON, cité par SAINT AUGUSTIN.

« La loi n'a le droit d'empêcher que ce qui est nuisible à la société tout entière. »
(*Principes de la Constitution française.*)

AIMÉE. — Puisque la vertu est si belle, si nécessaire au bonheur de l'humanité, pourquoi la loi ne force-t-elle pas tous les hommes à être vertueux et heureux?

M. EDMOND. — Ma chère enfant, laissez-moi vous faire à mon tour une petite question. Dieu, qui serait assez puissant pour nous contraindre par la force à faire toujours ce qui est le mieux, ne nous laisse-t-il pas cependant libres ici-bas de choisir entre le bien et le mal?

AIMÉE. — Monsieur, il nous laisse libres.

M. EDMOND. — La liberté de choisir, la responsabilité, est donc une bien belle chose, petite Aimée, puisque Dieu ne nous force pas à faire nécessairement le bien ?

AIMÉE. — En effet, monsieur, je le comprends à présent : si nous faisions le bien malgré nous, cela ne pourrait plus guère s'appeler le bien. On ne dit pas que le soleil, en nous éclairant, fait le bien et a du mérite, car il nous éclaire sans le vouloir, sans être libre.

M. Edmond. — Bravo! mon enfant. Ce qui fait que la vertu est si belle et si méritoire, c'est donc sa liberté.

Henri. —Mais, puisqu'on ne peut nous forcer à être *bons*, pourquoi la loi nous force-t-elle à être *justes?*

M. Edmond. —Cela est tout simple, mon enfant. Violer la justice, par exemple attenter à la vie d'autrui, ce n'est pas seulement mal agir, c'est aussi attaquer les autres, attaquer leur liberté et les traiter en ennemis. Les autres hommes sont alors dans le cas de *légitime défense;* aussi la loi humaine intervient et punit les coupables.

Ainsi donc, mes enfants, la loi peut contraindre les hommes à ne pas se faire de mal entre eux, à être *justes* les uns envers les autres ; mais elle ne peut les contraindre à être vertueux, aimants, généreux, bons, pieux, sages. Car la liberté de chacun est pour tous inviolable tant qu'elle ne viole pas la liberté d'autrui.

Savez-vous le nom qu'on donne à ce caractère inviolable de la liberté humaine ? C'est le nom sacré de *droit*.

LXXVII. — Le riche et son voisin. — Charité privée. Fraternité publique. Institutions d'assistance publique.

« Nul homme ne peut être contraint par un autre de faire ce que la loi n'ordonne pas. »
(*Principes de la Constitution française.*)

M. Edmond. — Un homme riche avait un grand jardin tout rempli d'arbres fruitiers.

Les arbres lui donnaient plus de fruits qu'il n'en avait besoin ; et, après s'en être rassasié lui et les siens, il laissait le reste pourrir sur les arbres et sur le sol.

Un de ses voisins vint le trouver un jour et lui dit avec indignation : — « Vous laissez se perdre des biens superflus pour vous, lorsque tant d'hommes n'ont pas le nécessaire ! Vous ne faites pas un bon usage de vos biens.»

Et il lui fit des reproches, et, s'animant de plus en plus,

il le menaça de la haine et de la vengeance des pauvres.

Mais l'homme riche, blessé par ces menaces, répondit :

— J'use librement de mon bien sans prendre celui des autres et sans violer les lois existantes ; je suis donc dans mon droit. Restez dans votre propriété comme je reste dans la mienne, et ne touchez pas à mes biens, ni vous ni personne ; car alors c'est vous qui seriez injuste et violeriez la loi.

Le voisin, comprenant qu'en effet la bonté et la charité privée ne peuvent s'obtenir par la menace, rentra chez lui sans rien dire. Mais, quand le riche fut seul et qu'il n'entendit plus la voix de cet homme, une autre voix s'éleva en lui-même, faible d'abord, puis de plus en plus forte et impérieuse : c'était la voix de sa conscience.

— Oui, sans doute, disait cette voix au riche, tu es dans ton droit ; mais es-tu pour cela dans ton devoir ? Quand ton semblable ne peut plus rien exiger de toi au nom de la stricte justice et de la loi, Dieu et ta conscience ne te commandent-ils pas encore la bienfaisance ?

Le jour suivant, l'homme riche alla trouver son voisin.

— J'ai repoussé hier vos conseils, dit-il, parce que vous leur donniez la forme d'un ordre et d'une menace injustes. Mais aujourd'hui je veux faire librement et de moi-même ce que vous vouliez me forcer à faire. Prenez tous mes fruits et distribuez-les aux pauvres. Associons désormais tous les deux nos efforts et notre intelligence, et répandons autour de nous les libres bienfaits de la charité.

Vous le voyez, mes enfants, il y a des choses que nous avons le *devoir* de faire, sans qu'un autre homme ait pour cela le *droit* de les exiger par la force.

Ce sont d'abord nos devoirs de *charité* privée envers nos semblables, puis nos devoirs envers *nous-mêmes* et enfin nos devoirs envers *Dieu*. Et tous ces devoirs, dont la loi humaine ne peut exiger l'accomplissement, sont d'autant plus beaux que nous les accomplissons librement, par amour du bien, de nos semblables et de Dieu.

HENRI. — Quelles sont donc, Monsieur, les choses que la loi peut exiger?

M. EDMOND. — La première, vous vous en souvenez, est la *justice*, la seconde est la *fraternité publique*.

Supposons, Henri, que vous rencontriez un enfant abandonné. La loi ne peut vous contraindre d'élever à vous seul cet enfant, car c'est là une œuvre de charité *privée*, qui doit être accomplie librement; mais la loi peut vous faire contribuer, *pour votre part*, à secourir les enfants abandonnés, à les élever dans des hospices entretenus avec l'argent de tous, non pas seulement avec le vôtre. C'est que la fraternité publique n'est pas le devoir d'un seul en particulier, mais le devoir de tous envers les membres de la patrie qui sont sans soutien. Les principales institutions de fraternité publique sont l'assistance des enfants abandonnés, des orphelins, des aliénés, des infirmes (aveugles, sourds-muets, paralytiques, etc.), l'assistance des vieillards sans famille, les bureaux de bienfaisance, les monts de piété, les crèches, les hospices et hôpitaux entretenus aux frais des communes et de l'État.

LXXVIII. — **Harmonie de la *JUSTICE* et de l'*UTILITÉ*. — Camille au siège de Falérics. — La trahison envers la patrie.**

Aujourd'hui comme autrefois, la loi punit de mort la *trahison* envers la patrie. Le traître condamné à mort par le *conseil de guerre* est fusillé.

M. EDMOND. — Un général de l'ancienne Rome, nommé Camille, assiégeait depuis longtemps la ville de Falérics sans pouvoir réussir à la prendre. Un des habitants de cette ville, poussé par la plus honteuse cupidité, résolut de trahir ses concitoyens et de livrer la ville à l'ennemi, dans l'espoir d'obtenir du vainqueur une riche récompense. C'était le directeur d'un gymnase fréquenté par les enfants des citoyens les plus distingués et les plus influents de Falérics. Un jour de vacances, il conduisit ses élèves à la promenade hors des murs, d'un côté où l'ennemi n'était pas à craindre ; mais, par des détours qui lui étaient connus, il mena les enfants dans le camp des Romains. Puis, demandant à être conduit devant le général, il lui dit : « Vous voyez autour de moi les enfants des plus nobles familles de Faléries. Gardez-les dans votre camp, et annoncez aux pères qu'ils ne reverront plus leurs enfants si la ville ne se rend pas. Ces hommes accepteront, je vous le promets, toutes les conditions que vous leur imposerez, et vous serez bientôt maître de la ville. »

Restes de la Rome antique. Le *forum*, place entourée de temples où les anciens s'assemblaient pour délibérer et voter.

Un Romain d'autrefois. La *toge* romaine.

— Le traître ! s'écria Francinet.

M. Edmond. — Tu as bien raison de t'indigner, Francinet. Remarque-le, mon ami, ce scélérat portait atteinte à la liberté des enfants et aux droits de leurs pères, et de plus il trahissait sa patrie : c'étaient toutes les injustices réunies en un seul crime. Et maintenant, Francinet, dis-moi ce que tu aurais fait à la place du général romain. Aurais-tu accepté les offres de ce misérable ?

— Oh ! jamais, s'écria Francinet avec indignation.

— Tu as raison, mon enfant ; ce n'était pas seulement la charité, mais la plus simple justice qui défendait à Camille de se faire complice d'un tel crime. Et pourtant, Francinet, qu'aurais-tu répondu si on t'eût dit : « La chose est injuste sans doute, mais utile ; elle va nous rendre maîtres d'une ville ennemie, et sans bataille, sans effusion de sang. Ne peut-on commettre une injustice pour en faire retirer un grand profit à sa patrie ? »

Francinet. — Moi, j'aimerais mieux n'importe quoi que de faire une injustice. Je ne sais pas si cette trahison aurait été utile ; mais ce que je sais bien, c'est qu'elle aurait été injuste. Est-ce que cela ne suffit pas?

La Rome moderne. Place Saint-Pierre.

M. Edmond. — A la bonne heure, Francinet ; tu parles avec sagesse. N'oublie jamais ce que tu viens de dire : il n'y a point d'utilité assez forte pour permettre une injustice. L'utilité d'une chose est toujours plus ou moins contestable ; ce qui paraît utile aujourd'hui peut préparer le malheur de demain, ce qui est utile pour les uns peut être nuisible aux autres. Mais il y a une chose incontestable, vraie pour tous, en tout temps et en tout lieu, c'est que nous devons être justes. Ne sacrifions donc jamais le certain à l'incertain, la loi sacrée de notre conscience à des intérêts passagers qui ne sont rien en comparaison du seul bien durable : la justice.

Que diriez-vous d'un médecin qui, pour vous guérir d'un léger mal, mettrait en danger votre vie même? Eh bien! ce qui fait vivre l'humanité, c'est la justice, c'est le respect du droit. Otez-lui la justice et donnez-lui tout le reste, elle ne pourra vivre ; car les hommes se tueront entre eux. Mais donnez-lui la justice, et avec elle peu à peu tous les autres biens reviendront.

Aimée. — Que fit donc le général romain?

M. Edmond. — Le général romain répondit : « Apprends, misérable, que les lois de la justice sont sacrées, même envers nos ennemis, et que les intérêts de la guerre ne peuvent prévaloir sur l'humanité. » — Puis il rassura les enfants qui tremblaient, les fit reconduire à Faléries, et livra aux tribunaux de cette ville le traître chargé de liens. Quand les enfants revinrent dans la ville, leurs familles désolées étaient déjà en larmes; les cris de joie succédèrent à la tristesse. On admira la conduite de Camille, bien qu'il n'eût accompli qu'un devoir de stricte justice. Les habitants de Faléries, aimant mieux avoir pour ami que pour ennemi un peuple qui avait su respecter le droit, ouvrirent leurs portes aux Romains et firent avec eux un traité d'alliance. Ainsi les Romains retirèrent plus d'avantages de la justice que de l'injustice; mais, quand même ils n'auraient pas retiré cet avantage visible, leur conduite n'en eût pas moins été la seule juste et la seule vraiment utile pour l'humanité.

LXXIX. — **Harmonie de la justice et de l'utilité** (*suite*). — **Aristide et Thémistocle devant la flotte spartiate.**

Une nation qui veut fonder sa puissance sur l'injustice « bâtit sur le sable. »

Un autre peuple de l'antiquité, le peuple athénien, montra, dans une occasion semblable, qu'à ses yeux la justice ne faisait qu'un avec l'utilité vraie et durable.

Les Athéniens avaient pour rivaux de leur puissance les Spartiates. Un jour un des plus grands généraux d'Athènes, Thémistocle, annonça dans une assemblée des Athéniens qu'il avait conçu un dessein d'un intérêt capital pour la république, mais qui ne pouvait pas être divulgué publiquement. Il demanda que le peuple désignât une personne à laquelle il pût en faire confidence. Aristide, surnommé le Juste, fut désigné.

Athènes. Ruines du Parthénon, ancien temple de Minerve, déesse de la sagesse.

Thémistocle lui confia alors que la flotte spartiate, entrée dans les chantiers d'un port voisin, pourrait être incendiée secrètement pendant la nuit en pleine paix, sans qu'on se doutât de la trahison ; ce qui ruinerait Sparte, et ferait d'Athènes la première ville de la Grèce.

Après cette révélation, Aristide revint à l'assemblée, où l'on était impatient de l'entendre. « Athéniens, dit-il, le projet conçu par Thémistocle semble fort utile à notre puissance; mais il est injuste. » Les Athéniens pensèrent que ce qui n'était pas juste ne pouvait pas même être utile; ils ne voulurent pas entendre le projet, et le repoussèrent sur la seule parole d'Aristide.

Voilà de grands exemples de justice, mes enfants, et si l'histoire ne contenait que des traits de ce genre, elle serait aussi belle à lire que souvent elle est triste. Mais, quels que soient les traits qu'elle nous offre, il y a un sûr moyen de les juger. — Cet acte était-il juste, conforme au droit? devons-nous nous demander. S'il l'était, peu importe qu'il ait pu paraître aux hommes d'alors inutile ou contraire à leurs intérêts : il était réellement bon.

« Le juste, dit l'Evangile, ressemble à un homme prudent qui a bâti sa maison sur le roc.

» Et la pluie est tombée, et les torrents ont débordé, et les vents ont soufflé et sont venus fondre sur cette maison; elle n'est point tombée, car elle était fondée sur le roc.

» Mais l'homme injuste ressemble à un homme insensé qui a bâti sa maison sur le sable.

» Et la pluie est tombée, et les torrents ont débordé, et les vents ont soufflé et sont venus fondre sur cette maison; elle s'est écroulée et sa ruine a été grande. »

LXXX. — Qu'est-ce que le *CAPITAL*? — Le forgeron Julien.

Le prodigue dépense tout ce qu'il gagne. L'avare épargne, mais enfouit ses richesses inutiles. L'homme industrieux ne se contente pas d'épargner : il emploie ou fait employer son épargne à d'utiles travaux; par là il la rend féconde, il en fait un *capital* productif.

Le lendemain, lorsque Francinet arriva dans la salle

d'étude, il trouva M. Edmond occupé à donner au tableau une leçon d'arithmétique.

Aimée, en apercevant le petit garçon, s'écria :

— Arrive vite, Francinet. M. Edmond t'attendait pour nous expliquer ce que c'est que le capital et l'intérêt.

Francinet s'assit, et M. Edmond commença.

— Prenons un exemple, dit-il. Supposons un ouvrier : il s'appelle Julien ; il travaille à la forge dans l'arsenal de Toulon pour la construction des navires, et il gagne chaque jour 4 fr. Comme Julien est économe, il épargne régulièrement 35 centimes sur chacune de ses journées, et les dépose dans un sac.

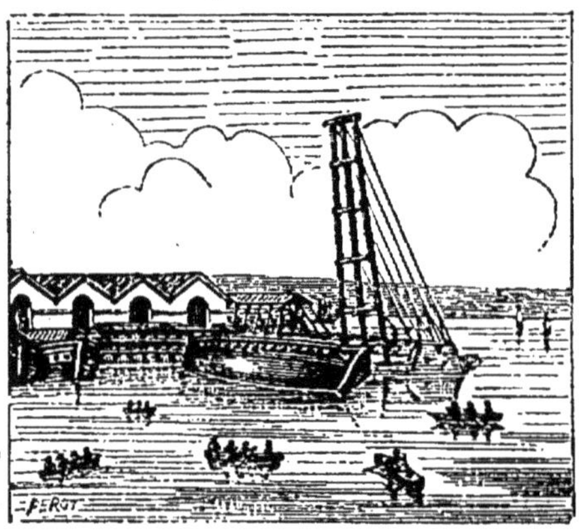
L'ARSENAL DE TOULON. — Toulon (80,000 hab.) est un grand port de guerre sur la Méditerranée. C'est dans son arsenal que se sont construits une partie de nos principaux vaisseaux de guerre.

Au bout de l'année, Julien se trouve avoir fait 303 journées de travail, car il n'a chômé que 62 jours, pour les fêtes et dimanches. Il désire alors savoir à combien s'élèvent ses économies. Il vide son sac, compte sa monnaie, et s'aperçoit qu'il possède 106 fr. 05 c.

Julien, aussitôt, fait cette réflexion : — Si je laisse mon argent dans ce sac, dans un an je ne retrouverai toujours que 106 fr. ; car le sac ne me rendra pas plus que je ne lui aurai donné. Mais, si je porte mes 106 fr. à la Caisse d'épargne et si je les retire dans un an, la Caisse d'épargne me rendra alors plus de 110 fr. Mon argent, dans ce cas, aura été utilisé, il m'aura produit 4 fr. de bénéfice, juste une journée de mon travail. Ce sera donc alors comme si mon argent avait travaillé une journée à ma place.

Cette réflexion décide Julien, et il porte ses 106 francs à la Caisse d'épargne.

Voilà donc l'épargne de 106 francs qui, une fois produite, produit à son tour de nouveaux bénéfices : voilà un *capital.*

On appelle capital, mes enfants, une richesse qui engendre de nouvelles richesses, une épargne qui, au lieu de rester stérile, *produit* à son tour des bénéfices.

Vous avez acquis de l'instruction et vous la mettez à profit; vous avez de l'argent, et au lieu de le placer dans une tirelire ou de le cacher dans un trou, comme font les avares, vous l'utilisez à des entreprises ou vous le prêtez à d'autres pour qu'ils l'utilisent; — par exemple, vous le faites servir à l'exploitation d'un chemin de fer, ou d'une usine : — voilà des capitaux.

L'épargne improductive : la *tirelire.*

Capitaliser, c'est épargner et tirer profit de ses épargnes; et c'est là le meilleur usage qu'on puisse en faire, n'est-il pas vrai, mes enfants? Laisser dormir sa science, ses outils, son argent, sans leur faire rien produire, c'est ressembler à un homme qui laisserait ses champs sans culture.

Le capital productif : Le *chemin de fer.* — Une tirelire ne peut vous rendre que ce que vous y avez mis; mais, si vous prêtez votre argent à l'industrie et au commerce (par exemple aux compagnies de chemin de fer, qui transportent à prix d'argent voyageurs et marchandises), on vous rendra plus que vous n'avez prêté, et vous aurez une part des bénéfices.

LXXXI. — La *CAISSE D'ÉPARGNE.* Caisses postales et scolaires.

> Ouvrier, si tu places ton modeste capital à la Caisse d'épargne, tu te rends service à toi-même, car tu retrouveras ton capital grossi au jour du besoin. Tu rends aussi service aux autres, car l'argent que tu prêtes sera employé à quelque entreprise utile, et il fournira de l'ouvrage à d'autres ouvriers comme toi.

Francinet. — Monsieur, qu'est-ce donc que la Caisse d'épargne dont vous nous avez parlé, et pour laquelle mon petit frère porte nos sous à l'école?

M. Edmond. — Mon ami, les Caisses d'épargne ont été

instituées pour aider le travailleur à faire des économies. Les Caisses d'épargne reçoivent dans leurs bureaux, ou aux bureaux de poste, et même dans les écoles, toutes les sommes qu'on y apporte, depuis 1 franc jusqu'à 2000.

La caisse d'épargne. — Elle remet aux déposants un *livret* où sont inscrites les sommes déposées.

Si on y laisse son argent un an, on a droit au bout de ce temps à 3 fr. ou 3 fr. 50 environ de plus sur chaque somme de cent francs. C'est ce qu'on est convenu d'appeler l'*intérêt* de l'argent.

AIMÉE. — Monsieur, celui qui ne laisse son argent que six mois, reçoit-il de l'intérêt tout de même?

M. EDMOND. — Oui, mon enfant; mais, six mois étant un temps moitié plus court qu'un an, l'intérêt pour six mois est juste la moitié de 3fr,50, ou 1fr,75. Pour un mois seulement, on reçoit six fois moins, ce qui fait 0fr,29; et comme il y a trente jours dans le mois, on gagne environ un centime par jour d'intérêt pour un capital de 100 fr.

FRANCINET. — Monsieur, vingt-neuf centimes, cela ne fait qu'un centime moins de six sous; pourquoi ne donne-t-on pas six sous juste, au lieu de faire une différence pour un pauvre centime?

M. EDMOND. — Mon ami, un centime est peu de chose en lui-même; mais répété 100 fois, 200 fois, 300 fois, il fait 1 fr., 2 fr., 3 fr. Il n'y a si petite somme qui, bien souvent répétée, n'en fasse une grosse. Le boulanger, notre voisin, le sait bien; et quand, par exemple, il vend son pain 0fr,21 le demi-kilo, il n'a garde de faire grâce du vingt et unième centime à ses pratiques; car, comme il vend plus de 500 demi-kilos de pain par jour, ce pauvre vingt et unième centime lui causerait plus de 5 fr. de perte à la fin de la journée. Que serait-ce donc pour la Caisse d'épargne, qui a une somme d'un milliard et demi en dépôt, si à chacun des déposants elle remettait sans compter quelques centimes de plus?

HENRI. — Un milliard! et tout cet argent est le fruit des épargnes des ouvriers?

M. EDMOND. — Presque tout entier, mon ami; voilà qui est bien consolant, n'est-ce pas?

AIMÉE. — Oh! oui, monsieur. Mais permettez-moi de vous faire encore une question. N'y a-t-il que les sommes de 100 francs à toucher de l'intérêt, et celui qui ne peut placer que 50 francs en touche-t-il tout de même?

M. EDMOND. — Certainement, ma chère petite. On donne même de l'intérêt pour 1 fr. Seulement, l'intérêt est moins grand pour une petite somme que pour une grande; mais il est toujours réparti à la Caisse d'épargne d'après cette règle de 3^{fr},50 environ pour 100 francs: c'est là ce qu'on appelle le *taux* de l'intérêt.

LXXXII. — Le capital du travailleur. — Ce que produit une économie de 10 centimes par jour.

« Les petits ruisseaux font les grandes rivières. »

FRANCINET. — Monsieur, je voudrais bien savoir l'intérêt que rapportent 5 francs placés à la Caisse d'épargne pendant un an.

— Mon ami, c'est bien facile à compter. — M. Edmond s'approcha du tableau, prit la craie et écrivit:

Pour 100 francs on a environ 3 francs 50.

Pour 1 franc on aura 100 fois moins, ou 3,50 divisé par 100 $\left(\frac{3,50}{100}\right)$.

Pour 5 francs on aura 5 fois plus que pour 1 franc, ou 3,50 divisé par 100 et multiplié par 5 $\left(\frac{3,50}{100} \times 5\right)$.

Ce qui fait 17 centimes et demi.

FRANCINET. — Ce n'est pas beaucoup; cela ne fait

pas quatre sous d'intérêt pour toute une année.

M. Edmond. — Cela est vrai, mon enfant. Mais remarque-le, l'ouvrier qui est allé placer 5 francs à la Caisse d'épargne a retiré, outre l'avantage de 17 centimes d'intérêt, celui de n'être pas exposé à dépenser mal à propos ses 5 francs. Si ses cent sous étaient restés dans sa poche, il n'eût peut-être pas résisté au désir de les dépenser. Ne les ayant plus chez lui, il n'y touchera point; au contraire, il songera à augmenter cette faible somme, car rien ne donne l'ardeur à l'épargne comme une première économie. Peu à peu il portera un franc à la Caisse d'épargne, puis un autre franc; et ainsi son capital, en s'augmentant, augmentera ses intérêts.

On a fait un calcul très instructif sur ce que peut produire une économie de dix centimes par jour, c'est-à-dire de 36 francs par an. L'ouvrier qui place à la Caisse d'épargne 36 francs chaque année, et qui laisse les intérêts de ces sommes s'accumuler pour produire à leur tour de nouveaux intérêts, pourra retirer au bout de 40 ans une somme de 4,300 francs environ.

Francinet. — Mais c'est énorme!

M. Edmond. — N'y a-t-il pas beaucoup d'ouvriers qui dépensent inutilement plus de 10 cent. par jour, qu'ils pourraient placer à la Caisse d'épargne? Combien ne seraient-ils pas heureux, au bout de 40 ans, d'avoir une somme de 4,300 fr. qui les mettrait à l'abri de la misère!

Le grand but que doit se proposer le travailleur, c'est donc d'épargner et de *capitaliser;* car, si petit que soit le capital, il représente, dans les jours mauvais, une assurance contre le malheur. L'ouvrier qui a des économies envisage l'avenir avec une sorte de sécurité : la maladie, le chômage, un accident fortuit ne le mettront point sur le pavé, ne le forceront point à la mendicité. Il a, comme dit le proverbe, *du pain sur la planche,* sinon pour toujours, du moins pour un temps assez long, ce qui lui permettra de conjurer les tristesses du moment.

LXXXIII. — L'*INTÉRÊT*. Le canot prêté. Contrats de prêt. — Hypothèques. — Usure. — Les notaires.

Le prêteur qui abuse de la détresse des emprunteurs et qui exige des intérêts supérieurs à 6 pour cent est un *usurier*. L'usure est punie d'amende et d'un emprisonnement de 6 jours à 6 mois (*Code pénal*).

— Monsieur, dit le lendemain la petite Aimée, je ne comprends pas bien comment la Caisse d'épargne peut rendre à tout le monde, au bout d'un an, plus d'argent qu'elle n'en a reçu?

M. Edmond. — Mon enfant, c'est que la Caisse d'épargne fait comme le forgeron Julien : elle ne laisse pas l'argent dormir dans des sacs; elle fait, suivant le dicton populaire *travailler l'argent*. En d'autres termes, elle l'emploie à des travaux qui doivent rapporter des bénéfices certains, et ces bénéfices lui servent à payer l'intérêt.

Pour vous rendre la chose plus familière, voulez-vous que nous revenions à nos sauvages?

— Oui, oui, monsieur, dirent les enfants.

M. Edmond. — Nos deux sauvages Paul et Pierre possèdent un canot. Comme ils ne s'en servent pas toujours, le canot reste pendant des journées inoccupé, et flotte nonchalamment parmi les joncs qui bordent la rivière.

Un homme de la peuplade voisine vient trouver Paul et lui dit : — Paul, prête-moi ton canot pour six jours; tu me rendras un grand service.

— Quel service?

— J'ai une avance considérable de poisson salé, dont je ne sais que faire. Si tu veux me prêter ton canot, j'irai chez les chasseurs de la forêt échanger mon poisson contre du gibier. A mon retour, je vendrai ici les quartiers de sanglier ou de daim; et comme on est las de manger du poisson, j'espère retirer de mon commerce beaucoup d'avantage.

Le daim.

Paul répond : — Mon ami, je veux bien te rendre service. Je le ferais même gratuitement pour un parent ou ami en qui j'aurais confiance. Mais je ne te connais pas beaucoup, et j'ai bien le droit de vouloir un juste dédommagement pour le service que tu me demandes. De plus, le canot que tu désires, c'est le fruit de mon travail; pour le fabriquer je me suis privé de repos, de sommeil, parfois de nourriture. Je tiens donc beaucoup à ne pas le perdre. Si je te le prête pendant six jours, je cours des risques. Il y a des courants et des *rapides* dans la rivière ; si tu ne manœuvres pas avec habileté, mon canot chavirera, se brisera contre les écueils ou ira à la dérive sans que tu puisses le ressaisir. Heureux si tu ne te noies pas toi-même ou si tu échappes aux crocodiles du fleuve! Tout le fruit de

Un *rapide*.

Le Crocodile. — En Amérique on nomme le crocodile caïman.

mon travail peut donc se trouver, en un seul jour, détruit par toi. Comment m'exposer à de si gros risques sans l'espoir de réaliser moi-même un avantage, et cela en faveur d'un homme qui n'est ni mon parent ni mon ami?

— Quel avantage désires-tu? demande le sauvage.

Paul reprend : — Mon canot te portera plus vite que ne le feraient tes jambes, et il portera de plus la charge de trois hommes. En te le prêtant, c'est comme si je te donnais trois hommes de bonne volonté. Tu transporteras donc ainsi en six jours le chargement qu'il te faudrait dix-huit jours pour porter seul : car tu serais obligé de faire trois fois le voyage. Eh bien, je consens à te prêter mon canot; mais tu me devras, au retour, quatre journées de ton travail en échange. Comme tu n'en dépenseras que six dans ton voyage, c'est encore huit journées de bénéfice que te procurera mon canot. Tu gagneras donc encore à ce *contrat* deux fois plus que moi.

— Mais c'est beaucoup, quatre journées de travail! réplique le sauvage. C'est abuser de ma misère que de me faire payer si cher un service qui ne te coûte rien.

— Rien! répond Paul. Mais quoi? Pendant que tu uses mon canot à ton service, ne me faudra-t-il pas renoncer à m'en servir? Je ne puis m'en priver sans un dédommagement. De plus, si je te le prête aujourd'hui, dans huit jours un autre me le demandera, et ainsi chacun à son tour. J'ai travaillé pour faire ce canot : si mes conditions ne te conviennent pas, attends, pour faire tes échanges avec les chasseurs, que tu te sois construit un canot toi-même. Si elles te conviennent, pendant quatre jours tu m'aideras à fabriquer des haches en pierre et des corbeilles en feuilles de cocotier.

Sauvages taillant des pierres, et tressant des paniers.

Le sauvage alors préfère louer le canot moyennant l'obligation de travailler quatre jours pour Paul. De plus, il promet à Paul, si son canot se trouve perdu ou détruit dans le voyage, de lui donner comme remboursement un petit champ qu'il possède. Ce gage donné à Paul sur un bien *immeuble* est ce qu'on nomme une *hypothèque*.

Voilà donc le canot de Paul, son *capital,* lui rapportant des bénéfices, c'est-à-dire un *intérêt;* et ce même canot produit pour celui qui l'emprunte deux fois plus de bénéfice encore que pour celui qui le prête.

Si, au lieu d'un canot, il se fût agi d'une somme d'argent, la même chose se fût passée. Car enfin, celui qui se dessaisit de l'argent qu'il possède pour le prêter à un autre, lui rend évidemment service : il a donc droit à une part dans les profits. Toutefois cette part ne doit pas être exagérée, ce qui friserait l'*usure*, délit puni par la loi.

Observez bien ces choses, mes enfants, car le *capital* et *l'intérêt* jouent un rôle immense dans le commerce.

FRANCINET. — Mais, Monsieur, si le sauvage avait été de mauvaise foi et qu'au retour, après avoir perdu le canot, il eût dit à Paul : « Je ne vous ai jamais promis mon champ » , le pauvre Paul eût été bien embarrassé.

M. EDMOND. — Voilà précisément, mon ami, l'inconvénient des contrats faits de *vive voix*. Aussi, dans nos sociétés modernes, on les fait *par écrit,* et même, quand il s'agit de choses très importantes, on passe les contrats *par devant notaire*. Le notaire les rédige de manière à ce qu'ils soient clairs et précis, puis il les fait signer dans son étude par les intéressés. De cette manière, on est en garde contre les erreurs ou la mauvaise foi.

LXXXIV. — Possibilité pour tout travailleur d'amasser un petit capital. — Du *TABAC* et des habitudes dispendieuses. — L'essai malheureux de Francinet.

« Un vice coûte plus cher à nourrir que deux enfants. » FRANKLIN.

FRANCINET. — Monsieur, ce que vous nous avez appris sur l'épargne est bien vrai ; mais il n'est guère facile d'épargner quand on n'a pas toujours le nécessaire.

M. EDMOND. — Je le sais, mon ami ; cependant, ne l'oublie pas, les plus petites sommes, chaque jour répétées, finissent par en faire de grosses. Un sou par jour, épargné toute l'année, fait une somme de 18 fr. 25 c. au bout de l'an. C'est la semaine d'un ouvrier qui gagne 3 francs par jour. Y a-t-il sérieusement beaucoup de travailleurs qui ne puissent économiser un sou par jour, soit sur leurs dépenses, soit en ne faisant jamais le *lundi,* soit en ne contractant pas de mauvaises habitudes telles que celles du cabaret ou de la pipe? N'est-ce pas une chose désolante de voir tous les jeunes garçons, dès qu'ils attrapent quinze ans, prendre bien vite l'habitude, sinon de boire, au moins de fumer? Cependant, mes amis, il n'y a pas un fumeur qui ne recommande aux enfants de ne point l'imiter lorsqu'ils seront grands.

HENRI. — Oh! c'est bien vrai, monsieur, car mon grand-père ne fume jamais sans me dire que c'est une mauvaise habitude, et qu'il regrette beaucoup de ne pouvoir s'en corriger à son âge.

FRANCINET. — Monsieur, on ne peut donc pas se corriger de fumer?

M. EDMOND. — Pas toujours. Cette habitude est une véritable chaîne; celui qui l'a prise éprouve, s'il se trouve brusquement privé de tabac, une souffrance qui peut aller jusqu'à la maladie. N'est-il pas regrettable de se créer ainsi sans motif des besoins nouveaux, quand on a déjà tant de peine à satisfaire ceux que nécessite la conservation de notre vie? On comprendrait encore qu'il fût difficile de résister à la tentation de prendre une telle habitude, si l'on éprouvait dès le commencement un grand plaisir à fumer; mais c'est tout le contraire : les premières fois que les enfants essaient de fumer, ils en sont malades.

Le tabac est une plante herbacée de l'Amérique du Sud. Ses larges feuilles sont d'un vert foncé ; ses fleurs sont tantôt blanchâtres ou verdâtres, tantôt rouges.

— Ah! ce que vous dites là est bien vrai, monsieur, s'écria Francinet. Une fois le père Léon avait laissé dans un coin sa pipe allumée, cette pipe qui a failli incendier la manufacture! J'ai voulu aspirer quelques bouffées de tabac, pour voir comment cela faisait. C'était si mauvais et si amer que tout l'après-midi j'ai eu envie de vomir mon déjeuner.

Tout le monde se mit à rire de l'essai malheureux de Francinet, et M. Edmond reprit : — J'en suis sûr, si quelqu'un voulait imposer malgré eux aux jeunes gens un supplice pareil à titre de punition, ils s'indigneraient, et ils auraient raison. Le tabac, en effet, contient un des poisons les plus violents qui existent. On appelle ce poison *nicotine*, du nom de Jean Nicot, qui introduisit le tabac en France et offrit à Catherine de Médicis la première tabatière : le tabac se répandit ensuite dans notre pays sous le nom d'*herbe à la reine*. Une goutte de nicotine pure cause la mort en quelques minutes. La nicotine, comme l'opium et la belladone, endort, hébète et stupéfie.

Catherine de Médicis.

LXXXV. — Dangers matériels et moraux de l'*ABUS DU TABAC.*

Le tabac est un diminutif de l'opium fumé par les Chinois, et qui cause de si grands ravages.

M. Edmond. — Le jeune garçon qui prend inconsidérément l'habitude de fumer sait-il jamais s'il ne passera point de l'usage à l'abus? Un savant médecin, M. Jolly, a décrit devant l'Académie de médecine les funestes effets, plus fréquents qu'on ne croit, produits sur la santé par l'abus du tabac : destruction des dents, maladies de l'estomac et digestions difficiles, puis, dans les cas plus graves, maladies de la poitrine, prédisposition à la paralysie et même à la folie.

Eh bien, mes enfants, les effets sur l'intelligence et la moralité sont encore plus désastreux. Les excès de tabac enlèvent peu à peu à l'intelligence deux de ses facultés les plus essentielles : l'*attention* et la *mémoire*. Ceux qui abusent du tabac et passent leur vie entière à fumer, vivent dans une sorte de rêve, l'œil perdu dans le vague, la paupière à demi fermée, ne pensant à rien, incapables d'attention soutenue, indifférents et égoïstes. « Grand fumeur, petite mémoire, dit un médecin. J'ai connu un fumeur dont la mémoire avait tellement faibli que, se présentant un jour au bureau de poste pour réclamer une lettre à son adresse, il ne put que balbutier lorsqu'on lui demanda son nom, et se retira plein de trouble sans avoir pu se le rappeler. » Sa mémoire se rétablit quand il cessa de fumer autant.

Quant aux dangers moraux que produit l'abus du tabac, ce sont la paresse, l'habitude du cabaret, l'indifférence aux choses sérieuses, à l'étude et à l'instruction. « Quand le peuple sera plus instruit, a-t-on dit, il fera moins abus du tabac : la pipe et le livre sont ennemis. »

LXXXVI. — Perte d'argent causée par le tabac.

Que de richesses s'en vont en fumée !

M. Edmond. — Si l'usage du tabac va croissant, c'est aux dépens de la bourse comme de la santé des fumeurs. On consomme en France pour plus d'un milliard de francs de tabac. Que de choses utiles, mes enfants, ne pourrait-on pas faire avec ce milliard ! Puisque nous ne dépensons pour l'instruction publique qu'une cinquantaine de millions, voyez combien d'ignorances, combien de misères on soulagerait avec tous les millions qui, grâce à notre imprévoyance, s'en vont aujourd'hui en fumée.

Et je ne vous parle que de notre pays ; mais le nombre de fumeurs de tabac qui existent sur la terre s'élève à 800 millions d'hommes, et il y a environ le même nombre d'individus qui fument l'opium ou d'autres drogues de

Le pavot, d'où l'on tire l'opium.

ce genre. Les Romains, les Grecs et les Français d'autrefois ne connaissaient pourtant point, eux, ce que c'est que fumer.

Fumeurs d'opium en Chine.

Direz-vous encore, Francinet, qu'il est bien difficile d'épargner et d'amasser un capital, quand vous voyez des richesses énormes littéralement brûlées par la paresse et la routine? Supposez que tous les ans on mette le feu à des forêts et à des villes, de manière à brûler pour plusieurs milliards de biens : on fera quelque chose d'analogue à ce que les fumeurs font sans y songer et sans le vouloir. Comme l'incendie n'est que dans leur pipe ou leur cigare, ils ne s'imaginent pas qu'ils puissent brûler tant de richesses; mais un grand nombre de petites dépenses accumulées n'en forme pas moins une dépense énorme, faite en pure perte par l'humanité.

LXXXVII. — Qu'arriverait-il si l'on cessait de fumer. — L'emploi du capital. — La manie de l'imitation.

L'argent trouve toujours son emploi, et mieux vaut un emploi utile des *capitaux* qu'un emploi inutile.

Henri. —Monsieur, la culture du tabac emploie beaucoup d'ouvriers; si on cessait de fumer, n'en résulterait-il pas une perte pour l'industrie?

Manufacture de tabac.

— Mon ami, les terrains, l'argent et les bras seraient peu à peu employés à autre chose. Quelle perte y aurait-il à semer du blé à la place de tabac, ou bien à élever des écoles au lieu de manufactures, à acheter des livres et à instruire les ignorants?

Henri. — C'est vrai monsieur ; je comprends qu'il serait plus profitable de récolter du blé, qui nourrit les hommes, ou d'élever des écoles pour instruire les enfants, que de cultiver une plante inutile.

M. Edmond. — Cela est très bien raisonné, mon ami ; j'espère donc qu'une fois grand, tu mettras ton amour-propre, ainsi que Francinet, non à faire comme tout le monde, mais à prouver votre force de volonté en ne prenant pas une habitude dispendieuse.

— Monsieur, dirent à la fois Henri et Francinet, nous vous le promettons : nous résisterons à l'envie de nous donner des *airs d'homme* en nous habituant à fumer.

M. Edmond. — Ce sera, mes amis, la meilleure manière de prouver que vous n'êtes plus des enfants ; car on l'a dit il y a longtemps, les enfants ont, comme les singes, la manie de l'imitation. Le singe voit faire un geste et, comme il est dénué de jugement, il s'empresse de le répéter. L'enfant, dont le jugement n'est pas formé, ressemble en cela au singe. Un homme de jugement, au contraire, avant d'imiter ce qu'il voit faire, examine si la chose est sage et avantageuse : si elle l'est, il la fera ; si elle ne l'est point, l'exemple de tous les hommes qui l'entourent, fussent-ils 800 millions, ne sera pas suffisant pour le décider. Une volonté à la fois intelligente et énergique est la grande marque de la virilité du cœur.

LXXXVIII. — L'instruction obligatoire. — L'instruction est un capital moral.

« L'instruction primaire est obligatoire pour tous les enfants des deux sexes, de 6 à 13 ans. » (*Loi de* 1882.)

M. Edmond. — Ne l'oubliez pas, mes enfants, la science et l'instruction sont rangées au nombre des richesses d'un pays. Elles constituent en effet un véritable *capital*, d'une valeur souvent plus élevée que les trésors matériels. D'après les tableaux du développement de l'instruction en France, dressés au Ministère de l'Instruction publique, nous avons encore beaucoup à acquérir sous ce rapport. Heureusement, la loi a rendu l'instruction obligatoire pour tous les enfants. Par là elle leur donne un premier capital, une première richesse, qu'ils seront heureux plus tard de posséder et qu'ils devront augmenter encore quand ils seront hommes.

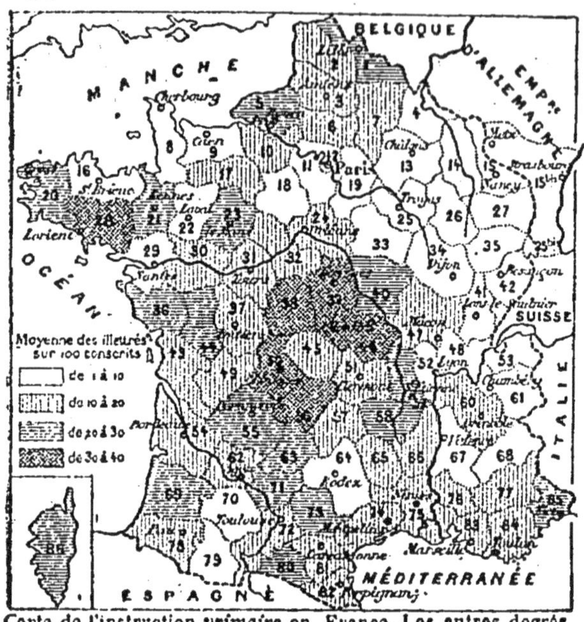

Carte de l'instruction *primaire* en France. Les autres degrés de l'instruction sont l'enseignement *secondaire* (lycées ou collèges), et l'enseignement *supérieur* (facultés).

Si le temps passé par certains hommes au cabaret était employé à s'instruire, quelle différence entre l'état présent où ces hommes végètent et l'élévation morale qu'ils auraient acquise!

Le travailleur qui a passé sa soirée au cabaret a souvent vidé sa bourse, quelquefois perdu sa raison. Il rapporte chez lui la misère et le mauvais exemple. Quel plaisir a-t-il retiré au cabaret en échange de tant de maux? Il a respiré un air vicié à la fois par l'haleine repoussante des buveurs et l'âcre fumée de leurs pipes. Il a bu outre mesure un vin souvent frelaté et malsain. Les conversations qu'il a pu entendre, si elles n'ont pas avili son âme, ne l'ont évidemment pas élevée. Quel plaisir a-t-il donc pu goûter?

S'il veut être de bonne foi, il avouera lui-même, en rentrant à moitié ivre et la bourse vide, qu'il regrette l'emploi de son dimanche, et comme seule excuse il ajoutera : — Je me suis laissé entraîner!

Oh! la honteuse excuse, mes enfants! Etre homme et avouer qu'on ne sait pas garder sa liberté!

LXXXIX. — Bibliothèques populaires et scolaires.

> Quand vous entrez dans une bibliothèque où sont amassés de bons livres, vous entrez dans un temple élevé par l'esprit humain à la vérité et à la vertu.

FRANCINET. — Monsieur, pour lire il faut des livres. Quand on n'a pas assez d'argent pour en acheter, comment faire?

M. EDMOND. — Mon ami, on a créé depuis quelque temps beaucoup de bibliothèques populaires et scolaires, où on peut lire et emprunter gratuitement des livres. En Suisse, chaque commune a une bibliothèque : tout le monde lit en Suisse. En Belgique, le quart des communes possède des bibliothèques. En France, ce sont parfois les ouvriers eux-mêmes qui, en se cotisant, ont acheté des livres. Alors que l'Alsace nous appartenait encore, — l'Alsace qui n'est plus représentée aujourd'hui que par le territoire de Belfort, — on a commencé dans une commune, à Beblenheim, par ranger sur une planche douze volumes ; et maintenant la bibliothèque populaire en possède 3,000. Soixante communes environnantes ont imité cet exemple. Le nombre des volumes prêtés chaque année dans le Haut-Rhin, et qui circulent de main en main, s'élève à 400,000. La bibliothèque de Mulhouse compte 4,000 volumes d'arts et de sciences, et, dans cette ville, 1,800 personnes ont lu en un an 90,000 volumes, ce qui fait en moyenne 50 volumes par personne.

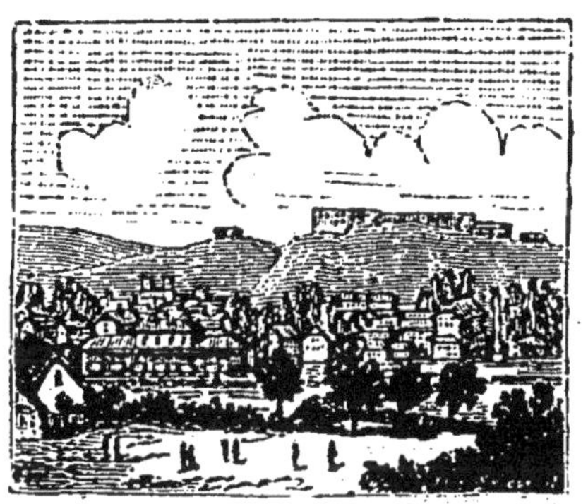
BELFORT (10000 h.), s'est défendue jusqu'au dernier moment pendant l'invasion de la France, et, grâce à cette défense, a pu rester ville française.

Grâce à ces bienfaisantes institutions, qui se sont répandues partout en France, le travailleur peut passer sa soirée à la bibliothèque, au lieu de la passer au cabaret;

ou encore, il peut la passer chez lui avec le livre qu'on lui a prêté, à lui ou à son fils, et dont on fait la lecture au milieu de la famille.

La bibliothèque populaire. Salle de lecture et d'étude. — Tous les peuples civilisés de l'antiquité ont eu des bibliothèques, soit publiques soit privées. De nos jours, les bibliothèques comptent parmi les premières richesses d'une nation. Paris possède actuellement 40 bibliothèques publiques, dont la plus grande est la *Bibliothèque nationale*, où se trouvent plus d'un million de volumes imprimés, 60,000 manuscrits, 700,000 estampes, etc.

Alors, au lieu de perdre sa raison et de dépenser son argent, il augmente les ressources de son intelligence, il fait provision de choses utiles dont la lecture ou le récit réjouit sa famille tout en l'instruisant.

Enfin, à mesure qu'il se livre à ces hautes distractions de la pensée, il se sent devenir un autre homme ; il est plus fort pour accomplir son travail journalier, car il est devenu plus intelligent ; il est meilleur ; il inspire aussi le respect à sa femme et à ses enfants, car il est un noble exemple pour sa famille.

En dernier lieu, mon ami, je te prie de remarquer que l'absence de bibliothèque n'a pas été, pour des ouvriers courageux, un motif de ne pas s'instruire. As-tu donc oublié déjà, Francinet, l'histoire du pauvre mineur Stephenson, qui, au retour de sa journée, passait une partie de la nuit à raccommoder des souliers pour acheter des livres et pouvoir apprendre à lire ?

Francinet. — Vous avez raison, monsieur, et je vois que, comme vous le dites, avec une volonté robuste on accomplit de grandes choses. Aussi je vais m'appliquer à acquérir beaucoup de volonté. Lorsque j'aurai entrepris quelque chose de juste, quoi qu'il m'en coûte, je n'y renoncerai jamais.

M. EDMOND. — Très bien parlé, cher petit Francinet! Mais surtout n'oublie pas, mon enfant, d'exercer aussi la vigueur de ta volonté en résistant aux mauvais exemples qui te détourneraient de l'étude et du travail.

XC. — Un grand travail accompli par la France. — Le *CANAL DE SUEZ*. — Les Indes et l'Asie. — Les actions du canal de Suez; M. Clertan actionnaire.

La *science*, le *travail* et le *capital* sont les trois grandes puissances qui domptent la nature.

Le lendemain, Aimée, Henri et Francinet étaient réunis dans la chambre où M. Edmond devait leur faire la leçon accoutumée. Lorsqu'il arriva, il se dirigea vers une mappemonde suspendue à la muraille.

— Voyons, Aimée, dit-il en désignant la carte à la petite fille, voyons si vous allez répondre à ma question, vous qui êtes forte en géographie.

L'enfant se leva et s'approcha de la carte.

M. EDMOND. — Transportons-nous d'abord à Marseille, et montrez-nous cette ville sur la carte.

— Voilà, monsieur, dit Aimée en posant son doigt sur un point de la mappemonde.

Paysage des Indes. — L'éléphant.

M. EDMOND. — Bon. Maintenant, mon enfant, admettons que vous ayez un navire chargé de toiles ou de tissus fabriqués par M. Clertan, et vendus à quelque gros négociant de l'Inde : il vous faudra transporter ces marchandises le plus vite possible et au plus bas prix possible dans la ville de Bombay, pour en rapporter ensuite les nombreux produits de l'Asie, plantes ou animaux. Dites-moi, petite Aimée, quel chemin ferez-vous suivre à votre navire?

Aimée, qui avait un doigt sur Marseille, en posa un autre sur Bombay, et réfléchit.

— Le chemin sera bien long, dit-elle ; il nous faudra quitter la Méditerranée en passant par le détroit de Gi-

Panthère. Chameau. Chat musqué.

Caméléon. Salamandre.

Animaux d'Asie. — I. La *panthère*, carnassier féroce dont la peau est couverte de taches noires — II. Le *chameau d'Asie* à deux bosses. — III. Le *chat musqué* ou *civette*, qui contient dans son ventre une liqueur très odorante employée par les parfumeurs. — IV. Le *caméléon*, espèce de lézard auquel on attribuait autrefois la propriété de changer de couleur à volonté. — V. La *salamandre*, reptile auquel on attribuait anciennement la faculté de vivre dans le feu.

braltar, puis faire le tour de l'Afrique en contournant le cap de Bonne-Espérance, si fertile en tempêtes ; et alors, si nous n'avons pas fait naufrage, nous finirons par arriver à Bombay.

Paon. Marabout.

Animaux d'Asie. — VI. Le *paon*, remarquable par son plumage. — VII. Le *marabout*, dont les plumes sont très recherchées.

Henri, qui regardait la carte aussi, interrompit Aimée :

— Est-ce qu'il n'y a pas un chemin bien plus court, petite sœur ? Pourquoi ne pas descendre la Méditerranée jusqu'à la mer Rouge pour arriver ensuite à la mer des Indes ?

Aimée, *en riant :* — Et cette petite langue de terre,

l'isthme de Suez, qui sépare la Méditerranée de la mer Rouge, comment la traverseras-tu avec ton navire?

— C'est vrai! fit Henri honteux de son erreur; c'est si petit, cet isthme-là, que je ne le voyais seulement pas.

M. Edmond. — Si petit! Savez-vous, Henri, quelle longueur doit avoir un canal traversant cet isthme, de façon à porter votre navire, comme vous le vouliez, au milieu des terres, d'une mer à l'autre?

Henri. — Je ne sais pas, monsieur; mais cela semble bien petit sur la carte.

M. Edmond. — Eh bien, mon enfant, le canal doit avoir 160 Km de longueur, 100 m de largeur, 8 m de profondeur.

Aimée, *réfléchissant*. — Mais, monsieur Edmond, est-ce qu'on n'a pas précisément percé cet isthme? Il me semble l'avoir entendu dire à mon grand-père.

Henri, *avec vivacité*. — Justement! Où avions-nous l'esprit tous les deux pour avoir oublié le canal de Suez?

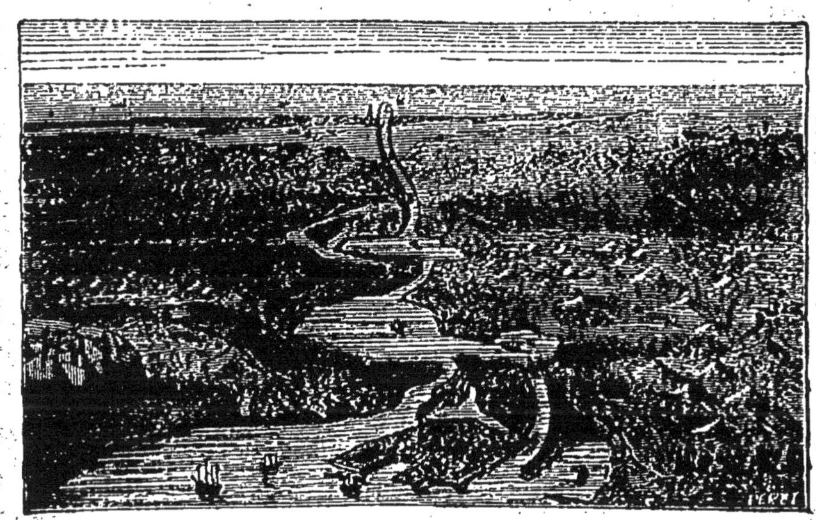

L'isthme de Suez. — En avant, Port-Saïd, sur la Méditerranée; au fond, Suez, sur la mer Rouge. A droite, des dunes de sable. Commencé en 1859, le canal de Suez a été ouvert en 1869 à la grande navigation.

Aimée. — Notre grand'père nous a même dit un jour: — Je veux prêter deux mille francs à la Compagnie française qui construit le canal de Suez.

M. Edmond. — Alors, en échange de son argent on a

dû lui remettre une sorte de titre de rente appelé *action*. M. Clertan est donc *actionnaire* du canal de Suez. Tous les six mois il touche chez le banquier une petite part de bénéfices, un *intérêt* plus ou moins grand, selon qu'il passe plus ou moins de navires par le canal; car chaque navire, pour passer, paie une somme à la Compagnie. Et c'est encore plus avantageux pour les navires de payer ainsi que de faire tout le tour de l'Afrique. Le canal de Suez, en effet abrège la route des Indes de 4,000 lieues.

FRANCINET. — Alors, monsieur, tous les navires qui vont aux Indes passent par la mer Méditerranée? Oh! comme cela doit faire des navires sur cette mer-là!

M. EDMOND. — Oui, Francinet, et le commerce de nos ports, surtout de Marseille, y trouve grand avantage.

FRANCINET. — Mais, monsieur, cela a dû être bien difficile de faire ce canal; et puis, qu'est-ce que c'est qu'un canal? Je ne comprends pas très bien.

M. EDMOND. — Je parierais cependant, Francinet, que tu en as vu faire toi-même plus d'une fois. Quand il a plu beaucoup, n'as-tu pas remarqué que l'eau reste par flaques sur les promenades ou dans la campagne, aux endroits où le sol est moins égal et plus creux? N'as-tu pas vu alors quelquefois des enfants s'amuser à faire communiquer entre elles deux de ces petites mares?

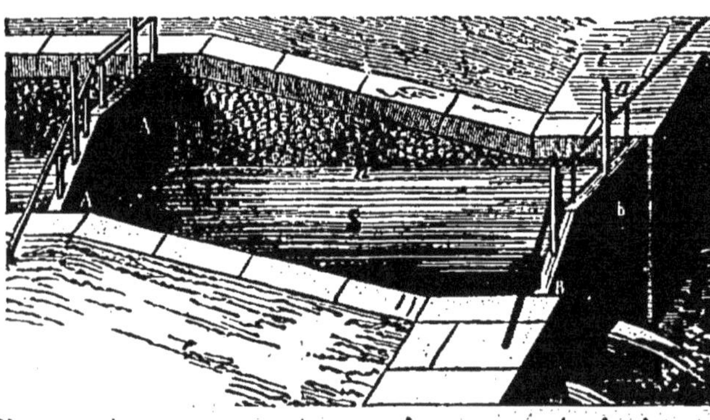

UN CANAL D'EAU DOUCE ET SON ÉCLUSE. — Les canaux sont ordinairement munis d'*écluses*, espèces de *portes* placées de distance en distance, qui retiennent l'eau et ne laissent échapper que le trop-plein par des chutes, V. — La chambre du milieu, S, s'appelle le *sas*. — Pour faire passer les bateaux, on ouvre les battants de la première porte AA, puis ceux de la seconde BB.

FRANCINET. — Oui, monsieur, et je l'ai fait, moi aussi. Je creusais une sorte de petite rigole qui allait d'une mare à l'autre et qui était plus basse qu'elles. Alors l'eau s'enfilait par cette rigole, et les deux mares communiquaient.

M. EDMOND. — Eh bien, mon enfant, on n'a pas fait autre chose à Suez ; seulement la rigole a là 160 kilomètres de long. Il a fallu enlever 74 millions de mètres cubes de terre, de sable ou de vase. Des chiffres pareils indiquent assez l'énorme travail qu'il y a eu à faire.

CXI. — (*Suite*). **L'Égypte et l'Afrique. — Le canal d'eau douce. — Le Nil. — Le désert transformé.**

Les grands travaux de l'industrie sont parmi les plus belles gloires d'une nation.

M. EDMOND. — Songez, mes enfants, que c'est à 800 lieues de la France, sur la terre brûlante d'Afrique, au milieu d'un désert où il n'y avait ni habitations ni eau potable, qu'une compagnie française, dirigée par M. de Lesseps, a eu le courage d'aller s'établir pour exécuter ce grand projet : le canal de Suez.

Hyène. Rhinocéros.

Autruche. Girafe.

ANIMAUX D'AFRIQUE. — Outre les lions, les tigres et les serpents, on trouve en Afrique : I. L'*hyène*, carnassier qui déterre les cadavres pour s'en nourrir. — II. Le *rhinocéros*, grand quadrupède sauvage portant une ou deux cornes sur le nez. — III. L'*autruche*, le plus gros des oiseaux, sur laquelle on monte pour traverser le désert. — IV. La *girafe* au long cou, qui sert aussi de monture.

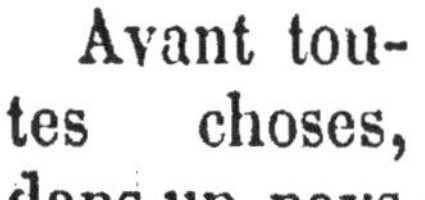

Avant toutes choses, dans un pays où il ne pleut pas, il fallait approvisionner d'eau les travailleurs. On a donc commencé par creuser un canal d'eau douce qui, au moyen d'écluses, amène l'eau du Nil jusqu'à Suez. Du côté de Port-Saïd on amène l'eau dans des tuyaux en fonte sur une longueur de 80 kil.

FRANCINET. — Que cela doit coûter cher, monsieur!

Zèbre. Gazelle. Pélican. Pintade.

ANIMAUX D'AFRIQUE. — V. Le *zèbre*, sorte de cheval sauvage à la peau rayée. — VI. La *gazelle*, sorte de cerf doux et timide, que poursuivent les lions et les tigres. — VII. Le *pélican*, oiseau aquatique au large bec muni d'une poche. — VIII. La *pintade*, sorte de poule, acclimatée dans nos pays.

M. EDMOND. — Oui, mon enfant; et c'est là un des bienfaits du capital, de permettre d'entreprendre et de continuer, pendant de longues années, des travaux dont on ne pourra tirer profit que dans un avenir lointain.

En même temps la santé des travailleurs pour laquelle, grâce à l'abondance des capitaux prêtés, on pouvait faire beaucoup de dépenses, fut préservée à ce point que la mortalité dans l'isthme était moindre que dans les garnisons de France. Si vous voulez bien songer qu'il y a quatre mille ans un roi d'Égypte entreprit de faire percer l'isthme, et que 120,000 hommes périrent de fatigue et de misère sans résultat, vous comprendrez une fois de plus les bienfaits de la justice, et son harmonie avec l'intérêt bien entendu. Le roi d'Égypte, qui ne songeait guère à la santé des travailleurs, sacrifia 120,000 hommes et fut néanmoins forcé d'abandonner son projet. Dans notre siècle, le percement de l'isthme. au lieu d'être un vaste sacrifice d'hommes, aura été une source de profit pour les travailleurs, pour le pays où s'opérait le travail, et pour ceux qui ont prêté leurs capitaux.

Le Nil. — *Hippopotame et crocodiles.*

Il y a quelques années, quand on voyageait sur cette terre complètement déserte, il ne fallait pas moins qu'une caravane de soixante chameaux pour porter les provisions d'eau et de nourriture nécessaire à l'existence de trois voyageurs. Aujourd'hui l'on trouve partout, dans l'isthme, des établissements desservis par la poste et le télégraphe, des hôtels, des hôpitaux, des chapelles et mosquées.

Mosquée.

Dans tous les campements de travailleurs, l'eau du Nil est distribuée si abondamment que chacun peut avoir son petit jardin. Et comme ce pays magnifique n'a besoin que d'eau pour se transformer, le désert s'est couvert ainsi d'une multitude d'oasis. Le percement de l'isthme de Suez, très difficile en lui-même, aura donc été accompli dans les meilleures conditions possibles, avec des capitaux fournis surtout par des Français —, y compris votre grand'père, mes enfants, — et sous la direction d'ingénieurs français. Notre patrie doit être fière d'en pouvoir revendiquer l'honneur.

Oasis. Caravane et *chameaux.*

XCII. — L'isthme de Suez (*suite*). — Construction d'une jetée en mer. — Fabrication des blocs. — Les machines à soulever les fardeaux. — Le travail sous l'eau.

Les inutiles pyramides d'Égypte ont coûté la vie à des milliers d'esclaves. Combien les œuvres de l'industrie moderne, accomplies par des hommes *libres*, sous les seules lois de la *justice*, sont supérieures à ces monuments de l'antique servitude !

M. Edmond. — C'est à Port-Saïd que commence le canal de Suez. Il a fallu d'abord élever au milieu de la mer des *jetées* en pierre, assez solides pour résister à la force des lames que la tempête soulève. Mais pour les construire, il fallait des pierres, et l'on n'avait que du sable. On se met alors à fabriquer, avec du sable et de la chaux, des blocs ayant la consistance du granit. On installe à Port-Saïd de grands ateliers. Douze machines à vapeur fonctionnent continuellement ; chacune a trois roues en fer qui écrasent les matières, les réduisent en pâte. Cette pâte est enfermée dans des moules en bois ayant une contenance de 10 m. cubes, et formant des blocs de pâte du poids de 20,000 k.

Le travail des ports. — *Jetée*, ou muraille contre laquelle se brise la mer et qui abrite les vaisseaux dans le port. — La force des vagues qui se heurtent contre les rochers est si grande, qu'on en a vu déplacer de plusieurs mètres des blocs pesant plus de 40,000 kilos. Quand les vagues rencontrent un obstacle, en se redressant elles s'élèvent parfois à une hauteur de 15 mètres.

On transporte ces blocs sur la plage, où il y en a continuellement 2,000 en train de sécher. Au bout de deux mois les blocs sont entièrement secs. On les enlève alors au moyen d'une *grue*, et on les pose sur des wagons qui les transportent à l'entrée du port.

Des bateaux à vapeur prennent ensuite les blocs et les amènent en mer. On les décroche alors et ils tombent à la mer à quelque distance du rivage ;

c'est ce qu'on appelle *jet à pierres perdues*. Les jetées se forment ainsi naturellement et sont indestructibles. La jetée de l'est, à Port-Saïd, a une longueur de 1,800 mètres celle de l'ouest de 2,500.

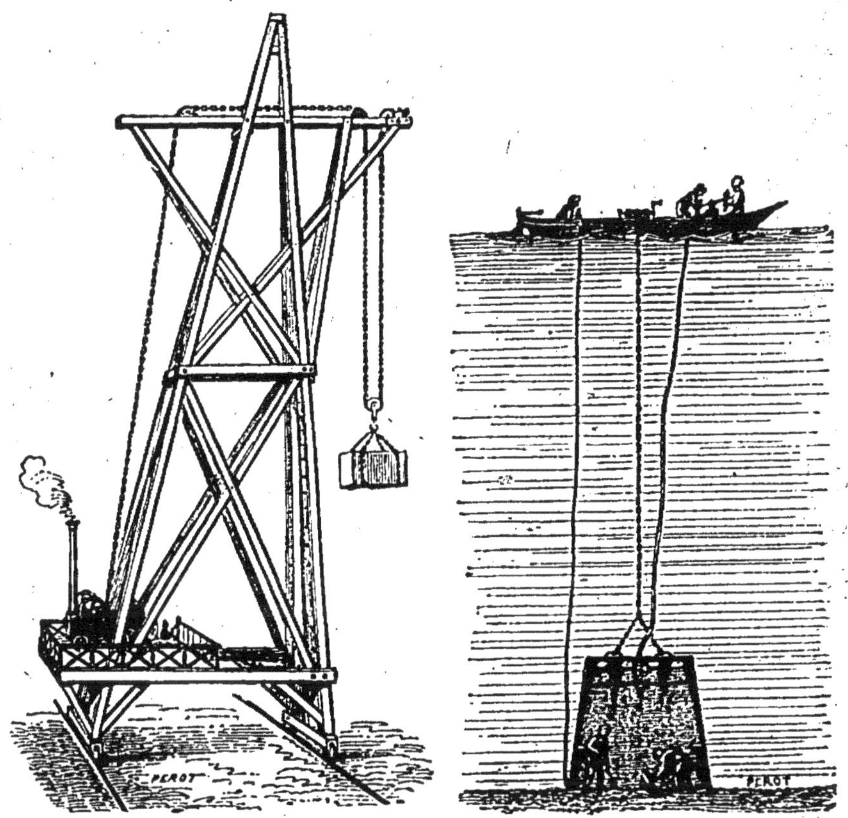

LE TRAVAIL DES PORTS. — I. La *grue* est une machine à poulie destinée à soulever les lourds fardeaux. L'énorme grue dont on se servait au canal de Suez roulait sur des rails. Une machine à vapeur mettait en mouvement une longue chaîne en fer et soulevait les gros blocs destinés à former la jetée du port.
II. Ouvriers travaillant sous l'eau, dans la *cloche à plongeur* (1 mètre et demi de large). On introduit de l'air dans la cloche au moyen d'une pompe à air et d'un tuyau.

FRANCINET. — 2,500 mètres et 1,800 mètres, cela fait plus d'une lieue de longueur qu'ont ces jetées. A-t-il dû en falloir, de ces grands blocs !

M. EDMOND. — Et ce n'était là qu'un des nombreux travaux préparatoires du port. Pour le canal même, il a fallu se donner bien d'autres peines. On a dû lutter avec les *dunes* de sable, que les vents amènent comme des montagnes mobiles et qui eussent comblé le canal.

Il a fallu déblayer, en travaillant sous l'eau dans des *cloches à plongeur*, les couches de vase qui reposaient depuis des siècles au fond d'un lac que le canal traverse. Puis on a rencontré un rocher de 20,000 m. cubes, très dur, qu'on a été obligé de faire sauter avec la poudre.

AIMÉE.—Oh! monsieur, que tout cela me semble extraordinaire!

Mine faisant sauter un rocher.

M. EDMOND. — Oui, mon enfant; mais ce qui est plus admirable encore que ces travaux eux-mêmes, c'est qu'ils se sont accomplis librement, non par les bras d'infortunés esclaves succombant à leur tâche et maudissant leurs maîtres, mais par le soin de travailleurs libres, fiers de leur œuvre, et trouvant dans la juste récompense de ce travail le commencement de leur fortune.

XCIII. — Un autre grand travail accompli par la France : le *TUNNEL DU MONT CENIS*. — Un nouveau tunnel : le Saint-Gothard.

> Le jour où les hommes lutteront contre l'ignorance, les haines et les préjugés avec l'ardeur qu'ils mettent à percer les montagnes, ils auront bientôt renversé les barrières morales qui les séparent.

M. EDMOND. — Un des plus grands obstacles à la communication des peuples, ce sont les montagnes, dont le passage est si difficile. Voici, par exemple, les Alpes qui séparent la France de l'Italie, et dont le massif renferme le plus haut sommet de l'Europe, le mont Blanc. Ces Alpes, si péniblement traversées autrefois par les armées d'Annibal, de François Ier et de Bonaparte, sont franchies maintenant, en un quart d'heure à peu près, par un chemin de fer. La voie passe d'abord au milieu des montagnes, sur des viaducs élevés, puis sous la montagne même, dans un tunnel de 12 kilomètres de long.

Francinet. — Comment, monsieur ? est-ce qu'on a toute la montagne sur la tête ?

M. Edmond. — Oui, mon ami ; on a sur la tête le mont Cenis. Une compagnie française et une compagnie italienne entreprirent le percement de ce mont, l'une du côté de la France, l'autre du côté de l'Italie. Les travailleurs, armés de machines énormes qui entament le rocher, allaient au-devant les uns des autres, perçant peu à peu la galerie souterraine, jusqu'au moment où ils se sont rencontrés au milieu de la montagne.

L'industrie des chemins de fer : Un *viaduc*. — Les *viaducs* sont des espèces de ponts en l'air, parfois très élevés, qui relient entre elles les collines et les montagnes ; ils servent au passage des chemins de fer et ressemblent aux aqueducs qui servent pour le transport de l'eau.

L'industrie des chemins de fer : *Percement du mont Cenis*. — On a attaqué le mont avec une sorte d'arme semblable à une épée d'acier. Cette épée solide, lancée contre les roches, les trouait peu à peu. Pour la mouvoir avec force, on s'est servi d'air comprimé amené par des tuyaux. L'ouvrier ouvrait les robinets, et l'air comprimé lançait la tige d'acier dans les roches de la montagne.

Henri. — Comment pouvaient-ils savoir qu'ils allaient exactement dans la même direction ?

M. Edmond. — Mon ami, ils le savaient par un calcul mathématique qui était fort difficile à faire et fort important ; car une erreur d'un centimètre par mètre aurait suffi pour produire un écart d'une centaine de mètres au milieu de la montagne, et il aurait fallu presque tout recommencer. Mais les mathématiques ont fait de si grands progrès que l'exactitude des calculs ne faisait aucun doute. Encore une belle preuve de ce que peuvent la science et le travail réunis !

Le *tunnel* du Saint-Gothard (15 kilomètres)

L'exemple donné par la France a été suivi depuis par l'Italie et la Suisse, qui se sont entendues pour percer un tunnel plus long encore sous le mont St-Gothard. Les grandes villes du nord de l'Italie, Turin, Milan et Venise, sont ainsi reliées à la France et à la Suisse.

Louis XIV, ayant réussi à placer un des membres de sa famille sur le trône d'Espagne, s'écriait avec orgueil en espérant une alliance durable entre l'Espagne et la France : « Il n'y a plus de Pyrénées ! » Mais l'alliance n'a pas duré, et l'union des deux peuples n'a pas été réalisée.

Milan (280,000 h.) et son *dôme* ou cathédrale — C'est à Milan qu'aboutit la ligne du Saint-Gothard.

La science est plus puissante que les rois. Elle peut dire aujourd'hui avec vérité : « Il n'y a plus d'Alpes. » Et si les peuples sont loin encore d'être tous en paix les uns avec les autres, cette paix ne pourra manquer de venir tôt au tard; car, grâce à la science, à l'industrie et au commerce, les peuples finiront par être aussi rapprochés les uns des autres et en aussi fréquente communication que le sont les diverses provinces de la France, autrefois ennemies, et dont aucune aujourd'hui ne songerait à attaquer l'autre.

Il est des barrières plus hautes que les montagnes qui séparent encore les peuples; ce sont les inimitiés insensées. Mais la science, en répandant de plus en plus les idées de justice et de fraternité, travaille à faire tomber ces barrières comme les autres, afin que la concorde embrasse de ses liens toutes les nations.

Venise (130,000 h.). Ses lagunes et ses gondoles.

XCIV. — La *MONNAIE*. — Les échanges chez les noirs d'Afrique. — Les filons d'or dans les roches.

La monnaie rend les échanges plus faciles.

Depuis que Francinet assistait aux leçons de M. Edmond, il était devenu si raisonnable, si empressé à se rendre utile, si poli et si travailleur, que tout le monde dans la maison aimait et estimait le jeune apprenti. Aussi le chargeait-on souvent, et sans inquiétude, de commissions qui attestaient la grande confiance que l'on avait dans son intelligence, sa réflexion et sa probité. M. Clertan lui remettait des sommes assez considérables, comme il aurait pu faire pour un jeune homme de quinze ans, sûr qu'il était de n'avoir rien à craindre de l'étourderie de Francinet. L'enfant en était très fier, et s'appliquait de plus en plus à mériter cette confiance.

Le lendemain de la leçon sur le tunnel du mont Cenis était un samedi, jour de paie pour les ouvriers. M. Clertan envoya Francinet dans un gros magasin de détail voisin de l'usine, pour savoir si on voudrait lui échanger 200 francs en billets de banque contre 200 francs en or.

Francinet partit aussitôt, s'empressant de s'acquitter le mieux possible de sa commission. Il ne trouva pas du premier coup la somme demandée. Pendant qu'il allait ainsi d'un marchand chez l'autre, il se rappelait le mot d'*échange* que M. Clertan avait prononcé en le chargeant de cette commission. Ce mot lui remettait en mémoire les leçons de M. Edmond, et l'histoire des échanges entre les sauvages qui l'avait tant amusé. Tout à coup il lui revint à l'esprit que, dans tous ces échanges, M. Edmond n'avait jamais parlé d'argent. Les peuplades de pêcheurs échangeaient du poisson, du gibier, des filets, du travail; mais jamais elles ne payaient avec de l'argent. Cette réflexion le frappa, et il avait hâte d'arriver à la leçon pour interroger le précepteur.

L'échange en nature.

— Monsieur, dit-il aussitôt qu'il fut assis en compagnie d'Aimée et d'Henri, en face de M. Edmond, vous nous avez montré, dans votre histoire de sauvages, Pierre et Paul échangeant du poisson contre du gibier : la monnaie n'existait point à cette époque, n'est-ce pas?

M. Edmond. — Non, mon ami ; au commencement de la société, les hommes faisaient leurs marchés au moyen d'échanges semblables à ceux de nos sauvages, dans lesquels on donne un objet pour un autre, et point d'argent.

Encore aujourd'hui, l'échange en nature ou *troc* est souvent employé par les sauvages. Les noirs qui habitent l'intérieur de l'Afrique, sachant que beaucoup de leurs compagnons ont été réduits en esclavage, ont très grand'peur d'être pris et de subir le même sort. Aussi, quand on veut faire commerce avec eux, ils ont bien soin de ne pas s'approcher, et ils font signe de déposer sur le bord d'une rivière les objets qu'on veut leur vendre. Le marchand les y dépose, puis s'éloigne. Les sauvages arrivent alors de la rive opposée sur leurs pirogues rapides ; ils placent à côté des objets qu'ils veulent acquérir un petit tas de poudre d'or, puis se retirent à leur tour. Le marchand revient ; s'il trouve la quantité de poudre d'or suffisante, il l'emporte ; sinon, il la laisse et reprend sa marchandise. Voilà un exemple du commerce sous sa forme la plus simple.

Pirogue africaine.

AIMÉE. — Comment ! monsieur, il y a donc des pays où l'or est en poudre ?

M. EDMOND. — Mon enfant, l'or existe, comme beaucoup d'autres métaux, en *filons* ou *veines* dans des roches et des montagnes. Les pluies d'orage entraînent dans les rivières des débris de ces roches, des cailloux, du sable, et en même temps des paillettes d'or.

Terrain renfermant un grand nombre de *filons* et de *couches* de différents minerais, les unes inclinées, les autres horizontales.

XCV. — L'OR et ses qualités. — Le laminoir et la filière. — Le battage de l'or en feuilles. — Découverte des mines d'or en Californie. — La Californie et ses habitants.

Les anciens alchimistes cherchaient un moyen mystérieux pour faire de l'or et s'enrichir ; il y a pour cela un secret bien simple : *travailler*.

M. EDMOND. — Les mines d'or les plus abondantes se trouvent en Amérique, et principalement en Californie. Ces dernières ont été découvertes depuis peu d'années. Un ouvrier, qui travaillait dans un moulin, aperçut un jour dans le canal une matière jaune ; il la prit, l'examina et la porta à son patron, qui reconnut de l'or.

FRANCINET. — Et comment, monsieur, pouvait-il savoir si c'était de l'or ?

M. Edmond. — D'abord, l'or est jaune, brillant et très lourd; c'est le plus lourd des métaux, à l'exception d'un métal blanc nommé *platine*. L'or est inaltérable par l'air et par les *acides*, comme le vinaigre ou le vitriol. Un mélange de deux acides appelé *eau régale*, a seul la propriété de l'attaquer et de le dissoudre.

Le travail des métaux : Le *laminoir*. — On fait passer une lame de métal entre deux rouleaux. La lame pressée s'étend et devient une feuille aussi mince qu'on veut.

En outre, sa *ténacité* est si grande, qu'un fil d'or d'un millim. d'épaisseur porte sans se rompre un poids de 34 kilos.

L'or peut se réduire en lames minces au moyen du *laminoir*. Si on bat ensuite avec un marteau ces lames d'or, on obtient des feuilles de moins d'un millième de millimètre d'épaisseur. C'est avec cet or en feuilles que les relieurs mettent le titre des ouvrages en lettres d'or. La propriété de s'étendre ainsi sous le marteau s'appelle *malléabilité*.

Enfin la *ductilité* de l'or (ou propriété de s'allonger en

Le travail des métaux. *Ouvrier battant des feuilles d'or.* — Ces feuilles, placées en cahier les unes sur les autres, elles s'étendent et s'amincissent peu à peu sous le marteau.
Le travail des métaux : La *filière*. — Pour réduire le métal en fil, on en fait d'abord une baguette mince D. On introduit une extrémité de cette baguette dans le trou de la filière. Le tambour B, en tournant, tire le métal, qui s'amincit en forme de fil.

fil) est si grande, qu'avec un gramme d'or on peut, au moyen de la *filière*, faire des fils d'or de plusieurs kilom.

Henri. — Je vois que c'est un métal bien extraordinaire. Mais comment le retire-t-on du sable?

M. Edmond. — Quand on soupçonne qu'un terrain contient de l'or, on prend quelques poignées de sable; on les met avec de l'eau dans un plat, et on agite le plat en l'inclinant. Le mouvement entraîne peu à peu les matières les plus légères, c'est-à-dire la terre et le sable; on finit par voir au fond du plat des paillettes, des aiguilles, une poussière d'or que le sable cachait auparavant. On se sert aussi d'une sorte de petit *moulin* dont le mouvement entraîne la terre et le sable, mais laisse tomber l'or au fond.

LE TRAVAIL DES MÉTAUX. — Moulin pour laver le minerai d'or.

Sitôt que la découverte de l'or fut connue en Californie, des hommes de toutes les nations et de toutes les parties du monde, Européens, Hindous, Chinois, accoururent pour l'y récolter. Des villes nouvelles se formèrent avec rapidité. On vit s'élever, comme par enchantement, églises, imprimeries et écoles. Il y eut au début quelques désordres; mais bientôt, par la vertu du travail et de l'association, l'ordre régna; et la Californie, qui doit toute sa fortune aux travailleurs, est maintenant une des contrées les plus riches et les plus prospères des Etats-Unis.

Chinois.

XCVI. — La *MONNAIE* (*suite*). — Son utilité pour le commerce. — Le cordonnier, le chapelier et le boulanger.

La monnaie est une *marchandise portative* avec laquelle nous pouvons nous procurer toutes les autres.

AIMÉE. — Monsieur, pourquoi a-t-on imaginé de se servir de monnaie, au lieu de faire des échanges comme les premiers peuples?

M. EDMOND. — Mon enfant, à mesure que les rapports des hommes entre eux se sont multipliés, les échanges sont devenus plus difficiles. Sans la monnaie, un grand inconvénient se serait produit. Par exemple, le cordonnier aurait fait plus de souliers, le chapelier plus de chapeaux qu'il n'en eût fallu pour payer le pain que le boulanger leur eût fabriqué. Quand ils lui auraient rapporté, l'un une nouvelle paire de souliers, l'autre un nouveau chapeau en disant : — Donnez-moi sept ou huit pains en échange, — le boulanger aurait pu ouvrir son armoire et leur montrer une avance de souliers ou de chapeaux neufs, en répondant : — Mes amis, je n'ai plus besoin ni de vos souliers ni de vos chapeaux ; mais il me faut au contraire du bois pour chauffer mon four, de la farine pour faire mon pain. Allez donc voir si le marchand de bois et le marchand de blé ont besoin de chapeaux et de souliers ; vous échangerez les vôtres pour du bois et du blé, et alors je vous ferai du pain.

Vous comprenez, mes enfants, combien ces allées et venues auraient fait perdre de temps. Puis, il eût été assez difficile au cordonnier d'apprécier la quantité de blé ou de bois que pouvaient valoir ses souliers.

Bref, on évita tous ces embarras en cherchant un objet rare et précieux, une marchandise commode que tous les hommes seraient disposés à recevoir en échange de ce qu'ils posséderaient. L'or, l'argent et le cuivre, sont la marchandise acceptée d'un commun accord chez les nations civilisées pour rendre ce service. Quelques peuplades d'Afrique se servent de coquilles ; d'autres de sel, d'autres de bœufs appelés zébus, très nombreux dans ce pays.

Coquilles-monnaies.

Bœuf à bosse ou *zébu*.

HENRI. — Comment ! monsieur, la monnaie est une marchandise comme les livres ou les souliers ?

M. EDMOND. — Certainement, mon enfant, puisqu'elle

est un produit du travail humain qui arrache à la terre les métaux précieux, les transporte et les façonne.

XCVII. — La *MONNAIE* (*suite*). — Avantages de l'or. — Les billets de banque et la banque de France.

Les *faux monnayeurs* et ceux qui fabriquent de *faux billets de banque* sont punis des travaux forcés à perpétuité. (*Code pénal.*)

HENRI. — Monsieur, pourquoi a-t-on choisi l'or plutôt que le fer ou d'autres métaux pour fabriquer la monnaie?

M. EDMOND. — Mon ami, un kilogramme d'or fin vaut 3500 francs; or on peut aisément porter un kilogramme d'or, et avec une pareille somme payer un grand nombre d'objets. Si c'était le fer qui servît de monnaie, comme le fer n'est pas une chose aussi rare, il a une moindre valeur; il faudrait donc beaucoup de fer pour valoir 3500 francs, et il est certain que trois hommes ne pourraient soulever une quantité de fer d'une valeur de 3500 francs, c'est-à-dire valant un kilog. d'or. Quant aux coquilles, il en faut 2,500 pour faire 5 francs.

FRANCINET. — Oh! si j'avais eu tout cela à porter, au lieu de mes 200 francs en or, comment aurais-je fait?

M. EDMOND. — De plus, l'or et l'argent sont des métaux très durs, qui ne s'altèrent pas facilement, qui peuvent circuler continuellement dans le commerce sans se briser, sans se diminuer, s'amoindrir et par cela même perdre de leur valeur. Si au contraire la monnaie était en verre, voyez d'ici que de pertes continuelles et d'embarras!

Vous le comprenez donc bien, mes enfants, l'or et l'argent convenaient mieux que tout autre objet pour servir d'intermédiaire dans les échanges.

Maintenant, dites-moi, y a-t-il pour les grosses sommes quelque chose de plus portatif que la monnaie?

FRANCINET. — Oh! oui, monsieur; ce sont les *billets de banque,* comme ceux que je suis allé changer. Ils sont bien commodes, ces petits billets, et il y a dessus de jolies figures d'enfants et de femmes.

La *Banque de France* est un grand établissement sous la surveillance de l'État. Elle seule a le droit de fabriquer des billets de banque. Pour pouvoir changer tous les billets qu'on lui présente, elle conserve une énorme provision d'or en monnaie et en lingots, renfermée dans des caves immenses aux murs épais, où l'on descend par une sorte de puits.

M. Edmond. — Ce sont des figures représentant l'Industrie, le Commerce et l'Agriculture, auxquels les billets de banque rendent tant de services. Tout le monde accepte avec confiance ces billets, car, quand on les tient dans la main, c'est comme si on tenait la même somme en or ou en argent, puisqu'on est sûr de pouvoir toujours les changer, à la Banque de France, contre de l'or ou de l'argent.

XCVIII. — La *VALEUR* et le *PRIX* des marchandises.

Comme le mètre sert de mesure pour comparer les longueurs, la *monnaie* sert de mesure pour comparer des *services* qu'on échange et en évaluer le prix.

M. Edmond. — Vous le savez, mes enfants, le commerce est un échange continuel de services entre les hommes; eh bien, la monnaie sert à *évaluer* ces services.

Francinet. — Comment cela, monsieur?

M. Edmond. — Le cordonnier qui fait une paire de souliers ne rend-il pas un service à celui qui s'en chausse?

Francinet. — Evidemment, monsieur.

M. Edmond. — Eh bien! mon ami, il en est ainsi dans tous les marchés du monde; il s'agit toujours, entre le marchand et l'acheteur, d'un échange et d'une évaluation de services qui doivent être de même *valeur*.

Francinet. — Oui, oui, monsieur; je comprends maintenant, je me rappelle même que vous nous l'aviez dit.

M. Edmond. — Tu dois comprendre alors, mon enfant, combien la monnaie facilite les échanges. La valeur de chaque service, estimée en monnaie, s'appelle *prix*.

Prenons un exemple. Vous avez besoin d'une armoire. Vous allez chez le menuisier et vous lui dites : « Voici une armoire qui me convient; cédez-la-moi. Seulement, comme je ne puis en ce moment vous rendre un service en échange, prenez ces 20 francs. »

La menuiserie et l'ébénisterie.

Le menuisier accepte ; vous emportez l'armoire ; il garde l'argent et, en le mettant dans son tiroir, il dit : « Voilà des pièces de monnaie qui représentent la *valeur* du service que je viens de rendre, et qui en sont le *prix*. Avec ces pièces je puis, quand je le voudrai, acheter les services dont j'aurai besoin moi-même. »

D'autre part, vous pouvez dire de votre côté : « J'ai payé le service du menuisier au moyen d'un autre service que moi ou mes parents avions rendu à d'autres hommes, et pour lesquels nous avions reçu ces 20 francs. »

Ainsi, grâce à la monnaie, les hommes peuvent se rendre plus facilement et plus promptement service les uns aux autres : la société entière en est plus unie.

XCIX. — La variation des prix. *OFFRE* des marchands et *DEMANDE* des acheteurs. — Les bouquets de cerises.

Les prix haussent et baissent comme le niveau de l'eau.

Francinet. — Je comprends bien maintenant le rôle de la monnaie dans les échanges; mais qu'est-ce donc qui fixe le *prix* des choses? Il y a des temps, par exemple, où maman dit : « La graisse est bien chère, Francinet, il faut la ménager. » Alors elle en met moins dans la soupe, et la soupe n'est pas si bonne. D'autres fois, je lui ai entendu dire : « Les toiles de Laval ou de Rennes ont baissé de prix ; nous en profiterons pour acheter du linge. » D'où cela vient-il, que le prix des choses baisse et augmente ainsi ?

Rennes (55,000 habitants), chef-lieu d'académie. Commerce de toiles.

M. Edmond. — Avec un peu de réflexion tu vas le comprendre. Par exemple, Francinet, lorsque la fin de mai arrive, n'as-tu pas remarqué à l'étalage des fruitières de petits bouquets composés de trois ou quatre cerises ?

Francinet. — Oui, monsieur ; et ces bouquets sont bien chers : on les vend un et même deux sous ! Mais je sais bien pourquoi les cerises sont alors si chères ; c'est parce que la belle saison est très peu avancée, et qu'il y a très peu de cerises mûres. A mesure que la saison avance, les cerises rougissent toutes ; et alors il y en a de grandes corbeilles chez les marchandes, et pour deux sous on en a une assiette toute pleine.

M. Edmond. — Francinet, penses-tu que ce soit seulement parce que les cerises sont rares qu'elles sont si chères au commencement de la saison ? Si cela est, quand la saison des cerises se passe et qu'il n'en reste presque plus sur les cerisiers, pourquoi les fruitières n'étalent-elles pas de nouveaux bouquets de trois ou quatre cerises formés avec les dernières de l'année ?

Francinet. — Mais, monsieur, à ce moment-là, tout le monde s'est rassasié de cerises. Et puis il y a d'autres fruits qui sont mûrs : les groseilles arrivent, les framboises, et aussi les petites poires de la Saint-Jean. Personne ne se soucie donc plus des cerises ; tandis qu'à la fin de mai tout le monde a grande envie d'y goûter, car c'est avec les fraises le premier fruit du printemps.

M. EDMOND. — Fort bien, mon ami. Tu vois qu'il ne suffit pas qu'une chose soit *rare* pour avoir un prix élevé : il faut encore qu'elle soit désirée et *demandée* par beaucoup de monde. Comme le dit très bien Francinet, quand la saison des fruits commence, tout le monde souhaite manger des cerises. La demande de cerises est alors très grande; la conséquence, c'est que les cerises sont chères. Quand tout le monde s'est rassasié de cerises, ce ne sont plus les acheteurs qui se pressent autour des boutiques pour *demander;* mais ce sont ceux à qui il reste des cerises qui appellent les acheteurs pour leur *offrir* la marchandise. Dans ce cas-là, mes amis, la marchandise baisse toujours. En effet, ce n'est plus l'acheteur qui a besoin d'acheter; c'est le marchand qui a besoin de vendre; or, dans tout marché, celui qui a le plus besoin ou le plus envie de conclure le marché, est obligé de subir les conditions qu'on lui fait.

Le niveau de l'eau.

Vous avez vu, mes enfants, le niveau de l'eau qui tantôt hausse ou baisse dans la rivière, suivant qu'il pleut ou qu'il fait sec : ce niveau est même marqué sous le pont par une échelle; ainsi le prix des choses hausse ou baisse selon l'*offre* des uns et la *demande* des autres.

Il en est de même du salaire des travailleurs et du bénéfice des marchands.

C. — Le choix d'un état.

Choisir un bon état, c'est se mettre entre les mains un bon instrument.

M. EDMOND. — La conclusion pratique de ce que nous venons de dire, c'est que tout homme qui doit être ouvrier ou marchand ne doit point prendre au hasard sa profession. Avant de choisir un métier ou d'ouvrir une boutique, on doit se dire : « N'y a-t-il point déjà trop de gens qui *offrent* de faire ce que je veux faire? » Dans ce cas-là, il faut tourner ses vues d'un autre côté, et préférer un métier où la concurrence soit moins grande, quand même ce métier serait plus difficile à apprendre.

Vous le voyez, mes enfants, rien n'exige plus de calcul que le choix d'une occupation.

Nous sommes au temps des vendanges, par exemple à Dijon ou à Mâcon. S'il n'y a pas assez de vendangeurs, les propriétaires bourguignons qui ont beaucoup de vignes s'en iront *demander* de tous côtés des travailleurs. Dans ce cas, il y aura plus de bras *demandés* qu'il n'y en aura d'*offerts*. Les propriétaires seront donc forcés de payer plus cher les vendangeurs.

Dijon (45,000 h.), grand commerce de vins.

Au contraire, s'il y a beaucoup d'ouvriers à offrir leurs bras pour la vendange et peu de propriétaires qui aient besoin de travail, les vendangeurs seront évidemment payés moins cher.

Cherchez donc toujours la profession où vous avez moins de concurrence et à laquelle vous serez plus apte.

CI. — La fête d'Henri et l'arc d'Étienne.

Les enfants font dans leurs jeux l'apprentissage de la vie.

Il y avait déjà trois mois que Francinet assistait aux leçons de M. Edmond. Les chaudes journées de juin avaient commencé. L'anniversaire de la naissance d'Henri était le 25 juin. M. Clertan, pour fêter ce jour et faire plaisir à son petit-fils, résolut de l'emmener à la campagne avec plusieurs de ses camarades.

Francinet avait été invité à la partie, et il avait mis ce jour-là ses plus beaux habits des dimanches.

Un grand char-à-bancs emmena de bonne heure la bande joyeuse, et bientôt la petite troupe put prendre ses ébats dans la cour de la ferme. Le plus jeune fils du fermier, Jean, un robuste garçon, frère de lait d'Henri, ne se fit pas prier pour se joindre à nos amis.

Les jeunes garçons couraient à qui mieux mieux ; Aimée suivait tranquillement, en compagnie du précepteur et de sa sœur de lait la petite Jeanne.

Celle-ci, laborieuse déjà et raisonnable, s'était munie d'une corbeille et d'un couteau :

— Demoiselle, avait-elle dit à Aimée, je chercherai de la salade tout en nous promenant ; ce que j'en ramasserai sera autant de préparé pour le marché de demain.

— Je t'aiderai, avait dit Aimée, et quand nous aurons fini, nous jouerons.

Les deux petites donc, sautant dans les fossés, explorant avec attention les endroits ombragés, commencèrent leur cueillette. Aimée, sans négliger la salade, ne résistait point à la tentation de cueillir les jolies marguerites de la Saint-Jean, les sainfoins vermeils et les scabieuses veloutées ; aussi était-ce un désordre magnifique de fleurs et de légumes dans le panier de la chère petite.

Marguerite.

La cueillette finie, il fallut opérer le triage, éplucher la salade et faire les bouquets.

Jeanne et Aimée revinrent alors s'asseoir à côté de M. Edmond pour accomplir cette besogne. Celui-ci suivait d'un œil attentif les ébats bruyants des jeunes garçons ; tout à coup il se tourna vis-à-vis d'Aimée.

— Interrompez un instant votre travail, chère enfant, lui dit-il, et regardez un peu ce qui se passe dans la petite société dont votre frère fait partie.

Aimée releva la tête : — Bon ! dit-elle, voilà déjà la

désunion parmi ces messieurs! Jeanne, ma petite sœur, nous avons bien fait de refuser de jouer avec eux.

— Oh! oui, répliqua la jeune fermière. Je me doutais qu'il y aurait des querelles. Il y a là un ami de M. Henri qui est bien fier parce qu'il a apporté un beau grand arc avec des flèches. Lui seul a un arc, et il veut faire la loi à tous ses camarades. Tenez, demoiselle Aimée, voyez tout là-bas cette baguette avec un grand papier blanc : c'est un but que ces messieurs ont arrangé afin de savoir qui tirerait le mieux d'eux tous. Chacun a trois coups pour atteindre le but. Eh bien! chacun tire régulièrement ses trois coups en bonne justice; mais ce grand Étienne, à qui appartient l'arc, triche, lui, à chaque fois qu'il joue. En ce moment il veut lancer quatre flèches de suite; tout à l'heure il se mettait plus près du but que les autres. Il y a un instant, quand vous étiez dans le fossé à cueillir des marguerites, il a empêché Francinet de tirer ses trois coups en prétendant qu'il trichait, ce qui n'était pas vrai le moins du monde. Francinet ne joue plus. Tenez, voilà mon frère Jean qui ne veut plus jouer non plus et qui cause avec Francinet.

Les arcs et les flèches étaient les armes principales de nos ancêtres. Les *archers* étaient couverts de casques et de cuirasses, qui les protégeaient.

— Il fait très bien, dit Aimée : cet Étienne est un méchant. Si j'étais à la place de mon frère et de ses amis, je le laisserais tout seul avec son arc.

— Ah! dame, voilà la grande affaire! L'arc d'Étienne est bien amusant; et comme ils ont grand plaisir à jouer avec, ils aiment encore mieux supporter les vexations de ce vilain Étienne que de ne point jouer avec son arc.

Là-dessus la petite fermière se tourna vers le précepteur. — Monsieur, lui dit-elle, cet Étienne est un méchant ; si vous le forciez à prêter son arc aux autres sans les tracasser, est-ce que cela ne serait pas juste?

— Ma petite, fit M. Edmond, les contestations de jeux sont affaires d'enfants; tant qu'elles ne dégénèrent pas en luttes, en violences, il est juste de les laisser se régler librement. Les enfants font ainsi l'apprentissage de la vie. D'ailleurs, l'arc d'Étienne lui appartient; je ne puis sans injustice l'empêcher d'en disposer à son gré.

Au moment où M. Edmond achevait ces paroles, Jean et Francinet, qui venaient sans doute de se concerter, s'élancèrent rapidement du côté d'une oseraie plantée sur le bord d'un ruisseau, au bas de la prairie où coassaient les rainettes. Jean avait pris son couteau; il coupa une forte branche d'osier. Francinet avait tiré de sa poche la corde avec laquelle il lançait sa toupie ; il ajusta solidement la corde à la branche d'osier, et, la courbant avec dextérité, il eut bientôt fait un arc. D'autre part, Jean coupait de nouvelles branches à des arbres voisins, plus durs que l'osier, et en peu de temps il eut taillé une provision de flèches.

Oseraie.

Rainette.

— Victoire! s'écrièrent bientôt nos deux garçons en courant du côté de leurs camarades. Messieurs, voici un autre arc, et voici des flèches!

Arc et flèches furent essayés, et l'enthousiasme fut général quand on s'aperçut qu'on pouvait viser aussi juste et aussi loin avec l'arc d'osier qu'avec celui d'Étienne.

Les parties se réorganisèrent avec entrain. Étienne, mécontent de ne plus pouvoir être le maître, bouda d'abord et essaya de jouer seul à l'écart avec son arc et les flèches empennées de son carquois; mais il s'ennuya bientôt de son isolement. Ce fut son tour alors d'accepter les conditions au lieu d'en dicter; il s'y décida bravement, et la bonne harmonie se rétablit ainsi d'elle-même.

Carquois.

Les deux petites filles avaient suivi des yeux toute cette scène. Aimée songeait à ce que venait de dire M. Edmond; elle songeait en même temps aux leçons du précepteur, et elle s'écria :

— Ah! monsieur Edmond, Jean et Francinet ont eu bien plus d'esprit d'avoir recours à leur industrie pour faire la leçon à Étienne, que de venir se plaindre à vous et vous prier de les protéger.

— A la bonne heure, mon enfant, répondit M. Edmond; et puisque vous savez si bien tirer un enseignement des choses que vous voyez, je veux que demain vous fassiez part de votre sage réflexion à votre frère et à Francinet. Je vais vous donner des explications fort courtes, à l'aide desquelles vous pourrez faire vous-même une petite leçon à ma place.

— Oh! monsieur, dit l'enfant, ne vous raillez pas!

— Je ne raille pas, chère petite, et vous verrez que cela est plus facile que vous ne le croyez. Seulement, n'oubliez rien de ce qui s'est passé aujourd'hui entre nos turbulents garçons : ce sera l'exemple sur lequel s'appuiera votre leçon de demain.

CII. — Une leçon faite par Aimée. — Le cordonnier exigeant. — La *LIBERTÉ DU TRAVAIL.*

Les choses les plus simples contiennent des enseignements dont nous profiterions si nous étions attentifs.

Le lendemain, lorsque les trois enfants furent réunis pour travailler, M. Edmond chargea Aimée de faire la leçon à sa place. La petite, à la grande surprise d'Henri et de Francinet, n'eut point l'air trop épouvantée d'une tâche aussi rude. Elle se tourna gravement en face des petits garçons; et, comme quelqu'un qui a réfléchi d'avance à son début, elle commença aussitôt :

— Messieurs, dit-elle, vous aimez beaucoup la justice tous les deux, n'est-il pas vrai?

— Certes, mademoiselle ma sœur, répondit Henri en riant; car le ton sérieux d'Aimée l'amusait beaucoup.

— Eh bien! dit Aimée, je vais te poser une question, Henri; voyons si tu trouveras la manière la plus juste de la résoudre. Supposons qu'il n'y ait dans notre ville qu'un cordonnier. Ne penses-tu pas, Henri, que ce cordonnier pourrait dire : « Puisqu'il n'y a que moi à faire des souliers, je vendrai mes souliers aussi cher que je le voudrai, car je n'ai pas à craindre qu'on s'en procure à meilleur marché. » Dans ce cas, mon frère, quelle ressource restera-t-il à ceux qui ne seront pas assez riches pour payer les souliers au prix de l'exigeant cordonnier, sinon de marcher pieds-nus?

— Mais, ma sœur, dit Henri avec vivacité, ton cordonnier ne serait pas raisonnable, et il n'y aurait qu'une chose à faire : ce serait de l'empêcher de vendre ses souliers plus cher qu'ils ne valent.

— Soit, mais par quel moyen? fit Aimée.

— Mon Dieu, dit Henri, je ne sais pas trop, moi; mais il y a des autorités dans une ville, et on pourrait ordonner de vendre les souliers à un prix convenable, de façon que le marchand ne fût pas en perte et que cependant les pauvres ne marchassent pas pieds-nus.

— Je te préviens, monsieur mon frère, dit Aimée en riant à son tour de la réponse d'Henri, que, si tu emploies la force à l'égard d'un travailleur pour le contraindre à céder son travail contre son gré, tu violes le *droit* qu'a tout homme de travailler et de vendre son travail comme il l'entend. Tu vas donc commettre une injustice envers un travailleur, sous prétexte de faire une charité à ceux qui marchent pieds-nus.

— Mais, mademoiselle Aimée, dit Francinet embarrassé aussi, comment faire alors? Ne vaut-il pas mieux qu'il y ait une seule victime que beaucoup?

— Non, Francinet, dit gravement la petite Aimée. Faire une victime au lieu de plusieurs, c'est toujours faire une injustice. As-tu donc oublié les leçons de M. Edmond à propos de la justice et de l'utilité? La véritable loi, la bonne, c'est celle qui n'opprime personne. Et tu as eu hier bien plus d'esprit qu'aujourd'hui, Francinet, pour régler une question presque semblable.

Francinet et Henri n'y comprenaient plus rien.

—Quelle question? s'écrièrent-ils. Hier, c'était jeudi; il n'y a pas eu de leçon et nous avons joué toute la journée.

— Justement! dit Aimée. Pendant que vous jouiez, M. Edmond et moi nous vous regardions faire. Il y avait parmi vous un certain Étienne, dont les procédés avaient bien du rapport avec ceux du cordonnier en question. Étienne seul avait un arc; tout le monde souhaitait jouer avec son arc. Etienne en profitait pour imposer aux autres les conditions les plus dures. Il fallait donc, ou se plier aux fantaisies d'Étienne, ou se priver de jouer. Jeanne, ma petite sœur de lait, tout indignée, voulait que M. Edmond allât imposer son autorité au milieu de vous, et forçât Etienne à prêter son arc de meilleure grâce. Mais M. Edmond a refusé son aide en disant qu'il fallait laisser le débat s'arranger librement. Eh bien, Francinet achève à ma place, et tire la conclusion.

— J'y suis, s'écria Francinet. Personne ne peut, sans injustice, forcer le cordonnier à livrer son travail, qui est sa propriété, pour des prix autres qu'il ne le veut, pas plus que nous n'avions le droit hier d'arracher à coups de poing l'arc d'Étienne. Mais en même temps le cordonnier ne peut, sans injustice, empêcher ses voisins de se mettre à faire et à vendre des souliers eux-mêmes, pas plus qu'Étienne ne pouvait nous empêcher de faire un arc. Il y aura donc bien vite des gens qui diront, comme Jean et moi nous avons dit hier pour l'arc d'Étienne : — Puisque le cordonnier abuse de ce qu'il est le seul à posséder des souliers, prenons la peine d'en faire nous-mêmes, pour n'être plus sous sa dépendance.

— Bravo! Francinet, dit M. Edmond ; tu as enfin trouvé la meilleure loi : la liberté du travail pour tous. Dès lors, personne n'est plus fondé à se plaindre : le cordonnier n'a rien à dire, puisqu'il est libre de travailler et de vendre comme il veut ; de leur côté les autres n'ont rien à dire, puisqu'ils peuvent aussi travailler comme ils le veulent et, à leur choix, acheter les souliers qu'on leur offre, ou en faire eux-mêmes par les procédés qui leur plairont, à la main ou à la mécanique. La justice est ainsi respectée en tout.

Cordonnerie mécanique.

Maintenant, petite Aimée, continuez cette leçon que vous avez si bien faite jusqu'à présent.

— Messieurs, reprit gaiement Aimée, savez-vous de quel nom on désigne dans le commerce les cas très rares où un homme est seul à fabriquer et à vendre un objet, comme le cordonnier de tout à l'heure.

— Non, firent les deux petits hommes ; mais Mlle Aimée nous l'apprendra, puisqu'elle est si savante.

— Eh bien, reprit l'enfant, c'est ce qu'on appelle un *monopole*. On les évite tant qu'on peut dans le commerce ; mais ce n'est pas en faisant des lois injustes, comme demandait Henri, ni en forçant ceux qui ont un monopole à baisser leurs prix. Non, c'est en laissant simplement à chacun la liberté de leur faire concurrence.

CIII. — Utilité de la *CONCURRENCE* pour le commerce. Plaintes de la fruitière. — Jardinier et vigneron.

Le profit de chacun est le profit de tous.

FRANCINET. — Je vois, d'après ce qu'a dit mademoiselle Aimée, que la concurrence des marchands entre eux est une bien bonne chose pour les acheteurs ; mais les marchands, eux, s'en plaignent et l'accusent de toutes leurs misères. La fruitière du coin, par exemple, dit presque tous les jours : « *Le pauvre monde est bien malheureux de notre temps; la concurrence tue le commerce, il n'y a plus moyen de faire d'affaires.* » Pourquoi donc cela, mademoiselle Aimée ?

— Ah ! dit Aimée, je ne puis pas répondre à cela ; j'ai dit tout ce que je savais ; je rends la parole à M. Edmond.

M. Edmond sourit et répondit : — Francinet, n'entends-tu pas tous les jours des gens se plaindre qu'il fait trop chaud ou trop froid ? Mais, tandis que le jardinier trouve qu'un peu de pluie ferait bien mieux l'affaire de son jardin, le vigneron, qui voit ses échalas disparaître sous un beau feuillage et des grappes dorées, n'affirme-t-il pas que ce temps chaud est au contraire favorable à sa vigne ?

Vigne basse en échalas.

Francinet. — Cela est vrai, monsieur.

M. Edmond. — Ce qui est vrai aussi, mon enfant, c'est que personne ne s'inquiète de ces dires opposés, parce que tout le monde sait qu'ils ne peuvent faire tomber en plus ou en moins une seule goutte de pluie. Celui même qui se plaint de la sécheresse, sachant que ses plaintes ne suffisent pas pour rafraîchir son jardin, prendra son arrosoir ; et tout en regrettant sa peine, il réparera de son mieux le tort qu'un soleil trop chaud fait aux petits pois de son jardin. En même temps, si c'est un homme juste, il réfléchira et ne dira point : « Le profit que le soleil apporte aux vignes de mon voisin est une perte pour moi. » Voici, au contraire, ce qu'il pensera : « Avec de l'activité, je puis réparer par l'arrosage le tort que me cause l'excès de la chaleur. D'un autre côté, si les vignes de mes voisins se portent bien, il y aura du raisin en abondance; s'il y a beaucoup de raisin, le vin sera moins cher, et j'en profiterai tout le premier. Ne nous plaignons donc pas : le profit de mon voisin sera aussi un profit pour moi et pour tous. »

Vigne haute ou *hautain*.

Eh bien! Francinet, la concurrence est comme le temps, dont tout le monde se plaint et dont tout le monde profite. On se plaint un peu plus haut de la concurrence que du temps, parce qu'il y a des gens qui ont toujours l'arrière-pensée qu'on pourrait, par la force, empêcher la concurrence, tandis qu'on sait fort bien qu'on ne peut inventer aucune loi, — ce qui est bien heureux, — pour régler la pluie ou le soleil.

Mais, mon ami, quand tout le monde aura fini par comprendre combien la concurrence est favorable à la prospérité de tous, on fera pour la concurrence comme on fait pour le temps. Au lieu de perdre les instants à murmurer, on réparera par son activité le préjudice de la concurrence, et on pourra alors dire plus que jamais : le profit de chacun est le profit de tous.

Il est certain que la fruitière trouverait plus agréable d'être seule à vendre des choux, des pommes et de la salade; il est probable également qu'elle en profiterait pour vendre fort cher pommes, choux et salade; et, pendant que vous vous plaindriez de ses exigences, elle s'écrierait, elle : « Comme les affaires vont bien, et comme le commerce est prospère! » Mais dis-moi, Francinet, ne changerait-elle pas de langage si le cordonnier, son voisin, seul à son tour dans la ville, voulait lui vendre ses souliers hors de prix? N'est-il pas clair qu'elle s'écrierait alors : « Le cordonnier ruine le pauvre monde! Comment quelqu'un ne lui fait-il pas concurrence? »

Francinet. — Vous avez raison, monsieur. Je vois que les marchands n'aiment pas la concurrence quand on la leur fait; mais ils sont enchantés qu'elle existe dès qu'ils ont eux-mêmes quelque chose à acheter.

M. Edmond. — Justement, mon ami; et comme il n'y a personne, commerçant ou ouvrier, qui n'ait des achats à faire, en fin de compte la concurrence est un bienfait pour tous, même pour la fruitière du coin.

Cela vous prouve, une fois de plus, que la seule chose vraiment utile à tous, c'est le *respect de la justice*, et, qu'au contraire, les injustices qu'on fait sous prétexte d'*utilité* engendrent les conséquences les plus nuisibles.

CIV. — La concurrence favorise le progrès. — L'arc fabriqué par Francinet.

La concurrence est libre entre tous les citoyens pour toutes les professions. (*Principes de la Constitution française.*)

M. Edmond. — La juste concurrence a encore un autre avantage : elle ressemble à l'émulation, qui nous excite sans cesse à faire mieux; elle favorise notre progrès intellectuel. Car, pour lutter avec avantage quand on a des rivaux intelligents, ne faut-il pas, Francinet, tâcher de faire aussi bien ou mieux qu'eux ? Voyez, par exemple, les efforts de M. Clertan pour soutenir la concurrence que lui font, en fait de cotonnades, Lille, Rouen, Amiens, et surtout Saint-Quentin.

Saint-Quentin (40,000 h.). — Monument élevé « *à la gloire des habitants de Saint-Quentin qui, en 1870, repoussèrent héroïquement les troupes allemandes* ». Il représente la ville de Saint-Quentin, sur laquelle s'appuie un de ses enfants blessé pour la défense de la patrie.

Et vous, hier, quand vous avez résolu d'arranger un arc qui pût rivaliser avec celui d'Étienne, n'avez-vous pas fait des efforts d'adresse pour réussir ? Votre arc était vraiment très bien fabriqué. Et remarquez-le, Étienne à son tour, la partie une fois égale, n'a-t-il pas été forcé de rentrer en lui-même, de reconnaître la mauvaise grâce de ses procédés, de se corriger enfin et de devenir meilleur camarade, sous peine de se passer de camarades ?

HENRI. — Cela est vrai, monsieur, et je suis tout étonné que nos jeux d'enfants aient un si grand rapport avec les graves affaires des hommes.

M. EDMOND. — Mon ami, au lieu de t'en étonner, songe au contraire que le temps de l'enfance et de l'adolescence est un apprentissage de la vie. Et de même que l'apprenti attentif, qui désire devenir plus tard un bon ouvrier, s'applique aux moindres choses qu'on lui fait faire, de même, mes amis, vous devez dès l'enfance vous appliquer à acquérir les vertus qui feront de vous des citoyens honnêtes et justes.

A ce sujet, je veux féliciter Francinet de sa conduite d'hier. Mis hors du jeu par l'injustice d'un camarade, il n'a riposté ni par les injures ni par les coups. Au lieu de la force brutale, il a appelé à son aide l'intelligence. Grâce à sa douceur et à son esprit ingénieux, au lieu d'une querelle et d'une batterie, la bonne union a régné entre tous. L'injuste Étienne, lui-même, a librement avoué ses torts, et il s'est corrigé tout seul. Tu as bien agi, Francinet ; agis toujours de même. Respecte dans les plus petites choses le *droit* et la *liberté* d'autrui.

CV. — Le respect de la *LIBERTÉ*. — L'envie porte à l'injustice. — Le pauvre ne doit point envier le riche.

« Tous les hommes naissent libres et doivent demeurer libres, à la seule condition de respecter l'égale liberté d'autrui. » (*Principes de la Constitution française.*)

— Petite Aimée, dit M. Edmond, en présentant un livre à l'enfant, lisez-nous deux chapitres que voici.

La petite prit le livre, et d'une voix claire elle commença :

Quand un enfant voit un camarade plus riche que lui possesseur d'un objet qui lui plaît, et qu'il conçoit aussitôt une folle envie de se le procurer, cet enfant est sur la limite qui sépare le *droit* de l'*injustice* : selon ce qu'il va faire, il va se montrer juste ou injuste, il va respecter ou violer la *liberté* d'autrui.

Il n'y a, pour cet enfant, qu'un moyen légitime de devenir possesseur de la balle ou du canif qu'il envie ; c'est de dire en toute franchise à son camarade : « Joseph, je désirerais avoir ta balle en caoutchouc ou ton canif; consens-tu à l'échanger pour ce jouet qui m'appartient ou pour ce service que je te rendrai? »

L'arbre à caoutchouc, d'où l'on extrait la gomme élastique.

Supposons que Joseph, usant de sa liberté sans faire tort à personne, lui réponde : « Alphonse, je ne veux céder ma balle ni mon canif à aucun prix; » et qu'aussitôt, plein de colère, Alphonse accable son camarade d'injures ou de menaces, en nourrissant contre lui une pensée de haine ou de vengeance; Alphonse a violé la justice : il a manqué de respect pour le droit et la liberté de son semblable, il a commis une faute énorme. Car l'enfant qui ne sait pas respecter à l'école le droit et la liberté de ses camarades, une fois homme et citoyen, ne respectera pas davantage le droit, la liberté, la propriété de ses semblables. On s'habitue à l'injustice dès l'enfance, comme on s'habitue dès l'enfance au respect du droit et de la liberté.

Quelle différence y a-t-il entre l'enfant qui hait ou injurie son camarade parce que celui-ci possède de plus que lui une balle ou un canif, et l'homme qui hait ou injurie son voisin parce que ce voisin possède de plus que lui un beau cheval et une voiture élégante? La seule différence qu'il y ait, ce sont les années qui séparent l'homme de l'enfant; c'est la différence de valeur qui existe entre un cheval et une balle, un canif et une voiture; mais de différence entre l'injustice de l'enfant et celle de l'homme, il n'y en a point.

Voici au contraire un autre camarade de Joseph, qui, après avoir désiré et demandé inutilement sa balle ou son canif, au lieu de l'injurier et de le haïr, se dit :

« Certes, je regrette beaucoup de n'avoir ni balle ni canif. Cependant Joseph, en me les refusant, a fait ce que j'aurais pu faire à sa place : il a usé de sa liberté comme j'use de la mienne. Ses jouets sont une récompense qu'il a reçue de son père; il a le droit d'en faire ce qu'il veut, il a le droit de me les refuser et je n'ai pas le droit de m'en plaindre. Au lieu de récriminer contre lui, songeons plutôt à travailler et à obtenir une bonne place dans les compositions, afin que mon père me donne, à moi aussi, une récompense. »

L'enfant qui a parlé ainsi a respecté la liberté de son camarade; il a éprouvé un sentiment de juste émulation et pris une résolution noble au lieu de s'abandonner à l'envie. Cet enfant deviendra, cela est presque certain, un honnête homme et un honnête citoyen.

Quelle différence y a-t-il entre ce petit enfant qui songe à imiter l'activité laborieuse de Joseph afin de posséder comme lui une balle et un canif, récompense de son application, et l'homme qui, ayant admiré et désiré le beau cheval ou la riche voiture que son voisin est libre de posséder, ne songe qu'à travailler de tout son cœur pour se procurer plus tard un cheval et une voiture semblables ?

Évidemment il n'y a de différence que dans la distance des âges ; mais de différence entre la justice de l'enfant et celle de l'homme, entre leur respect commun pour la liberté d'autrui, il n'y en a point. L'un et l'autre sont des âmes droites et courageuses, qui ne veulent devoir leur prospérité qu'à leur travail, non à l'injustice.

L'*envie* avilit les cœurs, l'*émulation* les élève.

Ici notre petite Aimée s'arrêta un instant : le premier chapitre était fini. M. Edmond félicita l'enfant, car elle avait lu avec beaucoup de goût, laissant tomber la voix lorsque les phrases étaient finies, et faisant sentir chaque virgule par un petit temps d'arrêt.

Aimée, très contente des encouragements du professeur, reprit le chapitre suivant en s'appliquant davantage encore à bien lire.

CVI. — *LA VRAIE ÉGALITÉ.* — **L'orgueil porte à l'injustice. Le riche ne doit point mépriser le pauvre.**

> « Tous les Français sont *égaux devant la loi*. Ils sont également admissibles à tous les emplois publics, sans autre distinction que celles de leurs talents et de leurs vertus. » (*Constitution française.*)

Que vous soyez riches, que vous soyez pauvres, ayez toujours le sentiment de la vraie *égalité* qui doit régner entre les hommes.

Si un enfant riche, à l'école, s'avise d'admirer son bel habit et de regarder avec dédain la blouse de son camarade, en se disant : « Ce pauvre Jacques n'est que le fils d'un journalier, il porte des sabots qui ne sont pas même vernis ; il y a entre nous une grande différence, et quand je consentirai à jouer avec lui, Jacques obéira, moi je commanderai ; » cet enfant a déjà, par la pensée, violé la justice et le sentiment de la vraie égalité.

Riches ou pauvres sont égaux en droits devant Dieu, ils le doivent être dans l'humanité. Les inégalités de la *fortune*, de l'*intelligence* et même du *mérite*, n'empêchent pas entre les hommes l'égalité des *droits* et des *devoirs* de justice. C'est là la vraie égalité.

L'enfant qui, tout jeune, méconnaissant la vraie égalité, établit une différence entre les droits de ses camarades sur la simple inspection de leurs habits, sera plus tard un citoyen injuste dans ses relations avec ses semblables ; car les habitudes prises dès l'enfance ne font que s'exagérer en vieillissant.

Quelle différence y a-t-il entre l'enfant dont nous venons de parler et l'homme riche qui se dirait : « Jacques, mon voisin, n'a pas un liard d'avance dans son tiroir ; moi, j'ai des biens immenses au soleil ; évidemment il y a entre nous une différence très grande. Jacques doit me parler avec humilité et respect ; moi, je ne lui dois rien ; et quand, sur mon passage, il me saluera, moi je resterai le chapeau sur la tête, fier de ma supériorité. »

Évidemment il n'y a pas de différence entre le sot enfant dont nous avons parlé et le riche injuste que nous peignons ici. On pourrait dire à l'un comme à l'autre :

— Mon ami, vous avez tort de vous enorgueillir de votre bel habit et de votre chapeau soyeux ; car, si votre habit est riche, le cœur que recouvre cet habit est bien pauvre ; si votre chapeau est élégant, la cervelle qu'il abrite est bien vide ! Vous ne savez donc pas, à votre âge, que la seule chose qui rend un homme plus digne de respect qu'un autre, c'est sa vertu, sa sagesse, sa justice ? La vertu ne tient, Dieu merci, ni à l'habit ni au chapeau, et on ne va point l'acheter au marché avec de gros sous.

Si vous voulez obtenir plus de respect que vos semblables, tâchez de devenir meilleur. Et à ce moment-là même, laissez encore les autres juges de votre valeur ; car personne ne peut, sans orgueil, s'estimer plus vertueux, plus juste ou plus sage qu'un autre.

Ne dites donc jamais : « Je suis meilleur que mon voisin. » Avez-vous, comme Dieu, sondé le cœur de votre voisin, pour savoir si la justice n'y règne pas, et avez-vous le droit de dire que la charité fait palpiter votre cœur plus vite que celui des autres ?

— Voilà des réflexions bien belles, dit Francinet. Ce livre explique si bien les choses, que je ne me trouverai plus humilié désormais lorsque quelqu'un, à cause de ma pauvreté, me traitera avec mépris. Je serai consolé tout de suite, car je me dirai : cet orgueilleux ne fait de tort qu'à lui, et le seul qui ait sujet d'être honteux, c'est lui, puisqu'il est injuste et que je ne le suis pas.

— Et tu auras d'autant plus raison, Francinet, dit M. Edmond, qu'il n'y a vraiment que les sots et les ignorants qui soient capables de tirer vanité de leurs habits ou de leurs écus. A de telles gens il ne faut donc opposer ni la colère ni l'indignation : ils ne méritent que la pitié.

CVII. — *HISTOIRE DE L'INDUSTRIE DE NOTRE PAYS.* — **Les corporations en France, l'apprentissage et la maîtrise. — Le chef-d'œuvre. — Les rôtisseurs.**

Les *associations* sont aujourd'hui autorisées par la loi, à la condition qu'elles n'oppriment personne et qu'elles respectent les droits de tous. (*Code.*)

Le 14 juillet arriva; c'était la Saint-Bonaventure, fête des fabricants de tissus. Il y eut congé pour tout le monde à la manufacture de M. Clertan, et les ouvriers étaient d'autant plus satisfaits de ce congé, que leur journée leur était payée quoiqu'ils ne travaillassent point.

Francinet, pour la première fois de sa vie, assista aux cérémonies par lesquelles on fêtait la Saint-Bonaventure. Il avait un gros bouquet à la main. Il eut sa part, à l'église, du gâteau bénit partagé entre tous. A la fin de l'office, l'orgue fit entendre des airs joyeux. En même temps le porte-drapeau, l'un des plus anciens ouvriers du pays, monté sur une chaise, se mit à faire tournoyer dans les airs, en signe d'allégresse, le grand drapeau des fabricants. Les longs plis de l'étendard tissé à Lyon étaient en riche étoffe de soie, blanche d'un côté, pourpre de l'autre, et partout semée d'abeilles d'or, emblèmes du travail. Au bas étaient brodés, en or également, la *navette* du tisserand, la *quenouille* et le *rouet* des fileuses. Ces humbles attributs de la fabrique reposaient sur des gerbes d'épis, pour marquer la fécondité de l'industrie.

Lyon (340,000 h.). — Place des Cordeliers. Les quartiers ouvriers de Lyon sont habités surtout par des artisans en soieries et passementeries.

Lorsque l'orgue se tut, quatre tambours recrutés parmi les ouvriers exécutèrent un roulement de marche magnifique, et le cortège se retira.

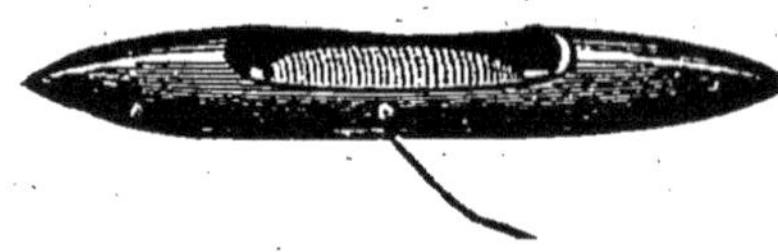

La *navette* du tisserand. — Le mot *navette* signifie petit navire; et en effet, la navette est comme une petite barque : elle traverse la *chaîne* des pièces, en laissant sur son passage le fil enroulé autour de la bobine qu'elle renferme à l'intérieur. C'est ce fil qui formera la *trame* du tissu.

Francinet émerveillé avait tout observé avec attention. Le lendemain, il interrogea M. Edmond sur la cérémonie. — Monsieur, lui dit-il avec vivacité, encore tout joyeux de la journée de la veille, c'était bien beau la fête d'hier! Le père Jacques m'a dit qu'il y en avait une autre à la Saint-Maurice, patron des teinturiers. Il paraît que chaque métier a comme cela sa fête, et qu'autrefois ces fêtes-là étaient bien plus belles encore. C'était, paraît-il, le temps des corps de métiers et des corporations. Mais qu'était-ce donc, monsieur, que ces corporations dont les vieux ouvriers parlent quelquefois?

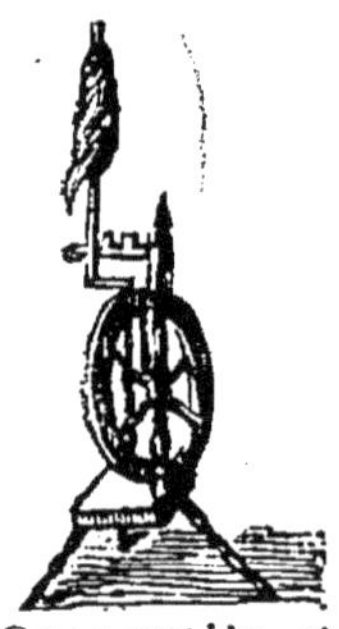

Quenouille et *Rouet*. — La fileuse étire la filasse avec ses doigts et fait tourner le rouet avec son pied.

M. Edmond. — Mon ami, les corps de métiers ou *corporations* étaient des sociétés formées de tous les artisans de la même profession et habitant dans une même ville. La réunion d'hier, par exemple, toute composée des notables fabricants et des plus anciens ouvriers des fabriques, rappelle de loin ces corporations et en est un dernier vestige. Seulement, autrefois, il y aurait eu au moins cinq ou six corporations dans la seule réunion d'hier : — fabricants de lainages, par exemple, fabricants de toiles, de cotonnades, de mouchoirs, etc., etc.

Francinet. — Alors, il y aurait eu cinq ou six fêtes. Cela aurait été bien plus agréable encore.

M. Edmond. — Mais tu n'aurais pu assister qu'à une seule, mon ami, celle qui eût concerné ton métier. Tu vois donc que tu n'aurais pas été plus avancé pour cela. D'ailleurs, c'est d'un enfant, et d'un enfant peu sérieux, de juger une institution sur les plaisirs et les fêtes qu'elle peut procurer une fois l'an.

FRANCINET. — Les corporations n'étaient donc pas une bonne chose à votre avis, monsieur?

M. EDMOND. — Mon ami, les corporations s'étaient d'abord formées dans une intention excellente. Les artisans d'un même métier voulaient se défendre, se protéger mutuellement et s'entendre pour soutenir leurs droits. Mais, au lieu de demeurer des *associations libres* et de respecter la liberté des autres, les corporations obtinrent du gouvernement d'alors, moyennant une somme qu'elles lui payaient chaque année, le *privilège* d'exercer seules leur métier et de l'interdire à tous ceux qui n'étaient pas admis dans leur sein. Vous voyez d'ici l'injustice.

Par exemple, il y avait une corporation des rôtisseurs; personne, dans une ville de France, ne pouvait exercer le métier de rôtisseur sans avoir été admis dans cette corporation. Or, mes amis, n'entrait pas qui voulait dans un corps de métier : il y avait des lois et des règlements auxquels il fallait se soumettre d'abord. Ainsi, pour entrer dans la corporation des rôtisseurs, il fallait commencer par tourner la broche pendant plusieurs années, et comme cela était déjà une faveur qu'on vous faisait, il fallait avant tout la payer.

AIMÉE, *en riant*. — Comment, monsieur, on payait pour avoir le droit de tourner la broche!

M. EDMOND. — Certainement, ma mignonne, et on payait même assez cher. Après cela, on était reçu *compagnon* rôtisseur, et on payait encore pour ce titre. Enfin, si on voulait passer *maître* rôtisseur, il fallait payer de nouveau, donner un grand dîner aux principaux personnages de la confrérie, et faire ce que l'on appelait un *chef-d'œuvre*.

AIMÉE. — Quel chef-d'œuvre?

M. EDMOND. — Un rôti magnifique, cuit à point, doré, tendre et succulent.

Les enfants se mirent à rire. — Cela vous surprend, mes amis, dit M. Edmond. Eh bien! vous allez l'être plus encore quand vous saurez que, pour passer ainsi maître rôtisseur, il ne fallait pas moins de dix ans.

Aimée. — Ah! mon Dieu! je ne croyais pas qu'il fût si difficile de faire un bon rôti!

M. Edmond. — Au fond, ce n'était pas bien difficile; mais les maîtres rôtisseurs déjà établis dans la ville étaient seuls juges du chef-d'œuvre. Ils savaient fort bien qu'en recevant un nouveau maître, ils se donneraient un rival, dont la concurrence diminuerait le nombre de leurs pratiques. Aussi ne se pressaient-ils guère, et avaient-ils bien soin de faire les dégoûtés devant tous les rôtis qu'on leur présentait à titre de chefs-d'œuvre pour la *maîtrise :* l'un était trop cuit, l'autre pas assez; l'un trop blanc, l'autre trop roux. Bref, on avait toujours mille prétextes pour écarter les concurrents. Les maîtres rôtisseurs gardaient ainsi pour eux seuls leurs privilèges.

CVIII. — **Les privilèges. — Cordonniers et savetiers.**

Francinet. — Monsieur, les pauvres ouvriers d'autrefois ne devaient guère s'enrichir, et de plus, ils devaient bien s'ennuyer. Comment étaient-ils si sots de vouloir entrer dans les corporations? A leur place j'aurais préféré faire autre chose. J'aimerais mieux être savetier et libre dans une échoppe, que de travailler en esclave pour devenir maître rôtisseur dans une belle boutique.

M. Edmond. — Francinet, mon ami, tu en parles à ton aise. Personne n'avait le choix entre le travail libre et la corporation. Chaque industrie, aussi bien celle des savetiers que les autres, avait un privilège protégé par les lois d'alors. Pour exercer un métier quelconque, pour travailler à la plus minime des industries, il fallait donc se plier à toutes les exigences de la confrérie dont on faisait partie, et de plus payer, toujours payer, payer pour être ouvrier, payer pour être maître.

HENRI. — Mais une fois reçu maître, monsieur, on devenait libre sans doute?

Lille (200,000 h.). Grand commerce de toiles.

M. EDMOND. — Erreur, cher enfant. Les règlements concernant les maîtres étaient aussi tyranniques que ceux qui concernaient les compagnons. Par exemple, on n'était reçu maître que pour un métier et pour une seule ville. Le tisserand flamand reçu maître à Lille ne pouvait, sous des peines sévères, aller tisser à Douai. Il ne pouvait non plus changer d'occupation dans les moments de chômage. Par exemple, les *savetonniers* avaient le privilège de faire des chaussures légères pour l'été; mais ils ne pouvaient faire de grosses chaussures pour l'hiver, liberté qui n'appartenait qu'aux cordonniers. L'hiver venu, les savetonniers manquaient d'ouvrage, et souvent mouraient de faim et de misère, comme avaient fait pendant l'été leurs rivaux, les cordonniers. En même temps, les cordonniers étaient si pressés d'ouvrage en hiver que les bras leur manquaient. Eh bien! ils ne pouvaient pas alors employer les savetonniers, qui en auraient cependant été bien heureux. Les règlements s'opposaient à ce que le même homme fît des chaussures lourdes et des chaussures légères.

Douai (35,000 h.). Commerce de dentelles, de fils et de toiles. — Chef-lieu d'académie.

AIMÉE. — Ah! mon Dieu! quels règlements absurdes!

M. EDMOND. — Et même cruels, ma chère enfant;

car presque tous les ouvriers étaient dans la misère, et il leur était le plus souvent impossible de devenir maîtres, tant il fallait pour cela d'années et d'argent.

FRANCINET. — Il me semble que c'était contraire à la justice; n'est-ce pas, monsieur Edmond?

M. EDMOND. — Mon ami, chaque homme a le droit de travailler librement tant qu'il ne nuit point au droit d'autrui : les corporations étaient donc contraires à la justice. Aussi, au lieu de perfectionner l'industrie et de l'enrichir, elles l'entravaient et l'appauvrissaient.

CIX. — (*Suite.*) **Les anciens règlements. — Les galères.**

Les règlements d'autrefois étaient aussi puérils que tyranniques. Par exemple, les marchands qui vendaient des saucisses ne pouvaient vendre des boudins. Les cabaretiers vendaient du vin; mais ils ne pouvaient le vendre en bouteilles. Il était défendu aux tailleurs de doubler les pourpoints avec de la vieille bourre, et de mélanger le vieux avec le neuf. Les menuisiers ne pouvaient mettre en couleur les armoires avant de les avoir vendues. Les marchands de chandelles ne pouvaient mélanger que dans une proportion déterminée le suif de bœuf et le suif de mouton.

Pourpoints et costumes d'autrefois.

Sous Louis XIV, Colbert, qui est pourtant un des plus grands ministres que la France ait eus, multiplia encore les règlements de l'industrie. Un de ces règlements prescrivait le nombre de fils que le tisserand devait employer dans la *chaîne* servant à former le tissu. S'il mettait un fil de moins, et que l'inspecteur royal s'en aperçût, son étoffe était coupée sur le métier ou saisie sur le marché et brûlée. Le règlement disait même que, en cas de récidive, le marchand pouvait être attaché pendant deux heures sur la place publique, comme un criminel, avec un collier de fer autour du cou. De même, pour contravention aux ordonnances, un orfèvre pouvait, d'après les règlements, être mis aux galères pendant trois ans.

HENRI. — Monsieur, qu'était-ce donc que ces galères?

M. EDMOND. — Des navires qui allaient à voiles et à rames. Les forçats, enchaînés sur les bancs, étaient condamnés à faire marcher les rames, ce qui causait une énorme fatigue.

Les *galères à rames* étaient les anciens vaisseaux de guerre. Pour les mettre en mouvement, on employait les bras des galériens.

FRANCINET. — Ainsi, monsieur, pour une désobéissance aux règlements des corporations, on était mis au rang des criminels. N'était-ce pas bien dur?

M. EDMOND. — Oui, mon enfant; aussi ces jugements et ces règlements iniques ne gênaient pas seulement le travail; ils troublaient encore et altéraient la conscience publique. Comme on punissait des actes indifférents ou même utiles des mêmes peines dont on aurait puni les mauvaises actions, bien des gens finissaient par ne plus savoir distinguer le juste et l'injuste, et la moralité publique se trouvait corrompue.

C'est là une autre conséquence, et une des plus tristes, de toute violation du droit et de la justice.

CX. — Les *PROCÈS* en France autrefois. — Les tailleurs et les fripiers. — Les poulaillers et les rôtisseurs. — Les baladins de la foire.

Évitez les jalousies de métier.

HENRI. — Monsieur, pour juger les contraventions des corps de métiers, cela devait faire bien des procès!

M. EDMOND. — Évidemment, mon ami; les privilèges et les rivalités des corporations engendraient des procès interminables, non moins ruineux qu'absurdes. La confrérie des fripiers, par exemple, eut avec la confrérie des tailleurs un procès qui commença sous le règne de Louis XI et ne finit que sous Louis XIV. Les fripiers accusaient les tailleurs de vendre de vieux habits, tandis que les tailleurs accusaient les fripiers d'en vendre de neufs. Comme il est assez difficile de distinguer un habit complètement neuf d'un habit porté depuis peu, le tribunal était fort embarrassé; aussi le procès dura-t-il trois cents ans.

Louis XI régna de 1461 à 1483.

Louis XIV régna de 1643 à 1715.

Une autre confrérie, celle des savetiers, avait le droit de faire des réparations aux vieux souliers; mais elle n'avait pas le droit d'en faire de neufs. Un beau jour, les savetiers voulurent se permettre de faire leurs propres souliers, ceux de leurs enfants et de leurs femmes.

— « Comment! vous osez faire des souliers neufs! » s'écrièrent aussitôt les cordonniers.

Il s'ensuivit un long procès. Les savetiers le perdirent après y avoir dépensé beaucoup d'argent, et ils furent obligés de ne faire que raccommoder leurs chaussures.

Les marchands de poules firent un procès aux rôtisseurs, parce qu'ils osaient mettre des poules à la broche, au lieu d'y mettre seulement de grosses viandes, bœuf et mouton. Après de longs procès il fut défendu aux rôtisseurs, sous la régence d'Anne d'Autriche, de mettre des volailles à la broche.

Anne d'Autriche, mère de Louis XIV, fut régente de 1643 à 1661.

Les baladins de la foire avaient aussi leurs procès. Un jour ils tentèrent de jouer de petites comédies pour amuser les enfants et les grandes personnes. Les comédiens du Théâtre Français, qui avaient seuls la permission de jouer des pièces parlées, s'empressèrent de leur intenter un procès.

Place du Théâtre-Français et avenue du nouvel Opéra.

Les baladins, renonçant alors à parler, songèrent à chanter leurs pièces. Mais les chanteurs de l'Opéra déclarèrent qu'on empiétait sur leurs privilèges, et les malheureux baladins se virent faire un nouveau procès. Obligés alors de ne plus parler ni chanter sur leur théâtre, ils furent contraints à s'exprimer par gestes, et à faire ce qu'on appelle des *pantomimes*. Malheureusement, les gestes sont souvent impuissants à expliquer au public les événements d'une pièce ; les assistants ne comprenaient pas toujours. Les baladins embarrassés inventèrent, pour se tirer d'affaire, un bizarre expédient. Ils distribuèrent à la porte de petits livrets aux spectateurs, afin de leur expliquer la pièce. Le public, pour plaisanter, peut-être aussi pour narguer les règles, se livra bientôt à un amusement fort singulier. Pendant que les acteurs faisaient leurs gestes sur la scène sans rien dire, les spectateurs, munis du livret, chantaient eux-mêmes les paroles. On éludait ainsi la loi et on évitait un procès.

Henri. — Mais tous ces procès devaient coûter beaucoup d'argent?

M. Edmond. — Je le crois bien! Les procès des corporations jalouses les unes des autres dévoraient tous les ans, dans la seule ville de Paris, plus de 800,000 francs.

CXI. — Les *PROCÈS* aujourd'hui. — Les juges de paix. Les tribunaux de commerce.

Il y a plus d'honneur et de profit à vivre en bon accord avec ses voisins qu'à gagner cinquante procès.

Francinet. — Monsieur, y a-t-il encore bien des procès, maintenant que les corporations n'existent plus?

M. Edmond. — Beaucoup moins, mon enfant; néanmoins, il y en a encore trop, cela est certain. Il y a des gens, dans les campagnes comme dans les villes, qui ont la manie d'être continuellement en procès avec les uns ou avec les autres. Parfois, pour de petits dommages qu'on leur a faits, ils dépensent en procédure beaucoup plus d'argent que le dommage n'est grand.

Un homme sage et modéré trouve presque toujours moyen de vivre en bonne intelligence avec ses voisins, et s'il survient quelque discussion, il sait arranger les choses à l'amiable. Ne vaut-il pas mieux avoir des amis que des ennemis? et un procès, gagné ou perdu, ne vous fait-il pas le plus souvent un ennemi de votre adversaire?

Heureusement, bien que les procès soient encore trop nombreux, leur nombre diminue de plus en plus. En conséquence l'esprit de paix et le sentiment du juste augmentent. Par exemple, de 1858 à 1862, le nombre des procès devant les *tribunaux de première instance* siégeant aux chefs-lieux d'arrondissement a diminué de 3,200. Les *juges de paix* des cantons ont surtout des fonctions de conciliateurs. Eh bien, les juges de paix ont concilié 1 500 000 affaires, c'est-à-dire qu'ils ont réussi à mettre les gens d'accord et à éviter 1 500 000 procès.

Les *tribunaux de commerce* prononcent uniquement sur les contestations en matière commerciale. Ils ont aussi beaucoup moins d'affaires à juger qu'autrefois, bien que le commerce soit plus actif. C'est un grand progrès, qui montre que la juste liberté, loin de produire le trouble et la discorde amène la concorde et la paix.

Les *juges de paix* jugent sans appel pour les sommes qui ne dépassent point 100 fr.

CXII. — Les corporations empêchaient les progrès de l'industrie. — Les cordons et les chausses. — Boutons de nacre et boutons d'étoffe. — Indiennes ou toiles peintes. — Leprévost et les chapeaux de soie.

Si les objets dont nous nous servons nous racontaient leur histoire, nous serions étonnés d'apprendre combien leurs inventeurs ont eu de peine à faire adopter les choses les plus simples et les plus utiles.

M. Edmond. — Je vous ai dit déjà, mes amis, que les corporations rendaient presque impossibles les progrès de l'industrie, parce qu'elles empêchaient les inventions nouvelles et étouffaient le génie. Il était défendu, en effet, de s'écarter des procédés anciens. Toute découverte et toute amélioration étaient persécutées aussitôt, car on les regardait comme une concurrence nuisible à ceux qui se servaient des vieux procédés. Défense donc à chacun de faire autrement et mieux que les autres ; défense au génie de s'envoler plus haut que le vulgaire ; on lui coupait les ailes et on l'empêchait de prendre son essor : il était regardé comme un ennemi du bien général.

Les moindres améliorations étaient l'origine de persécutions sans nombre. Un chaussetier, ou fabricant de chausses, inventa un jour de remplacer les cordons qui retenaient les chausses par de petits lacets ferrés aux deux bouts et appelés *aiguillettes*. Le public, trouvant les aiguillettes plus commodes que les anciens cordons, voulut s'en servir; de là un procès qui dura quinze ans. Le public n'obtint qu'à grand'peine la permission de nouer ses chausses comme il l'entendait.

AIMÉE. — Quoi! on se mêlait même de cela?

M. EDMOND. — On se mêlait de tout, et tout était réglementé, même le costume et la coiffure. Le tailleur n'avait droit de porter qu'une boucle à sa perruque, l'orfèvre pouvait s'en permettre deux, et l'apothicaire jusqu'à trois!

La perruque.

Les corporations privilégiées ne reculaient devant aucune injustice pour conserver leurs privilèges. Francinet, regarde sur ta veste ces boutons couverts d'étoffe. On ne connaissait autrefois que les boutons d'or et de nacre, qui étaient beaucoup plus chers; car la nacre est une matière analogue à celle des perles et qui, comme les perles, se trouve dans certaines huîtres rares appelées *perlières*. Pour remplacer la nacre, un fabricant inventa les boutons d'étoffe, qui sont très économiques. Les juges défendirent aussitôt de fabriquer et de porter ces boutons, et ils ordonnèrent aux gardes de les couper, dans la rue, sur les habits de ceux qui les portaient. Ainsi, Francinet, mon ami, si tu étais sorti avec cette veste, tu aurais couru risque de revenir chez toi sans boutons.

HUITRE À PERLES ET À NACRE. — La *nacre* et les *perles* sont une substance dure, brillante, à reflets chatoyants, secrétée par certaines huîtres sous forme de petites lames ou de petites boules.

FRANCINET. — Pourtant, monsieur, je ne fais de mal ni de tort à personne en portant des boutons d'étoffe.

M. EDMOND. — C'est vrai; mais à cette époque on s'imaginait que les nouveautés et l'amélioration des procédés étaient fort nuisibles à l'industrie, et c'était pour protéger l'industrie qu'on se montrait si injuste.

Comment on fabrique les *indiennes* et les *toiles perses*. — Si on veut peindre sur la toile des bouquets de fleurs où entrent, par exemple, six couleurs diverses, on fait passer la toile successivement le long de six rouleaux, dont chacun dépose aux endroits convenables une couleur particulière. La gravure représente ces six rouleaux que fait tourner la grande roue dentée; c'est *une machine à six couleurs.*

Regarde encore autour de toi, Francinet; il n'est presque aucun objet qui n'ait donné lieu à des procès et à des rivalités injustes parmi les corporations.

Ta sœur, par exemple, quand elle met le dimanche sa robe d'indienne de Rouen à fleurs roses, porte une robe en toile peinte. Eh bien! les toiles peintes, aux couleurs si variées, ont été inventées au siècle dernier. Elles étaient bien plus économiques pour les bourgeois ou pour les femmes du peuple que les étoffes de soie et de laine. Cette invention utile n'en fut pas moins persécutée par les corporations. Le fabricant fut puni des galères; on permit aux gardes des barrières d'arracher les robes d'indienne aux femmes qui oseraient en porter.

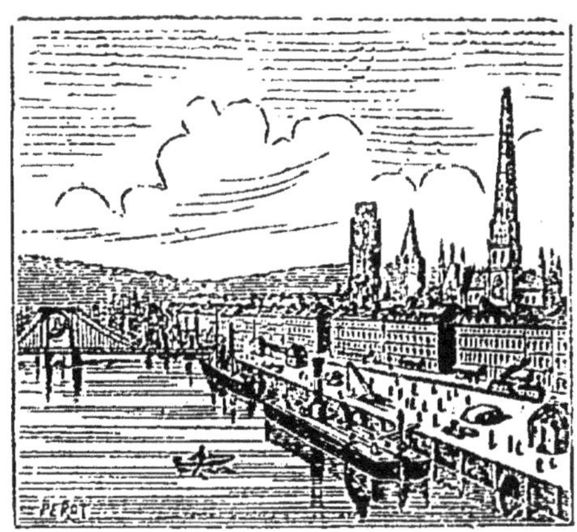

Rouen (115,000 h.). Grand commerce de cotonnades, dites *rouenneries*.

Voici, sur un guéridon, mon chapeau de soie. Autrefois on n'employait que la laine pour la fabrication des chapeaux. Leprévost, chapelier à Paris, eut l'heureuse idée d'y mêler de la soie, ce qui rendait les chapeaux beaucoup plus brillants. Il eut bientôt nombreuse clientèle. Mais la corporation des chapeliers, jalouse de sa fortune, fit faire chez lui une visite par ses surveillants : on foula aux pieds trois mille deux cents chapeaux. On demanda au tribunal la condamnation de Leprévost, sous prétexte que ses chapeaux ne pouvaient pas être solides.

— « Mais essayez d'abord mes chapeaux, répliquait Leprévost. Consultez ceux qui m'en achètent et qui s'en trouvent bien. Je ne force personne à venir ou à revenir dans ma boutique, et si les acheteurs préfèrent mes chapeaux aux vôtres, ils sont libres. »

Ce n'est qu'après avoir plaidé durant quatre années que Leprévost obtint enfin l'autorisation de continuer son commerce. Quant aux trois mille chapeaux foulés aux pieds, ils ne lui furent point payés.

CXIII. — (*Suite.*) **Argand et le perfectionnement de l'éclairage. Les lampes autrefois et aujourd'hui. Les lampes des phares. — Réveillon et les papiers peints.**

La liberté de l'industrie en assure les progrès.

M. Edmond. — Là-bas, sur la cheminée, je vois la

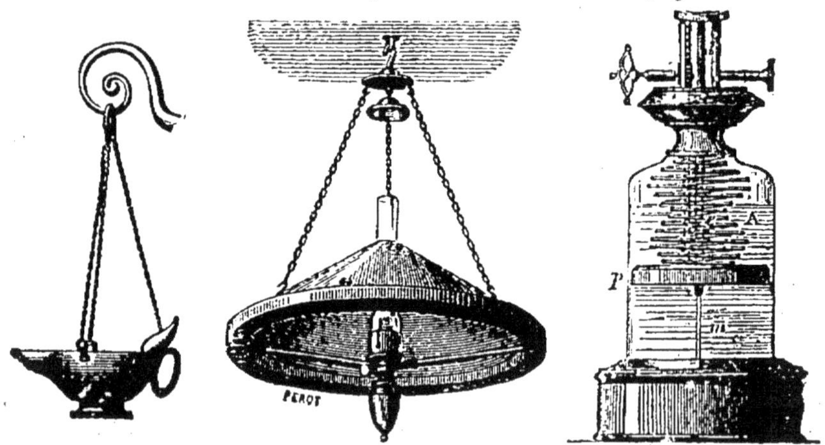

Lampe antique. Lampe inventée par Argand. Lampe à modérateur.

Industrie de l'éclairage. — I. *Lampe antique.* — II. *Lampe d'Argand.* — Dans cette lampe la mèche est circulaire, et la cheminée de verre, en établissant un courant d'air autour de la flamme, en augmente la clarté. — III. La *lampe à modérateur* est une lampe d'Argand perfectionnée. Un simple ressort fait peu à peu descendre un piston P dans le corps de la lampe et monter l'huile de la mèche par un tube creux *md.*

lampe à modérateur dont nous nous servons le soir.

Avant l'année 1780, on n'employait, comme dans l'antiquité, que des lampes formées d'une mèche de coton trempant dans l'huile, sans verre autour; lampes fumeuses et sans clarté, qui répandent au loin une mauvaise odeur.

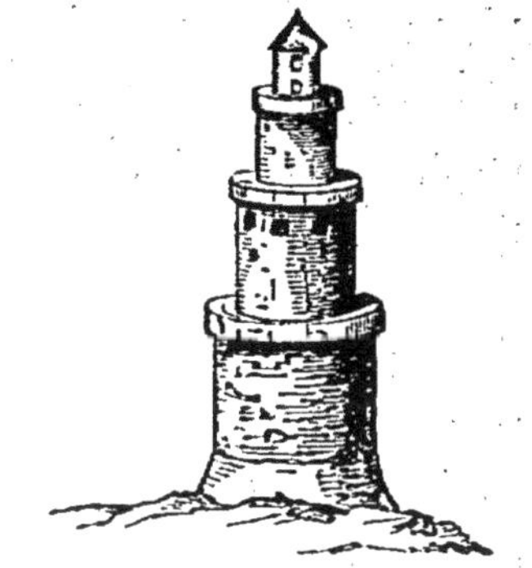

Phare antique.

AIMÉE. — Il y en a encore de ce genre dans la cuisine.

M. EDMOND. — En 1780, un habile physicien de Genève, nommé Argand, inventa la cheminée de verre, qui donne à la flamme tant d'éclat. De là des jalousies, des colères, des procès sans nombre, intentés par tous les anciens fabricants de lampes. Pour y mettre fin, Argand s'adressa directement au roi, et lui demanda un privilège qui lui permît de se livrer à cette fabrication nouvelle. C'était remédier à un privilège par un autre, à une injustice par un acte arbitraire du roi. Mais Argand n'avait que ce moyen pour échapper aux condamnations, Il put ainsi répandre sa découverte. Plus tard même il l'appliqua à l'éclairage des phares et rendit possibles des perfectionnements qui ont épargné plus d'un naufrage aux navigateurs [1].

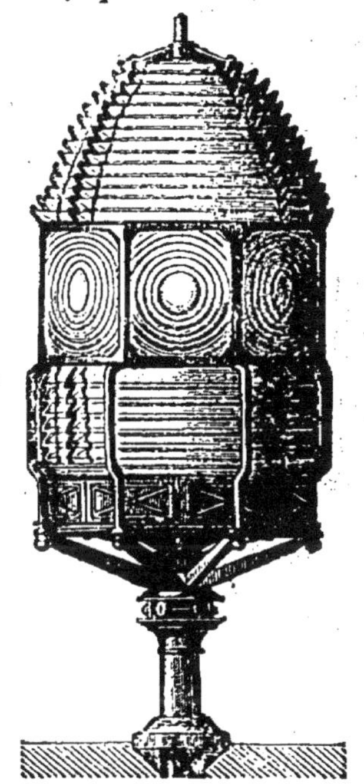

Lampe d'un phare moderne.

1. Les anciens éclairaient leurs phares au moyen de feux de bois ou de torches, que l'on confondait souvent avec les feux allumés sur la côte; on confondait aussi les divers phares entre eux. Les lampes des phares modernes sont entourées de verres colorés qui projettent sur la mer une vive lueur blanche ou rouge. De plus, l'appareil peut tourner sur lui-même, et présenter successivement des lumières différentes suivies d'obscurité. De là les noms de phares *fixes*, phares *tournants* et à *éclipses*. Grâce à ces combinaisons, les phares indiquent tout de suite aux navigateurs le nom de la côte où ils se trouvent.

La tapisserie de la chambre où nous sommes est en papier peint. Autrefois, les murs étaient simplement blanchis à la chaux ou recouverts de tentures très coûteuses en cuir, en velours, en laine, en soie, en tapisseries brodées des Gobelins ou de Beauvais, que les gens fort riches pouvaient seuls se procurer. Réveillon voulut introduire l'industrie si économique des papiers peints, qu'on fabrique par des procédés analogues à ceux des toiles peintes; mais il rencontra à son tour l'opposition de toutes les corporations. Ne sachant comment résister à tant de haines, Reveillon profita de son influence et de sa fortune pour obtenir du roi un privilège ; mais on s'en vengea. A la veille de la révolution de 89, pendant les troubles qui eurent lieu, les ouvriers saccagèrent sa manufacture, tant l'innovation avait déplu à ceux-là même à qui elle devait le plus servir.

Vous voyez, mes enfants, comment une injustice en amène une autre, et combien il importe, dans l'industrie, de s'habituer à respecter toujours le droit d'autrui.

Aimée. — Monsieur, ce que vous nous avez dit aujourd'hui me fait penser une chose : si les corporations existaient encore, si la liberté du travail n'était pas un droit reconnu par tous, Stephenson et Lincoln, dont vous nous avez parlé, n'auraient pu sans doute faire tout le bien qu'ils ont fait.

Ouvriers de la manufacture des *Gobelins* fabriquant des tapisseries (à Paris).

M. Edmond. — Vous avez raison, petite Aimée ; et l'on peut affirmer que les sociétés passées, en enlevant la liberté au plus grand nombre de leurs membres, se sont privées des services de beaucoup d'hommes de génie étouffés sous l'iniquité des lois d'alors.

CXIV. — Les misères de l'ancienne France. — Les famines périodiques. — Les victimes de la faim.

Sur la terre où nous sommes que d'hommes ont souffert avant nous! Nos ancêtres ont arrosé de leurs sueurs et de leurs larmes le sol de la patrie. Que leurs souffrances nous soient du moins utiles; qu'elles nous rappellent sans cesse que l'humanité ne viole jamais impunément la justice et le droit.

M. EDMOND. — L'injustice ne peut jamais avoir de conséquences heureuses, et quand l'humanité viole un droit, elle est toujours punie par les résultats mêmes de son action. Sous prétexte de protéger l'industrie et le commerce, on avait multiplié autrefois les règlements iniques et enlevé aux travailleurs la *liberté du travail.* Le résultat auquel on aboutit fut une effrayante misère.

Un grand général du roi Louis XIV, Vauban, déclarait dans un de ses ouvrages que, sur dix Français, il y en avait un qui n'avait pas du tout de pain, cinq qui n'en avaient pas assez pour vivre, et trois qui ne pouvaient vivre que dans la misère. Le dixième seul avait une quantité suffisante de pain.

En 1740, le marquis d'Argenson, ministre du roi Louis XV, disait : « Au moment où j'écris, en pleine paix, avec les apparences d'une récolte passable, les hommes meurent autour de nous dru comme grêle, en broutant de l'herbe. Beaucoup mangent du pain de fougère. Il est mort plus de Français de misère depuis deux ans que n'en ont tué toutes les guerres de Louis XIV. C'est aujourd'hui à faire pitié, même aux bourreaux. »

Un des grands écrivains du dix-septième siècle, la Bruyère, décrit en ces termes éloquents la misère d'alors : « On voit certains animaux farouches répandus dans la campagne, noirs, livides et tout brûlés du soleil, attachés à la terre qu'ils fouillent et remuent avec une opiniâtreté inconcevable. Ils ont une voix articulée, et quand ils se lèvent sur leurs pieds ils montrent une face humaine. Et en effet, ce sont des hommes. » Pendant les famines, on les voyait errer par bandes affamées, comme les loups que la neige et la faim chassent l'hiver des grands bois ; et on trouvait des morts le long des chemins, « la bouche pleine encore de l'herbe dont ils avaient essayé de se nourrir. »

La Bruyère, né à Paris en 1645 mort en 1696, a écrit les *Caractères*.

— Oh ! monsieur, s'écria Aimée tout émue, de telles famines devaient être bien rares, n'est-ce pas ?

— Erreur, mon enfant : elles étaient au contraire très fréquentes. Encore une fois, toutes les entraves à l'industrie et au commerce avaient pour but de *protéger* le travail et d'empêcher les famines. Eh bien ! voyez le beau résultat auquel on arrivait et auquel arriveront toujours ceux qui, au lieu de compter sur eux-mêmes, sur la sainte fécondité du travail libre et de la justice, chercheront des remèdes à leurs misères dans les privilèges et les *protections* de toute sorte. Savez-vous, au sortir d'une famine, après combien d'années on était sûr de voir revenir une autre famine ? Après quatre ou cinq ans. Oui, tous les quatre ou cinq ans, la famine reparaissait ainsi qu'un fléau périodique. C'était réglé, inévitable, comme le flot montant des marées ou comme le cours des saisons.

Eh bien, au lieu de s'apercevoir de la véritable cause de tant de maux, on en cherchait au contraire le remède dans de nouvelles réglementations et protections. Il semblait que, plus les hommes devenaient malheureux, plus ils avaient peur du seul remède qui pût les guérir : la liberté du travail accompagnée de la justice.

Outre les famines, qui emportaient déjà tant de malheureux, on était sûr de voir recommencer à chaque instant les guerres, qui en enlevaient plus encore ; ou plutôt les guerres étaient permanentes : quand elles n'avaient pas lieu sur un point, elles avaient lieu sur un autre.

— Quel triste temps ! dit Aimée. Ce n'est plus aujourd'hui comme alors, n'est-ce pas, monsieur ?

M. Edmond. — Mon enfant, les guerres sont malheureusement trop fréquentes encore, mais les famines ont disparu de nos pays, et il faut espérer qu'à la longue la guerre fera comme la famine. Depuis que la législation insensée qui enlevait toute liberté au travail et au commerce a été détruite et remplacée par des lois plus équitables, l'agriculture française a quadruplé en moins d'un siècle ses produits et ses revenus; le commerce, délivré partout de ses entraves, a multiplié la richesse et rendu impossible le retour de ces famines qui enlevaient périodiquement des milliers d'hommes. En 1862, nous avons eu une très mauvaise récolte : il manquait 15 millions d'hectolitres à la quantité de blé nécessaire pour nourrir le pays. Il y a un siècle, c'eût été la mort pour beaucoup, et pour tous une grande misère; eh bien! à peine nous en sommes-nous aperçus.

CXV. — (*Suite.*) **Durée moyenne de la vie en France, autrefois et aujourd'hui.**

Les pays où il y a le plus d'instruction sont ceux où la durée moyenne de la vie est la plus longue.

M. Edmond. — Non seulement le travail des populations leur fournit maintenant de quoi se nourrir; mais avec les progrès du bien-être la vie s'est allongée, et nous avons pour ainsi dire fait reculer la mort. Un enfant né dans l'autre siècle ne pouvait compter, en moyenne, que sur 27 ou 28 ans d'existence. Les uns vivaient plus, les autres moins; mais, en mettant comme on dit l'un dans l'autre, la vie était de 27 ou 28 ans. Aujourd'hui, les hommes vivent en moyenne de 43 à 46 ans, et cette durée va croissant dans les autres pays comme en France.

Francinet. — Monsieur, est-ce que les hommes, à force de progrès, pourront arriver à ne pas mourir?

M. Edmond. — Non, mon enfant; on peut reculer

l'heure de la mort, mais cette heure viendra toujours, parce que cette terre n'est point pour nous la vraie et dernière patrie. Notre âme n'est pas faite pour être toujours enchaînée à des organes qui aujourd'hui sont nécessaires, mais qui ne sont pas assez parfaits pour mériter de durer éternellement. L'immortalité sur la terre ne serait pas désirable ; Dieu se montre sage et bon en nous appelant à une existence meilleure et à une céleste immortalité. Mais, si l'existence d'ici-bas ne doit pas nous faire oublier notre vie à venir, la pensée de notre vie à venir ne doit pas nous rendre indifférents aux choses d'ici-bas, à notre famille, à notre patrie et à l'humanité. Tant que nous vivons, nous devons travailler à améliorer notre condition et celle de nos semblables sur la terre ; car Dieu nous a mis sur la terre pour travailler et accomplir nos devoirs.

CXVI. — Un grand homme d'État français : *TURGOT*. — Un trait de son enfance. — L'argent bien employé.

> De même qu'au lever du soleil un ciel pur annonce un beau jour, de même, dans l'enfant, la générosité du cœur et le respect de la justice annoncent une noble existence.

FRANCINET. — Comment donc, monsieur, furent abolis tous les privilèges des corporations, qui n'existent plus aujourd'hui ?

M. EDMOND. — Ils furent abolis une première fois, en 1776, par le roi Louis XVI, d'après les conseils d'un des plus grands ministres que la France ait eus.

AIMÉE. — Oh ! monsieur que nous voudrions bien connaître la vie de ce ministre !

M. EDMOND. — Volontiers, petite Aimée. Le ministre qui abolit les corporations est Turgot. Il naquit à Paris. C'était un enfant d'une grande douceur, très réfléchi, modeste et timide à l'excès. On lui reprochait d'être un peu sauvage et taciturne. Il fuyait la compagnie des gens qui venaient chez sa mère, et se cachait quelquefois derrière un canapé ou un paravent pendant toute la durée d'une visite.

Turgot fit ses études dans un grand collège de Paris, appelé collège Louis-le-Grand, qui existe encore aujourd'hui. Sous son extérieur trop sauvage, il cachait un cœur excellent et une raison précoce.

Turgot (1727 1781).

On cite de lui, pendant son séjour au collège, un trait qui, dans l'enfant, annonçait déjà l'homme. Sa famille s'aperçut que l'argent qu'il recevait d'elle disparaissait très vite et sans qu'on pût en deviner l'emploi. On en fut surpris et inquiet; on savait qu'il était très studieux, toujours sur ses livres, n'aimant ni le jeu ni la dépense; que pouvait-il donc faire de son argent? On le surveilla, et on découvrit qu'il distribuait son argent à de pauvres écoliers pour leur acheter des livres. Ainsi, ce généreux enfant comprenait déjà tout le prix de la science, et au lieu de satisfaire son bon cœur par des aumônes vulgaires, il donnait aux pauvres ce qu'il considérait comme le plus grand des trésors : un livre.

Lycée Louis-le-Grand.

Après avoir terminé ses études, Turgot composa lui-même plusieurs livres déjà très remarquables, principalement son *Discours sur les progrès de l'esprit humain.*

CXVII. — (*Suite.*) **Turgot magistrat. — Un acte de justice. — Turgot économiste. — L'*ÉCONOMIE POLITIQUE*.**

La pensée d'avoir causé le moindre tort à autrui est un tourment pour un honnête homme.

Turgot s'était voué à la magistrature. Son austère probité et son désintéressement lui méritèrent la considération générale. On cite encore de lui, pendant qu'il était magistrat, un trait d'une rare justice.

Il avait été chargé d'examiner une affaire très grave dans laquelle un employé était poursuivi pour un crime. Persuadé que l'accusé était coupable, et que le devoir qu'il aurait à remplir en cette circonstance serait un devoir de rigueur, le jeune magistrat ne se pressa pas de s'occuper de l'affaire. Cependant, après de longs retards, il prit connaissance des pièces, et il acquit enfin, à sa grande surprise, la preuve que l'accusé était innocent. Dès lors, Turgot s'adressa à lui-même de grands reproches. Un autre se fût contenté de ces regrets, et se fût dit lâchement que l'accusé était encore trop heureux de voir après longtemps son innocence reconnue. Mais telles ne furent pas les réflexions de Turgot.

« Voici de longs mois, se dit-il, que l'honneur de cet homme est sous le coup d'une accusation odieuse. Que d'hommes ont fait comme moi et l'ont condamné d'avance, sans l'entendre ! En outre, depuis qu'il est en prison, son travail est suspendu, et il ne tire plus de son emploi le profit accoutumé. C'est par ma faute qu'un pareil état de choses a si longtemps duré, et je lui dois une réparation. »

Turgot s'informa alors de la somme d'appointements dont l'accusé avait été privé pendant la durée du procès, et la lui fit remettre sur sa propre fortune, en déclarant que c'était là un acte non de générosité, mais de pure justice. Ainsi, celui qui avait si bien pratiqué la générosité à l'égard des enfants de son âge, ne sut pas moins bien pratiquer la justice à l'égard des hommes.

Limoges (60,000 h.). Fabriques importantes de porcelaine et d'étoffes.

Plus tard, Turgot administra la province de Limoges. Il avait déjà publié à cette époque des livres d'une grande profondeur sur l'*Économie politique*. Te rappelles-tu ce qu'on entend par là, Francinet.

FRANCINET. — Pas très bien monsieur.

M. EDMOND. — Nous nous en sommes pourtant occupés nous-mêmes dans nos entretiens. L'économie politique, rendue obligatoire par la loi pour les enfants français, est la science qui étudie les *sources de la richesse* et son meilleur *emploi* pour les individus et les nations. N'avons-nous pas vu d'abord comment, dans l'*industrie*, les hommes travaillent, divisent entre eux les tâches, inventent des perfectionnements et des machines, comment enfin ils s'arrangent pour *produire* toutes les richesses? Nous avons fait alors de l'*économie industrielle*. C'est la première partie de l'économie politique. N'avons-nous pas vu aussi comment les hommes s'arrangent, dans le *commerce*, pour *échanger* leurs richesses ? C'était de l'*économie commerciale*, seconde partie de l'économie politique. Je vous parlerai plus tard des sources de la richesse dans l'*agriculture*, ou de l'*économie agricole*, troisième partie de l'économie politique.

Eh bien, à l'époque de Turgot, la science économique était encore très jeune; on ne s'en occupait que depuis peu. Turgot lui fit faire des progrès rapides, et eut soin d'appliquer, dans la province qu'il gouvernait, toutes les règles de justice et d'économie qu'il avait si bien étudiées. Il allégea le plus possible le poids des impôts payés par le peuple. Il supprima la *corvée*, c'est-à-dire l'obligation qui existait alors, pour le paysan seulement, de travailler de ses mains à l'entretien des routes et à d'autres travaux, tels que le transport des équipages militaires. « Il est très fréquent, » écrivait Turgot au roi, « que, pendant la route, les soldats se jettent sur » les voitures des paysans, déjà chargées de leurs équi- » pages, ce qui forme un fardeau trop lourd; d'autres » fois, impatientés de la lenteur des bœufs, ils les pi- » quent avec leurs épées, et si le paysan veut faire quel-

» ques représentations, vous vous imaginez bien que » la dispute tourne toujours à son désavantage, et qu'il » revient accablé de coups. » Turgot apporta autant de remède qu'il put à tous les abus de ce temps.

CXVIII. — *TURGOT. (Suite.)* — **La famine de 1770. Parmentier et la pomme de terre. — Une ruse de Louis XVI.**

> Ne rejetez pas une chose nouvelle parce qu'elle est nouvelle, une chose ancienne parce qu'elle est ancienne; mais faites œuvre de votre jugement : acceptez une chose bonne parce qu'elle est bonne, et rejetez une chose mauvaise parce qu'elle est mauvaise.

M. EDMOND. — Durant les années 1770 et 1771, Turgot eut à lutter contre une de ces affreuses famines dont je vous ai parlé. Plusieurs cantons de sa province n'avaient pas même été ensemencés, faute d'argent pour acheter des graines. Afin de combattre la misère, Turgot prit une série de mesures inspirées par le sentiment de la justice et de l'humanité. Rappelez-vous, mes enfants, que ce fut lui qui introduisit dans sa province la culture des pommes de terre, si utiles pour suppléer au pain.

HENRI. — On ne les cultivait donc pas alors?

M. EDMOND. — Non, mon enfant; la pomme de terre est un légume d'Amérique, qui n'est cultivé en France que depuis une centaine d'années. C'est Parmentier qui fit connaître la pomme de terre. Il fit partager sa conviction au roi Louis XVI, qui lui concéda pour ses expériences de vastes terrains, et qui, pour mettre la pomme de terre à la mode, en portait des fleurs à sa boutonnière. La routine et l'ignorance étaient tellement grandes dans le peuple, qu'on ne voulait pas de ce légume, devenu plus tard le pain du pauvre. Le peuple s'imaginait qu'on avait dessein de l'empoisonner.

Parmentier, né en 1737 à Montdidier, où on lui a érigé une statue.

FRANCINET. — Mon Dieu, qu'on avait de mal à cette époque pour faire accepter les choses les plus simples!

M. EDMOND. — Sais-tu pourquoi, Francinet ? C'est que rien n'est plus facile à tromper que les ignorants. Incapables de juger par eux-mêmes si une chose peut ou ne peut pas être vraie, ils s'en rapportent au hasard de ce qu'ils entendent dire. Donc, plus un peuple est ignorant, plus il est facile à tromper, et plus il s'obstine dans des jugements faux.

Louis XVI, désespérant de persuader les paysans par de bonnes raisons, les traita comme on traite les enfants. Il inventa un stratagème : au lieu d'offrir plus longtemps la pomme de terre aux amateurs, il imagina au con-

Solanées alimentaires. *Solanées* vénéneuses.
Pomme de terre. Tomate. — Pomme épineuse ou *stramoine*. Belladone. Jusquiame.

traire de placer des gardes autour des champs pour veiller sur le légume nouveau, comme si c'était une denrée d'un prix inestimable. Enfants et gens du peuple, voyant qu'on gardait ce légume avec tant de soin, changèrent d'avis aussitôt et pensèrent qu'il devait être très précieux, puisque le roi songeait à se le réserver pour lui seul. Dès que cette pensée leur fut entrée dans l'esprit, ils n'eurent plus qu'un désir, celui de goûter ces fameuses pommes de terre et d'en planter pour en posséder eux-mêmes. Ils imaginèrent mille ruses afin de tromper la surveillance des gardes. Ceux-ci, selon la consigne qu'on leur avait donnée, feignirent de ne rien voir; ils laissèrent piller les champs à la dérobée, et bientôt il y eut des pommes de terre chez tous les cultivateurs.

Turgot, dans sa province, eut beaucoup de peine à faire adopter ce légume, si précieux au moment des disettes. Pour le mettre en honneur, il s'en faisait servir continuellement sur sa table et invitait tous les seigneurs de l'endroit à venir manger avec lui des pommes de terre, des *parmentières;* on appelait ainsi les pommes de terre, du nom de Parmentier.

CXIX. — Turgot ministre de Louis XVI. — Les corporations abolies. — Le bienfaiteur calomnié.

Qu'il est difficile de faire accepter les réformes les plus justes!

En 1774, Louis XVI appela Turgot parmi ses ministres.

Louis XVI était un roi d'un cœur excellent et désireux de faire le bien; mais il manquait de génie, et ses prédécesseurs lui avaient laissé les affaires de l'État dans une situation des plus difficiles. Turgot, en apprenant que le roi l'avait choisi pour ministre, lui écrivit une lettre admirable dont je vais vous lire un fragment.

Je prévois, Sire, que je serai seul à combattre contre les abus de tout genre, contre les efforts de ceux qui gagnent à ces abus, contre la foule des préjugés qui s'opposent à toute réforme. Je serai craint et haï de la plus grande partie de la cour et de tous ceux qui sollicitent des faveurs, parce que j'aurai représenté à Votre Majesté qu'elle ne doit enrichir personne, même ceux qu'elle aime, aux dépens de la subsistance de son peuple. Ce peuple, auquel je me serai sacrifié, est si aisé à tromper, que peut-être j'encourrai sa haine par les mesures mêmes que je prendrai pour le défendre; et peut-être je serai calomnié avec assez de vraisemblance pour m'ôter la confiance de Votre Majesté. Mais je ne regretterai point de perdre une place à laquelle je ne m'étais jamais attendu...

AIMÉE. — Je vois que Turgot pensait du peuple ce que vous venez de dire vous-même, monsieur Edmond.

M. EDMOND. — Oui, mon enfant; mais voyez aussi que

Turgot ne s'est point rebuté pour cela. Il voyait à l'avance tout ce qui devait lui arriver; mais, comme il cherchait l'intérêt du peuple avant le sien, il accepta courageusement cette lourde tâche de ministre.

Francinet.—Lourde! j'aurais cru que ce devait être une chose bien amusante et digne d'envie que d'être ministre.

M. Edmond. — Tu te trompes, mon ami. Quand on veut s'occuper sérieusement des intérêts de la nation, il faut alors un travail excessif et un courage à toute épreuve. Tel fut Turgot; il travaillait depuis le matin jusqu'au soir, passait souvent des nuits pour chercher les moyens d'améliorer la condition du peuple. Il fit accomplir, pendant son ministère, des réformes très importantes. La plus célèbre de ces réformes est la suppression des privilèges accordés aux corporations.

Les marchands, se voyant enlever leurs privilèges, entrèrent en fureur. On ameuta le peuple; on lui fit croire que Turgot était son ennemi. Pendant une disette qui eut lieu, on accusa Turgot d'être la cause de la famine. Ses adversaires excitèrent des émeutes dans le peuple. Les courtisans, furieux des économies que Turgot conseillait au roi, le calomnièrent auprès de ce dernier.

Louis XVI résista d'abord, et prononça même devant toute sa cour ces paroles devenues célèbres:

« Il n'y a que M. Turgot et moi qui aimions le peuple. »

Il rassura Turgot, et lui dit: — « Ne craignez rien; je vous soutiendrai toujours. »

Mais hélas! ce bon roi avait un caractère trop faible pour résister longtemps à tous les ennemis de Turgot. Il finit par se laisser persuader, et renvoya son ministre.

Aussitôt après le départ de Turgot, on rétablit tous les privilèges des corporations, et on remit les choses dans le même état qu'auparavant. Turgot rentra dans la vie privée, et mourut en 1781, à l'âge de 54 ans.

Mais sa défaite apparente était une véritable victoire; car ses idées devaient triompher bientôt. Vous connaissez, mes enfants, la grande et terrible révolution qui fut excitée par les abus divers dont la nation avait eu à souffrir; vous savez comment le malheureux Louis XVI mourut sur l'échafaud. Bien des crimes ont été commis pendant cette révolution; mais en même temps bien des lois justes ont été faites ou préparées; et parmi ces lois équitables, qui existent encore aujourd'hui, se trouvent l'abolition des privilèges et la liberté de l'industrie, grâce à laquelle se sont accomplis tant de progrès. Aujourd'hui, tout le monde a le droit de choisir sa profession et de travailler comme il l'entend, pourvu qu'il ne viole pas la justice. C'est Turgot qui, le premier, a eu l'honneur de réclamer cette légitime liberté du travail.

CXX. — **Les commencements de la *TÉLÉGRAPHIE*. — Les signaux des Gaulois. — Les feux des châteaux au moyen âge. — Les pigeons voyageurs. — Les dépêches par ballons pendant la guerre.**

> Le temps et l'espace sont pour les hommes deux grands adversaires; car ils les séparent les uns des autres, et empêchent ou retardent la communication de leurs pensées. Aussi l'industrie humaine s'est-elle toujours ingéniée à vaincre l'espace et le temps.

Le lendemain, lorsque M. Edmond entra dans la salle d'étude, il trouva les trois enfants en train de causer avec animation.

— Oui, mon cher ami, disait Henri à Francinet, la lettre que tu as vu remettre à mon grand-père, était une dépêche télégraphique venant des États-Unis. Elle n'a mis que quelques heures à arriver d'aussi loin, et elle coûte 300 fr.

Francinet, posant un doigt sur la mappemonde et montrant l'Océan qui sépare l'Europe de l'Amérique :

— Mais, monsieur Henri, comment est-ce possible?

Aimée. — Voici M. Edmond; prions-le de nous expliquer cela. — Et l'enfant courut au-devant du précepteur pour lui demander de leur apprendre ce qui concernait la télégraphie.

M. Edmond. — Je ne demande pas mieux, mes enfants ; c'est là une de ces connaissances usuelles qu'il est aujourd'hui indispensable d'avoir. Dis-moi, Francinet, ne t'est-il pas arrivé plus d'une fois de désirer te transporter d'un lieu à un autre aussi vite que ta pensée ?

Francinet. — Oui, monsieur, et même bien souvent la nuit j'ai rêvé que j'avais des ailes comme les oiseaux ; quand je m'éveillais, j'étais tout triste que ce ne fût point vrai.

Aimée et Henri *à la fois.* — Et moi aussi, Francinet !

M. Edmond. — Mes enfants, les hommes ont toujours éprouvé le même désir que vous, et afin de le réaliser autant que cela leur était possible, ils ont toujours cherché les voies les plus rapides, non seulement pour le transport des personnes et des choses, mais encore pour la transmission lointaine de la pensée et du langage.

On a d'abord songé à transporter rapidement les nouvelles qui intéressent la sécurité d'un peuple, comme celles qui avertissent de l'approche de l'ennemi, d'une défaite ou d'une victoire.

Les Gaulois, nos ancêtres, se transmettaient les nouvelles au moyen de cris qu'ils poussaient dans les campagnes. Ces cris, répétés de village en village, franchissaient l'espace, et répandaient en peu de temps dans le pays tout entier la nouvelle joyeuse ou sinistre, l'espérance ou la terreur.

Au moyen âge, quand les *châteaux* se couronnaient de feux, les paysans s'armaient, quittant leur famille et leurs terres pour aller combattre où leur seigneur les envoyait.

Au moyen âge, on annonçait l'approche de l'ennemi par de grands feux allumés sur des tours et sur des montagnes. Ce télégraphe n'avait qu'un signal, le signal d'alarme ; il ne transmettait qu'une nouvelle, la guerre. Car, dans ces temps encore barbares, la guerre était presque continuelle. On avait sans cesse à craindre quelque ennemi. Une province n'était point en sûreté contre la province voisine, ni une ville contre la ville voisine, ni un château contre le château voisin. Au lieu de la sécurité dont nous jouissons aujourd'hui grâce au progrès de la justice et de la civilisation, la défiance et la peur régnaient partout, et l'on ne voyait que trop souvent briller, au sommet des collines ou des tours, le feu messager de la guerre.

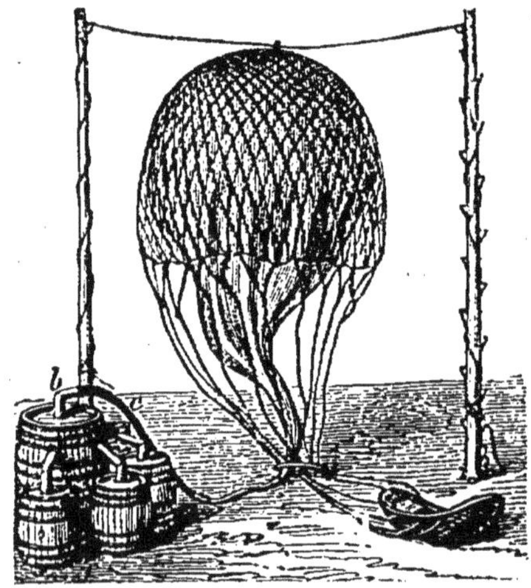

Les ballons dont on se sert de nos jours sont en taffetas. On les gonfle au moyen de gaz d'éclairage ou de gaz hydrogène qu'on fabrique dans les barils *b*, *c*. A mesure que le ballon s'emplit, il se gonfle, devient plus léger que l'air, et s'élève en emportant avec lui la nacelle suspendue par des cordages.

Pour transmettre au loin les nouvelles, les Arabes se servaient de pigeons voyageurs. On s'en est servi aussi en France. Qui ne connaît le rôle des pigeons voyageurs pendant notre malheureuse guerre avec l'Allemagne?

AIMÉE. — Comment ces pigeons pouvaient-ils transmettre les nouvelles?

M. EDMOND. — Mon enfant, ils avaient été habilement dressés à ce service et habitués à voler d'un pigeonnier à l'autre. On leur attachait au cou la dépêche écrite qu'on voulait transmettre, puis on les mettait en liberté. Ils retournaient alors à leur pigeonnier, et avec une telle vitesse, qu'un de ces pigeons franchit une fois 120 kilomètres en quatre heures, plus de 7 lieues par heure.

Pigeon.

Pendant la même guerre, pendant que Paris était assiégé, on se servit aussi, pour transmettre les lettres, de ballons montés par de courageux aéronautes ; ces ballons, emportant lettres et dépêches, s'élevaient bien haut dans les airs au dessus des armées prussiennes, et, devant mille dangers, allaient où les poussait le vent jusqu'à ce qu'ils rencontrassent un pays ami.

CXXI. — **Les frères Chappe. — Les inventions de trois écoliers. — Le télégraphe aérien. — Première dépêche transmise par le télégraphe aérien.**

« Cherchez et vous trouverez. »

A la fin du siècle dernier, les frères Chappe, fils d'un astronome, inventèrent le *télégraphe aérien à signaux*.

Claude, l'aîné, était dans un séminaire ; ses trois frères faisaient leurs études dans un pensionnat situé en face, à 2 kilomètres environ. Se trouvant très malheureux d'être séparés les uns des autres, nos écoliers se creusèrent la tête pour inventer un moyen de correspondre à travers l'espace. Leur père leur avait laissé des instruments d'astronomie, globes terrestres, boussoles, sextants, et surtout de bonnes lunettes d'approche ou *lunettes marines*, qui leur permettaient de s'apercevoir d'une fenêtre à l'autre. L'aîné imagina de faire des signaux à ses frères au moyen de trois règles longues et larges : l'une occupait le milieu, et les deux autres formaient aux extrémités deux bras mobiles. Les diverses positions des trois règles pouvaient former 200 signes distincts.

La boussole.

Le *sextant* sert à mesurer le degré de latitude où se trouve un navire.

AIMÉE. — Mais il y a bien plus de 200 mots dans la langue.

M. EDMOND. — Assurément, chère petite. Il y a dans notre langue 40 000 mots, dont 20 000 sont d'un usage journalier.

AIMÉE. — Quoi donc ! je sais 20 000 mots, moi?

Oh ! mon Dieu, je ne me croyais pas si savante !

M. Edmond. — Vous ne connaissez pas seulement ces 20000 mots, mes enfants, mais encore les milliers d'idées qu'on peut leur faire exprimer. Ce ne serait pourtant pas un motif suffisant pour s'enorgueillir ; car ce que vous savez est infiniment peu auprès de ce que vous ne savez pas.

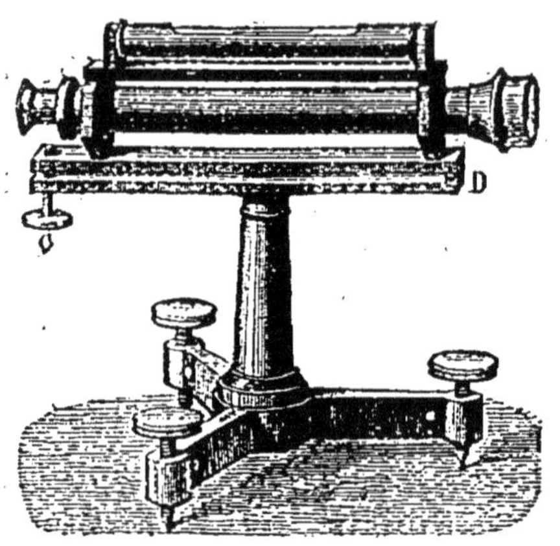

La *lunette marine* est nommée ainsi parce qu'elle sert surtout aux marins pour apercevoir, de la mer où ils se trouvent, les autres navires, les côtes de la terre, les phares, etc. Elle se compose principalement d'un tube A rempli de verres qui ont la propriété de grossir et de faire paraître proches les objets éloignés.

En combinant les 200 signes du télégraphe de Chappe, on peut leur faire transmettre rapidement une foule de mots. Le gouvernement français, auquel Chappe avait communiqué et offert son heureuse invention, établit en 1792 des signaux de clocher en clocher, depuis Paris jusqu'à la frontière du nord. C'était le temps où l'Europe coalisée voulait envahir la France. La première dépêche transmise par le télégraphe annonçait la victoire de l'armée du Nord sur les Autrichiens ; et en une demi-heure cette réponse du gouvernement français arriva au général de l'armée victorieuse : « L'armée du Nord a bien mérité de la patrie. »

Télégraphe à signaux. — A Paris on recevait des nouvelles de Lille (220 km.) en 2 min., de Brest (600 km.) en 6 min., et de Toulon (814 km.) en 13 min.

Le télégraphe aérien ne pouvait fonctionner la nuit, et les brouillards, rendant les signaux invisibles, arrêtaient bien souvent en chemin les nouvelles transmises. Ces inconvénients n'existent pas pour le télégraphe électrique.

CXXII. — L'ÉLECTRICITÉ. La vitesse de l'électricité et la rapidité de la pensée.

Il y a une chose plus belle encore que toutes les merveilles de la science, c'est la pensée qui les découvre.

M. EDMOND. — Vous avez entendu parler, mes enfants, de l'électricité, une des forces les plus puissantes de la nature, qui se manifeste par la foudre, les aurores boréales, les feux Saint-Elme, et dont certains animaux, comme le gymnote et la torpille, sont munis pour leur défense. L'homme a trouvé moyen de soumettre cette force à sa volonté. L'électricité est une chose qu'on ne peut ni voir ni toucher, pas plus qu'on ne voit l'air ou la chaleur; mais on reconnaît l'électricité à ses effets. Elle se meut avec une inconcevable rapidité. En un clin d'œil, c'est-à-dire en moins d'une seconde, l'électricité fait 40 000 lieues environ. Le temps de compter: *une, deux,* lui suffit pour faire huit fois le tour de la terre, ou cent fois le voyage d'Europe en Amérique.

Le *feu Saint-Elme* est une flamme électrique qui, par les jours d'orage, se montre à la pointe des mâts ou des épées.

AIMÉE. — Quelle prodigieuse vitesse!

M. EDMOND. — Sans doute, mon enfant; mais cette vitesse qui vous étonne est moins prodigieuse encore que celle de la pensée. La pensée, en un instant, ne franchit-elle pas l'espace de la terre aux étoiles; en un instant, n'embrasse-t-elle pas le monde entier? Bien

Gymnote.

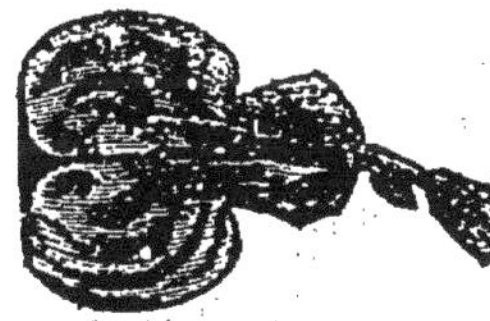

Torpille.

Le *gymnote* est une sorte de poisson d'Amérique, de près de 2 mètres de long, qui peut engourdir et même tuer un homme par des décharges électriques.
La *torpille* est un poisson qui, quand on veut le prendre, se défend par des décharges électriques.

plus, elle n'embrasse pas seulement un espace fini et borné, elle conçoit l'espace sans bornes, l'immensité, l'infini. Pour faire ce voyage de l'immensité, notre pensée n'a pas besoin de passer réellement, comme un corps, d'un lieu dans un autre ; son mouvement ne ressemble en rien à celui de la matière, car la pensée est immatérielle, comme Dieu.

Vous admirez, mes enfants, les merveilles de l'électricité et de la lumière ; mais il faut admirer plus encore les merveilles de la pensée, que Dieu a faite à son image.

CXXIII. — **Les aimants. — Les cygnes d'Henri. — Le télégraphe électrique.**

Il y a à peine un siècle que les propriétés de l'électricité sont connues, et combien d'applications on a faites déjà de cette découverte ! La science va vite de nos jours.

M. Edmond. — Une des propriétés les plus remarquables de l'électricité, c'est de faire que certains corps s'attirent les uns les autres. En voici un exemple.

M. Edmond prit un bâton de cire à cacheter, le frotta pendant quelques minutes avec un morceau de drap, et l'approcha ensuite de plusieurs petits morceaux de papier qui traînaient sur la table. Ces petits morceaux se précipitèrent aussitôt vers le bâton de cire et, comme attirés par lui, se suspendirent à son extrémité.

M. Edmond. — Cette puissance d'attirer que possède maintenant le bâton de cire vient de ce que le frottement y a développé, en même temps que de la chaleur, un *courant électrique*.

On appelle *aimants* les corps qui attirent le fer, comme le bâton de cire attire les fragments de papier.

— Oui, dit Henri. J'ai parmi mes jouets un aimant, je vais te le faire voir, Francinet.

Henri alla chercher un jouet d'enfant bien connu : c'était un bassin rempli d'eau et renfermant de petits cygnes en porcelaine. Ces cygnes contiennent à l'intérieur un morceau de fer. Henri leur présenta l'extrémité d'une baguette aimantée, et les cygnes accoururent, suivant tous les mouvements de la baguette, et se promenant dans l'eau comme s'ils eussent été vivants.

Les cygnes aimantés.

Francinet trouvait cela tout à fait merveilleux.

— Vous voyez, dit M. Edmond, ce qu'on appelle *aimantation* ou *magnétisme*. Eh bien! on peut produire des aimants artificiels très puissants au moyen de l'électricité; et ce qu'il y a de plus remarquable, c'est qu'on peut leur communiquer ou leur enlever tout d'un coup la puissance d'attirer le fer. Il suffit, pour cela, d'ouvrir ou de fermer brusquement le courant électrique, comme on ouvre ou ferme les écluses d'un canal.

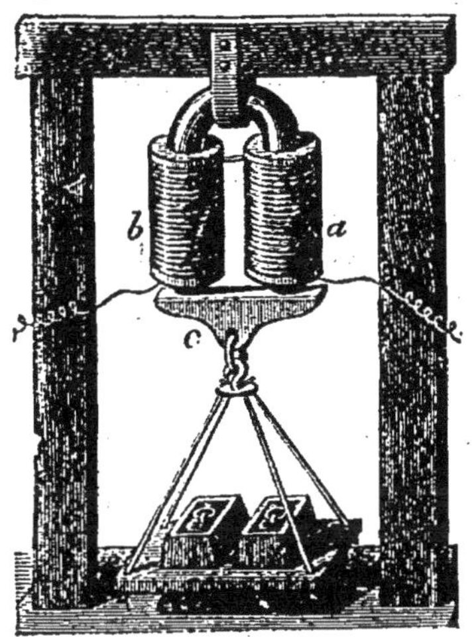

AIMANT ÉLECTRIQUE. — Il a la forme d'un fer à cheval autour duquel s'enroulent les fils électriques, traversés par un courant invisible d'électricité. Le plateau contenant d'énormes poids est accroché à un support c. Il s'élève et se colle contre le fer à cheval dès que le courant électrique vient changer le fer à cheval en aimant. Si le courant électrique est interrompu, aussitôt les poids et leur support retombent.

Vous avez remarqué, le long des grandes routes et des voies ferrées, ces fils de métal que supportent des poteaux placés de distance en distance : ce sont des fils télégraphiques. Le long des fils, les courants invisibles d'électricité circulent comme dans des canaux.

On ouvre et on suspend tour à tour ces courants qui parcourent les fils d'un bout à l'autre avec la rapidité de l'éclair; on peut ainsi à volonté aimanter de très loin un petit ressort de fer, et le forcer à se mouvoir comme je forçais tout à l'heure à se mouvoir les petits morceaux de papier. Le ressort, mis en mouvement, pousse une aiguille, et la fait tourner sur un cadran où sont marquées les lettres de l'alphabet. Voilà, dans sa plus simple expression, le télégraphe électrique.

Supposez qu'étant à Paris, je veuille vous transmettre à Brest

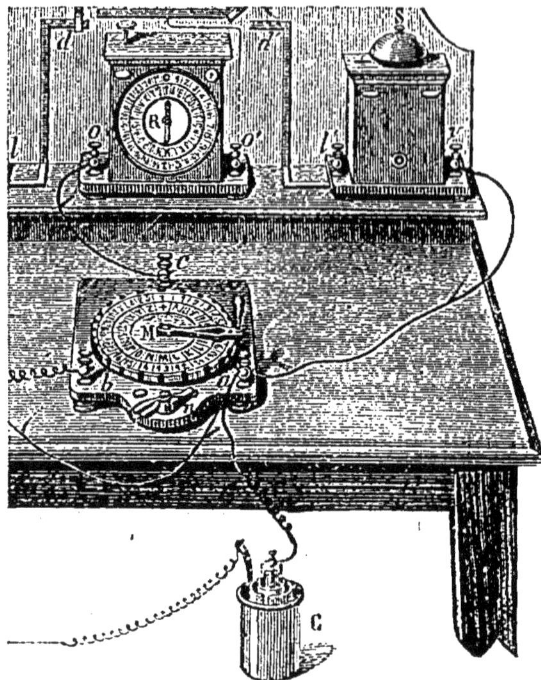

POSTE TÉLÉGRAPHIQUE. — Par devant on voit une sorte de vase d'où partent des fils télégraphiques : c'est un appareil nommé *pile électrique*, qui produit de l'électricité comme le feu du foyer produit de la chaleur et de la lumière. — Sur la table, en avant, est le cadran dont on se sert pour envoyer une dépêche. Au fond se trouve un second cadran R semblable à une pendule, sur lequel on lit les dépêches que les autres vous envoient. A droite, est une sonnerie S munie d'un timbre, qui avertit de faire attention quand une dépêche va arriver.

Les fils télégraphiques sont soutenus sur les routes par des poteaux en bois. De petits supports en porcelaine servent à accrocher les fils aux poteaux, et empêchent que l'électricité qui traverse sans cesse les fils n'aille se perdre dans le bois des poteaux.

cette dépêche : « Venez, » cela ne demandera à l'employé du télégraphe que le temps de diriger sur Brest le courant électrique. Par là, en un instant, il aura fait tourner l'aiguille sur le cadran placé à Brest ; il la fera s'arrêter sur les diverses lettres du mot « Venez », qui se trouveront ainsi désignées comme

Brest, 80,000 habitants.

avec le doigt. Et ma dépêche tout entière traversera avec une rapidité prodigieuse cette distance de Paris à Brest, si petite pour l'électricité qu'elle la franchirait plus de mille fois en un clin d'œil.

CXXIV. — Les *CABLES SOUS-MARINS* entre la France et l'Algérie, entre l'Europe et l'Amérique. — Histoire du câble transatlantique. — Rencontre d'une baleine.

Les peuples ne peuvent plus vivre, comme autrefois, étrangers les uns aux autres, puisqu'une minute leur suffit maintenant pour se transmettre leurs pensées.

M. Edmond. — On a établi entre tous les peuples de l'Europe des communications télégraphiques ; la mer même n'a pas été un obstacle : des câbles sous-marins relient non seulement l'Angleterre à la France sous la Manche, mais la France à la Corse et à l'Al-

Ajaccio (Corse). 20,000 habitants.

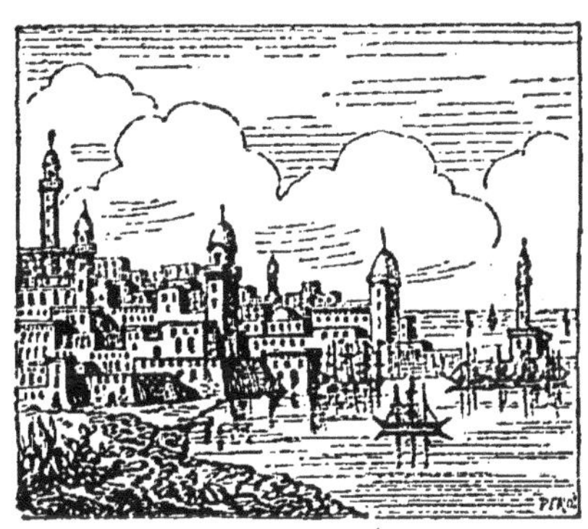

Alger. 80,000 habitants.

gérie sous la Méditerranée. Bien plus, on a entrepris d'établir une communication entre l'ancien monde et le nouveau, entre l'Europe et l'Amérique. On a jeté au fond de l'Océan un câble renfermant un fil télégraphique assez long pour relier les deux mondes.

Câble transatlantique. — Il contient des fils télégraphiques enveloppés de caoutchouc et de gutta-percha.

Aimée. — Quelle longueur doit-il avoir, monsieur !

M. Edmond. — Sa longueur totale est de 1000 lieues, et son poids total est d'environ 5 millions de kilogrammes. Pour transporter dans un chemin de fer cet énorme câble, il faudrait un train de 450 wagons traîné par 10 locomotives des plus puissantes.

FRANCINET. — Oh! ce serait bien long à voir défiler!... Mais comment alors a-t-on pu faire pour transporter le câble d'Europe en Amérique? Y a-t-il pour cela des navires assez gros?

M. EDMOND. — Mon ami, on employa d'abord deux des plus grands navires de l'époque, qui se chargèrent chacun d'une moitié du câble.

Il y eut, le long du chemin, bien des accidents dramatiques. Par exemple, une énorme baleine, intriguée par le câble qui pendait à l'arrière du navire, vint jouer

La baleine est un énorme *cétacé* dont le corps a 20 ou 25 mètres de longueur sur 10 ou 15 de circonférence. Sa bouche a 2 ou 3 m. de largeur sur 4 ou 5 de hauteur. Sa queue énorme, lui sert à se diriger dans l'eau, à plonger et à revenir rapidement à la surface.

autour. Elle battait l'eau de sa queue, faisait jaillir au loin l'écume, ou lançait par ses naseaux des jets d'eau de plusieurs mètres de hauteur. On eut bien peur qu'elle ne brisât le câble d'un coup de queue. Heureusement, au bout de quelque temps, elle plongea et disparut.

Une autre fois le câble faillit être coupé par un navire américain qui passait avec rapidité. Averti par des coups de canon, ce navire s'arrêta à temps.

On finit par arriver au terme du voyage; une première dépêche fut envoyée à travers l'Océan.

La joie fut universelle, mais de courte durée; on s'aperçut bientôt que le câble était pour ainsi dire malade. Il perdait sans doute le long du chemin, par quelque blessure, une partie de son électricité; car il resta muet au bout d'un mois de service.

Cet échec, après tant d'espérances, ébranla la confiance du public. C'étaient de simples particuliers qui, en associant leurs intelligences et leurs efforts, en prêtant leurs capitaux, avaient entrepris d'accomplir ce grand travail. L'argent qu'ils avaient prêté se trouvait englouti au fond de l'Océan.

Malgré cela, les chefs de l'entreprise ne se découragèrent pas; ils demandèrent au public si on voulait leur prêter de nouveaux capitaux pour une nouvelle entreprise. Et il y eut en effet des hommes assez confiants dans la science pour engager leur argent dans de nouveaux essais; seulement il fallut sept années pour réunir le nombre de millions nécessaires.

Enfin, en 1865, un câble neuf se trouva prêt. Cette fois, au lieu d'employer deux navires au transport, on n'en employa qu'un; mais c'est le plus grand navire à vapeur qui ait été jamais construit: le *Léviathan.*

CXXV. — **Premier voyage du *LÉVIATHAN*. — Une ville flottante.**

Le secret du succès, c'est la persévérance.

M. Edmond. — Le *Léviathan* a un demi-kilomètre de long et 25 mètres de large. Il peut emporter en même temps le chargement de 20 trains de marchandises et de 10 trains de voyageurs, c'est-à-dire 6,000 personnes.

Henri. — 6,000 personnes! Mais c'est toute une ville.

M. Edmond. — Oui, mon ami, une ville flottante, qui cependant n'est qu'un jouet pour l'Océan.

Le 23 juillet 1865, le *Léviathan*, chargé de son câble, qu'il devait peu à peu laisser tomber dans la mer, commença son voyage. Pendant vingt-quatre heures, tout alla bien: mais on s'aperçut subitement que ce nouveau câble perdait encore son électricité par quelque blessure.

On le releva et on découvrit un coin de fer enfoncé dans le cordage par une main ennemie. Trois fois le même

Le *Léviathan*. — Il est tout en fer et muni de 4 *ponts*, c'est-à-dire de quatre planchers. Il roule sur deux roues énormes, qui ont 20 mètres de largeur et que fait mouvoir un ensemble de machines à vapeur de la force de 200 locomotives. Pour faire manœuvrer le navire, il faut un équipage de 500 personnes, mécaniciens, chauffeurs, matelots. Le capitaine reçoit les rapports et transmet les ordres par un télégraphe électrique d'un bout à l'autre du navire. Il y a à bord une imprimerie et un journal.

accident se renouvela. Il y avait à bord un homme assez pervers pour vouloir faire échouer l'entreprise.

Henri. — Qui était-ce donc?

M. Edmond. — On l'ignore. C'était sans doute un ennemi de la civilisation et du progrès, peut-être un homme ignorant, aveuglé par les préjugés contre les inventions de l'industrie moderne. Vous savez, mes enfants, que toutes les grandes entreprises ont rencontré ainsi soit des incrédules, soit des ennemis, et souvent parmi ceux à qui elles devaient le plus profiter.

On répara le câble, et le voyage continua. Déjà on approchait du but; mais un jour, vers midi, on vit le câble se rompre et disparaître dans la mer. On essaya de le repêcher au moyen d'une sonde de plusieurs kilomètres de long et d'un grappin. On l'accrocha plusieurs fois; mais chaque fois son poids rompit la sonde. Après être resté dix jours immobile au milieu de l'Océan, le navire revint en Angleterre sans avoir pu retrouver le câble.

CXXVI. — Nouveau voyage du *LÉVIATHAN*. — Réflexions de Francinet. — Les trésors des particuliers et ceux des gouvernements.

De simples particuliers, en formant des *sociétés* industrielles, peuvent exécuter les plus grandes entreprises.

Francinet. — Il me semble que j'aurais été bien découragé en voyant, malgré tant de précautions, l'entreprise échouer encore une fois.

M. Edmond. — Il ne faut jamais se décourager, mon enfant. Les administrateurs de la compagnie siégeant à Londres, loin de perdre confiance, firent preuve d'une fermeté et d'une persévérance vraiment étonnantes.

Londres (4 millions d'habitants).

Ceux qui avaient prêté leurs capitaux ne les retirèrent point, et même on trouva encore de nouveaux millions ! Chez un seul homme, cette persévérance serait déjà étonnante ; elle l'est bien plus encore dans cette multitude d'associés, qui réussissent à s'accorder librement pour mener à bonne fin la plus difficile des entreprises et réunir les sommes nécessaires à son achèvement.

Francinet. — Mais, monsieur, pourquoi le gouvernement ne donnait-il pas tout de suite l'argent dont on avait besoin? Moi, si j'avais été le gouvernement anglais, je l'aurais donné bien vite.

M. Edmond. — Oui-dà, et où aurais-tu pris cet argent?

Francinet. — Est-ce que les gouvernements n'ont pas des trésors?

M. Edmond. — Francinet, un gouvernement n'a que les trésors que tous lui donnent en payant les contributions et les impôts. Comme l'argent qu'il a est celui de la nation, il ne peut pas et ne doit pas l'employer à ce qui lui plaît. L'usage de cet argent doit être réglé et approuvé par la nation elle-même, à laquelle il appartient.

Francinet. — Mais comment peut-on savoir ce que veut la nation?

M. Edmond. — Mon ami, on le sait en consultant les députés qu'elle nomme. Je vous expliquerai du reste cela plus longuement demain. Si donc, comme tu dis, tu avais été le gouvernement, tu n'aurais pu donner que l'argent de tout le monde ; et puisque tout le monde ne se souciait pas de se lancer dans une entreprise aussi hasardeuse, ne valait-il pas mieux laisser ceux à qui elle plaisait s'associer librement pour l'exécuter eux-mêmes? De cette manière, personne n'avait à se plaindre.

Francinet. — C'est vrai, monsieur, je vois que c'est bien plus juste comme cela. Mais aussi c'est bien plus long.

M. Edmond. — Encore une erreur, mon ami. La preuve que ce n'est pas plus long, c'est qu'aujourd'hui on fait beaucoup plus de grandes entreprises et de grands progrès qu'autrefois; et pourtant ce sont les simples particuliers qui, en s'associant, les exécutent. Lorsque Colomb partit à la recherche du Nouveau-Monde, il y avait déjà plus de dix ans qu'après avoir quitté Gênes, sa patrie, où il n'avait pu trouver de secours, il quêtait auprès des principaux gouvernements de l'Europe la somme et les vaisseaux nécessaires à son voyage. Ce n'est pas aux simples particuliers qu'il s'adressait, mais

Gênes (Italie). Grand port. 130,000 habitants.

aux rois; les choses allaient-elles pour cela plus vite? Au contraire. Et si par malheur les rois avaient tous refusé leur autorisation et leur concours, Colomb eût été obligé de renoncer à son projet, et l'Amérique n'aurait pas été découverte. Souviens-toi, mon ami, que le mieux est de faire ses affaires soi-même ou avec l'aide de ceux qui sont du même avis que nous, et qui veulent bien nous prêter le concours de leur intelligence ou de leur argent. C'est un des principes de l'industrie moderne.

FRANCINET. — C'est vrai, monsieur; j'ai parlé comme un étourdi.

CXXVII. — La première dépêche de l'Amérique à l'Europe. La superstition. Les vendredis de Christophe Colomb.

« Gloire à Dieu au plus haut des cieux, et paix sur la terre aux hommes de bonne volonté. »

M. EDMOND. — Au bout d'un an, comme l'avait promis la Compagnie Transatlantique, le *Léviathan*, chargé d'un nouveau câble, était prêt à repartir. Il quitta le port le vendredi 13 juillet.

FRANCINET. — Oh! mon Dieu! un vendredi, et le 13! Si le père Jacques eût été là, il aurait dit que c'était bien mauvais signe, et il n'aurait pas voulu partir ce jour-là, bien sûr.

M. EDMOND. — Mon ami, il aurait eu grand tort de se montrer superstitieux; car la superstition est une injure faite à Dieu. N'est-ce pas, en effet, faire injure à Dieu que de le croire assez méchant pour nous envoyer quelque grand malheur, parce que le hasard nous fait partir le 13 et le vendredi, ou encore, suivant un préjugé non moins sot, parce qu'une salière a été renversée, un miroir brisé? Autant la vraie piété est légitime, Francinet, autant la superstition est mauvaise et dangereuse.

C'était aussi un vendredi, le 3 août 1492, que Christophe Colomb partit à la recherche de terres inconnues; et c'est encore un vendredi qu'il aperçut le Nouveau-

Monde. Il était bien temps, vous le savez, car les matelots ignorants et superstitieux qui accompagnaient Colomb s'étaient révoltés contre lui et voulaient le mettre à mort. Sur le *Léviathan* au contraire, malgré les échecs précédemment éprouvés, tout le monde espérait et avait foi dans le triomphe de la science et de l'industrie. Le vendredi 27 juillet (encore un vendredi!), 14 jours après le départ, les matelots du *Léviathan* aperçurent dans les brumes de l'horizon les rochers de la terre américaine. Quelque temps après, le câble neuf était attaché au rivage. Un mois plus tard, on retrouva l'ancien câble, perdu dans la mer depuis un an à une lieue de profondeur.

Étendus l'un près de l'autre au fond de l'Océan, les deux câbles qui unissent l'Europe à l'Amérique sont traversés sans cesse par un courant d'électricité rapide et invisible. De même que, dans le corps de l'homme, les filets imperceptibles des nerfs transmettent de la main au cerveau et du cerveau à la main nos sensations et nos volontés, de même ces deux cordages plongés dans la mer transmettent, de l'Europe à l'Amérique et de l'Amérique à l'Europe, des paroles, des pensées, des volontés. C'est comme si nous avions désormais un bras assez long pour s'étendre d'un bout à l'autre de l'Océan. Maintenant l'immense intervalle qui séparait les deux mondes est presque réduit à néant par cette victoire de la pensée humaine sur l'espace. Tout ce qui se passe d'important en Amérique, l'Europe le sait le jour même; et tout ce que fait l'Europe, l'Amérique aussitôt en est informée. Jadis c'étaient deux inconnues : l'une ignorait l'existence de l'autre; et maintenant ce sont deux sœurs : l'une n'a plus pour l'autre de secret.

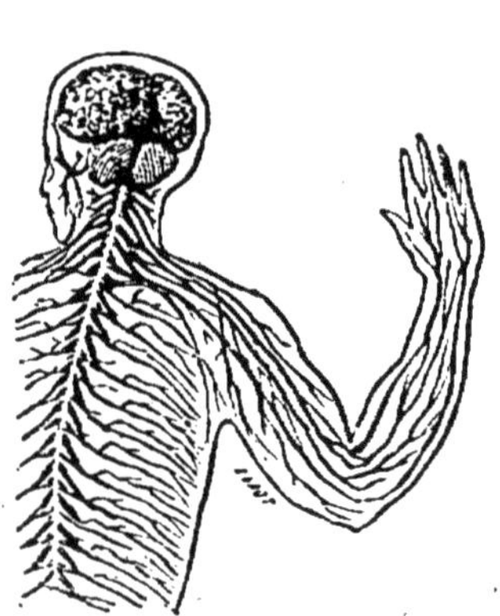

Le cerveau et les nerfs.

Ainsi les progrès de la science sont les progrès de la concorde. La vérité, qui vient de Dieu, en se faisant de plus en plus connaître grâce aux efforts de la science, répandra de plus en plus la paix. Les Américains l'ont bien compris. Savez-vous, mes enfants, quelle fut la première de toutes les dépêches envoyées par l'Amérique à l'Europe après la pose du câble transatlantique? Ce ne fut point, comme au siècle dernier après l'établissement du télégraphe aérien, l'annonce d'une victoire achetée par une sanglante bataille; ce furent ces paroles d'amour envers Dieu et de fraternité envers les hommes :

Gloire à Dieu au plus haut des cieux, et paix sur la terre aux hommes de bonne volonté!

Ce noble monument de la science et de l'industrie sera sacré pour tous les peuples, fût-ce dans le cours de la plus cruelle guerre; ou plutôt, annonçant la fin de la guerre dans un avenir plus ou moins lointain, il sera dès maintenant un lien d'amitié et de paix entre les deux mondes; il servira à répandre dans l'univers entier la fraternité, la justice, la civilisation.

CXXVIII. — L'*ÉTAT* et le *GOUVERNEMENT*. — Les lois et le respect qui leur est dû.

« Les lois écrites sont des *règles de justice* consenties par *tous*. » (Saint Augustin, *Cité de Dieu*.)

M. Edmond. — Francinet nous parlait hier du gouvernement et de l'État sans savoir ce que c'est; je vais vous l'expliquer : écoutez-moi bien pour comprendre.

Si les hommes vivaient errants ou isolés, comme ces sauvages dont je vous racontais récemment l'histoire, ils ne formeraient point des États. Mais supposons que tous les sauvages dont nous avons parlé, au lieu de rester solitaires et abandonnés chacun à ses propres forces, se réunissent un jour et se disent :

— « Convenons de nous défendre les uns les autres contre les assassins, les voleurs et tous les hommes injustes. Nous commencerons par établir en commun des règles de justice que chacun s'engagera à observer et que nous appellerons des *lois*.

» Puis, si l'un de nous, manquant à ses engagements, viole ces lois, les autres se rassembleront pour le juger et le punir. »

En convenant ainsi de vivre tous sous des lois communes, nos sauvages auraient formé un État. Un État, vous le voyez, est donc une grande réunion d'hommes qui sont convenus de se protéger mutuellement et de vivre sous des lois communes. Par exemple, les *États Européens* désignent les diverses nations de l'Europe, comme la France, l'Angleterre, l'Allemagne, la Russie.

Vous comprenez en même temps, mes enfants, ce qu'on appelle les lois et ce que les lois doivent être.

Elles doivent être en premier lieu *l'expression de la justice,* c'est-à-dire de ce que chacun a le droit d'exiger des autres : par exemple, le respect de sa vie et de ses biens.

En second lieu, les lois doivent être *consenties par tous,* puisque tous s'engagent volontairement à les respecter. Et ce respect des lois est le premier de nos devoirs civiques envers la patrie.

FRANCINET. — Mais, monsieur, comment les lois peuvent-elles être consenties par tous? Quand une nation est très grande et qu'elle occupe un grand pays, les hommes ne peuvent pas tous se rassembler au même endroit pour faire des lois ou pour juger ceux qui les auront violées. Ainsi tous les Français ne peuvent pas se réunir au même lieu, comme les sauvages dont vous nous parliez tout à l'heure.

M. EDMOND. — Évidemment, mon ami. Mais alors, ils choisissent un certain nombre d'hommes en qui ils ont confiance, et ils leur disent : « Faites à notre place ce que nous ne pouvons pas faire tous à la fois. Soyez nos représentants, nos députés, nos magistrats. Pendant que nous nous occuperons de nos affaires particulières, vous vous occuperez, vous, députés, de chercher en notre nom les meilleures lois, vous, magistrats, de rendre la justice et de nous faire défendre au besoin par la force publique. » L'ensemble de ces hommes qui font les affaires de tous s'appelle le *gouvernement*.

CXXIX. — Les *IMPOTS* et le trésor public. — Impôts directs et indirects.

Chaque citoyen doit apporter au trésor public une part *proportionnelle* à sa fortune. (*Constitution*.)

FRANCINET. — D'après ce que vous avez dit, monsieur, ceux qui gouvernent travaillent pour tout le monde?

M. EDMOND. — Précisément, mon ami. Aussi l'argent qui leur est nécessaire, à eux et à tous ceux qu'ils emploient, est-il fourni par tout le monde. Cet argent donné par tous pour protéger les droits de tous, c'est ce *trésor public* dont tu parlais hier, c'est le trésor de la nation.

FRANCINET. — Cela fait bien de l'argent, monsieur?

M. EDMOND. — Sans doute, mon ami; mais ne l'oublie jamais, c'est toi, ou plutôt c'est ta mère, c'est le grand-père d'Aimée, ce sont ses ouvriers, c'est moi-même, ce sont en un mot tous les Français qui produisent la fortune de l'État en donnant une part de leur propre argent. Car l'État n'est point une personne jouissant d'une fortune particulière : l'État, c'est tout le monde, c'est la patrie. Quand tu entendras des gens s'écrier, comme tu le faisais toi-même hier : « Est-ce que le gouvernement, auquel est confié le trésor de l'État, ne devrait pas consacrer un million ou deux millions à telle entreprise? » — il faut toujours leur rappeler que le gouvernement par lui-même ne possède rien : si donc on veut lui voir augmenter les dépenses pour telle ou telle entreprise, c'est comme si on voulait voir augmenter l'impôt fourni par chaque citoyen de l'État. Et le gouvernement ne peut ainsi augmenter l'impôt sans le consentement de la nation.

FRANCINET. — Alors, monsieur, les impôts c'est l'argent que tout le monde donne au gouvernement pour qu'il protège les droits de tout le monde.

M. Edmond. — C'est cela même. Il y a deux sortes de contributions ou impôts : les impôts *directs*, qui sont payés directement et en personne par chaque particulier à l'État ; et les impôts *indirects*, qui frappent différentes marchandises, telles que le sel, le vin, les tabacs, le sucre.

Voulez-vous un exemple qui vous fera comprendre les impôts indirects? Le débitant de vin à Paris, qui va acheter à la halle aux vins sa provision, paie environ 20 c. d'impôt sur chaque litre. Si le vin lui coûtait déjà 25 c., l'impôt de l'octroi le lui remet tout de suite à 45 c. Il ne pourra donc le vendre moins de 45 c., s'il ne veut perdre ; et comme tout marchand doit gagner quelque chose, il le vendra plus de 45 c. Ce seront donc en fin de compte ceux qui boivent du vin à Paris qui paieront les 20 c. par litre réclamés d'abord au marchand. Comprenez-vous, mes enfants, que de cette manière l'impôt est payé *indirectement*, mais n'en est pas moins payé ?

La Halle aux vins, à Paris.

CXXX. — Comment on établit les impôts. — Devoirs des électeurs envers la Patrie. — L'instruction civique.

Ne soyez point indifférent aux affaires publiques, qui sont vos affaires comme celles de tous.

Henri. — Monsieur, n'y a-t-il point de danger que le gouvernement ne demande à tout le monde plus d'argent qu'il n'est nécessaire?

M. Edmond. — Mon ami, les impôts sont votés chaque année en France par les représentants de la nation. C'est donc la nation qui s'impose volontairement à elle-même les contributions qu'elle paie, puisque c'est elle qui choisit ses représentants. Du moment qu'une nation a le devoir et le droit d'examiner les dépenses publiques, et qu'elle vote les impôts par l'intermédiaire de ses députés, elle doit avant tout s'en prendre à elle-même de l'état où sont ses finances.

FRANCINET. — Mais monsieur, il y a bien des gens qui ne comprennent rien à tout cela. Comment pourraient-ils s'en occuper?

M. EDMOND. — Mon ami, cela est malheureusement très vrai; et ce qui est très vrai aussi, c'est que ce sont ces gens-là qui souvent crient le plus haut contre ce qu'ils ne comprennent pas. Le seul remède serait de s'instruire au lieu de crier à tort et à travers. Acquérir l'*instruction civique* n'est pas plus difficile que beaucoup d'autres choses. Combien de gens se donnent une très grande peine pour apprendre à jouer des jeux très difficiles, tels que le whist ou les échecs! et ils n'auraient pas le courage de se donner le même mal pour s'instruire de choses utiles qui les concernent et qu'ils ignorent? Ces gens-là trouvent plus commode d'abandonner leurs affaires aux réflexions des autres et de crier ensuite bien haut que tout va mal, que tout va de travers.

Les hommes sensés seraient en droit de leur répondre : « Mon ami, avant de blâmer ce qui se fait, réfléchissez si cela n'est point de votre faute. Vous êtes électeur; vous avez donc voix dans les affaires publiques. Eh bien, apprenez-moi, je vous prie, quel mal vous vous êtes donné depuis que vous êtes au monde pour comprendre un mot aux affaires que vous critiquez? Suffit-il donc d'écouter l'avis du premier venu pour se rendre compte d'une question difficile? Ce que vous blâmez en ce moment, vous l'approuverez peut-être demain; car vous n'êtes pas capable de juger par vous-même, vous êtes trop ignorant. Au lieu donc d'accuser tout le monde, rentrez en vous-même et commencez par convenir que vous n'avez pas rempli votre devoir envers la Patrie. Prenez ensuite la résolution de vous instruire; étudiez sérieusement tout ce qu'un bon citoyen doit savoir, et vous pourrez alors donner votre avis en connaissance de cause. »

CXXXI. — La *CONSTITUTION*. — La Chambre des députés. Le Sénat. Le président. Les ministres.

Un bon citoyen doit respecter la constitution que son pays s'est librement donnée.

FRANCINET. — Monsieur, vous nous avez parlé d'être électeur; voudriez-vous nous expliquer en quoi cela consiste?

Une séance à la *Chambre des députés.*

M. EDMOND. — Mon ami, il y a une réunion d'hommes appelée *Chambre des députés* qui est chargée de faire les lois ou règles de justice consenties par tous. Elle partage cette tâche avec une autre Chambre qu'on nomme le *Sénat*.

Ce sont les électeurs, âgés de plus de 21 ans, qui nomment les membres des deux Chambres.

Mais il ne suffit pas de faire des lois; il faut encore des hommes qui en assurent l'exécution. C'est le *Président de la République,* nommé par les deux Chambres pour sept ans, qui veille à l'exécution des lois avec l'aide des *ministres* qu'il choisit.

Ces ministres consultent la Chambre des députés et le Sénat sur les affaires de la France, sur les impôts à établir, sur les questions de paix et de guerre, sur le

Palais du *Sénat* (ou Luxembourg).

Palais de l'*Élysée*, où réside le Président de la République, et où s'assemble le conseil des ministres pour délibérer sur les propositions à faire aux Chambres.

nombre d'hommes qu'il convient d'appeler sous les drapeaux, sur les mesures qu'il est à propos de prendre pour l'instruction du peuple français, et sur bien d'autres choses dont vous ignorez même l'existence.

Il y a des ministres de la Justice, de l'Instruction publique, des Cultes, de l'Intérieur, du Commerce, des Travaux publics, de l'Agriculture, des Finances, des Affaires étrangères, de la Marine, de la Guerre, des Postes et télégraphes.

Le gouvernement comprend ainsi deux grandes classes d'hommes : des hommes qui font les *lois* (députés et sénateurs), et d'autres qui assurent l'*exécution* des lois (président de la République et ministres).

CXXXII. — Le *VOTE*. — Supériorité de la lutte électorale sur les révolutions. — Nécessité de l'instruction civique. — Le devoir militaire et la discipline.

Le *droit* de voter impose le *devoir* de s'instruire.

FRANCINET. — Quand j'aurai 21 ans, j'irai donc voter.

M. EDMOND. — Certainement, mon ami, et Henri aussi.

FRANCINET. — Mais en quoi cela consiste-t-il, de voter?

M. EDMOND. — Mon enfant, voici en quoi le vote consiste. Quand tu seras électeur, tu iras, toi et les autres électeurs de ta commune, porter à la mairie, au jour désigné, un billet sur lequel sera inscrit le nom du député que tu auras choisi. Le député qui aura eu le plus de voix, c'est-à-dire de bulletins portant son nom, sera élu. Henri fera de même.

Le *vote*. — Une fois le vote terminé, on compte tous les bulletins. Ce compte s'appelle *scrutin*.

Mais, mes enfants, pour charger quelqu'un de défendre les droits de tous, encore faut-il savoir quels sont ces droits, quelles choses sont justes et par là même vraiment utiles à la patrie. Pour cela, il faut avoir au moins quelques notions de *morale civique* et de *droit* élémentaire. Sans cela, vous choisiriez vos députés en aveugles ; le dernier qui vous parlerait aurait toujours raison, car vous seriez incapables de trouver le point faible d'un raisonnement. Dans de telles conditions, votre vote, au lieu d'être utile à la prospérité du pays, ne ferait que lui susciter des obstacles.

Francinet avait écouté tout cela avec une grande attention. Comme c'était un enfant intelligent, et que les questions qui étaient en jeu l'intéressaient particulièrement malgré son jeune âge, il fit tout de suite une réflexion très raisonnable : — Monsieur, dit-il, puisque les ouvriers et les pauvres choisissent leurs députés comme les riches, ils travaillent donc, eux aussi, aux lois de justice d'où dépend l'avenir de la société?

M. Edmond. — Incontestablement, mon garçon?

Francinet. — N'y a-t-il pas aussi, monsieur, plus de pauvres et de travailleurs qu'il n'y a de riches?

M. Edmond. — Oui, mon ami, cela est évident encore.

Francinet. — Alors, monsieur, pourquoi y a-t-il des gens qui voudraient bouleverser la société par des révolutions, sous prétexte de la transformer, puisqu'il est facile de changer les lois en votant bien?

M. Edmond. — Bravo, Francinet! voilà une réflexion d'homme plutôt que d'enfant. Oui, mon ami, tu ne te trompes pas. L'appel fait à tous les travailleurs d'émettre leurs vœux par leurs votes est pour l'avenir une promesse de progrès rapide, au sein de la paix et de la sécurité. La bataille des rues, frère contre frère, est remplacée par la lutte électorale, lutte pacifique où on l'emporte par la persuasion et non par la force.

Seulement, ne l'oublie pas, mon ami, tout droit ici-bas crée un devoir. En acceptant le *droit* de voter, tu acceptes le *devoir* de t'instruire des grandes questions qui concernent la société. Tu ne dois plus être une cire molle, que le premier venu puisse façonner au gré de ses passions. Rappelle-toi les colères du peuple contre Turgot, son meilleur ami; rappelle-toi les violences exercées contre les inventeurs des objets les plus utiles. C'étaient là des résultats de l'ignorance, et de bien tristes résultats! Au lieu de te laisser entraîner, comme une machine, par le dernier qui te parlera, tu dois être une conscience inflexible que rien ne puisse faire transiger. Tu dois, s'il le faut, sacrifier tes intérêts du quart d'heure présent à la vérité, à la justice, qui triompheront dans l'avenir. Le citoyen qui, jadis, au milieu des révolutions, donnait sa vie pour assurer à la patrie des jours meilleurs, faisait peut-être un acte plus héroïque, mais non plus utile que celui qui, sérieux, incorruptible, porte au scrutin son bulletin de vote, libre expression de sa conscience et des droits de tous ses concitoyens.

Francinet. — Oh! monsieur, je comprends bien cela, et le devoir de s'instruire me semble tout à fait agréable à remplir.

M. Edmond. — Outre tes obligations d'électeur, Francinet, et toi aussi, Henri, vous aurez à remplir d'autres obligations envers la patrie : celles de soldat.

HENRI. — C'est vrai, je serai soldat quand j'aurai vingt ans. Maintenant tous les Français sont soldats.

M. EDMOND. — Eh bien, la première vertu du soldat, après l'amour de la patrie et le respect des lois, c'est l'amour de la discipline. Une armée indisciplinée peut causer la ruine de la patrie. Ainsi, mes enfants, ce n'est pas tout que de concourir comme électeur à l'établissement des lois, il faut, une fois les lois faites, les respecter comme citoyens ; il faut aussi les observer comme soldats et vous soumettre avec un entier dévouement à tous les règlements militaires. Savoir obéir est souvent aussi beau et aussi difficile que de savoir commander.

CXXXIII. — L'*HYGIÈNE*. — **L'air de la campagne et l'air de la ville. — La respiration chez l'homme. — La propreté. — Les vêtements. — L'asphyxie. — Soins aux asphyxiés. — Francinet fait provision de bon air.**

Les soins aux asphyxiés consistent à les porter au grand air, à irriter leurs narines avec les barbes d'une plume, à presser doucement leur poitrine pour rétablir la respiration et à leur souffler de l'air dans la bouche.

Le mois de juillet touchait à sa fin. On était au moment où les jours sont les plus beaux de l'année. M. Edmond, fort content de l'application de nos jeunes amis, songea à leur procurer une agréable surprise.

Un matin, de bonne heure, il leur annonça qu'il les emmenait tous les trois à la campagne. Aimée, très joyeuse, courut mettre son chapeau, Henri ses souliers propres, et Francinet ses habits des dimanches.

Aimée revint bientôt et se plaça sagement auprès de M. Edmond, tandis qu'Henri et Francinet marchaient en avant de quelques pas, et causaient tous les deux tant qu'ils pouvaient.

On quitta vite les rues de la ville pour prendre du côté des champs. M. Edmond avait choisi un joli chemin ombragé de saules ; le soleil ne dardait ses rayons qu'à travers la verdure, et c'était plaisir de cheminer ainsi à l'ombre, le long des haies pleines de fleurettes qui exhalaient une bonne odeur.

— Que j'aime les champs! s'écria Francinet ravi de la promenade. Comme on respire ici un air bien meilleur que dans la manufacture!

M. EDMOND. — Oui, mon ami, meilleur et plus sain; car, partout où il y a un grand nombre d'hommes réunis, l'air se trouve vicié et produit une sorte d'asphyxie lente.

FRANCINET. — Pourquoi donc cela, monsieur?

M. EDMOND. — C'est un peu difficile à comprendre pour toi; néanmoins je vais tâcher de te l'expliquer.

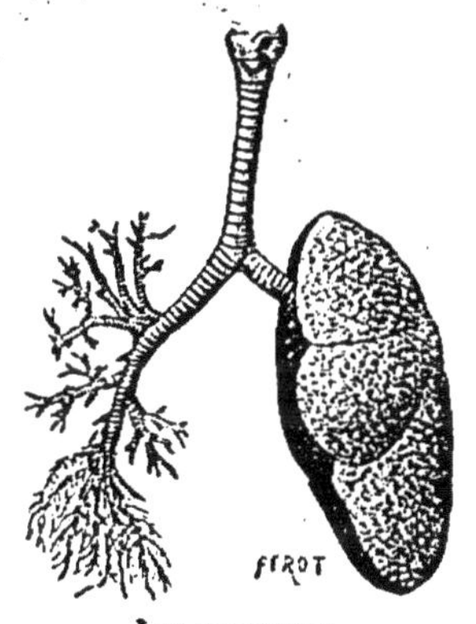

Les poumons.

L'air est un mélange de corps gazeux; l'un des gaz qui forment ce mélange s'appelle *oxygène*, et l'oxygène est nécessaire à la respiration. C'est aussi l'oxygène qui alimente le feu et la flamme, et là où il manque, la flamme s'éteint. Eh bien! mon ami, nos poumons sont absolument comme un foyer qui, pour chauffer et brûler, a besoin d'oxygène. Notre corps et notre sang contiennent une sorte de charbon, ou *carbone*, qui a besoin d'être peu à peu renouvelé et consumé. Quand nous respirons, l'oxygène de l'air s'introduit dans nos poumons, il pénètre dans notre sang et y brûle cette sorte de charbon, en produisant une chaleur sans flamme qui entretient la vie.

L'oxygène s'introduit aussi dans notre sang par les innombrables petits trous de la peau qu'on appelle pores. C'est pour cela que l'*hygiène*, ou art de conserver la santé, prescrit avant toute chose la *propreté*, qui empêche les pores de la peau de se fermer et entretient la pureté du sang. L'hygiène recommande aussi que les vêtements, surtout chez les femmes, soient assez larges pour ne pas gêner la respiration. Enfin, ces vêtements doivent être assez chauds pour éviter les *refroidissements* subits, qui peuvent produire une inflammation des poumons, et assez épais pour garantir de l'*humidité*, une des causes qui vicient l'air et exposent aux maladies de poitrine.

On se sert de la *blouse de sûreté contre l'asphyxie* pour descendre dans les caves et puits profonds d'où l'incendie ou toute autre cause a chassé l'air respirable. Cette blouse, en cuir, a été inventée par un sapeur-pompier. Au capuchon est adapté par devant un verre épais, à travers lequel le pompier peut voir. Un tuyau, fixé par derrière à la ceinture, introduit constamment de l'air du dehors sous la blouse : la blouse se gonfle et enveloppe d'une atmosphère respirable le pompier, dont les deux mains tiennent le tuyau de la pompe à incendie.

Lorsque, après avoir aspiré l'air pour le faire entrer, nous le laissons ressortir par la bouche, il n'est plus le même qu'en entrant. Il remporte avec lui un gaz nouveau, appelé gaz *acide carbonique*, qui n'est plus propre à la respiration ni à l'entretien de la vie.

C'est ce même gaz, cet acide carbonique, qui se produit quand les cuves de vin fermentent; et si l'on entre sans précaution dans une cave remplie de cuves de vin, où l'air respirable ait été remplacé peu à peu par l'acide carbonique, on risque d'être asphyxié comme lorsqu'on descend sans précaution et sans appareil de sûreté dans une cave d'où l'incendie a chassé l'air respirable.

Et maintenant, Francinet, rappelle-toi que les grandes villes ressemblent fort à ces caves dont l'air est vicié. Un grand nombre d'hommes respirant à la fois dans un même endroit absorbent peu à peu, par la respiration, l'oxygène de l'air, et ils n'exhalent que de l'acide carbonique; si bien que l'air devient de moins en moins respirable. C'est encore bien pis dans les cabarets et les cafés, que remplissent en outre la fumée si peu hygiénique du tabac et les vapeurs du vin.

FRANCINET. — Pour moi, je me demande toujours comment on peut préférer l'air du cabaret à ce bon air des champs, et le plaisir de boire ou de fumer à celui d'une petite promenade dans la campagne.

M. EDMOND. — Tu as bien raison; si l'on veut faire provision d'air pur, c'est aux champs qu'il faut venir.

— Oh! monsieur, dit Francinet en riant, je vais en faire une bonne provision aujourd'hui!

Et pour montrer qu'il avait bien compris l'explication de M. Edmond, Francinet s'arrêta, ouvrit la bouche, et aspira l'air de toutes ses forces; sa poitrine se souleva.

— Voyez, dit-il, j'aspire l'oxygène, qui va purifier mon sang. Et maintenant, j'exhale l'air et le laisse ressortir; il est tout chargé d'acide carbonique.

Aimée et Henri se mirent à rire, en imitant à leur tour Francinet.

CXXXIV. — Hygiène. (*Suite.*) — Respiration chez les plantes. — Utilité hygiénique des arbres. — Comment les plantes assainissent l'air vicié par les animaux.

La nature est pleine d'harmonies qui révèlent la sagesse du Créateur.

M. Edmond reprit: — Savez-vous, mes enfants, ce que va devenir cet acide carbonique que vous venez d'exhaler?

Les enfants se regardèrent surpris.

M. EDMOND. — Eh bien! l'acide carbonique, qui est irrespirable à l'homme, est indispensable aux plantes et aux arbres qui vous environnent.

FRANCINET. — Comment cela, monsieur?

M. EDMOND. — Les plantes, mon ami, ont précisément besoin d'acide carbonique pour vivre.

FRANCINET. — La singulière chose! Alors les plantes se nourrissent de ce qui nous gênerait?

M. Edmond. — Précisément. Les plantes ont, elles aussi, une espèce de respiration, et ce sont leurs feuilles qui leur servent de poumons. Ces feuilles aspirent peu à peu l'acide carbonique qui est dans l'air, et elles rendent à l'oxygène sa pureté. Les plantes, pourvu qu'elles soient en plein air et non dans les appartements, assainissent donc l'atmosphère. Elles font ainsi exactement le contraire de l'homme et des animaux. Tu vois qu'en te débarrassant de ton acide carbonique, tu donnes aux plantes ce qui leur est utile, tu te délivres de ce qui te serait nuisible. Vous vous rendez service mutuellement.

Francinet. — Oh! monsieur, que tout cela est admirablement arrangé!

M. Edmond. — Oui, mon enfant, et il en est ainsi de toutes les lois de la nature. Plus on les étudie, plus on s'aperçoit de la sagesse merveilleuse qui a présidé à leur arrangement. Aussi la vraie science élève nos cœurs et les tourne tout naturellement vers Dieu.

Aimée. — Cela est bien vrai, monsieur. Pour moi, je n'avais jamais autant aimé Dieu et mon prochain, que je le fais à mesure que je suis moins ignorante!

Henri. — Moi aussi, petite sœur, et en même temps j'aime davantage tout ce qui m'entoure. Ainsi les fleurs, qu'autrefois je regardais seulement avec plaisir à cause de leur beauté, voilà que je m'intéresse bien plus à elles, maintenant que je sais la manière dont elles vivent et le rôle qu'elles jouent dans la nature.

CXXXV. — Utilité des arbres pour l'agriculture et l'industrie. — Le reboisement. — Produits de nos forêts. Bois, charbon, résine, écorce et liège.

Les arbres sont nos amis.

M. Edmond. — Vous le comprenez maintenant, c'est une fâcheuse manie que celle des gens qui, à la ville ou aux champs, semblent faire la guerre aux arbres, comme si la place qu'un arbre occupe était de la place perdue.

Les arbres sont nos amis ; ils nous rendent une foule de bons services, outre celui de purifier l'air : ils concourent à la fertilité du pays en attirant les brouillards de

INDUSTRIE FORESTIÈRE : *la récolte du liège.* — Elle se fait pendant l'été. Un homme, monté sur une échelle, pratique dans l'écorce du chêne-liège des entailles en forme d'anneaux. D'autres fendent cette écorce de haut en bas et la détachent. — Le liège sert spécialement pour la fabrication des bouchons. Le bouchonnier coupe de petits carrés de liège, puis, présentant ces petits carrés à un couteau bien tranchant, il les arrondit avec dextérité. Un bouchonnier habile peut faire plusieurs milliers de bouchons par jour.

l'atmosphère qui sont utiles à la végétation, en entretenant et distribuant avec mesure l'humidité du sol.

En outre, le bois des arbres est très précieux pour le chauffage, pour toutes les constructions et tous les meubles ; il faut donc avoir soin de ne pas le gaspiller. Outre ce bois, qui est leur produit principal, les arbres nous fournissent des écorces, des résines, du charbon. L'écorce du chêne, du châtaignier, du bouleau sert au tannage des cuirs. Avec l'écorce du tilleul et de l'orme, on fait des nattes, des tapis, des cordes. Savez-vous d'où vient le liège, qui nous est si utile? Ce n'est autre chose que l'écorce d'une espèce de chêne qui croît dans le midi de la France et en Algérie : le chêne-liège. Les résines, dont on fait des chandelles, la térébenthine, qui sert aux peintres, viennent des pins et des sapins.

L'arbre, vous le voyez, est comme un capital fécond qu'il faut ménager pour l'employer à une foule d'usages. Aussi, à mesure qu'on déboise, on devrait reboiser.

CXXXVI. — La mutilation des arbres. — Le maraudage.

« Quiconque mutile, coupe ou écorce un arbre de manière à le faire périr, est puni d'un emprisonnement de 6 jours à six mois, à raison de chaque arbre. »

« Le maraudage est puni d'une amende et d'un emprisonnement de 1 à 5 jours. » (*Code pénal.*)

Les arbres des particuliers, et ceux des forêts que l'État entretient avec soin pour l'utilité publique, sont des propriétés précieuses, auxquelles la loi défend de porter atteinte sous des peines sévères.

HENRI. — Et moi qui ai plusieurs fois, en me promenant dans les bois, taillé des arbres avec mon couteau, et coupé de grosses branches ! Je me rappelle même que je me suspendais à des arbres tout jeunes, récemment plantés. C'était très amusant, mais il y en a plusieurs qui se sont brisés. On m'a beaucoup grondé pour cela.

M. EDMOND. — Et on a bien fait ; car les enfants qui s'amusent en faisant du tort à autrui sont à la fois égoïstes et injustes. Faire périr un jeune arbre, c'est détruire en germe une richesse ; c'est un véritable vol.

HENRI. — Mais, monsieur, je n'y pensais pas du tout en m'amusant.

M. Edmond. — Tu n'étais pas excusable pour cela, mon enfant; c'est toujours une faute d'agir sans réflexion, même en jouant; et les enfants aussi bien que les hommes doivent s'habituer à penser aux conséquences de leurs actions.

Francinet. — Moi, j'ai souvent pris dans les champs des pommes tombées sous les arbres; même il nous est arrivé de secouer l'arbre pour les faire tomber.

M. Edmond. — Mon ami, c'est encore un véritable vol et le maraudage est puni par la loi. Habituons-nous de bonne heure à respecter dans les plus petites choses le droit et la propriété d'autrui, car on commence par les petites fautes et on finit par les grandes.

Francinet. — Oh! j'ai été une fois bien puni; le fermier est accouru, et nous a frotté les oreilles, à moi et à mes camarades.

M. Edmond. — Il était dans le cas de légitime défense : sans doute il aurait eu tort et aurait dépassé son droit s'il vous avait fait réellement du mal; mais, quant à vous frotter un peu les oreilles, j'en aurais fait tout autant à sa place. Seulement, j'aurais en outre tâché de vous faire comprendre pourquoi il est très mal de s'habituer à prendre le bien d'autrui. Voyons, que dirais-tu, Francinet, si un de tes camarades voulait te prendre ton couteau, qui ne coûte pas plus qu'une douzaine de pommes, et coûte cent fois moins qu'un arbre fruitier?

Francinet baissa la tête tout honteux.

M. Edmond. — Tu le vois donc bien, Francinet, c'était injuste : tu faisais à autrui ce que tu ne voudrais pas qu'on te fît.

Francinet. — Monsieur, c'était seulement pour faire comme les autres.

M. Edmond. — Détestable excuse! tu le comprends aujourd'hui, n'est-ce pas, mon enfant? Faire comme les autres, c'est montrer un caractère faible, sans volonté et sans intelligence; c'est ressembler aux moutons, qui, se bornant à suivre aveuglément leur chef de file, marchent sur ses pas sans regarder si le chemin qu'il a pris est bon ou mauvais. Ne te demande jamais, mon ami, *ce que les autres font,* mais ce que tu as le *devoir* de faire.

FRANCINET. — Oh! je vous promets, monsieur, d'agir ainsi à l'avenir.

CXXXVII. — Oiseaux et insectes. — Notre *AGRICULTURE*. — Terres incultes. — Le drainage. — Les déserts d'Afrique; puits artésiens et oasis artificielles.

La loi autorise les préfets à interdire par des arrêtés la destruction des oiseaux et des animaux utiles.

Tout en causant, on avait fait un bon bout de chemin dans le sentier ombragé où voletaient et gazouillaient rossignols, fauvettes, huppes et mésanges.

Mésange. Huppe. Chat-huant.

LES OISEAUX DESTRUCTEURS DES INSECTES ET DES RONGEURS.

— Voilà, disait M. Edmond, les amis du cultivateur, dont le bec fait une guerre acharnée aux insectes et aux rongeurs, destructeurs des récoltes.

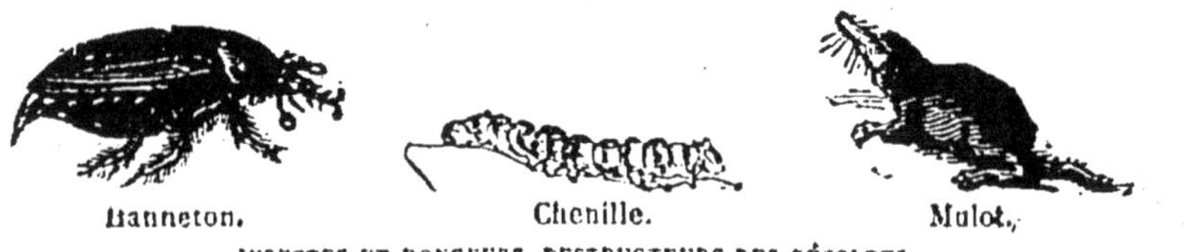

Hanneton. Chenille. Mulot.

INSECTES ET RONGEURS DESTRUCTEURS DES RÉCOLTES.

Au sentier succéda bientôt une route découverte, et l'on apercevait, à droite et à gauche, les champs remplis de blé, d'avoine ou de trèfle. M. Edmond fit remarquer aux enfants combien ces cultures étaient tenues avec soin et comme les moissons paraissaient abondantes : pas un coin de terrain n'était perdu.

— Monsieur, demanda Henri, est-ce que la France tout entière est aussi bien cultivée que le pays où nous sommes.

M. Edmond. — Non, mon ami, et nous sommes loin d'avoir encore atteint la perfection. Il y a en France 9 à 10 millions d'hectares incultes ou de marais, c'est-à-dire l'équivalent de dix départements entiers. L'agriculture et la santé gagneraient beaucoup au dessèchement de ces marais. Ailleurs, que de terrains trop humides où pourrissent les racines des plantes! Il suffirait, pour les rendre fertiles, de les faire traverser par des tuyaux de *drainage* qui, placés sous le sol, permettent au surplus d'eau de s'écouler peu à peu.

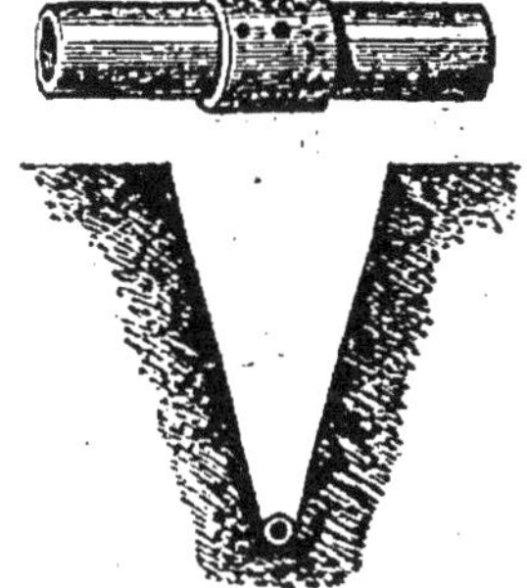

Tuyaux de drainage. — Pour drainer la terre, on y place à une profondeur d'un mètre environ des tuyaux en terre cuite, entre lesquels on laisse un espace suffisant pour que l'eau puisse s'y écouler sans entraîner la terre.

Enfin, il existe encore en France trop de biens *communaux :* tu sais, Henri, ce qu'on appelle de ce nom?

Henri. — Ce sont les biens appartenant non à des particuliers, mais à des communes.

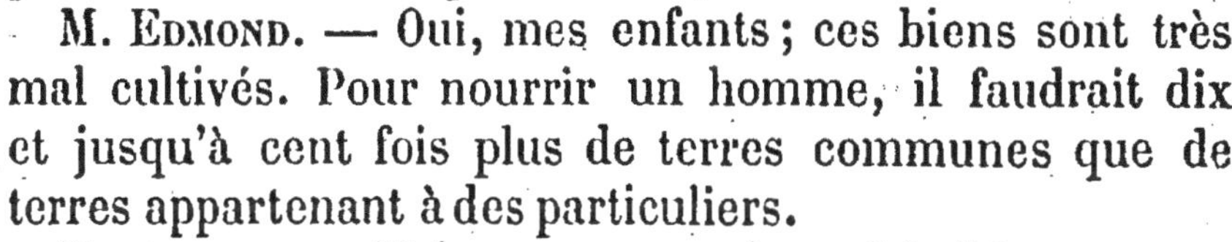

M. Edmond. — Oui, mes enfants; ces biens sont très mal cultivés. Pour nourrir un homme, il faudrait dix et jusqu'à cent fois plus de terres communes que de terres appartenant à des particuliers.

Francinet. — Mais comment cela se fait-il?

M. Edmond. — Mon ami, tout le monde devrait travailler dans les biens communaux; mais chacun compte sur son voisin, et quand on compte ainsi sur tout le monde pour faire la besogne, elle ne se fait point.

Une grande partie de la terre, et non pas seulement de la France, est encore inculte. Vous avez entendu parler, par exemple, des déserts du Sahara qui remplissent l'Afrique. Que de terrain perdu!

Henri. — C'est vrai, monsieur; mais là, ce n'est pas la faute des hommes : on ne pourra jamais les cultiver.

M. Edmond. — Erreur, mon ami. Il y a sous les sables

du désert de nombreux courants d'eau, et presque une mer souterraine. Au moyen de puits profonds que l'on sait aujourd'hui pratiquer, et qu'on appelle *puits artésiens*, on peut faire jaillir l'eau à la surface comme un jet d'eau abondant, produire de vraies rivières, planter des arbres que cette eau arrose, obtenir peu à peu de la verdure, et remplacer enfin le sable mort par les végétaux, par la vie, par des oasis artificielles.

Puits artésien et oasis artificielle.

FRANCINET. — Alors, monsieur, pourquoi ne le fait-on pas bien vite?

M. EDMOND. — Mon ami, fertiliser le désert demanderait des sommes énormes et de longues années. Une chose bien plus facile et non moins importante, c'est de mieux cultiver les terres chez nous et de leur faire produire davantage. Cette amélioration de la culture pourra doubler, quadrupler la valeur de la terre en France. Une de nos grandes écoles d'agriculture, celle de Grignon, qui a brillé au premier rang dans les expositions, universelles, avait inscrit dans la salle où étaient exposés ses produits la

Intérieur de l'*Exposition universelle* de 1878. Machines agricoles.

maxime suivante : — *Le sol, c'est la patrie; améliorer l'un, c'est servir l'autre.*

CXXXVIII. — Le *LABOURAGE*. — Les charrues, la herse et le rouleau. — Le pot de fleurs d'Aimée. — Comment Francinet se promet de cultiver son petit jardin.

« Doubler la profondeur du sol, c'est doubler sa puissance productrice. » (*Ecole de Grignon.*)

Nos promeneurs approchaient de la ferme de M. Clertan ; ils apercevaient à chaque instant des campagnards occupés à leurs travaux, et Francinet était frappé de l'activité qui régnait parmi eux. — Je vois, s'écria-t-il, que les paysans sont comme les ouvriers, ils ont beaucoup à travailler.

La charrue antique dont se servaient les Gaulois, les Romains et les Grecs, était un simple crochet traîné par deux bœufs.

— HENRI. — C'est toujours ce que j'entends dire au fermier de mon grand-père ; mais, monsieur Edmond, quels sont donc tous ces travaux que la terre demande, et qui occupent sans cesse les paysans ?

M. EDMOND. — Les premiers travaux des agriculteurs consistent à préparer le sol avant de l'ensemencer.

Il faut labourer la terre avec la charrue de Dombasle, l'ameublir et la retourner pour l'exposer à la bonne influence de l'air et du soleil. Si on enlève ainsi les pierres à une grande profondeur, si on permet par là aux engrais de s'étendre au loin et au large, on double la puissance et la fertilité de la terre. C'est comme si on doublait la nourriture des plantes. Aussi a-t-on posé avec raison cette règle générale : « Tu veux agrandir ton champ de moitié ? Eh

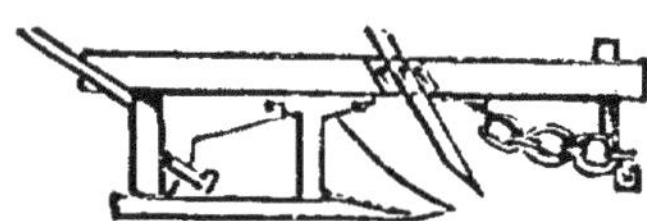

La *charrue* de Dombasle comprend un *soc*, qui détache la bande de terre en dessous et la soulève, un *couteau*, qui fend la terre, un *versoir* qui la renverse sur le côté.

bien! laboure-le, s'il est possible, moitié plus profondément; cela reviendra presque au même. »

AIMÉE. — Je comprends bien cela, monsieur, car je pense que cela doit être pour l'agriculture comme pour les fleurs que je plante dans mes pots. Quand le pot est trop petit et que la plante n'a point où étendre ses racines, elle n'atteint pas moitié de sa grandeur. Ses fleurs sont moitié moins belles qu'elles ne le sont dans un grand pot, où il y a beaucoup de bonne terre.

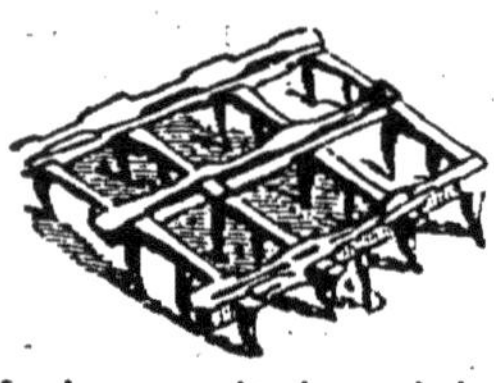

La *herse*. — Après avoir labouré le sol, on ratisse la surface en y promenant la herse, qui fait dans les champs ce que fait le râteau dans les jardins.

M. EDMOND. — Vous ne vous trompez pas, chère enfant; c'est ce qui a lieu pour l'agriculture : on augmente pour ainsi dire le vase où sont contenues les plantes en labourant plus profondément la terre. C'est comme si l'on fournissait aux plantes une table moitié mieux servie et pouvant nourrir moitié plus d'individus.

Le *rouleau*. — Pour briser les mottes de terre ou pour tasser les sols légers, on passe par dessus des rouleaux de pierre ou de fonte, parfois armés de dents.

FRANCINET. — Moi, je suis très content de savoir cela; je vais m'empresser de le mettre à profit.

AIMÉE, *en riant*. — Comment cela, Francinet? est-ce que tu vas te faire cultivateur?

FRANCINET, *riant aussi*. — Oui, mademoiselle. A la Toussaint, notre propriétaire va nous donner un petit carré de jardin, tout petit. Maman a dit que nous le bêcherions à temps perdu, et qu'on y sèmerait de la salade, des haricots et de l'oseille. Moi qui sais qu'il faut bêcher profondément la terre, soyez tranquille! je remuerai le sol de tout mon cœur.

M. EDMOND. — C'est très bien pensé, mon ami. Tu connaîtras alors quelle joie on éprouve à voir la terre vous récompenser des soins qu'on lui donne.

CXXXIX. — Les *JACHÈRES* et les *ASSOLEMENTS*. — Plantes épuisantes et améliorantes. Olivier de Serres.

« Je sens tous les jours combien la tâche de cultiver et de féconder la terre est plus satisfaisante que la vaine gloire de la ravager par des conquêtes. » (WASHINGTON.)

M. EDMOND. — Le grand art du cultivateur est de faire se succéder sur une même terre des cultures diverses.

FRANCINET. — Comment, monsieur? ce n'est pas toujours la même plante qu'on cultive dans la même terre?

M. EDMOND. — Non, mon ami, et la raison en est bien simple. Dis-moi, Francinet, ne sais-tu pas que les divers animaux se nourrissent d'aliments différents?

FRANCINET, *en souriant*. — Je crois bien! on ne nourrit pas les chevaux avec de la viande, ni les chats avec de l'avoine. Cela ne ferait pas du tout leur affaire.

M. EDMOND. — Eh bien, mon ami, on a remarqué que les plantes sont comme les animaux : elles ont chacune des aliments divers, dont le sol et l'air contiennent une certaine provision. Ainsi il y a plusieurs plantes qui se nourrissent surtout par les racines, et qui empruntent beaucoup au sol, comme le blé et le seigle; tu comprends que la culture continuelle de ces plantes aurait bientôt épuisé le sol : aussi les nomme-t-on plantes *épuisantes*. Il y a d'autres plantes qui empruntent beaucoup à l'air et se nourrissent surtout par les feuilles, comme le trèfle et la luzerne : on les appelle plantes *améliorantes*. Si on mettait toujours les mêmes plantes dans la même terre, la provision d'aliments qui leur convient serait bientôt épuisée et elles ne pourraient plus y prospérer. Mais quand une espèce s'est nourrie de ce qui lui convient, on la remplace par une autre qui n'a pas les mêmes goûts, et qui dépense des aliments d'un autre genre. Quand celle-là a pour ainsi dire fini son repas, on la remplace par d'autres encore. Cette succession de cultures bien choisies se nomme *assolement*.

La première règle, c'est donc de faire se succéder les plantes *améliorantes* et les plantes *épuisantes*.

La seconde règle des assolements, c'est de *faire se succéder les plantes nettoyantes et les plantes salissantes*.

Les plantes nettoyantes sont celles dont la culture nettoie le sol des mauvaises herbes, parce qu'on *sarcle* ces plantes : maïs, pommes de terre, betteraves.

AIMÉE. — Tiens, c'est vrai ; Jeanne, ma petite sœur de lait, m'a parlé souvent d'aller sarcler des pommes de terre.

M. EDMOND. — Justement, mon enfant. Il y a au contraire des plantes *salissantes*, comme le blé et le seigle. Vous devinez, Aimée, pourquoi on les appelle ainsi?

AIMÉE. — Parce qu'on ne peut pas les sarcler.

M. EDMOND. — Justement. On est obligé de laisser grandir avec elles de mauvaises herbes qui, répandant leurs graines avant la moisson, salissent le sol et en prennent d'avance possession pour l'année suivante.

FRANCINET. — Oh! monsieur, voilà justement un champ de blé qui borde la route, et j'y vois beaucoup de mauvaises herbes, qu'il est impossible d'arracher avant la moisson.

AIMÉE. — Il y a aussi de bien jolies fleurettes! Quels magnifiques coquelicots rouges! Voyez, monsieur.

M. EDMOND. — Oui, mon enfant. Malheureusement ces fleurettes ne font pas l'affaire du cultivateur. Ce sont des herbes folles qui étoufferaient les cultures utiles si on ne les faisait pas disparaître.

FRANCINET. — Monsieur, est-ce que le sol ne finit pas par s'épuiser à force de produire, comme une table dont on mangerait tous les plats l'un après l'autre?

M. EDMOND. — Certainement, mon ami ; mais, de même qu'on sert de nouveau la table, de même on remet dans la terre des aliments de toute sorte.

FRANCINET. — Par quel moyen, monsieur?

M. EDMOND. — Par les engrais de tout genre, qui

rendent à la terre ce qu'on lui avait enlevé, et garnissent de nouveau la table de mets variés.

FRANCINET. — Comment cela, monsieur ? la terre n'a pas besoin de se reposer?

M. EDMOND. — Non, mon ami, si l'on sait *varier les cultures* et, par les engrais, rendre à la terre les éléments de fertilité qu'on lui avait enlevés.

HENRI. — Tiens! j'avais toujours entendu dire que la terre avait besoin de se reposer. Le voisin de mon père, qui a une ferme près de la nôtre, laisse ses terres incultes pendant un an et quelquefois deux ans, pour recommencer ensuite à les ensemencer.

M. EDMOND. — Cette interruption de culture s'appelle *jachère*. Ce n'est qu'un pis-aller auquel on ne doit avoir recours que quand la terre ne vaut pas cher et qu'on n'a pas beaucoup d'argent pour la cultiver et l'engraisser.

Olivier de Serres, né dans l'Ardèche, surnommé le Père de l'agriculture française, fut l'ami d'Henri IV.

FRANCINET. — Ce doit être bien ennuyeux, en effet, d'avoir une terre qui ne produit rien un ou deux ans.

M. EDMOND. — Certainement; aussi les progrès de l'agriculture conduisent à remplacer autant que possible la jachère par les *assolements*. « Le vrai repos de la terre, c'est la variété des cultures, » disait Olivier de Serres, qui a introduit en France la pratique de l'assolement.

CXL. — Le *BÉTAIL*. — *AMENDEMENTS* et *ENGRAIS*. — Le guano et les oiseaux de mer de l'océan Pacifique.

« Labourage et pâturage sont les deux mamelles de la France, » disait Sully, ministre d'Henri IV.

M. Edmond et les trois enfants arrivèrent à la ferme. C'était le moment où l'on ramenait le bétail de l'abreuvoir à l'étable, à cause de la chaleur et des mouches.

Francinet, qui aimait beaucoup les animaux, regardait le troupeau avec une grande attention. Il s'amusa même à compter les bœufs, et s'écria :

— Oh ! oh ! monsieur Edmond, que de fourrage il doit falloir pour nourrir tant de belles bêtes !

ÉCONOMIE AGRICOLE : le *bétail*. — Le *gros bétail* (bœufs, vaches chevaux, ânes, mulets) et le *menu bétail* (moutons, chèvres, porcs) constituent l'une des principales richesses agricoles. On a trop longtemps négligé en France l'élève du bétail, et c'est de là que venait l'infériorité de notre agriculture vis-à-vis de plusieurs pays étrangers, infériorité qui va s'effaçant de jour en jour.

M. EDMOND. — Cela est vrai ; mais, comme le bétail a une grande utilité, le fermier ne regrette pas les sacrifices qu'il faut faire pour sa nourriture. Le bétail, en effet, est le principal producteur de fumier ; c'est donc lui qui améliore la terre. Car, pour rendre à la terre plus qu'on ne lui a pris, il faut l'*amender* et la *fumer*.

FRANCINET. — Monsieur, qu'est-ce qu'amender la terre ?

M. EDMOND. — C'est l'améliorer en y mettant des matières *minérales* qu'elle ne contient pas en assez grande quantité, telles que chaux, marne et plâtre. C'est Franklin, dont je vous ai déjà parlé, qui a introduit dans son pays l'usage du plâtre, non sans avoir de grands préjugés à combattre. On dit qu'il fit répandre du plâtre dans un vaste champ de trèfle, de manière à écrire ces mots en grandes lettres sur le terrain : *Plâtré*. Le trèfle, sur lequel le plâtre produit le meilleur effet, grandit beaucoup plus à cet endroit, et les lettres se dessinèrent dans le champ aux yeux de tous.

HENRI. — Fumer la terre, ce n'est donc pas la même chose que l'amender ?

M. EDMOND. — Non, *fumer* la terre, c'est l'engraisser au moyen de matières *végétales* ou *animales*.

Voyez cette fosse à fumier où l'on dépose les litières des animaux, et où, par des canaux, aboutit le *purin;* c'est le plus précieux des engrais de ferme. Le commerce fournit en outre des engrais nombreux : le noir animal, la poudrette, et surtout le *guano,* qui est le plus puissant de tous. Savez-vous, mes enfants, jusqu'où on va le chercher? Jusque dans les îles de l'océan Pacifique, habitées par des milliards d'oiseaux de mer. Sous ce climat sec, où il se passe parfois trente années sans pluie, les excréments des oiseaux se sont accumulés depuis des siècles, jusqu'à former de véritables montagnes.

Iles de guano.

FRANCINET. — Mais, monsieur, cet engrais doit être très cher, puisqu'il vient d'aussi loin.

M. EDMOND. — Sans doute, mon ami; mais, quand on a assez d'argent pour se le procurer, la beauté des récoltes compense bien vite la dépense qu'on a faite.

Quand les agriculteurs sont éloignés des grandes villes ou manquent de capitaux, ils sont obligés de faire eux-mêmes du fumier en nourrissant du bétail comme celui que vous venez de voir; et c'est la manière la plus productive dont ils puissent employer leur argent.

CXLI. — Nécessité de l'argent et d'une bonne comptabilité pour l'agriculture.

Il ne faut pas acheter des terres sans prudence.

FRANCINET. — Monsieur, je vois que, pour la culture perfectionnée qu'on est obligé de faire aujourd'hui, il ne faut pas seulement de bons bras et de la bonne volonté, il faut aussi beaucoup d'argent et d'intelligence.

M. EDMOND. — Tu as bien raison, mon ami; et c'est là une vérité qui est trop souvent méconnue. Beaucoup d'hommes achètent des terres sans se demander s'ils auront assez d'argent pour les bien exploiter. Notre grand agriculteur, Mathieu Dombasle, auquel Nancy, sa ville natale, a élevé une statue, posait cette règle trop souvent oubliée : « Ayez plus d'argent que de terre ; ayez-en au moins trois ou quatre fois plus. » Car ce n'est pas tout d'avoir la terre, ne faut-il pas encore, Francinet, avoir autre chose pour la cultiver?

Nancy (80,000 h.).

FRANCINET. — Il faut de bons instruments, monsieur, de bon bétail, de bons engrais.

M. EDMOND. — Eh bien, mon ami, tout cela, pour être convenable, coûte en général deux, trois ou quatre fois plus que la terre elle-même. Il ne faut donc jamais acheter sans prudence, et sans s'être livré d'abord à la comptabilité la plus rigoureuse. Que diras-tu maintenant, Francinet, de ces imprévoyants qui achètent des terres à crédit? Ceux-là manquent de l'argent nécessaire non seulement pour cultiver la terre, mais même pour la payer! A quoi s'exposent-ils presque certainement?

FRANCINET. — A la ruine.

M. EDMOND. — Oui, car il suffira qu'une récolte manque pour que tout soit perdu. Enfin, ceux qui possèdent déjà un petit domaine sont également imprudents et calculent mal quand ils ne songent qu'à s'arrondir. « Un seul champ bien fumé produit plus de profit net que deux champs mal fumés, disait Mathieu Dombasle, car l'effet du fumier se perd dans une trop vaste étendue. » Il vaudrait donc bien mieux, au lieu de songer à augmenter l'étendue de ses champs, songer à augmenter le tas de fumier, et réunir tous ses efforts sur le terrain que l'on possède pour lui faire produire le plus possible.

CXLII. — Nécessité de l'intelligence et de l'instruction pour l'agriculture. Les écoles d'agriculture.

L'instruction fait pour l'intelligence ce que fait pour la terre la culture, qui la couvre de moissons.

FRANCINET. — Mais, monsieur, il est donc bien utile de faire produire le plus possible à la terre?

M. EDMOND. — Belle question! Francinet. Ne vois-tu pas d'abord combien c'est utile à l'agriculteur pour le bénéfice qu'il en retire? N'est-ce pas utile aussi aux autres hommes, qui, ayant plus de blé à leur disposition, auront moins à craindre la disette et la faim? En outre, Francinet, si nous ne savons pas produire beaucoup et à bon marché, que feront d'autres pays plus avancés en agriculture, comme l'Angleterre ?

FRANCINET. — Ils nous feront concurrence en vendant leurs produits meilleur marché que les nôtres.

M. EDMOND. — C'est cela. Ajoutons que, si on trouve moyen de produire dans un champ ce qui ne pouvait d'abord être produit que par deux, le second champ demeure disponible ; on peut l'utiliser d'une autre manière ; on peut en faire une *prairie artificielle*, et l'employer, par exemple, à la nourriture des moutons. L'industrie de la laine est la principale industrie française ; les mérinos de Reims et de Roubaix, les draps de Sedan et d'Elbeuf sont les plus appréciés dans le monde entier, et cependant nous n'avons point en France une quantité suffisante de bêtes à laine : nous sommes obligés d'acheter chaque année pour 300 millions de laine à l'étranger. Nous serions donc plus riches si notre agriculture était plus perfectionnée, surtout moins dépourvue d'argent et de capitaux.

[É]CONOMIE AGRICOLE : le *mouton mérinos*. — Cette belle race originaire d'Espagne, est remarquable par sa laine épaisse, un peu frisée, et douce.

N'en conclus pas cependant, Francinet, que les petits propriétaires doivent se lancer dans de trop grandes dépenses d'engrais, de batteuses et de machines. Ils ont à garder une juste mesure entre la routine et la témérité.

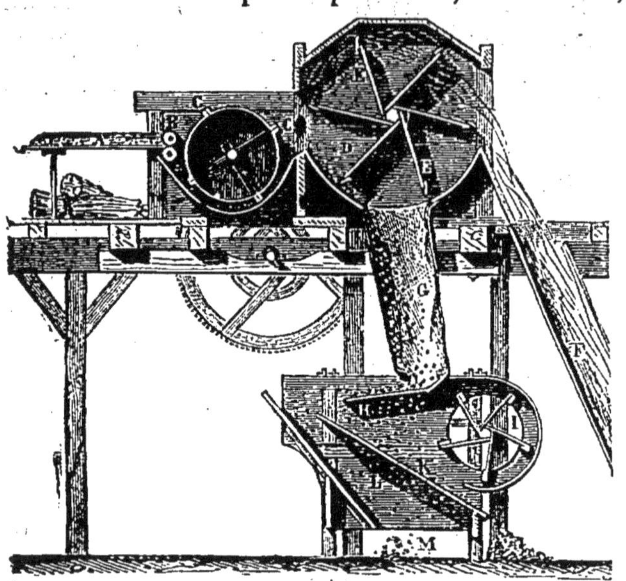

ÉCONOMIE AGRICOLE : la *batteuse mécanique* fait à elle seule en quelques minutes tout le travail des batteurs de blé. On jette les gerbes sur le tablier A. Elles sont alors saisies par une sorte de tambour armé de battants (C, C) qui broie la paille et l'épi. Ce tambour remplace les batteurs et leur fléau. La paille et le blé passent à l'intérieur d'un second tambour plus grand, muni de râteaux (D, E), qui remplace le râteau des laboureurs. Les râteaux laissent passer le grain, mais saisissent la paille et l'envoient tomber au dehors. Le grain descend par un autre conduit (G) et arrive sur une grille en mouvement (H) qui le secoue et remplace le van des vanneurs. Un petit ventilateur tournant (I) chasse les balles les plus légères qui s'envolent par l'embouchure (O). Le grain épuré descend le long de la grille (K), où on le recueille.

HENRI. — Mais qu'est-ce qui indiquera cette juste mesure?

M. EDMOND. — C'est la part de l'intelligence, qui n'est pas moins grande dans l'agriculture que dans le commerce et l'industrie. Si donc les agriculteurs comprenaient leurs véritables intérêts, ils chercheraient à s'instruire par tous les moyens possibles, et surtout ils s'empresseraient de faire instruire leurs garçons et leurs filles. En Angleterre, où l'agriculture est très prospère, presque tous les paysans savent lire, écrire et calculer. L'Angleterre a de grandes et riches écoles d'agriculture où des professeurs, payés 10000 francs, enseignent aux agriculteurs les meilleures méthodes. En outre, d'innombrables journaux consacrés à l'agriculture paraissent dans toute l'Angleterre : ils sont lus et étudiés par les agriculteurs.

En France, nous avons aussi de grandes écoles d'agriculture, quoique seulement au nombre de trois : à Grignon, au Grand-Jouan (Loire-Inférieure) et à Montpellier. On comprend de plus en plus la nécessité de l'instruction pour l'agriculteur. En augmentant la richesse intellectuelle de ses populations agricoles la France pourra, comme l'Angleterre, doubler ou tripler la valeur de son sol, et montrer ainsi combien était vraie cette parole de Dombasle : « Tant vaut l'homme, tant vaut la terre. »

CXLIII. — Utilité des *VOIES DE COMMUNICATION*. — La mer et les fleuves navigables. — Navires et bateaux. — Les ardoisières. — Les débouchés du commerce.

« Les rivières sont des chemins qui marchent. » (PASCAL.)

Nos promeneurs se dirigèrent tous ensemble vers la ferme. La fermière, la bonne Madelon, qui avait été la nourrice d'Aimée et d'Henri, aimait les deux enfants comme les siens propres. Elle leur fit force caresses et leur servit pour déjeuner une tasse de crème et des fruits. Francinet, comme bien on pense, eut sa part d'amitiés et de bonnes choses.

Après le déjeuner, les enfants se rendirent au châlet où un beau chien de Terre-Neuve, gardien du logis, les accueillit de ses gambades amicales. Les enfants jouèrent quelque temps avec lui, ainsi qu'avec son voisin et compagnon le chat angora. Puis M. Edmond annonça qu'il fallait retourner en ville afin d'avoir le temps de faire ses devoirs. Madelon emplit les poches de Francinet avec des fruits; elle mit dans la main d'Aimée un gros bouquet. Henri, lui, s'était muni d'une jolie baguette d'osier. On se dit adieu gaîment, et on se sépara.

Chien de Terre-Neuve.

Comme c'était le moment de la chaleur, on gagna le bord de la rivière pour avoir plus de fraîcheur. Henri et Francinet en profitèrent pour faire des ricochets sur l'eau, ce qui les amusait beaucoup. Mais à un moment il devint impossible de continuer le jeu : la rivière était presque couverte de bois flottants liés solidement les uns aux autres. Quelques cordes rattachaient ces espèces de radeaux à un grand bateau, chargé d'ardoises venues des carrières d'Angers. Ce bateau s'avançait majestueusement. Des mariniers le faisaient manœuvrer avec activité, car le bateau remontait le courant, et il avait à lutter contre les flots. Quatre forts chevaux suivaient le sentier au bord de la rivière, traînant au moyen de cordages le bateau pesamment chargé, où l'on voyait reluire les ardoises bleues.

Chat angora.

Bateau chargé d'ardoises.

Les trois enfants s'arrêtèrent pour regarder toute cette scène avec attention.

— Voilà un bateau s'écria Aimée, qui me rappelle le canot de notre sauvage, l'industrieux Paul.

— Oui, dit Francinet : mais il y a loin du canot fait avec un tronc d'arbre à cet élégant et grand bateau, si chargé de marchandises.

— Francinet, repartit Henri, tu trouverais qu'il y a bien plus de différence encore si tu voyais l'un de ces bateaux à vapeur que m'a montrés M. Edmond dans notre voyage. C'est cela qui marche vite!

— Monsieur, dit Francinet en se retournant vers M. Edmond, pourquoi ne se sert-on pas ici de ces bateaux à vapeur, puisqu'ils vont si vite?

— Mon ami, c'est que les rivières ne sont pas toutes également *navigables*. Il faut que l'eau soit partout assez profonde pour que les bateaux à vapeur puissent circuler facilement sans craindre de toucher la terre. De même, les fleuves qui peuvent porter des bateaux à vapeur sont encore trop peu profonds pour recevoir les lourds navires qui voyagent sur la mer. La mer est la grande voie de communication. Elle est sillonnée en tous sens par d'innombrables embarcations de toutes grandeurs, depuis la petite barque de pêcheur jusqu'aux plus gros vaisseaux. Certaines parties de l'Océan, resserrées entre des côtes très fréquentées, sont parcourues par des navires en si grand nombre qu'on y peut craindre des rencontres et des chocs, ou *collisions*, comme entre les voitures d'une route très suivie. Telle est la Manche, dont les belles côtes à falaises sont semées des ports très commerçants de l'Angleterre et de la France.

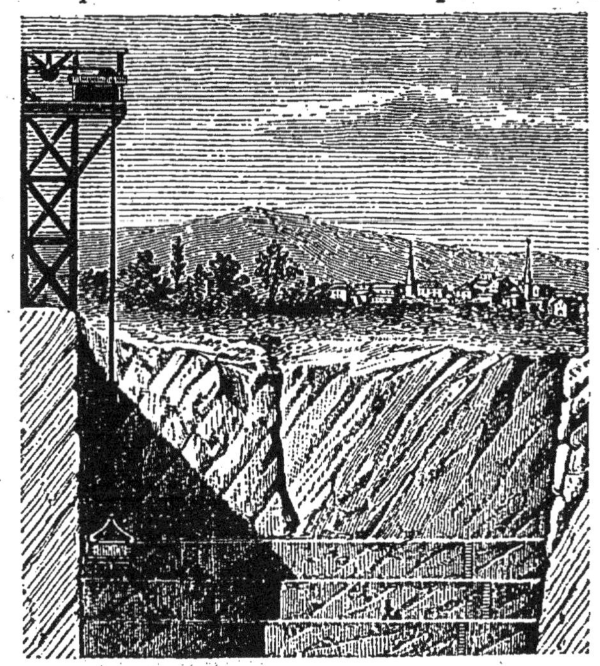

ARDOISIÈRES D'ANGERS. — Les ardoises dont on se sert pour couvrir les toits des maisons et pour faire des tablettes à écrire, se trouvent dans certains terrains, où elles forment de vastes feuillets superposés. Pour les arracher, on creuse des carrières, souvent très profondes, appelées *ardoisières*. Les principales ardoisières de la France sont celles des Ardennes, de Maine-et-Loire, de l'Isère, de la Dordogne, de la Manche.

— Oh! que j'aimerais à voir la mer! s'écria Francinet.

— Si tu savais, s'écria Henri, comme elle est belle, du haut des falaises de la Manche! Ses grandes vagues battent et rongent les rochers. Tout au loin, on voit les barques des pêcheurs avec leurs petites voiles blanches, les navires avec leurs grandes voiles tendues le long des mâts, et les bateaux à vapeur.

Collision de navires en mer.

— Monsieur, dit Aimée, dans les pays où les rivières permettent de se servir de bateaux à vapeur, les bateaux traînés par les chevaux, comme celui que nous venons de voir, doivent être tout à fait inconnus ?

M. Edmond. — Vous vous trompez, mon enfant. Le mode de transport que vous voyez ici, quoique lent, offre un avantage : il est facile et peu coûteux. Un seul cheval peut traîner sur l'eau une charge de 60 000 kilogrammes, tandis qu'il n'en peut traîner que 1 000 sur des roues. Les voies de communication à bon marché sont de grande importance pour le commerce, l'agricul-

La mer, vue d'une falaise de la Manche. — Les côtes de la Manche, en France et en Angleterre, sont bordées de superbes falaises que la mer ne cesse de ronger et qu'elle fait reculer peu à peu. L'église de Reculver, que représente la gravure, était en 1781 à 1 700 m. de la mer. La mer, en 1834, baignait le pied de l'église. Elle avait donc parcouru 1 700 mètres en 53 ans, rongé la côte, et détruit le village. Pour l'empêcher d'engloutir l'église même, aujourd'hui abandonnée, mais dont les tours servent de phares, on a fait des travaux analogues à ceux qu'on fait pour protéger les ports.

ture et l'industrie, qui ont besoin de nombreux *débouchés.*

Les trois enfants s'étaient rapprochés de M. Edmond.

— Qu'est-ce qu'un débouché, s'il vous plaît, monsieur, dit Aimée, et à quoi cela sert-il?

M. EDMOND. — Petite Aimée, la fermière de M. Clertan, la grande Madelon, n'apporte-t-elle pas à la ville tous les matins du lait, du beurre, des fruits et des légumes?

AIMÉE. — Oui, monsieur, et j'ai grand plaisir à boire chaque matin ma tasse de lait frais tiré.

M. EDMOND. — Eh bien, ma mignonne, la ville que nous habitons est, pour la fermière de votre grand-père, ce qu'on est convenu d'appeler en terme commercial un *débouché,* c'est-à-dire un lieu où il se trouve des acheteurs pour les produits de l'agriculture ou de l'industrie. Si par hasard il n'y avait pas de route convenable pour venir de la ferme à la ville, à quoi cette pauvre Madelon emploierait-elle le lait que ses vaches lui donnent, les légumes qu'elle arrange avec tant de soin dans ses corbeilles, et les fruits qu'elle cueille dans le verger?

AIMÉE. — Vous avez raison, monsieur, et je comprends très bien maintenant : les villes sont des *débouchés* pour la campagne, et les routes qui y mènent sont des *voies de communication,* comme vous dites.

M. EDMOND. — Justement, ma chère petite. Dans l'état civilisé où nous vivons, ce qui augmente l'aisance générale, c'est la facilité des communications, qui nous amène à bas prix toutes les choses dont nous avons besoin.

CXLIV. — **Les voyages sous Louis XIV. — Les péages.**

Les provinces de l'ancienne France se connaissaient presque aussi peu que les diverses nations de nos jours.

M. EDMOND. — Autrefois, les entraves apportées au commerce et à la libre circulation des marchandises n'étaient pas moins grandes que les entraves apportées à l'industrie par les corporations. Les frais de transport étaient énormes à cause de la rareté des chemins praticables. De plus, le long de ces voies, on arrêtait à tout moment les marchandises, on les visitait, et il fallait payer pour obtenir le droit de passer. Par exemple, si on voulait faire descendre des marchandises par la Saône et le Rhône, depuis le Jura jusqu'à Marseille, elles étaient quarante fois arrêtées par les *péagers*. Quand on arrivait au bout, le prix des objets transportés était augmenté de moitié par ces impôts. Voulez-vous vous faire une idée de la difficulté des communications et des voyages il y a deux cents ans? Quand le roi Louis XIV quittait son palais somptueux de Versailles pour aller à Moulins et aux eaux minérales de Bourbon-l'Archambault, trajet que l'on peut faire maintenant en dix heures, il ne mettait pas moins de dix jours. Et pourtant on disposait les routes trois mois à l'avance pour que le roi pût voyager plus vite : on comblait les fondrières avec du bois et des cailloux, et quand cela semblait trop long, on passait au milieu des champs et des propriétés, après avoir abattu les haies et comblé les fossés pour le service du roi, le tout au plus grand dommage des cultivateurs.

Moulins (25 000 habitants).

Henri. — Le roi Louis XIV serait bien étonné s'il voyait nos chemins de fer et nos bateaux à vapeur!

Francinet. — Est-ce que c'est Stephenson qui a trouvé la machine pour les bateaux, comme il avait perfectionné celle des voitures?

M. Edmond. — Non, mon enfant, les bateaux à vapeur ont été inventés avant la locomotive; ce sont d'abord deux Français, Denis Papin et de Jouffroy, puis un célèbre Américain, Fulton, qui en ont été les inventeurs.

FRANCINET. — Fulton était-il aussi un ouvrier?

M. EDMOND. — Oui, mon enfant. Si vous voulez, je vous raconterai demain son histoire.

CXLV. — Histoire de *FULTON*. — Le bateau à vapeur.

Il y a bien peu de grandes inventions qui n'aient d'abord été traitées de folies par les esprits routiniers.

M. EDMOND. — Fulton naquit en 1765, aux États-Unis, de parents très pauvres. Après avoir appris seulement à lire et à écrire dans une petite école de village, il fut mis en apprentissage chez un orfèvre de la ville. Plus tard, il s'embarqua pour l'Angleterre, et y étudia la mécanique. A partir de ce moment, on le vit inventer, inventer sans relâche. Le public et le gouvernement anglais ne firent guère attention à ses découvertes. Espérant trouver plus de bienveillance et d'encouragement en France, il traversa le détroit et arriva à Paris en 1796.

Là il obtint quelques secours du gouvernement. Puis le gouvernement le délaissa; et Fulton, à bout de ressources, allait repartir pour l'Angleterre, lorsqu'il rencontra un de ses compatriotes qui lui prêta des fonds.

Grâce à ce secours, Fulton put exécuter une grande idée que, plus de cent ans avant lui, Papin avait essayé vainement de faire adopter : il construisit un bateau à vapeur, dont on fit l'épreuve avec succès en 1803. Mais c'était le moment où Napoléon remportait une longue suite de victoires; toute la France n'avait les yeux que sur l'empereur. Ceux mêmes qui avaient vu l'expérience ne tardèrent pas à l'oublier, tant était vive la préoccupation qu'inspiraient nos luttes à l'étranger.

Fulton prit son parti de cette indifférence et retourna en Amérique. Aussitôt arrivé à New-York, il construisit un nouveau bateau, qu'il baptisa du nom de *Clermont*. Mais, au lieu de l'encouragement qu'il espérait trouver chez ses compatriotes, il ne rencontra que l'incrédulité et la malveillance. Tout le monde, à New-York, ne désignait son bateau que par le nom de la *Folie-Fulton*.

Enfin, le jour fixé pour l'essai arriva. Le *Clermont* fut lancé à l'eau, et le courageux mécanicien y monta au milieu des rires et des quolibets d'une foule ignorante.

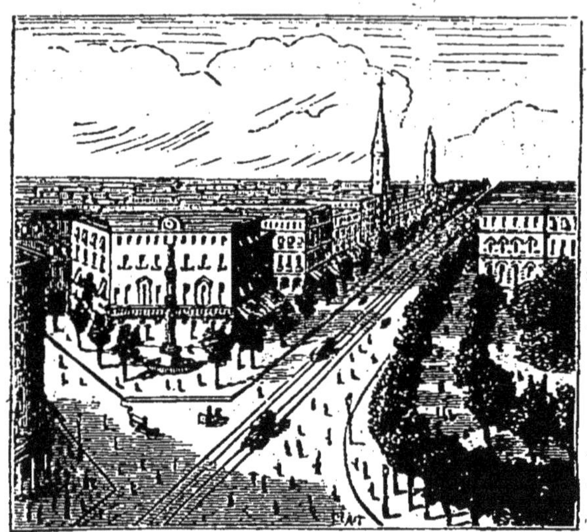

New-York (2 millions d'hab.), grand port de mer.

A peine l'eau de la chaudière fut-elle échauffée, que le bateau remonta sans effort le rapide courant du fleuve.

Du coup les rieurs et les incrédules se turent.

Ce fut bien autre chose lorsque, la chaudière étant tout à fait échauffée, le bateau se mit à marcher avec une vitesse qui approchait de deux lieues par heure. Tous les spectateurs éclatèrent en applaudissements.

Voyez, mes enfants, combien il est ridicule de plaisanter sur des choses qu'on ignore. C'est d'ailleurs agir méchamment : il ne faut jamais décourager l'homme qui essaie de se rendre utile à ses semblables et de faire accomplir à l'humanité un nouveau progrès.

CXLVI. — **Histoire de Fulton** (*suite*). — **Le premier voyage du bateau à vapeur. — Le premier salaire.**

Peu de jours après l'expérience du premier bateau à vapeur, les journaux de New-York annonçaient que le *Clermont* ferait désormais un service régulier entre New-York et Albany.

Le premier voyage fut plein d'incidents. Tous les bateliers qui séjournaient sur le bord de la rivière, voyant s'avancer pendant la nuit une énorme machine dont la cheminée vomissait dans les airs le feu et la fumée, furent saisis de terreur. Les uns se cachent pour échapper à l'effrayante apparition qui s'avance avec une vitesse incroyable, les autres s'agenouillent et prient Dieu de tout leur cœur. Pendant ce temps la machine allait son train; après 32 heures de marche, elle arriva à Albany.

HENRI. — Il devait y avoir bien des passagers à bord du *Clermont*, n'est-ce pas, monsieur?

M. EDMOND. — Non, mon enfant. Lorsque le bateau était parti de New-York, pas un passager ne s'était présenté, malgré l'annonce insérée dans les journaux.

Lors du retour, une personne, une seule (c'était un Français nommé Andrieux), s'offrit comme passager.

Il entre dans la cabine du capitaine, et lui demande quel est le prix de la traversée. — Six dollars, répond Fulton.

L'étranger alors compte six dollars (un peu plus de trente francs) et les met dans la main de Fulton.

Ce dernier, sans lui répondre, reste immobile et silencieux, contemplant, comme absorbé par ses pensées, l'argent déposé dans sa main.

Le passager surpris craint d'avoir commis quelque méprise. — N'est-ce pas là le prix de ma place? demande-t-il.

A ces mots, Fulton tourne la tête et laisse voir une grosse larme roulant dans ses yeux :

— « Excusez-moi, dit-il d'une voix altérée, je songeais que ces six dollars sont le premier salaire qu'aient encore obtenu mes longs travaux. » — Puis prenant les mains du passager : — « Je voudrais bien consacrer le souvenir de ce moment en vous priant, comme un ami, de partager avec moi une bouteille de vin; mais je suis trop pauvre pour vous l'offrir. J'espère que je pourrai mieux faire la prochaine fois que nous nous rencontrerons. » — Ils se rencontrèrent, en effet, quatre ans après, et Fulton ne manqua pas à sa promesse.

Enfin, après quarante ans de fatigues et d'insuccès, Fulton, eut la récompense d'être compris et apprécié. Il devint en peu de temps l'objet de l'estime et de l'admiration de tous. Il construisit un grand nombre de bateaux à vapeur, qui furent la source d'une immense richesse pour les États-Unis et pour Fulton lui-même. Vous savez, mes enfants, que les États-Unis sont à eux seuls aussi grands que l'Europe, quoique moins peuplés. Les communications étaient très difficiles à établir entre les diverses villes de cet immense État. Le bateau à vapeur, diminuant énormément la lenteur et la durée des transports, contribua pour une grande part aux progrès et à l'accroissement de la population des États-Unis.

Si l'Amérique doit beaucoup à Fulton, l'Europe ne lui doit pas moins; car l'établissement des bateaux à vapeur a considérablement accru notre commerce.

Fulton mourut en 1815, et ce fut pour sa patrie un deuil général. Jamais la mort d'un simple citoyen ne donna lieu, aux États-Unis, à d'aussi universels regrets.

FRANCINET. — C'est bien singulier que tous les grands hommes aient eu tant de peine pour arriver à leur but.

M. EDMOND. — Mon enfant, c'est ce qui a fait dire que le génie n'est souvent que la persévérance.

Un homme qui a une excellente idée, mais qui l'abandonne à la première traverse, ne peut rien créer. Efforçons-nous donc d'acquérir la persévérance, si nous voulons réussir même dans les choses les plus modestes.

CXLVII. — Les *MACHINES*. — Le bateau de Papin.

Détruire une machine est un véritable vol qu'on fait et à l'inventeur et à l'humanité tout entière.

AIMÉE. — Monsieur, vous nous avez dit qu'on s'était déjà occupé de bateaux à vapeur cent ans avant Fulton. Comment se fait-il donc que la navigation à vapeur ne fût pas déjà établie!

M. EDMOND. — Mon enfant, ce sont les préjugés d'autrefois contre les machines qui ont empêché l'établissement de ces moyens de communication si rapides.

HENRI. — Comment cela, monsieur?

M. Edmond. — Tu vas le comprendre.

Un Français illustre, Papin, né à Blois, construisit le premier, plus de cent ans avant Fulton, un bateau à vapeur. Les bateliers du pays, en apprenant cette nouvelle, conçurent une grande irritation contre Papin. « Que va devenir notre commerce, disaient-ils, si l'on emploie de semblables machines? On n'aura plus besoin de bateliers. Toutes ces machines, en rendant nos bras inutiles, nous enlèveront notre gagne-pain. » Ils se consultèrent alors en secret, et résolurent d'empêcher par la force l'emploi d'une invention contraire à leurs intérêts. Pendant la nuit, ils mirent en pièces le bateau de Papin, sa légitime propriété.

Château de Blois (20 000 hab.).

Papin ruiné, sans asile, passa le reste de sa vie dans la misère et l'abandon. On ignore même en quelle ville et en quelle année il mourut.

Dis-moi, Henri, la violence de ces bateliers était-elle juste et conforme au droit?

Industrie de la navigation. — Le *bateau de Papin* renfermait une petite machine à vapeur qui communiquait son mouvement à une roue à *palettes*, remplaçant les rames. « Cette force, disait Papin, sera bien supérieure à celle des galériens pour aller vite en mer. »

Henri. — Non assurément, monsieur.

M. Edmond. — C'est qu'en effet on n'a pas le droit

d'empêcher par la force les autres hommes d'user de leur liberté, quand même l'usage qu'ils en font serait contraire à nos *intérêts* ou aux leurs. Nous ne pouvons les empêcher que s'ils agissent contre la justice, c'est-à-dire contre nos *droits*. Non seulement les bateliers firent un tort irréparable à Papin, mais encore l'humanité aurait perdu par leur violence les avantages de la navigation à vapeur, si d'autres génies n'avaient pas réussi plus tard à vaincre les résistances et les préjugés.

CXLVIII. — **Les *MACHINES* (*suite*). — L'instruction rend propre à plusieurs métiers. — Le torrent de la montagne. — Les crises et les chômages dans l'industrie.**

« Ayez plusieurs cordes à votre arc. »

FRANCINET. — Je vois bien, monsieur, que les bateliers avaient grand tort et qu'ils ont été très injustes à l'égard de Papin. Mais aussi, cela est bien triste de se voir enlever tout d'un coup le moyen de gagner sa vie.

M. EDMOND. — Tout d'un coup! Francinet. Comment peux-tu t'imaginer que des machines se répandent avec assez de rapidité pour que les ouvriers n'aient pas le temps de se retourner et de faire face aux événements?

FRANCINET. — Mais de quelle manière y faire face?

M. EDMOND. — En apprenant à se servir des machines ou en changeant de métier. Mon ami, un ouvrier qui a une certaine instruction ne reste jamais longtemps embarrassé. Rappelle-toi Lincoln, qui eut au moins une douzaine de professions. Il avait, comme on dit, plusieurs cordes à son arc. Il ne fut jamais pris au dépourvu par les crises et chômages qui surviennent dans l'industrie.

Écoute à ce sujet une comparaison, Francinet. Il y a de grands torrents qui descendent des montagnes et qui sont une source de fertilité pour tout le pays. Néanmoins, à la suite d'un orage ou de la fonte des neiges, il peut arriver qu'un torrent déborde en grondant, prêt à emporter tout ce qui s'opposerait à son passage. Les hommes qui sont forcés d'habiter dans son voisinage n'ont garde de bâtir leurs maisons sans réflexion tout au bord de l'eau, de façon qu'elles soient submergées chaque fois; ils prennent au contraire leurs mesures afin que le torrent puisse se gonfler ou se calmer sans que leur vie soit en question.

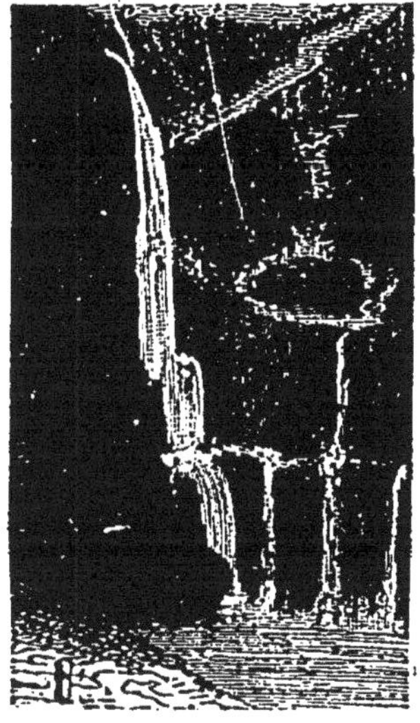
Le *torrent* de la montagne.

Eh bien, comme le torrent de la montagne, l'industrie a des hauts et des bas; la fécondité qu'elle produit est parfois amenée par des crises, contre lesquelles les ouvriers prudents doivent prendre leurs précautions. Francinet, un ouvrier qui s'est instruit et que ses connaissances générales rendent propre à plus d'un travail, se trouve par là comme sur une hauteur d'où il domine la situation. On peut en dire autant de l'ouvrier économe qui a amassé de bonne heure un petit capital, au lieu de vivre au jour le jour. Enfin, les ouvriers renvoyés par leurs patrons, en s'associant et en mettant en commun leur intelligence et leurs capitaux, peuvent se donner des secours mutuels et faire en commun des entreprises.

Ce ne sont donc pas les machines, mais le manque d'instruction et le manque d'épargnes, qui nuisent aux ouvriers. Les machines leur ont toujours rendu des services et ont toujours fini par améliorer leur condition.

Les machines, en effet, ne se font pas et ne marchent pas toutes seules; si d'une part elles suppriment quelques ouvriers, elles en emploient d'autres. Il en faut pour les faire, pour les surveiller, pour extraire des mines le charbon qu'elles brûlent, pour faire les voitures qui l'apportent et les routes où passent ces voitures.

Enfin, comme les machines produisent à meilleur marché, il se vend plus de marchandises ; il faut donc confectionner une plus grande quantité de ces marchandises, et pour cela employer plus d'ouvriers.

CXLIX. — **Les machines d'aujourd'hui et les esclaves d'autrefois. — Les premières machines et les premiers instruments des hommes. — L'enfance de l'industrie humaine. — L'âge de la pierre et l'âge du bronze.**

Un sage de l'antiquité disait il y a deux mille ans, en parlant de l'esclavage : « Quand le rouet et la navette marcheront seuls, il n'y aura plus d'esclaves. » Maintenant le rouet et la navette marchent presque seuls. Les machines ont contribué à détruire l'esclavage.

M. Edmond. — Vous rappelez-vous, Aimée, les esclaves qui autrefois accomplissaient les plus durs travaux ?

Aimée. — Oh ! monsieur, je n'oublierai jamais ce que vous nous avez dit de ce triste temps.

M. Edmond. — Eh bien ! mon enfant, ce sont les machines qui de nos jours ont remplacé les esclaves ; ce sont elles qui font les travaux les plus durs. Elles ne diminuent pas pour cela le nombre des travailleurs,

L'enfance de l'industrie humaine : *la caverne d'Aurignac* (Haute-Garonne). — Près de ce village existait un trou creusé dans les rochers, où se réfugiaient les lapins poursuivis par les chiens. Un ouvrier, ayant passé la main par ce trou, en ramena un os de jambe humaine. Sa curiosité fut excitée, il fouilla à la pioche autour du trou et découvrit une dalle fermant sans doute l'entrée d'une grotte. Il enleva la dalle et vit s'ouvrir devant lui une caverne. Armé d'une torche, il y descendit et aperçut dans l'intérieur des squelettes humains amoncelés. L'émotion gagna le village ; on crut à quelque grand crime. Le maire fit rassembler et enterrer les os dans un coin du cimetière. On avait trouvé autour des squelettes des objets en pierre et en coquilles qui attirèrent l'attention des savants. Ceux-ci déblayèrent la grotte et y découvrirent des débris d'animaux anciens, des instruments en pierre, les traces d'un ancien foyer. La caverne d'Aurignac avait servi d'habitation, puis de sépulture aux hommes primitifs.

comme certains ouvriers se l'imaginent ; mais elles ne leur laissent à faire que des travaux moins grossiers, qui exigent plus d'intelligence et moins de fatigue physique.

Plus l'industrie fait de progrès, plus les machines et

outils de toutes sortes se multiplient. L'époque la plus misérable pour l'homme fut celle où il n'avait encore ni machines ni instruments. L'invention de la première machine fut pour lui comme un gage de délivrance.

Vous vous en souvenez, à cet âge reculé les hommes ne pouvaient, faute d'outils, se construire d'habitation; ils se cachaient dans des cavernes disputées aux ours.

Bientôt ils se fabriquèrent des outils de pierre.

FRANCINET.—Mais, monsieur, pourquoi les premiers hommes ne se servaient-ils que de pierres?

M. EDMOND. — C'est qu'ils ne connaissaient point encore les métaux ni la manière de les forger. Ce premier âge de l'humanité est appelé pour cette raison l'*âge de la pierre*.

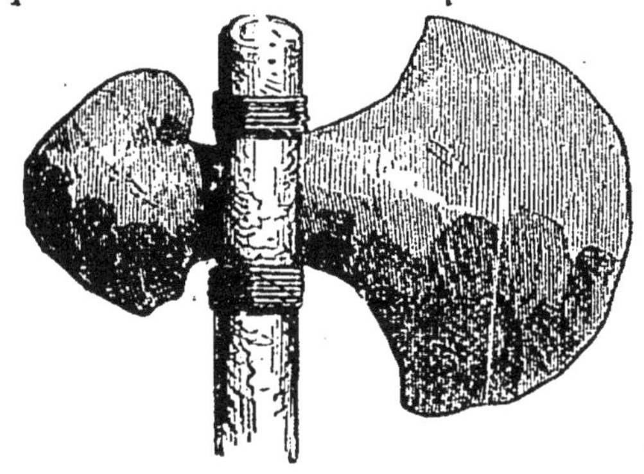

L'ENFANCE DE L'INDUSTRIE HUMAINE : *hache en silex*, polie et emmanchée. -- Les premiers hommes, après avoir taillé et aiguisé en forme de hache une pierre dure ou *silex*, faisaient une blessure au tronc d'un jeune arbre, y enfonçaient à moitié leur pierre et attendaient patiemment que l'arbre, guérissant sa blessure, eût recouvert la poignée de son écorce et fabriqué ainsi lui-même un manche solide. Il fallait donc plusieurs années pour faire un outil si simple. Plus tard, les hommes surent *polir* la pierre et l'emmancher avec un certain art.

Plus tard, les hommes découvrirent le bronze et s'en servirent pour leurs instruments : cette nouvelle époque, déjà moins misérable et plus industrieuse, est appelée l'*âge du bronze*.

L'ENFANCE DE L'INDUSTRIE HUMAINE : *hameçon en bois de renne*, trouvé dans une caverne.

A cette époque les hommes, profitant de ces instruments en métal et de ces machines primitives, se construisirent des habitations. Mais comment faire pour placer ces demeures encore mal closes à l'abri des bêtes féroces qui erraient alentour? Ils songèrent à bâtir leurs maisons au milieu des eaux, soit dans les îles, soit sur des troncs d'arbres enfoncés dans la vase des lacs. Ces *habitations lacustres* communiquaient avec le rivage par des ponts de bois qu'on enlevait le soir pour se garantir des ennemis et des bêtes féroces.

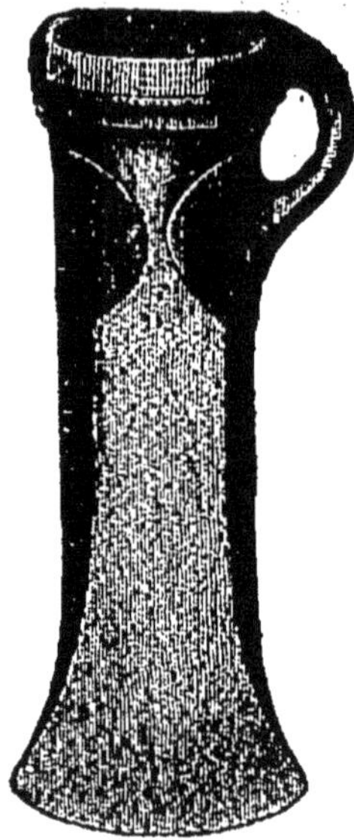

L'ENFANCE DE L'INDUSTRIE HUMAINE : *hache en bronze.*

Tandis que les hommes se construisaient ainsi des demeures plus sûres, ils bâtissaient pour leurs morts de vastes sépulcres appelés *dolmens*, qui ressemblaient aux cavernes des premiers temps et en étaient comme le ressouvenir.

Combien nous nous sentirions malheureux si nous étions réduits à la condition de ces hommes des premiers âges, si nous n'avions pas d'autres habitations, pas d'autres instruments !

Francinet, tu entendras parfois des ouvriers se plaindre de ce que, à notre époque, les machines et instruments de toute sorte deviennent de plus en plus nombreux. Mais, tu dois maintenant le comprendre, vouloir supprimer les machines et les outils, ce serait vouloir nous ramener à la barbarie, à l'âge de la pierre ou du bronze. Ou plutôt, ce serait vouloir réduire l'homme à ses mains et à ses ongles pour tout instrument; car tous les instruments et outils, fussent-ils en simple silex, sont des machines inventées par l'intelligence humaine, qui sont pour nous comme des organes nouveaux. Le marteau est un poing dur et invincible; le soufflet, un poumon infatigable; les tenailles, des doigts solides; la cuiller remplace le creux de la main; le couteau

L'ENFANCE DE L'INDUSTRIE HUMAINE : les *dolmens* étaient des chambres sépulcrales, formées de dalles fichées en terre et soutenant une sorte de table de pierre.

coupe mieux que les dents. L'écriture est une parole fixée qui retient la pensée pour longtemps. L'imprimerie est un moyen de rendre la parole et la pensée impérissables.

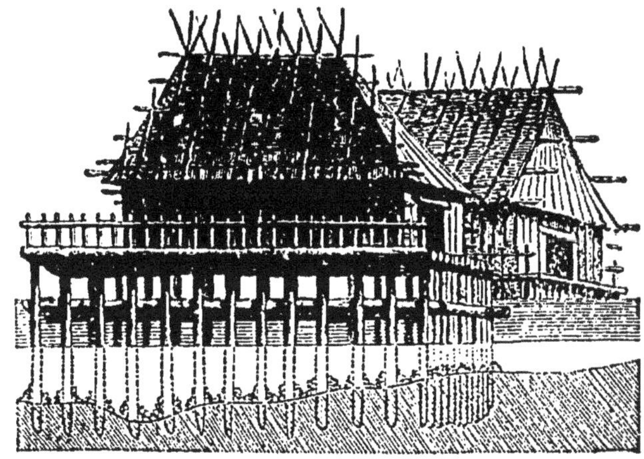

L'ENFANCE DE L'INDUSTRIE HUMAINE : *habitation lacustre.* — En 1853, la sécheresse ayant diminué les torrents des Alpes, les lacs de la Suisse baissèrent beaucoup. On découvrit alors sur les bords et sous l'eau des traces de constructions dont l'origine était inconnue. On arriva plus tard à reconnaître les restes d'un village bâti sur le lac par les hommes primitifs. On y trouva des instruments en pierre, des étoffes de lin tressées, du blé et des fruits.

L'enfance de l'industrie humaine était l'époque de la plus grande misère pour l'humanité ; les perfectionnements de l'industrie moderne font espérer la diminution de la souffrance et de l'ignorance parmi les hommes.

CL. — La plus belle des machines. — L'*IMPRIMERIE*.

« Un bon livre est quelque chose de sacré. » (MILTON.)

M. EDMOND. — Savez-vous, mes enfants, quelle est la plus belle de toutes nos machines, le plus admirable des outils et des instruments ? C'est le livre, surtout depuis l'invention de l'imprimerie.

Autrefois, c'étaient des copistes qui recopiaient à la main les manuscrits, comme vous faites quand vous recopiez vos devoirs ; vous savez si cela est long ! Ce que vous trouvez parfois si ennuyeux, il y avait des gens qui consacraient leur vie entière à le faire. Et vous comprenez qu'ils se faisaient payer en proportion de la peine et de la difficulté du travail. On a retrouvé beaucoup de ces précieux manuscrits dans les ruines de Pompeï. Au moyen âge, comme dans l'antiquité, un livre était un objet excessivement cher, et n'en avait pas qui voulait.

Beaucoup de livres valaient plus de 600 francs. Ceux qui savaient lire avaient un tel respect pour leurs livres que c'est à peine s'ils osaient y toucher une ou deux fois par an. On les serrait dans des armoires ou des coffres richement sculptés, où ils étaient à l'abri de la poussière, mais aussi de la lecture.

Ruines de Pompeï, ville romaine ensevelie par une éruption du Vésuve, et dont on a déblayé les restes de nos jours.

Qu'arrivait-il? Aucun paysan, aucun ouvrier ne savait lire; la plupart des bourgeois et seigneurs l'ignoraient également. Vous comprenez combien, au milieu de cette ignorance générale, les progrès devaient être lents.

On peut dire que l'invention de l'imprimerie est la découverte la plus utile qui ait été faite dans l'industrie; et c'est l'invention d'une machine. Cette machine, aidée de quelques hommes seulement, peut imprimer de cinq à vingt mille feuilles par heure. Combien faudrait-il de copistes pour faire aussi vite et aussi bien!

Henri, te rappelles-tu le nom du grand homme qui a découvert l'imprimerie?

HENRI. — Oh! oui, monsieur; c'est Gutenberg.

CLI. — Histoire de l'invention de l'imprimerie. — Gutenberg tailleur de diamants et graveur.

Un art mène à un autre.

Jean Gutenberg naquit en 1409, à Mayence, d'une famille noble mais pauvre. L'histoire de ses travaux si variés vous montrera, une fois de plus, comment tous les arts se tiennent, comment un art est l'apprentissage d'un autre pour un travailleur intelligent, et combien il est utile de connaître plus d'un métier.

Chassé de son pays par des troubles civils, Gutenberg se rendit à Strasbourg. Là nous le voyons d'abord exercer l'art difficile du *lapidaire*.

TAILLE DES DIAMANTS. Diamant taillé en rose.

FRANCINET. — Qu'est-ce qu'un lapidaire, monsieur?

M. EDMOND. — On appelle ainsi celui qui taille les *diamants*. C'est seulement par la taille et par le polissage que le diamant acquiert tout son brillant : si vous aviez entre les mains un diamant brut, tel qu'on le trouve dans la nature, vous ne pourriez vous figurer que c'est une

LA TAILLE DES DIAMANTS.— I. Ouvrier usant un diamant contre un autre diamant pour le polir. — II. Ouvrier taillant un diamant au moyen d'un couteau d'acier sur lequel il frappe un coup sec. Il produit ainsi des facettes disposées avec art pour renvoyer la lumière et donner de l'éclat à la pierre précieuse.

pierre précieuse. Pourtant on n'a réussi à tailler les diamants qu'à partir du quinzième siècle. Cette taille exige beaucoup de goût et des connaissances mathématiques. C'est à ce travail délicat que Gutenberg s'occupa dans la ville de Strasbourg.

Mais la pensée d'une œuvre plus importante germait depuis plusieurs années dans son esprit. Il voulait remplacer l'écriture par quelque procédé plus rapide, qu'il chercha pendant longtemps.

Il songea d'abord, pour réaliser son projet, à se servir d'un art qui ne lui était pas moins familier que celui du lapidaire : l'art du graveur.

FRANCINET. — En quoi consiste cet autre art, monsieur?

M. EDMOND. — Le graveur creuse sur le bois ou le métal des dessins qu'on imprime en suite sur le papier : c'est ainsi

LA GRAVURE ET LES ESTAMPES : le *graveur*. — Sur une plaque de cuivre, il étend une petite couche de cire ; puis, avec une pointe d'acier, il écrit ou dessine sur la cire. La cire se trouve ainsi enlevée à l'endroit des traits, et le cuivre est mis à nu. Il verse ensuite sur la plaque un liquide appelé *eau forte*, qui a la propriété de ronger les métaux. L'eau forte, ne touchant au cuivre qu'à l'endroit des dessins, les y laisse en creux sur la plaque. — Le graveur sur bois, par d'autres procédés, creuse des dessins sur des planches.

que se font les jolies gravures de vos livres. Gutenberg voulait graver de même toutes les pages des livres, pour les reproduire sur le papier autant de fois qu'il voudrait.

CLII. — (*Suite.*) Gutenberg imprimeur.

« L'imprimerie est une chose plus divine qu'humaine. » (Le roi LOUIS XII.)

Après bien des travaux et des recherches, une idée de génie vint à Gutenberg. Au lieu de caractères immobiles gravés sur le bois, il songea à faire des caractères mobiles en métal, représentant chacun une lettre de l'alphabet. Il mettrait ces caractères l'un à côté de l'autre sur une planche, de manière à former des mots, des lignes et des pages ; puis il les recouvrirait d'une encre épaisse, et enfin, à l'aide d'une machine appelée *presse,* il presserait fortement des feuilles de papier sur ces caractères. Ainsi les mots pourraient être reproduits sur un grand nombre de feuilles. C'était la première idée de l'imprimerie, à laquelle Gutenberg se trouvait amené après tant de détours.

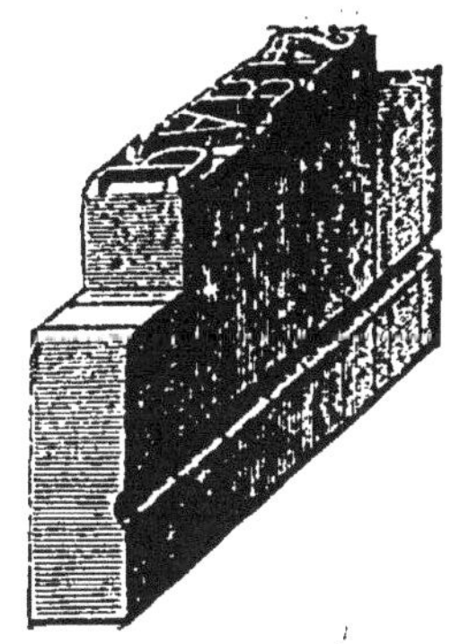

L'IMPRIMERIE. — I. Les *caractères d'imprimerie* inventés par Gutenberg sont de petites tiges de métal, dont chacune porte en relief une des lettres de l'alphabet.

Pendant dix ans entiers, Gutenberg travailla avec un infatigable courage à réaliser cette idée.

N'étant pas riche, il s'associa avec trois hommes intelligents qui donnèrent pour l'entreprise leur argent, leurs bijoux, leurs meubles et jusqu'à leur patrimoine. Mais ses trois associés moururent ruinés, sans avoir pu voir le succès de l'œuvre. Gutenberg fut poursuivi par ses créanciers et arrêté même pendant quelque temps. Puis il quitta Strasbourg et revint à Mayence, où il trouva deux nouveaux associés : Faust et Schœffer.

L'IMPRIMERIE. — II. *Compositeur d'imprimerie.* — Le compositeur a devant lui le *manuscrit* de l'auteur qu'il s'agit d'imprimer. Il prend de la main droite des caractères dans les casiers, et les assemble sur une petite planche à rebord qu'il tient de la main gauche : il forme ainsi des *lignes*. Ensuite il assemble ces lignes sur une petite tablette carrée posée à droite. Avec ces paquets de lignes on fera des *pages*, que la presse imprimera sur les feuilles de papier.

Mais ses nouveaux associés ne ressemblaient

guère aux trois premiers. Ils prêtèrent d'abord leur argent avec complaisance pour tous les essais ; mais, dès que la découverte fut faite, ils réclamèrent leur argent et profitèrent de la pauvreté de Gutenberg pour le chasser

L'IMPRIMERIE. — III. La *presse d'imprimerie*, inventée par Gutenberg, a été à ce point perfectionnée que certaines presses à journaux, mues par la vapeur, tirent jusqu'à 20,000 feuilles par heure. Il suffit de quelques ouvriers pour présenter rapidement à la machine les grandes feuilles de journaux qui ressortent aussitôt imprimées.

de leur maison. Puis ils exploitèrent à leur profit sa découverte, en se cachant dans des caves pour la tenir secrète. Leur perfidie ne leur profita pas longtemps : Faust périt dans une peste, et Schœffer fut tué dans la prise et le pillage de Mayence pendant une guerre.

AIMÉE. — Et que devint Gutenberg ?

M. EDMOND. — Mon enfant, il erra pendant dix ans, en proie à une grande misère. Vers la fin de sa vie seulement il put jouir d'un peu d'aisance. Exemple de travail et de persévérance, il ne profita point de cette aisance tardive pour se reposer : il fonda une petite imprimerie, et consacra les dernières années de sa vie à perfectionner les procédés d'impression. Il mourut en 1468.

CLIII. — Gutenberg (*suite*). — Conséquences de l'imprimerie. — Les travailleurs doivent-ils se plaindre des inventions nouvelles et des nouvelles machines ?

« Rien ne me résiste. »

La maison de Gutenberg était ornée au dehors de figures et d'ornements, et au-dessus de la porte d'entrée on voyait un taureau noir, avec cette inscription : — *Rien ne me résiste.* — Cette devise est celle de l'imprimerie : devant elle l'ignorance cède de plus en plus, et avec elle disparaissent tous les préjugés, toutes les erreurs. Par elle les mœurs s'adoucissent; par elle le niveau de l'intelligence s'élève chez le pauvre comme chez le riche. Grâce à l'instruction, et par là à l'imprimerie, les crimes diminuent de jour en jour, et la guerre même, trop fréquente encore, finira cependant par disparaître tôt ou tard. Gutenberg a ainsi apporté au monde un bienfait d'un prix inestimable.

Statue de Gutenberg à Strasbourg. — Cette statue est due au ciseau d'un sculpteur célèbre de notre siècle, David d'Angers.

Pourtant, mes enfants, il a dû y avoir des ouvriers copistes qui, au bruit de cette découverte, ont maudit l'invention qui les privait de leur gagne-pain présent. Beaucoup d'entre eux, s'ils l'avaient pu, n'auraient pas demandé mieux que de détruire l'œuvre de Gutenberg et de priver ainsi les hommes de l'imprimerie. Voyez quels actes injustes peut faire commettre l'ignorance!

Il est évident que, si les copistes avaient voulu continuer quand bien même de copier, ils n'auraient jamais pu vivre. Mais, ne pouvant plus copier, ils se mirent à imprimer; et alors l'invention, loin de nuire aux ouvriers, leur profita énormément : car, les livres se vendant meilleur marché, tout le monde en acheta. Il s'en vendit mille fois, dix mille fois plus; il fallut donc dix mille fois plus d'ouvriers pour en imprimer.

Ainsi, Francinet, garde-toi bien d'accuser les machines comme certains ouvriers le font; car les accuser, c'est accuser l'intelligence humaine, dont elles sont les plus merveilleuses créations et qui est elle-même la plus belle œuvre de Dieu. Si les machines ne devaient être que des instruments d'oppression pour la classe ouvrière, l'intelligence de l'homme serait du même coup condamnée. Et remarque la conséquence : le peuple qui serait le plus abruti, le plus au niveau de l'animal, qui n'aurait jamais rien inventé, ce peuple-là serait le meilleur, le plus juste! Dieu aurait donc manqué de sagesse en nous donnant une intelligence capable de progrès!

Strasbourg (85,000 h.) (la cathédrale).

AIMÉE. — Oh! cela n'est pas possible, monsieur!

M. EDMOND. — Vous avez raison, mon enfant, ce n'est pas possible; quand nous croyons rencontrer dans les œuvres de Dieu quelque chose qui nous paraît, comme un blasphème vivant, accuser sa sagesse, nous devons nous dire : « Cela n'est pas possible; la vérité nous échappe; cherchons-la, cherchons-la sans cesse, dussions-nous mourir à la peine. Nous mourrons, s'il le faut, mais en accusant notre ignorance, jamais en doutant de la sagesse du Créateur! »

—Merci, monsieur, dit Francinet; voilà une leçon qui me semble belle et touchante, je ne veux pas l'oublier. En vous écoutant, j'ai songé à ma mère qui m'aime tant, qui travaille pour moi du matin au soir, et j'ai pensé : si quelqu'un me disait: « Ta mère est partie, Francinet, elle t'a abandonné sur le pavé des rues; tu ne la reverras point! » est-ce que je pourrais le croire? Non, non, jamais. Quand même je ne la reverrais plus en effet, je passerais toute ma vie à chercher ce qu'elle peut être devenue; mais je ne croirais jamais qu'elle ait voulu se débarrasser de moi. Comment donc pourrais-je douter davantage de la bonté de Dieu!

— Oh! que tu parles bien en ce moment, mon bon petit Francinet! fit Aimée en lui tendant la main. Oui, oui, je prends, moi aussi, ma part de la leçon, et je veux me souvenir toute ma vie qu'il n'y a rien au monde qui ne soit l'œuvre de la bonté de Dieu. Quand cette bonté ne nous éblouit pas de sa lumière, c'est que nous sommes aveugles, voilà tout.

CLIV. — Le *CRÉDIT*. — Francinet faisant crédit à M. Clertan.

La confiance en la loyauté de nos semblables nous est nécessaire : la fourberie et le mensonge ressemblent à la nuit, au milieu de laquelle on n'ose faire un pas.

M. Edmond. — Avez-vous remarqué, mes enfants, un point sur lequel l'histoire de Papin et celle de Fulton offrent une grande différence? Papin, après avoir vu son bateau mis en pièces, ne trouve point d'argent ni de crédit pour pouvoir en construire un autre; il meurt misérable. Fulton, ruiné par plusieurs expériences infructueuses, retrouve cependant des amis et des compatriotes qui ont confiance dans son génie inventif, et qui lui prêtent de l'argent pour recommencer de nouveaux essais; il meurt au milieu de la gloire et de la fortune.

Aimée. — C'est vrai, monsieur: mais je ne l'avais pas remarqué.

M. Edmond. — C'est un exemple des heureux résultats que peut produire le crédit, pourvu qu'il soit accordé à des hommes vraiment dignes. Savez-vous, mes enfants, ce qu'on appelle le *crédit?*

Francinet. — Moi, je le sais bien, monsieur, et maman a été heureuse plus d'une fois que le boulanger lui fît crédit.

M. Edmond. — Qu'arrivait-il alors? Explique-nous cela, Francinet.

FRANCINET. — Eh bien, Monsieur, au lieu de se passer de souper quand nous n'avions pas de quoi payer le pain, on m'envoyait le chercher tout de même, et je disais au boulanger : « Monsieur, maman vous paiera samedi, quand elle touchera sa quinzaine chez M. Clertan. » Le boulanger me répondait : « Je veux bien vous faire crédit, mais pas pour plus d'une quinzaine; dis à ta mère de ne pas m'oublier le jour de la paie. » Je m'en allais avec mon pain, et on payait à la quinzaine.

M. EDMOND. — Cela prouve, mon ami, que le boulanger avait confiance en ta maman. De son côté, ta maman montrait la même confiance à M. Clertan, et lui accordait le même crédit.

FRANCINET, *étonné*. — Quel crédit, monsieur?

M. EDMOND. — Ta maman ne travaille-t-elle pas quinze jours durant pour M. Clertan sans être payée? Elle lui fait donc une avance de quinze jours de travail, au lieu de se faire payer jour par jour. Et même en se faisant payer à la fin du jour, elle aurait encore fait une avance de douze heures de travail.

Nantes (1[illegible]0,000 h.). Grand port de commerce.

FRANCINET. — Tiens, c'est bien singulier, cela, et je n'y avais jamais réfléchi.

— Ni moi! s'écria Henri.

AIMÉE. — De cette façon, Francinet, tu fais, toi aussi, crédit à grand-papa.

FRANCINET, *en riant*. — C'est égal, mademoiselle Aimée, je n'en serai pas plus fier maintenant, car je n'en suis pas plus riche.

M. EDMOND. — Ce fait du crédit se produit continuellement dans le commerce. Il n'est personne, riche ou pauvre, qui ne soit obligé de faire ou de recevoir crédit.

M. Clertan lui-même, comme vous voyez, quelque riche qu'il soit, ne paie pas ses ouvriers et ses domestiques heure par heure, ni minute par minute; il reçoit donc d'eux du travail à crédit, tout comme il reçoit à crédit ses indigos de l'armateur de Nantes.

Crédit veut dire *confiance;* c'est une marque de confiance qu'on accorde à quelqu'un, puisque le paiement auquel on aurait droit sur l'heure n'est exigé que dans l'avenir. La société serait impossible sans la confiance. Que deviendrions-nous si nous étions entourés d'hommes sans foi, qui prendraient des engagements sans les tenir.

CLV. — Les contrats et promesses. — Habituez-vous à la loyauté. — Les paroles du fourbe sont de la fausse monnaie. — L'abus de confiance.

« Ceux qui trompent l'acheteur sur la *nature* ou la *quantité* des marchandises, ceux qui falsifient les denrées alimentaires ou les médicaments, qui se servent de *faux poids* ou de *fausses mesures*, seront emprisonnés pendant trois mois ou un an, et paieront une amende qui ne pourra être inférieure à 50 fr. » (*Code pénal.*)

« Quand un vol ou un crime quelconque est commis par un domestique, ouvrier ou individu travaillant habituellement dans l'habitation, la peine est augmentée, parce que le domestique ou l'ouvrier déloyal a *abusé de la confiance* du maître ou du patron. (*Code pénal.*)

M. Edmond. — Ne l'oubliez jamais, mes enfants, la loyauté dans les promesses, dans les conventions, dans les contrats, est la base de toute société. Nous avons tous le droit de n'être pas trompés par de fausses paroles, de faux serments, de faux engagements. Habituez-vous donc dès l'enfance à la plus scrupuleuse loyauté.

L'enfant qui s'accoutume à mentir pour de petites choses, mentira et trompera bientôt dans de plus grandes.

L'homme de mauvaise foi se croit bien habile parce qu'il a une première fois réussi à tromper quelqu'un. Mes enfants, le menteur n'a trompé que lui. Il croit, en mentant, avoir trouvé un usage avantageux de la parole, et moi je vous assure que s'habituer à ne pas dire la vérité, c'est un malheur semblable à celui de devenir sourd-muet. Le menteur, en effet, ne peut tromper longtemps sans qu'on s'aperçoive de ses mensonges. Ses paroles n'ont alors pas plus de valeur que le silence d'un muet; on se hâte de fuir le menteur, et on ne lui confie rien, pas plus que s'il était sourd. Il est mis ainsi hors de la société des honnêtes gens; et il y est mis non par une infortune digne de pitié comme celle du sourd-muet, mais par le mépris que méritent les trompeurs.

Dis-moi, Francinet, lorsque tu reçois une pièce de monnaie, ne regardes-tu pas, avant de l'accepter, si cette pièce est bonne et quelle en est la valeur?

FRANCINET. — Évidemment, monsieur.

M. EDMOND. — Et si au lieu d'or on t'offrait un morceau de cuivre taillé comme les pièces d'or, l'accepterais-tu?

FRANCINET. — Comment le pourrais-je faire, monsieur, à moins d'être aveugle?

M. EDMOND. — Eh bien! mon ami, les paroles du fourbe, ses promesses, ses engagements, ressemblent à des morceaux de cuivre que quelqu'un voudrait offrir pour de l'or. Tout le monde les rejette avec mépris.

De même celui qui trompe dans un *contrat*, dans un échange, celui qui trompe un acheteur sur la *qualité* ou le *poids* de la marchandise, celui qui emprunte sans rendre, celui qui *abuse de la confiance*, sera puni à la fois par la loi et par l'opinion publique. Il perdra son honneur et son crédit. Il ne trouvera bientôt plus de gens qui veuillent faire des échanges avec lui ou lui faire des prêts, hormis ceux qui lui ressemblent et qui compteront se rattraper par d'autres tromperies. Que deviendra alors, je vous prie, un tel commerce, sinon un échange entre des voleurs, toujours inquiets les

Vérificateur des poids et mesures poinçonnant les poids d'un marchand.

uns des autres, toujours tremblants pour eux-mêmes, comme des gens environnés d'ennemis et de pièges?

CLVI.—Les dettes et l'abus du crédit.—Ventes sur saisie — Sauvage dans sa prison. — Les bateaux à hélice.

> « Le créancier peut, selon les cas, *saisir* et faire vendre les biens mobiliers appartenant à son débiteur, mettre *opposition* au paiement des sommes qui lui seraient dues ou obtenir l'*expropriation* de ses biens immobiliers. » (*Code.*)

FRANCINET. — Monsieur, je comprends très bien maintenant combien il est utile que les hommes aient confiance les uns dans les autres. Ce serait bien ennuyeux s'il fallait dire, à chaque service qu'on rend, après chaque heure de travail : « Payez-moi tout de suite. »

M. EDMOND, *en riant*. — Oui, mon ami, le crédit a de grands avantages dans le commerce. Mais il a aussi, pour peu qu'on en abuse, de bien grands inconvénients. Faire trop souvent appel au crédit, c'est *s'endetter*.

FRANCINET. — Oh! maman le sait, monsieur. Aussi cela l'ennuie bien d'envoyer demander à crédit. Elle le fait pour le pain quand il le faut absolument, afin que nous ne nous passions pas de souper, et parce qu'elle est sûre de pouvoir payer au bout de quinze jours. Mais si c'est, par exemple, ma blouse qui est déchirée elle la raccommode de son mieux et me dit : « Ménage-la bien, ou tu t'en passeras ; car je n'irai pas en acheter à crédit. »

L'INDUSTRIE DE LA NAVIGATION : *roues des navires antiques.* — Les anciens avaient eu l'idée de remplacer les rames par des roues à *palettes* que faisaient mouvoir des esclaves ou des bêtes de somme.

M. EDMOND. — Ta mère te donne là, mon ami, une excellente leçon d'économie. Si l'ouvrier s'habitue à payer comptant, il peut déjà regarder l'avenir sans inquiétude ; s'il s'habitue à dépenser l'argent qu'il n'a pas encore gagné et à faire des dettes, il engage l'avenir, il se forge des chaînes et se rend esclave : il n'est plus le maître de lui-même ni de son travail, puisque les autres auront droit sur ce qu'il fera et gagnera. Selon qu'un ouvrier prend l'un et l'autre de ces deux chemins, on peut dire à l'avance ce qu'il lui adviendra.

Il y a dans l'histoire plus d'un exemple des suites fâcheuses que peut amener un abus imprudent du crédit. Je me rappelle un inventeur célèbre qui, pour avoir manqué de prudence et engagé son avenir par des dettes, se prépara de bien amers regrets. Je veux parler de celui qui a inventé l'hélice des bateaux à vapeur, de Sauvage, né à Boulogne-sur-Mer.

L'INDUSTRIE DE LA NAVIGATION : *hélice* des bateaux modernes. — L'hélice, mue par la vapeur, s'enfonce dans l'eau comme une vis dans le bois, et entraîne le navire avec une rapidité qui peut atteindre 10 à 12 milles à l'heure.

FRANCINET. — Qu'est-ce que l'hélice, monsieur?

M. EDMOND. — C'est une sorte de vis qui peut tourner toujours, et qui remplace très avantageusement les roues dans la navigation maritime.

Pour faire ses expériences, Sauvage avait emprunté de l'argent. Ses dettes finirent par être trop fortes. De nos jours, depuis les lois de 1867 et 1871, le *créancier* n'a plus le droit de faire emprisonner son *débiteur*, encore bien moins, comme au temps des Romains, d'en faire son esclave ; il ne peut que faire *saisir* et vendre ses biens à l'*enchère*. A l'époque de Sauvage, la loi était moins douce. Ses créanciers le firent mettre en prison au port du Havre.

Vente aux *enchères* par l'*huissier* sur *saisie judiciaire*.

Pendant ce temps, d'autres avaient repris l'idée de

Sauvage et continué ses expériences. Un jour, d'une fenêtre de sa prison du Havre, il vit le commandant du navire anglais, le *Ruttler*, essayer dans le port avec le plus grand succès le système de l'hélice, que Sauvage avait lui-même inventé. La gloire de ce dernier allait ainsi lui être enlevée.

Le Havre (110,000 h.). Grand port de commerce.

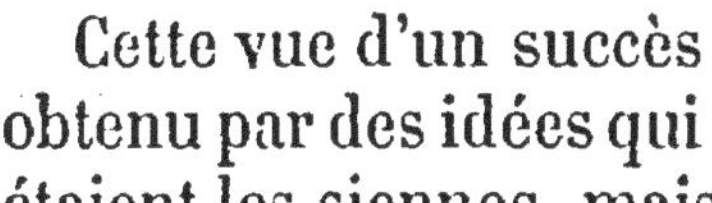

Cette vue d'un succès obtenu par des idées qui étaient les siennes, mais qu'il n'avait pu mettre à exécution, troubla tellement son esprit, qu'il en perdit la raison. Il mourut à Paris, en 1857, dans une maison d'aliénés.

Voilà un bien triste exemple, mes enfants; pourtant Sauvage avait une excuse dans son génie et dans les études sérieuses auxquelles il consacra toute sa vie. Ce n'était point pour d'inutiles amusements qu'il avait engagé l'avenir. A plus forte raison faut-il blâmer ceux qui abusent du crédit sans avoir la même excuse.

CLVII — Les dépenses utiles et la *CONSOMMATION PRODUCTIVE*. — Le goûter d'Aimée. — Les semailles de l'agriculteur. — La dépense de charbon dans l'industrie. — Les frais d'instruction d'Henri.

L'art de dépenser utilement n'est pas moins difficile que l'art de bien travailler.

M. Edmond. — Nous avons étudié ensemble, chers enfants, comment l'homme travaille dans l'industrie, dans l'agriculture et dans le commerce. Mais, s'il travaille ainsi, c'est afin de satisfaire ses besoins, c'est afin de suffire à sa *consommation* de chaque jour.

Voici un gâteau et une orange de Naples destinés au

goûter d'Aimée ; avant ce soir, l'orange que l'arbre a mis un an à produire par les soins de l'homme, et qu'un navire a dû apporter à Marseille, le gâteau composé d'œufs, de sel, de beurre, de farine, de lait, tout cela aura disparu, tout cela sera consommé.

Il y a deux grandes espèces de *consommation*. Les unes sont utiles et *productives;* les autres ne produisent aucun avantage, et on les appelle *improductives*.

Dites-moi, Aimée, quand par exemple le fermier de M. Clertan dépose en terre les semailles de blé et dépense ainsi à la fois plusieurs hectolitres de grains, comment faut-il appeler cette sorte de consommation qu'il fait? Est-ce une dépense sans profit?

AIMÉE. — Non, monsieur, car les grains de blé semés en terre produiront la moisson prochaine.

M. EDMOND. — Très bien, mon enfant. Autre exemple. L'une des plus grandes dépenses de l'industrie, c'est le charbon. C'est avec le charbon que marchent toutes nos machines ; c'est avec son aide que sont faits presque tous nos instruments. Que de charbon ne faut-il pas consumer pour fondre le fer ou l'acier dans les vastes fourneaux des usines ! Quelle dépense de charbon rien que pour fabriquer vos simples aiguilles, Aimée, ces aiguilles si utiles entre des doigts laborieux ! Mais toutes ces dépenses de l'industrie sont infiniment *productives;* elles rapportent plus qu'elles n'ont coûté.

A ton tour, Henri, de quel nom désigneras-tu une dépense d'un tout autre genre, celle que fait ton grand-père lorsqu'il achète des livres pour instruire, et paie des professeurs pour te faire travailler?

— Monsieur, dit Henri en réfléchissant, je crois que cela doit être la même chose que la consommation fructueuse faite par l'agriculteur ou l'industriel ; seulement, ce sont des richesses *morales* que mon grand-père espère retirer pour moi de l'instruction.

M. EDMOND. — Très bien répondu, mon cher ami. La

science est en effet une richesse morale, et de plus c'est la source des autres richesses; n'est-ce pas à la science que nous devons tous nos progrès, n'est-ce pas elle qui doit affranchir peu à peu l'humanité de la misère sous ses deux formes désolantes : la pauvreté et l'ignorance?

L'art de bien employer ce qu'on possède est des plus difficiles, mes enfants. Nous sommes toujours portés à dépenser follement nos richesses. Aussi, toutes les fois que nous employons notre travail, notre argent ou notre temps, nous devons nous demander si cette dépense sera fructueuse au point de vue matériel et moral.

L'homme prévoyant doit être comme le bon semeur, qui ne jette pas ses grains au hasard et qui ne les laisse pas non plus pourrir inutiles, mais qui les confie à une bonne terre pour qu'elle les lui rende au centuple.

CLVIII. — **Dépenses infructueuses et** *CONSOMMATION IMPRODUCTIVE*. — **Grêle.** — **Incendie.** — **Objets brisés.**

> « L'incendie de lieux d'habitation est puni de *mort*.
> « L'incendie de bois et de récoltes est puni des *travaux forcés* à perpétuité ou à temps. — Tout individu requis de porter secours en cas d'incendie est puni, s'il refuse, d'une amende de 5 à 10 fr. » (*Code pénal.*)

M. Edmond. — Petite Aimée, vous souvenez-vous que la prévoyance de Francinet empêcha le feu d'éclater chez votre grand-père?

— Oh! monsieur, dit l'enfant en souriant à Francinet, comment l'oublierais-je jamais?

M. Edmond. — Te rappelles-tu, Henri, que le feu consuma à peu près 25 kilogrammes de coton?

Henri. — Certainement, monsieur, et mon grand-père dit que c'était une perte de 150 francs.

M. Edmond. — Peux-tu me dire le nom qui te semble convenir à ce nouveau genre de consommation.

Henri. — Dame, cela doit être justement l'opposé de la consommation productive; car le feu, en détruisant par hasard une certaine quantité de travail ou de richesse, n'a produit que de la perte.

M. Edmond. — A la bonne heure, Henri! Tu ne tombes pas dans un préjugé qui est cependant très répandu.

Fabrication de la vitre par le verrier.

Après un incendie ou quelque accident d'une autre nature, tel que des vitres cassées par la grêle ou des objets brisés par maladresse, n'as-tu point entendu dire bien souvent : « C'est fâcheux pour le pauvre Pierre : le feu a détruit sa maison ; c'est fâcheux pour Étienne : l'ouragan et la grêle ont brisé la couverture vitrée de son usine ; mais, en même temps, c'est un bonheur pour le commerce. Le malheur des uns fait le profit des autres. La perte de Pierre et d'Étienne va fournir du travail aux maçons, qui rebâtiront la maison brûlée, du travail aux verriers et aux vitriers, qui remplaceront la couverture brisée par la grêle. »

Henri. — Oui, monsieur, j'ai entendu dire cela bien des fois. Je ne casse pas un verre ou une carafe sans que ma bonne s'écrie : « Que voulez-vous, monsieur Henri? cela fait marcher le commerce, et votre grand-père a bien le moyen de payer. »

M. Edmond. — Mes enfants, ce raisonnement est aussi faux qu'il est répandu. S'il était vrai, il en résulterait que celui qui incendie une maison par malveillance, — crime sévèrement puni par la loi —, rendrait en définitive un service à la société. Voyons, Francinet, réponds à ma question. Pourquoi les esprits irréfléchis croient-ils voir un profit pour la société dans les dégâts d'un incendie ou dans la destruction des objets brisés?

Francinet, *après un instant de silence.* — Monsieur, c'est sans doute parce qu'ils disent : Voilà du travail qu'il faudra refaire; et comme le travail est le gagne-pain de l'ouvrier, voilà du pain assuré pour l'ouvrier.

M. EDMOND. — C'est cela même, mon ami; mais avec quoi se paie le travail de l'ouvrier?

FRANCINET. — Monsieur, avec de l'argent.

M. EDMOND. — Et quand on a moins d'argent, peut-on faire faire autant de travail aux ouvriers, ou payer aussi cher le travail qu'on leur fait faire ?

FRANCINET. — Assurément non, monsieur.

M. EDMOND. — Donc, mon enfant, tous les accidents qui font perdre de l'argent à quelqu'un, font en même temps perdre du travail et de l'argent aux ouvriers. Supposons, Francinet, que tu casses un carreau de vitre...

FRANCINET. — Oh! monsieur, c'est justement ce qui m'est arrivé l'autre jour. Vous pensez si j'ai été grondé! On a d'abord remplacé la vitre par un morceau de papier. Puis maman m'a dit : « Francinet, tu sais que nous n'avons point trop d'argent; je voulais, le jour de la paie, t'acheter une paire de sabots neufs; mais puisqu'il nous faudra remettre ce carreau, tant pis pour toi: ménage les sabots que tu as, car l'argent que je voulais donner pour tes sabots passera à payer ta maladresse. »

M. EDMOND. — Tu vois donc bien, Francinet, qu'en cassant un carreau de vitre, tu as tout simplement fait perdre au sabotier l'argent que tu as fait gagner au verrier et au vitrier, et de plus tu t'es passé de sabots. Eh bien, il en est toujours ainsi, et les choses ont lieu dans la grande société humaine comme dans la maison de ta mère. Plus il y a d'argent ou de *capital* dans une société, plus la société fait faire de *travail* aux ouvriers, et plus aussi elle peut les payer cher. Le capital est comme une bourse où on prend de quoi payer et bien payer le travail.

FRANCINET. — Cela est juste, monsieur.

M. EDMOND. — Et si, par suite d'un accident, on en vient à posséder moitié moins d'argent, on est forcé de faire faire moitié moins de travail aux ouvriers, ou de payer moitié moins leur travail. Les revenus, en diminuant, diminuent du même coup les dépenses. Plus l'eau baisse dans le puits, moins il y a à boire. Aussi les ouvriers ont-ils bien tort de maudire le capital.

Aimée. — Alors, monsieur, quand un malheur frappe un individu ou une contrée, tout le monde devrait s'en affliger, non seulement par *charité*, mais encore par *intérêt bien entendu?*

M. Edmond. — Justement, mon enfant, et c'est ce qui arrivera lorsque tous les hommes auront une idée plus exacte des liens étroits que Dieu a voulu établir entre eux. Le profit de l'un est le profit de tous. L'Évangile, depuis longtemps, a dit aux hommes qu'ils étaient frères, et leur a défendu de se réjouir du malheur d'autrui.

Ne regardons donc jamais une *destruction* comme un *profit*, et gardons-nous de rien détruire nous-mêmes inutilement. Car ce qui est perdu est perdu, et le travail qu'on fait pour le remplacer serait employé bien plus utilement à faire des choses nouvelles, qui augmenteraient la richesse générale et par conséquent le bien-être général.

CLIX. — La consommation de l'alcool et des liqueurs fortes. — L'ivrognerie est ruineuse pour la bourse.

> Si vous lisiez ces mots sur la porte d'une maison : « Quiconque entrera dans ce lieu y perdra sa santé et sa bourse, y abrégera sa vie de plusieurs jours, de plusieurs mois, peut-être de plusieurs années ; bien plus, il sera changé en bête, et peut-être même en bête féroce capable de frapper femme, enfants, amis comme ennemis ; » — qui de vous, travailleurs, voudrait entrer dans ce lieu? Et cependant on pourrait inscrire ces paroles sur la porte de tous les cabarets.

— Monsieur, dit le lendemain Francinet, qui avait réfléchi à la leçon précédente, le tabac, dont vous nous avez parlé il y a quelque temps, n'est-il pas aussi une consommation sans profit ou *improductive?*

M. Edmond. — Certainement, mon ami; par malheur

il y en a bien d'autres, et de pires encore. Voyons, Francinet, si tu vas m'en trouver un exemple.

FRANCINET, *après avoir réfléchi.* — Je crois, monsieur, qu'il y a une chose pire que de fumer, c'est de boire.

M. EDMOND. — Tu as bien raison. Malheureusement l'abus des boissons alcooliques va croissant.

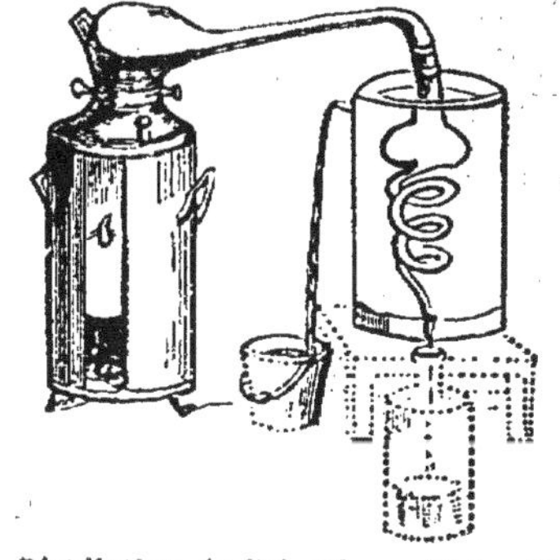

Distillation de l'alcool. — L'*alambic* se compose d'une chaudière en cuivre où l'on fait bouillir le vin pour en séparer l'alcool, et d'un tuyau plongeant dans une cuve d'eau froide, où les vapeurs d'alcool viennent se refroidir.

FRANCINET. — Monsieur, qu'est-ce donc que l'*alcool?* Je sais qu'on fait le vin avec le raisin; mais l'alcool, avec quoi le fait-on?

M. EDMOND. — Avec le vin. On fait bouillir le vin dans une chaudière. La première vapeur qui s'échappe alors du vin, c'est l'alcool, vapeur très légère. On la fait monter et circuler dans un long tuyau, où elle se refroidit : en se refroidissant, elle devient liquide et retombe en gouttelettes. Dis-moi, Francinet, n'as-tu pas observé quelque chose d'analogue lorsque ta mère trempe la soupe pour votre dîner et qu'elle pose le couvercle sur la sou-

Amiens (85,000 habitants).

pière fumante? Voyons, réfléchis, que se passe-t-il?

FRANCINET. — Tiens, c'est vrai, monsieur; dès qu'on couvre la soupière, la vapeur se dépose en petites gouttes sur le couvercle.

M. EDMOND. — Eh bien, cette vapeur, c'est de l'eau *distillée*. Quant à l'alcool, c'est le produit du vin distillé.

L'alcool a une grande utilité dans le commerce, mais l'abus qu'en font les buveurs est une dépense funeste pour la bourse, pour la santé, pour la moralité. Et par malheur, ce mal semble ne pas vouloir diminuer. Les grands centres de la population ouvrière y sont particulièrement exposés. Dans la seule ville d'Amiens, où la fabrication des lainages et des toiles est si active, on évalue à 80,000 verres d'eau-de-vie la consommation journalière.

AIMÉE. — C'est énorme! car Amiens n'a guère plus de 80,000 âmes.

M. EDMOND. — Très bien, Aimée; vous soutenez votre réputation en géographie. Cela fait par jour, pour une seule ville, 4,000 francs dépensés en alcool.

HENRI. — Que de choses on pourrait se procurer avec ces 4,000 francs!

M. EDMOND. — On y a songé avant toi, Henri, et le calcul en a été fait. Avec ces 4,000 francs on pourrait acheter 3,500 kilogrammes de viande, ou 12,121 kilogrammes de pain. Au bout de l'année, cela fait un million et demi de francs dépensés en alcool par les ouvriers d'une seule ville, dont quelques-uns n'ont souvent pas de pain.

A Rouen, la consommation n'est pas moins effrayante et a doublé en 20 ans. A Paris, chaque habitant, au lieu de consommer en moyenne 9 litres d'alcool par an comme en 1825, en consomme aujourd'hui 17 litres. Paris boit par an 40 millions de litres d'alcool.

A Londres, on dépense pour 60 millions de francs par an en liqueurs fortes. Ajoutez ces sommes énormes à celles que je vous ai déjà indiquées pour le tabac, et voyez ce que les hommes dépensent pour se faire du mal.

CLX. — L'hygiène et les liqueurs fortes. — L'ivrognerie est ruineuse pour la santé. — Elle dégrade l'homme et l'expose au crime. — Cabarets et cafés. — La promesse de Francinet et d'Henri.

« Seront punis d'une amende de 1 à 5 francs ceux qui seront trouvés en état d'*ivresse* manifeste dans les rues, cabarets ou autres lieux publics. S'il y a récidive, ils seront emprisonnés pendant 3 jours. La troisième fois, ils pourront subir un emprisonnement de 6 jours à un mois et une amende de 16 fr. à 200 fr. »
(*Code pénal.*)

M. Edmond. — D'après les rapports de tous les médecins et hygiénistes, l'alcool tue plus d'hommes que la guerre et le choléra. L'ivrogne qui abuse de cette liqueur forte, inconnue à l'antiquité, et que les sauvages appellent *eau de feu*, se brûle peu à peu l'estomac, perd l'appétit et le sommeil, éprouve des *vertiges*, des tremblements dans ses mains, dans ses jambes qui chancellent. Puis viennent la *phtisie* ou la *paralysie*, les *convulsions*, un amaigrissement considérable, une altération profonde de l'intelligence, le *délire* et la *mélancolie*, l'envie du *suicide*. L'ivrogne arrive à se faire de l'alcool un tel besoin que, s'il s'en trouve privé tout d'un coup, sa vie est en danger. Ainsi il s'est placé entre deux maux : s'il continue de boire, il en sera la victime ; et s'il cesse brusquement, il en sera encore la victime. Il est obligé de se déshabituer lentement; et bien peu d'hommes ont assez d'énergie pour le faire, quoiqu'on ne doive jamais désespérer d'y réussir.

Altération des traits dans le *délire alcoolique*, d'après les livres de médecine.

C'est surtout le matin à jeun que les liqueurs fortes produisent sur l'estomac un effet désastreux.

Francinet. — Pourtant, Monsieur, j'entends dire aux ouvriers que cela « tue le ver. »

M. Edmond. — Mon ami, cela ne tue pas le ver, car ils n'en ont point; mais cela « tue l'ivrogne. »

Francinet. — Monsieur, c'est pour cela que maman

fait toujours une bonne soupe le matin, avant d'aller à la journée. C'est papa qui l'avait habituée à cela. Il disait qu'une bonne soupe vaut mieux qu'un petit verre.

M. Edmond. — Bien pensé, mon enfant; le conseil est bon à suivre et conforme à l'hygiène.

Si encore la santé seule souffrait de l'ivrognerie! Mais vous connaissez les tristes effets de ce vice sur l'intelligence et la moralité. Le nombre des *crimes commis pendant l'ivresse* est énorme.

Si le matin on disait à un homme à jeun : « Mon ami, ce soir vous aurez tué l'un de vos semblables, et le soleil de demain, lorsqu'il se lèvera, éclairera la prison où vous pleurerez votre crime, » cet homme ne serait-il pas épouvanté, et ne demanderait-il pas par quel moyen conjurer un sort aussi terrible? Eh bien, mes enfants, celui qui entre au cabaret s'expose à y laisser sa raison et à commettre tous les crimes. On voit chaque année des ivrognes tuer leur père, leur mère, d'autres leur femme ou leurs enfants. Comment, après de tels exemples, peut-il y avoir encore des hommes atteints d'un tel vice?

Francinet. — Monsieur, est-ce que les ivrognes finissent tous par commettre de pareils crimes?

M. Edmond. —Heureusement non, mon enfant; mais, s'ils ne commettent pas toujours des crimes aussi odieux que le meurtre, ils n'en dépensent pas moins au cabaret l'argent destiné à nourrir leur famille. La misère entre chez eux par leur faute. Et ce qu'il y a de plus malheureux, c'est qu'ils donnent à leurs enfants le mauvais exemple, ainsi qu'aux jeunes ouvriers qui sont leurs compagnons de travail. Vous voyez, mes enfants, les funestes conséquences de l'ivrognerie.

Aimée. — Oh! je suis sûre que Francinet n'ira jamais au cabaret quand il sera grand.

Francinet. —Je vous le promets, mademoiselle Aimée.

Henri. — Moi, je réponds de sa promesse; car Francinet est un garçon trop intelligent pour ne pas la tenir.

M. EDMOND. — Et toi, Henri, j'aime à croire que tu ne prendras pas davantage l'habitude d'aller dans les cafés, qui sont les dignes pendants des cabarets : lieux de paresse, de prodigalité et d'abêtissement.

HENRI. — Non, non, monsieur. D'abord, mon grand-père ne m'y souffrirait point.

AIMÉE. — Ni moi non plus, je ne le souffrirais pas, monsieur mon frère.

CLXI. — La *LOTERIE*. — La soupière gagnée par Francinet.

Comptez sur vous-même et non sur le hasard, sur le travail et non sur le jeu.

M. EDMOND. — Parmi les *dépenses infructueuses* et même funestes, il faut encore placer le jeu et la loterie.

FRANCINET. — Comment ! monsieur, infructueuses ! Mais si l'on gagne ? Moi, par exemple, à une loterie de la foire, j'ai gagné une belle soupière ornée de fleurs, qui, paraît-il, est en faïence de Nevers ; maman y trempe la soupe tous les matins et tous les soirs.

Soupière en faïence.

Les enfants se mirent à rire.

M. EDMOND. — Mon ami, tu as gagné cette fois-là, c'est fort bien ; mais, dis-moi, as-tu depuis mis de nouveau à la loterie ?

FRANCINET. — Je crois bien, monsieur. Cela nous avait tellement encouragés, maman et moi, qu'à toutes les foires maman me donnait quelques sous qu'elle avait épargnés et me disait : « Voyons, Francinet, toi qui es si chanceux, tourne la roue. » Alors je tournais la roue ; ce qui m'amusait bien.

Nevers (20,000 habitants).

M. EDMOND. — Et, dis-moi, qu'as-tu gagné depuis la dernière soupière ?

FRANCINET. —Monsieur, ne m'en parlez pas! Je n'ai pas gagné un seul objet depuis. Faut-il avoir du malheur!

M. EDMOND. — Je parie, Francinet, que ta mère, avec tout cet argent mis à la loterie, a payé sa soupière plus cher que chez le marchand?

FRANCINET. — Justement, monsieur. Maman s'en est bien aperçue elle-même, et à la dernière foire elle s'est mise en colère : « Je ne veux plus que tu mettes à la loterie, m'a-t-elle dit. Pour un qui gagne il y en a mille qui perdent, et les marchands qui tiennent ces boutiques-là gagnent leur argent à nos dépens. D'ailleurs, s'ils n'y trouvaient pas leur bénéfice, ils ne feraient pas ce commerce-là, sois-en sûr. »

M. EDMOND. — C'était fort bien raisonner.

FRANCINET. — Cependant, monsieur, une fois où l'on gagne suffit pour tout rattraper.

M. EDMOND. — Mon ami, ce n'est jamais qu'une rare exception; et les marchands le savent bien, puisque c'est précisément là-dessus qu'est fondé leur bénéfice. Compter sur cette exception, c'est compter sur le hasard au lieu de compter sur soi. Faire appel au hasard, c'est chose peu morale, car c'est abdiquer son intelligence et sa volonté, c'est renoncer à sa dignité d'homme. En outre, c'est faire le plus sot des calculs, puisque la règle générale est de perdre, et que le gain est l'exception.

CLXII. — **Le *JEU*. — Histoire d'un joueur.**

> Le joueur, comme le voleur, est un homme qui veut s'enrichir sans travailler et aux dépens d'autrui.

M. EDMOND. — On peut dire de tous les jeux, tels que les cartes, ce que nous avons dit de la loterie. Il y a longtemps qu'on a considéré la passion du jeu comme des plus dangereuses. Cela vous surprend peut-être, enfants; mais avec un peu de réflexion vous comprendrez pourquoi.

Celui qui passe tout son temps à jouer, espérant toujours qu'il fera fortune, fait preuve de *paresse* et d'*immoralité* : de paresse, puisqu'il veut en une minute ou en un jour faire un gain qui demanderait à l'honnête homme des mois de travail; d'immoralité, puisque ce gain sera de l'argent enlevé à un autre. Quand le joueur s'est ruiné, lui, sa femme et ses enfants, que lui reste-t-il à faire, sinon de voler, ou de se tuer, ou de gémir sur ses fautes et d'en chercher dans le travail la tardive réparation ?

Un des hommes politiques les plus célèbres de l'Angleterre, — et un des premiers qui demandèrent d'abolir la *traite des noirs*, c'est-à-dire la vente et l'achat des esclaves, — s'était laissé dans sa jeunesse entraîner à jouer. Dans ce premier essai du jeu, le hasard le favorisa tellement, qu'il gagna toute la fortune de son adversaire. Témoin de cette ruine si rapide et du profond désespoir de celui qui perdait, il fut effrayé de son succès même : comprenant ce qu'il y a d'odieux dans un semblable gain, il rendit tout à son adversaire, en se faisant à lui-même le serment de ne plus jamais jouer une seule fois.

Il fut fidèle à ce serment toute sa vie.

Remarquez-le, mes enfants, compter sur le hasard, c'est compter précisément sur un des plus grands ennemis de l'homme, qui n'a déjà que trop de pouvoir sur nous; car dites-moi, Aimée, ce que nous avons le plus à craindre, ne sont-ce pas précisément les accidents du hasard et les maux imprévus qui nous frappent au moment où nous nous y attendions le moins?

AIMÉE. — Mais oui, monsieur.

M. EDMOND. — Pourriez-vous donner des exemples?

AIMÉE, *après avoir réfléchi.* — Les maladies, sans doute, la mort, et les malheurs de toute sorte, comme les naufrages, les incendies, la grêle et tant d'autres.

M. EDMOND. — Oui, et ces maux sont surtout redoutables par leur soudaineté. L'ennemi vous frappe par derrière, sans vous avoir dit : en garde!

Pourtant, mes enfants, il y a des moyens d'être toujours en garde et même à l'abri contre notre grand adversaire, le hasard. On peut se mettre, pour beaucoup de choses, hors de la portée de ses coups.

HENRI. — Comment est-ce possible, monsieur?

M. EDMOND. — Les moyens qu'on emploie pour cela sont justement l'opposé des jeux et des loteries, choses de hasard, sans certitude et sans sûreté; ces moyens rendent au contraire l'homme *sûr* d'être à l'abri : c'est pourquoi on les appelle *assurances*.

CLXIII. — De l'*ASSURANCE*. — Comment l'homme arrive à prévoir les accidents à venir.

L'*assurance* est une association de charité et d'intérêt tout ensemble, par laquelle les hommes se mettent mutuellement en sûreté contre les coups de la fortune.

HENRI. — Vous nous avez dit, monsieur, que les hommes peuvent se mettre en sûreté ou s'*assurer* contre des malheurs à venir. Mais comment peut-on savoir si ces malheurs arriveront ou n'arriveront pas? Par exemple, on ne pouvait pas savoir si un incendie aurait lieu ou n'aurait pas lieu dans la maison de grand-papa.

M. EDMOND. — En effet, mon ami, on ne peut pas savoir ce qui arrivera à un individu considéré isolément. Mais si l'on considère cent, mille, dix mille individus à la fois, ce n'est plus la même chose. Ainsi l'on a remarqué que, sur dix mille maisons, il y en a presque toujours une d'incendiée par an; que, sur cent navires, il y en a presque toujours par an un qui fait naufrage; et plus les nombres que l'on considère sont grands, plus le calcul est certain. On appelle *statistique* la science qui fait le relevé et le calcul des choses qui se reproduisent constamment chaque année dans une

Un incendie en mer.

nation : par exemple, le nombre des incendies, des naufrages, des décès, des naissances, des mariages, etc.

Ce calcul a été la cause de grands progrès et d'institutions très bienfaisantes, telles que les *assurances*.

Nous sommes, je suppose, dix mille propriétaires dont chacun a une maison. Parmi nous, il y en aura un dont la maison sera brûlée par les flammes cette année, voilà qui est à peu près certain. Mais lequel sera-ce d'entre nous? voilà l'incertain. Cela peut être vous, cela peut être moi.

Eh bien, il y a un moyen de nous mettre tous à l'abri. Que les dix mille propriétaires prennent l'engagement de rembourser la valeur de la maison brûlée à son possesseur. La perte divisée entre dix mille sera presque insensible, tandis qu'elle aurait été une ruine complète pour le propriétaire frappé par le sort.

« Mais, dites-vous, ce ne sera peut-être pas moi. »

— Vous n'en savez rien. D'ailleurs, si ce n'est pas vous, vous aurez fait à peu de frais une œuvre de charité et de fraternité très intelligente, en même temps que vous vous serez délivré d'une inquiétude. Si c'est vous, vous aurez fait un excellent calcul, puisqu'en échange d'une très faible somme on vous en donnera une grosse.

Aimée. — C'est vrai, cela! et voilà une chose bien ingénieuse.

M. Edmond. — C'est aussi une chose très morale et très belle; car l'assurance est une œuvre de véritable *fraternité* en même temps que d'*intérêt bien entendu*. En vous assurant, vous faites d'avance la charité à un malheureux encore inconnu, et qui sera peut-être vous-même. Cela prouve une fois de plus, mes enfants, que l'union fait la force, et qu'en s'unissant pour faire face à un malheur, les hommes peuvent en alléger le coup.

Francinet. — Mais, monsieur, comment sait-on, dans les assurances, la somme que chacun doit donner?

M. Edmond. — Rien de plus simple dans le cas qui nous occupe. Puisqu'une maison brûle sur dix mille, chaque propriétaire devra donner environ la dix-millième partie du prix de sa maison. De cette manière, on sera sûr d'avoir en commun assez d'argent pour payer la maison brûlée. Par exemple, si votre maison vaut 20 000 francs, vous donnez environ 2 francs par an; et par là vous êtes sûr d'épargner la ruine soit à vous, soit à un autre.

Néanmoins, comme il peut y avoir des années plus malheureuses que d'autres, les sociétés d'assurances, pour ne pas s'exposer elles-mêmes à quelque ruine, s'assurent entre elles, comme feraient des individus.

Les sociétés de divers pays s'entendent même ensemble; ainsi il y a des sociétés françaises qui sont assurées sur des sociétés anglaises, et réciproquement. Encore un exemple qui prouve combien les nations vont se rapprochant peu à peu et confondant leurs intérêts.

Francinet. — C'est vraiment une belle chose, Monsieur, que ces assurances. Il faudrait être bien imprévoyant pour ne pas acheter une sûreté qui coûte si peu cher et qui est en même temps la sûreté des autres.

CLXIV. — *SOCIÉTÉS DE SECOURS MUTUELS.* **Comment Francinet aurait dû employer l'argent mis à la loterie.**

Si les hommes savaient s'entendre et mettre en commun leurs efforts, ils se placeraient à l'abri d'une foule de maux.

M. Edmond. — Tu aurais mieux fait, n'est-ce pas, Francinet, au lieu de dépenser ton argent à la loterie, de le placer dans quelque assurance?

Francinet. — Mais, monsieur, vous savez bien que maman ni moi n'avons de maison à nous.

M. Edmond. — Mon ami, il n'existe pas seulement des assurances contre l'incendie. Il y a des sociétés d'*assurance mutuelle* ou de *secours mutuels* qui, pour 1 fr. 50 c. par mois, vous assurent en cas de maladie un salaire de 1 à 2 fr., les soins d'un médecin, les remèdes d'un pharmacien, et, en cas de mort, les frais d'enterrement.

Francinet. — Tout cela assuré pour une si petite somme!

M. Edmond. — Oui, mon ami ; cela vaut mieux, n'est-ce pas, que la soupière gagnée à la loterie dont tu étais si fier? Tous les ouvriers devraient faire partie, sans exception, de quelque société de secours mutuels.

Par malheur, l'imprévoyance et l'ignorance sont si grandes, que ces sociétés ne comptent pas plus de deux millions de sociétaires pour toute la France ce qui est beaucoup trop peu. Cela vaudrait pourtant mieux, et coûterait cent fois moins cher que de fumer, de boire et de jouer.

Ne dites pas que vous vous portez bien et ne serez point malade ; car vous n'en pouvez rien savoir. En moyenne, sur 100 hommes, il y en a 27 de malades dans l'année, plus du quart, et chacun reste en moyenne 5 jours sans pouvoir travailler. Si vous n'êtes pas malade cette année, vous le serez peut-être l'an prochain ou l'an d'après.

Enfin, dussiez-vous ne pas être malade, il n'y aurait pas de malheur à cela, au contraire ; et de plus votre argent n'en aurait pas été moins bien employé ; car, au lieu de vous servir à vous, il aurait servi à d'autres.

CLXV. — **Assurances contre les accidents.— Caisse des retraites. — Assurances sur la vie. — Ce que devrait faire tout ouvrier.**

Les assurances iront se multipliant de plus en plus, et on peut dire que l'avenir leur appartient.

M. Edmond. — Il en est de même des *assurances contre les accidents*. Pour 18 fr. versés chaque année, un ouvrier est sûr d'avoir 2 fr. 50 par jour en cas d'abstention momentanée de travail par accident, sans compter ce que la société de secours mutuels peut lui donner par ailleurs. S'il est blessé de manière à ne plus pouvoir travailler, il a droit à une pension de 300 francs par an.

Aimée. — Mais, monsieur, l'ouvrier a à craindre non seulement la maladie et les accidents, mais aussi les chômages. N'y a-t-il donc point moyen de l'en préserver?

M. Edmond. — Mon enfant, je ne connais pas de société d'assurances qui s'engage à donner du travail pendant les chômages, probablement parce qu'il y aurait des paresseux qui prétendraient ne pas trouver de travail, et qu'il serait assez difficile de constater si c'est leur faute ou celle des circonstances. Mais il y a un moyen bien simple de se mettre à l'abri contre les chômages : c'est de placer un peu d'argent à la *Caisse d'épargne*, afin de le retrouver grossi en cas de besoin.

HENRI. — Mais, monsieur, quand l'ouvrier devient vieux, il ne peut plus travailler et est bien obligé de chômer; il reste alors forcément à la charge de sa famille.

M. EDMOND. — Mon ami, la société d'assurance contre les accidents garantit une pension de 300 fr. par an pour le moment où l'on ne peut plus travailler. En outre, l'ouvrier peut encore s'assurer contre la vieillesse, lui et sa femme, au moyen de la *Caisse des retraites* dont l'administration centrale, la même que pour les Caisses d'épargne, est à Paris, sous la surveillance du ministère des finances. En versant tous les ans, à partir de 30 ans, une somme de 102 fr. à la *Caisse des retraites*, l'ouvrier aura droit, à l'âge de 60 ans, à une rente annuelle de 600 fr. Après sa mort, sa femme touchera 460 fr. de rente; et après la mort de la femme, les enfants ou autres héritiers toucheront encore un capital de 1,530 francs.

Le ministère des finances, à Paris.

Enfin il y a des *assurances sur la mort*. Dans ce cas, 50 fr. par an donnés à partir de 30 ans, assurent, en cas de mort du mari, un capital de 2000 francs à la veuve et aux enfants.

En réunissant toutes ces assurances, l'ouvrier, sa femme

et ses enfants, sont en sûreté contre les conséquences de la maladie, des accidents, du chômage et de la mort.

FRANCINET. — Et en réunissant tout, monsieur, combien cela fait-il à donner par an?

M. EDMOND. — A peu près 205 fr., c'est-à-dire 80 c. par jour. Si un ouvrier ne pouvait pas prendre cette somme tout entière sur son salaire et celui de sa femme, il pourrait certainement en prendre une partie. Le tabac fait déjà 2 ou 3 sous par jour; un ou deux petits verres font 2 ou 4 sous. Si l'ouvrier fait le lundi, il peut perdre 3, 4, 5 francs, c'est-à-dire 8 à 12 sous par jour de la semaine. Cela fait déjà à peu près la somme demandée pour toutes les assurances réunies. Et les dépenses inutiles, et le jeu, et la loterie, sans compter les intérêts de toutes ces sommes dépensées, et les intérêts des intérêts!

Si l'ouvrier commençait de bonne heure à capitaliser, il se serait bientôt fait un capital assez rond, non seulement pour payer toutes ses assurances, mais pour avoir encore du reste. En tout cas, il y a deux assurances dont on ne doit pas se dispenser, et qui sont à un bon marché excessif; ce sont les *secours mutuels* et l'*assurance contre les accidents* ou l'incapacité de travailler.

CLXVI.— Histoire des équitables pionniers de Rochdale. Les grèves. — L'association.

Les *grèves* et *coalitions*, c'est-à-dire l'entente des ouvriers entre eux ou celle des patrons pour faire hausser ou baisser le salaire, sont permises en France comme en Angleterre, pourvu que l'entente soit libre et pacifique.

« Seront punis d'un emprisonnement de 6 jours à 3 ans et d'une amende de 16 à 3000 francs les ouvriers ou les patrons qui auront usé de violences ou de menaces dans les grèves et coalitions. » (*Loi de* 1864.)

M. EDMOND. — Les sociétés d'assurance et de secours mutuels sont des exemples propres à vous faire comprendre, mes enfants, la puissance de l'*association*. Vous en avez vu d'autres exemples; vous les rappelez-vous?

AIMÉE. — Vous voulez parler du câble transatlantique, n'est-ce pas, monsieur?

HENRI. — Et le percement de l'isthme de Suez, donc!

FRANCINET. — Et le tunnel du mont Cenis.

M. EDMOND. — Précisément. C'est avec des sommes librement fournies par les grandes et surtout par les petites fortunes, que ces entreprises gigantesques ont pu être menées à bonne fin.

Ne croyez pas, mes enfants, que ce soient seulement les grosses fortunes qui, en s'associant, ont produit de grands effets. Il est des entreprises qui ont été faites et dirigées uniquement par de pauvres ouvriers, et dans lesquelles l'association a fait de véritables prodiges. Il est bon de connaître la plus célèbre, celle de Rochdale.

AIMÉE. — Qu'est-ce que Rochdale, monsieur?

M. EDMOND. — C'est une ville manufacturière de l'Angleterre. Son industrie consiste principalement en fabriques de fils et de tissus de coton, comme celle de M. Clertan, et en fabriques de drap, de flanelles et de tissus de laine. Figurez-vous une multitude d'usines dans le genre de celle où nous sommes, avec de hautes cheminées d'où s'échappent des nuages de fumée noire, des rues routes semées de charbon, et des maisons d'ouvriers agglomérées autour des fabriques : vous aurez une idée des grandes villes industrielles qui abondent en Angleterre et dont Rochdale fait partie.

Une agglomération d'usines dans les cités industrielles.

En 1844, il y eut une longue grève de tisserands en laine. Après avoir beaucoup lutté, beaucoup souffert inutilement sans obtenir une augmentation de salaire suffisante, vingt-huit ouvriers, plus courageux et plus intelligents que leurs camarades, résolurent de mettre en commun leurs efforts. Ils voulaient sortir de la misère, par un moyen moins hasardeux que les *grèves* et leurs luttes toujours renaissantes; car, mes enfants, si les grèves ont été parfois utiles, souvent aussi elles ont été désastreuses et ont dégénéré en violence.

« L'union fait la force, se dirent les ouvriers. Nous ne sommes pas bien nombreux; mais, si nous restons toujours unis et si nous respectons toujours la justice, nous deviendrons forts. Au lieu de nous coaliser contre les patrons, associons-nous pour nous passer d'eux. En nous unissant, nous pourrons nous aider les uns les autres; et en respectant toujours les droits d'autrui, nous n'aurons pas à craindre la vengeance et la colère. Amitié entre nous, et équité pour tous, voilà notre devise. Nous irons en avant, montrant aux autres le chemin, comme les pionniers de l'Amérique. Nous nous appellerons : l'*Association amicale des équitables Pionniers de Rochdale.* »

AIMÉE. — C'était un beau titre, et qui annonçait de bien bons sentiments.

M. EDMOND. — Oui, chère enfant, car la justice et l'amitié sont les deux grandes vertus qui doivent toujours présider à nos rapports avec nos semblables.

Nos *équitables pionniers* étaient très pauvres, quelques-uns même misérables; malgré cela ils s'engagèrent à donner chacun d'abord 4 sous par semaine, puis 6 sous, et au bout de dix-huit mois ils purent mettre en commun une somme de 700 francs environ.

HENRI. — Que voulaient-ils faire de cette somme?

M. EDMOND. — Mon ami, ils résolurent de l'employer à acheter en gros les objets nécessaires à l'entretien de leurs familles, et aussi des familles qui voudraient leur donner leur pratique. Leur intention était d'acheter d'excellentes denrées le meilleur marché possible, et de les revendre avec un bénéfice très minime. Ils ne purent acheter que des épices, de la farine, du beurre, du riz, du millet; une charrette à bras aurait suffi pour emporter toutes leurs marchandises. La boutique, située dans une petite ruelle, n'était ouverte que le samedi soir.

Ils vendaient toujours *au comptant*. C'était pour eux une sécurité, puisqu'ils n'avaient point à craindre de n'être pas payés, et ils rendaient aussi un vrai service à leurs acheteurs; car ils les empêchaient de s'endetter, et ils les obligeaient à économiser avant de dépenser.

Du reste, personne n'était forcé de venir chez eux, et on y venait parce qu'on y trouvait un réel avantage : ils vendaient meilleur marché et de meilleures marchandises. Ils s'étaient imposé pour règle de ne jamais acheter que de bonnes denrées et de toujours servir leurs clients avec la plus grande conscience.

C'est là, mes enfants, la meilleure règle du commerce. Là, comme partout, le véritable intérêt ne se sépare point de l'honnêteté. Le marchand consciencieux voit revenir les acheteurs; le marchand déloyal peut les tromper une fois, mais on a soin ensuite de ne plus s'y laisser prendre.

CLXVII. — **Les équitables pionniers** (*suite*). — **Sociétés coopératives de Roubaix, Paris, Lyon, Grenoble.**

Il ne suffit pas de s'associer pour réussir; il faut voir avec qui on s'associe.

Bientôt le nombre d'associés s'accrut, et avec eux s'accrut la richesse de la société coopérative. Les bénéfices devenaient de plus en plus grands.

A l'origine, ces bénéfices n'étaient partagés qu'entre les *associés*, c'est-à-dire entre ceux qui payaient la cotisation de 6 sous par semaine. Un des sociétaires eut une idée lumineuse, qu'il proposa à ses compagnons.

« Faisons participer, leur dit-il, tous les *acheteurs* aux bénéfices de l'entreprise; de cette manière, nos acheteurs auront tout profit à nous rester fidèles et à nous amener d'autres clients : car leur intérêt se confondra avec le nôtre. » Cette ingénieuse proposition fut acceptée.

Depuis ce temps, chaque acheteur reçoit un *bulletin* indiquant ce qu'il a payé. Tous les trois mois on fait les comptes, et l'on voit de combien les bénéfices dépassent les dépenses. Sur la somme des bénéfices, on commence par mettre à part 2 pour 100 au profit de la bibliothèque et des écoles; car les fondateurs de l'entreprise, dans le programme qu'ils avaient publié, avaient inscrit ces sages paroles : « Nous nous engageons à employer une partie des bénéfices à la fondation d'écoles, de salles de lecture et de bibliothèques, parce que l'instruction est le ressort de la civilisation et du vrai progrès. »

On commence donc par prélever sur les bénéfices 2 pour 100 destinés aux écoles. Le surplus constitue les bénéfices à diviser entre tous. On divise d'abord une partie entre les *sociétaires*, puis une autre partie entre les acheteurs eux-mêmes. Et ce bénéfice des *acheteurs* est allé jusqu'à 12 pour 100; c'est-à-dire que ceux qui avaient acheté pour 100 francs de marchandises en trois mois ont reçu un intérêt de 12 francs pour ces trois mois.

HENRI. — Est-ce que cette société fait toujours beaucoup d'affaires, monsieur?

M. EDMOND. — Je le crois bien! Elle compte dix mille membres; leur capital est de 4 millions; ils font pour 12 millions d'affaires par an.

FRANCINET. — Oh! que de millions!

M. EDMOND. — Oui. Nous voilà bien loin des 700 francs avec lesquels les sociétaires ont commencé. Les bénéfices par an sont d'un demi-million. On prélève 24,000 francs pour la bibliothèque et les écoles; et on distribue aux associés 50 pour 100 par année. Voilà de l'argent bien placé, comme vous le voyez.

Si la société de Rochdale a réussi, c'est grâce aux qualités morales et intellectuelles de ceux qui étaient à la tête de l'entreprise. Il ne faudrait pas croire qu'il suffise de donner 6 sous par semaine pour faire une seconde société de Rochdale. Les vingt *pionniers* étaient des ouvriers d'une intelligence et d'une moralité exceptionnelles, d'une énergie, d'une persévérance, d'une probité à toute épreuve. Voilà pourquoi ils ont réussi.

Aussi ont-ils compris eux-mêmes que leur association devait être avant tout une école de perfectionnement moral : nous avons vu qu'ils ont fondé des bibliothèques, des écoles, des salles de lecture et de conversation destinées à remplacer les cabarets. Ils ont compris que détruire la misère n'est rien si l'on n'en détruit pas les causes les plus ordinaires : l'*ignorance* et le *vice*.

D'autres sociétés du même genre se sont fondées en Angleterre. En France, les exemples sont moins nombreux. Cependant beaucoup ont réussi. A Roubaix (Nord), à Lyon, plusieurs sociétés ont fondé des magasins comme ceux de Rochdale, où l'on vend des marchandises de bonne qualité sans jamais tromper, et où l'on distribue les bénéfices entre les sociétaires et les acheteurs. La société de Roubaix, en 1880, a distribué 16 pour 100 à ses membres sur leurs achats. A Paris, le succès est plus difficile : la ville étant très grande, la clientèle d'ouvriers est trop disséminée, et il faut un trop grand nombre de magasins, ce qui augmente les frais. Pourtant la difficulté est loin d'être insurmontable.

On a fondé aussi en France des sociétés *alimentaires*, qui vendent des mets préparés avec beaucoup de soin et à très bon marché. Telles sont les sociétés de Grenoble et de Vienne (Isère), qui ont un grand succès.

Toutes ces sociétés ont devant elles un bel avenir, à condition qu'on ne s'y engage pas à la légère et qu'on y observe toujours les règles les plus strictes de la justice et de la confraternité. Quand on n'est sûr ni de sa propre intelligence ni de celle des compagnons avec lesquels on voudrait s'associer, il vaut mieux pour l'ouvrier ne pas courir tous les risques d'une entreprise industrielle et commerciale.

CLXVIII. — L'influence des mères et le rôle de la femme dans la famille. — Blanche de Castille.

« Mieux vaut mourir que commettre une mauvaise action. » BLANCHE DE CASTILLE.

FRANCINET. — Monsieur, que je suis content de savoir lire bien couramment! Mlle Aimée m'a prêté un livre dans lequel il y avait une belle histoire; je l'ai lu hier à maman et à ma sœur, et cela leur a fait grand plaisir.

M. EDMOND. — Quelle histoire donc, Francinet?

FRANCINET. — Celle de Jeanne Darc, monsieur. Maman l'a trouvée bien belle; ma sœur, en écoutant la mort de cette pauvre Jeanne, avait envie de pleurer, et elle m'a dit qu'elle était bien fière maintenant de savoir que la France a été sauvée autrefois par une jeune fille.

M. EDMOND. — Elle a raison d'être fière, mon enfant. Jeanne Darc est une de nos gloires les plus pures.

FRANCINET. — Monsieur, cette lecture m'a fait songer à une chose, moi : c'est que, dans toutes les histoires que vous nous avez racontées, ce sont toujours des hommes qui ont tout inventé, et jamais des femmes. Pourquoi donc cela? Les petites filles cependant ont bien autant d'esprit que les petits garçons; car Mlle Aimée répond beaucoup mieux que moi, et comprend souvent plus vite que M. Henri.

Jeanne Darc, fille d'un paysan de Domremy (Vosges), obtint d'être mise à la tête de nos armées pour chasser de France les Anglais. Elle fit lever le siège d'Orléans (1429) et escorta Charles VII à Reims, où il fut sacré roi. Faite prisonnière à Compiègne, elle fut condamnée à la mort comme hérétique et sorcière, et brûlée à Rouen en 1431. Elle mourut héroïquement à l'âge de 21 ans.

HENRI. — Oh! c'est vrai, cela. Aimée comprend tout de suite, et elle n'en a pas plus d'orgueil pour cela. Aussi je l'aime bien, ma petite sœur.

M. EDMOND. — Eh bien! Aimée, prouvez une fois de plus votre rapidité à comprendre, et expliquez-nous pourquoi les femmes se trouvent si peu au nombre des inventeurs.

AIMÉE, *très embarrassée*. — Dame, monsieur, il me

semble que, pour inventer bien des choses, il faudrait s'en occuper. Je ne sais pas si les femmes auraient pu inventer la locomotive, comme Stephenson ; mais je sais bien qu'elles n'en ont jamais été à même ; car on ne les a jamais chargées de surveiller les machines, et on trouverait très drôle de les voir apprendre la mécanique ou les mathématiques.

M. Edmond. — Cela est très bien raisonné, ma petite Aimée. Le rôle de la femme dans la société n'est point le même que celui de l'homme. La vie de la femme est tout intérieure, et son influence sur la société s'exerce d'une façon presque invisible. Ce n'est point à dire pour cela que son rôle soit moindre et son influence plus petite ; elle est plus cachée, voilà tout.

Les femmes exercent leur influence d'abord sur les enfants, et il est remarquable que beaucoup d'hommes illustres ont dû les qualités qui les distinguaient à l'exemple et aux leçons de leur mère. Vous vous rappelez saint Louis. Eh bien, il avait eu pour mère une femme d'une énergie très grande, Blanche de Castille. Tout le monde connaît ses paroles à son fils enfant : — « Vous savez, Louis, combien je vous aime ; cependant, je préférerais mille fois vous voir mourir que de vous voir commettre volontairement une mauvaise action. Jugez par là combien l'injustice est un grand mal, et quel éloignement vous devez avoir pour elle. » Ces nobles paroles portèrent leurs fruits, et le jeune prince qui avait été élevé d'une façon si remarquable fut l'un des plus nobles caractères de notre histoire de France.

Louis IX naquit à Poissy, en 1226. Il régna d'abord sous la tutelle de sa mère. Devenu roi, il fit tout le bien qu'il put, réforma la justice, favorisa le commerce par des ordonnances. Il entreprit deux croisades malheureuses, et mourut pendant la seconde, à Tunis.

Quoique les femmes, comme vous l'avez bien dit,

Aimée, apprennent très rarement les mathématiques et les sciences, il y a cependant eu quelques exceptions à cette règle; et certaines femmes qui ont été en position de connaître ces sciences s'y sont rendues illustres. Voulez-vous que je vous en cite quelques exemples?

— Oh! monsieur, s'écrièrent les trois enfants, que cela nous fera plaisir?

CLXIX. — Deux femmes célèbres de France. I. Sophie Germain. — L'École polytechnique; l'École normale.

« Rien n'est comparable à l'âme d'une femme bien instruite. » (*Ecclésiaste.*)

M. Edmond. — La France compte parmi ses plus illustres mathématiciens Lagrange, qui vivait à la fin du dernier siècle et au commencement de celui-ci. Il était professeur à l'École polytechnique et à l'École normale supérieure.

Les grandes écoles du gouvernement. I. L'École normale supérieure, où se forment les professeurs des lycées.

Lagrange faisait dans la première un cours que ses élèves rédigeaient ensuite par écrit. Pour exercer leur jugement et piquer leur émulation, le célèbre professeur engageait ses élèves à lui adresser par écrit toutes les objections ou réflexions que son cours leur pourrait suggérer.

Un jour, raconte-t-il, il reçut une lettre contenant des observations si profondes qu'il en fut frappé d'étonnement. La lettre n'était point signée. Quand il vint faire son cours, il demanda à ses élèves lequel d'entre eux lui avait adressé des réflexions si savantes. Tous les jeunes gens se turent, et aucun ne se déclara l'auteur de la lettre.

Les grandes écoles du gouvernement. II. L'École polytechnique, où se forment les ingénieurs et officiers.

Après la leçon suivante, le professeur reçut de nouvelles réflexions sur les choses qu'il avait dites, accompagnées de calculs plus admirables encore, et d'inventions toutes neuves qui le plongèrent dans une véritable admiration. Arrivé à son cours, il adressa des félicitations à l'auteur inconnu de la lettre, et le supplia de se faire connaître. Mais tous les élèves protestèrent qu'ils n'en étaient point auteurs, et demandèrent à voir la lettre pour en reconnaître l'écriture. Cette écriture leur était inconnue.

Enfin, après la classe, un des élèves s'approcha du professeur, et lui révéla que l'auteur était une jeune fille de dix-huit ans, nommée Sophie Germain.

Lagrange alla immédiatement trouver le père de la jeune Sophie, et lui exprima son admiration.

— Quelle enfant terrible! s'écria le père. Nous avons fait tout ce que nous avons pu pour l'empêcher de se livrer à ces études d'un caractère trop sérieux, et voilà le résultat de nos efforts! A l'âge de douze ans, une *Histoire des Mathématiques* lui est tombée par hasard entre les mains; elle y a lu l'histoire du mathématicien Archimède, des services qu'il avait rendus par sa science à sa patrie assiégée, des vaisseaux romains qu'il incendiait de loin au moyen de lentilles et de miroirs. La voilà prise d'un beau feu pour les mathématiques. Nous lui avons enlevé plusieurs fois les livres traitant de cette science dont elle avait pu s'emparer; mais elle a toujours trouvé moyen de remettre la main dessus ou de s'en procurer d'autres. Elle avait fini par imaginer de diviser un livre de mathématiques en un grand nombre de petits fragments de trois ou

Archimède incendiant la flotte romaine.

quatre pages, et elle avait caché chacun de ces fragments dans une cachette particulière. Quand sa mère ou moi mettions la main sur un de ces fragments, tous les autres lui restaient, et elle se passait des feuilles qu'on lui avait prises, en devinant tout ce qu'elles pouvaient contenir. Nous nous sommes aperçus qu'elle passait les nuits à travailler, la règle et le compas à la main, et nous lui avons enlevé toutes les lumières. Eh bien! monsieur, elle a trouvé moyen de faire une provision de bouts de chandelle, et dernièrement nous l'avons surprise en train d'étudier dans une armoire, où elle s'enfermait pour qu'on ne remarquât pas la clarté. Je vous le répète, monsieur, c'est une enfant terrible, et d'une invincible obstination.

— Ne vous plaignez pas, lui dit Lagrange; il n'est pas à craindre qu'il y ait beaucoup d'enfants aussi amoureux de l'étude, et quand les autres désobéissent à leurs parents, c'est plutôt pour se livrer à la paresse, qu'au travail.

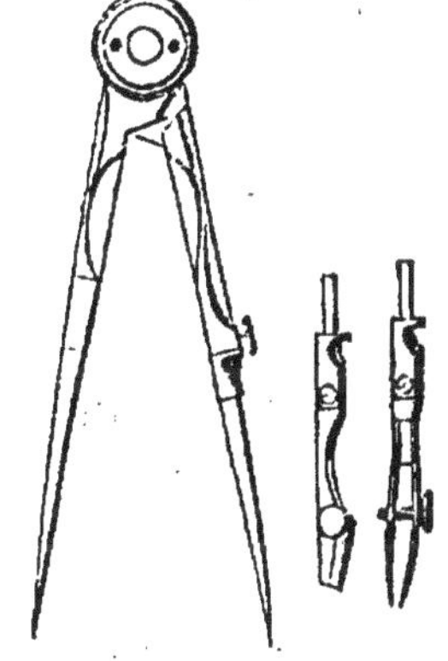

Instruments de mathématiques. — Les principaux sont la règle et le compas, qui servent à tracer les figures dont le mathématicien étudie les propriétés (lignes, cercles, etc.). L'invention du compas ordinaire remonte aux temps les plus anciens. Le *compas d'arpenteur* est employé pour accomplir sur le terrain les opérations que le compas ordinaire exécute sur le papier. Il est en bois, et sa dimension est d'environ 2 mètres.

Le nom de Sophie Germain ne tarda pas à être célèbre dans toute l'Europe. Elle se fit connaître par ses découvertes en mathématiques, et par des livres où l'élévation morale et religieuse n'est pas moins remarquable que la science.

— Je vous remercie bien, monsieur, dit Aimée, de nous avoir raconté cette intéressante histoire. Je suis toute fière qu'il y ait eu une jeune fille aussi intelligente et aussi savante. Je ne pensais pas que les femmes fussent capables de comprendre quelque chose aux mathématiques. Cela me faisait l'effet du grec et du latin.

— Chère enfant, ce que vous me dites du latin et du grec me rappelle une autre histoire qui a aussi une petite fille pour héroïne. Je vais vous la raconter.

CLXX. — Histoire de deux femmes célèbres de France. II. Mme Dacier.

L'application mène à la science.

M. Edmond. — Un professeur très savant du dix-septième siècle, nommé Lefèvre, avait un garçon et une fille. Ordinairement le frère prenait ses leçons et faisait ses devoirs sous les yeux du père, dans la même salle où la sœur brodait et cousait. Il était distrait et paresseux. Le père le grondait souvent; mais rien n'y faisait.

Un jour cependant, le jeune élève parut changer tout d'un coup. Assis à une table tout près de sa sœur, il traduisait du latin, c'est-à-dire le mettait en français, et il traduisait cent fois mieux que d'habitude.

Le père émerveillé se mit à observer son fils avec défiance. Il s'aperçut qu'à un passage difficile il hésitait et regardait sa sœur. Celle-ci était penchée sur son ouvrage; mais ses lèvres remuaient.

Le père, encore plus surpris qu'auparavant et tout ému, prit le livre des mains du jeune paresseux, et le plaçant entre celles de la petite fille :

— Traduis, mon enfant, lui dit-il; car, je le vois bien, c'est à toi, et non à ton frère, que mes leçons ont profité.

La petite fille, qui se croyait un peu coupable pour avoir appris le latin, se mit à pleurer et à demander pardon, en disant que cela l'intéressait beaucoup.

Le père la rassura et lui permit d'étudier.

Au bout de trois ans, la petite fille lisait et comprenait le latin et le grec avec la même facilité que le français.

Sa réputation se répandit bientôt jusqu'à la cour du roi Louis XIV, qui la chargea de traduire, pour l'instruction de son fils, les livres les plus célèbres de l'antiquité.

Plus tard, elle épousa un jeune savant, M. Dacier, et

publia, sous le nom de madame Dacier, de très belles traductions d'anciens ouvrages grecs et latins.

Cela ne veut pas dire, mes enfants, que toutes les petites filles doivent apprendre le latin et le grec, ou s'occuper de hautes mathématiques. J'ai seulement voulu vous montrer qu'elles sont capables d'apprendre même des choses très difficiles. A plus forte raison peuvent-elles et doivent-elles apprendre les choses plus faciles et très utiles qu'on leur enseigne.

Sous ce rapport, notre petite Aimée est un exemple de bonne volonté et d'intelligence, et je profite de cette occasion pour lui rendre avec plaisir ce témoignage.

— Monsieur, dit Aimée en rougissant, vous êtes bien bon pour moi.

CLXXI. — **Supériorité des réformes pacifiques sur les révolutions violentes. — La chrysalide.**

Vouloir tout conserver ou tout changer en un jour est également chimérique.

— Allons, Francinet, dit le lendemain M. Edmond, fais-nous une lecture. Aie bien soin de t'arrêter aux points et aux virgules, et fais attention au sens.

Francinet rougit, prit le livre sur ses genoux, et d'une voix distincte commença ainsi.

L'ENFANT ET LE VER A SOIE.

Un enfant avait un ver à soie enfermé dans son cocon. Il savait que le petit ver devait se changer en papillon. — Que ta transformation est lente, petit ver, lui dit-il un jour. Pourquoi rester si longtemps enfermé dans cette peau morte qu'on nomme chrysalide et dans cette prison de soie qui te recouvre ? Attends, je vais te délivrer. — Il prend alors des ciseaux, ouvre le cocon et arrache violemment l'enveloppe desséchée de la chrysalide.

Mais le ver n'avait pas encore des ailes assez fortes ni tous les organes nécessaires à sa nouvelle vie de papillon.

Pour avoir été délivré trop tôt de ses enveloppes protectrices et brusqué par la force dans son développement, le ver à soie mourut.

Il y a dans la société des esprits violents qui ressemblent à cet enfant impatient et plein d'ignorance.

Ils veulent tout bouleverser du jour au lendemain, changer d'un seul coup par la force toutes les institutions, toutes les lois de la Patrie, tous les organes protecteurs de la société.

Sous prétexte de nous faire des ailes pour voler, ils veulent nous couper de force les pieds avec lesquels nous marchons. Non. Commençons par faire le meilleur usage possible de ce que nous avons et par le réformer chaque jour pacifiquement; ce sera plus sûr. Les idées, mêmes les meilleures et les plus justes, ont besoin de mûrir et de grandir; c'est par la persuasion et non par la violence qu'elles doivent triompher. Attendez qu'elles aient leurs ailes !

Il faut du temps et de la patience pour que la chrysalide devienne papillon et la société humaine une société parfaite.

Evitons à la fois l'esprit de *routine* qui ne veut rien réformer et l'esprit de *violence* qui veut tout changer en un jour; ayons l'esprit de *progrès*.

FRANCINET. — Voilà des réflexions bien justes et bien utiles, monsieur, je m'en souviendrai une fois ouvrier.

CLXXII. — **Songez aux conséquences de vos actions. — L'aiguilleur des chemins de fer. — L'homicide par imprudence. — L'électeur. — Le futur médecin. — Les gouttes d'eau et la voix de la mer.**

Faisons toujours notre devoir afin de n'avoir jamais à nous reprocher les conséquences de nos actions.

M. EDMOND. — Francinet s'est très bien tiré de sa lecture, je le félicite; mais je voudrais savoir s'il peut lire aussi aisément dans un cahier écrit à la main.

FRANCINET. — Il me semble que oui, monsieur.

M. EDMOND. — Eh bien, mon ami, essaie. Voici un cahier où j'ai écrit quelques réflexions dont nous pourrons profiter.

Francinet ouvrit le cahier et commença:

Il y a, sur les voies ferrées, des hommes appelés *aiguilleurs* qui, à l'aide d'un mécanisme, impriment un mouvement aux rails en fer sur lesquels roule le train. Selon le mouvement qu'ils font, le train prend sa direction à droite ou à gauche. Qu'un de ces hommes s'absente et oublie de faire sa besogne, ou qu'il la fasse mal par distraction et par nonchalance, savez-vous ce qui va arriver? Le train qui devait aller à droite va à gauche, grâce à l'insensible déviation des rails; et si, sur la voie de gauche, se trouve un autre train qui arrive en face du premier, un choc épouvantable a lieu: une foule d'hommes sont tués ou blessés. C'est ainsi que se produisent presque tous les accidents des chemins de fer.

C'est pourtant peu de chose que ce mouvement de la main qui fait tourner l'*aiguille* et fait dévier les rails! c'est peu de chose, et néanmoins la vie d'une foule d'hommes en dépend. Aussi, quand un malheur de ce genre arrive, l'aiguilleur négligent est traduit devant les tribunaux, comme coupable d'*homicide par imprudence*, et il est puni avec une juste sévérité pour le mal que sa paresse ou sa distraction a produit.

LES CHEMINS DE FER : l'*aiguilleur*. — On appelle *aiguilles*, dans les chemins de fer, des portions de rails qui peuvent se déplacer. L'aiguilleur pousse ces aiguilles au moyen d'un levier, et, suivant qu'il pousse à droite ou à gauche, les trains qui arrivent passent sur une voie ou sur l'autre.

Eh bien! enfant, nous aussi, par un moment de paresse ou de négligence, par une faute raisonnée et réfléchie, par un vote mal donné, ou seulement par une fausse opinion répandue dans la société, nous pouvons faire dévier à droite ou à gauche la marche des choses; nous pouvons produire dans notre famille et dans notre patrie des conséquences dont nous serions effrayés s'il nous était donné de les prévoir!

Songeons donc bien à toutes les conséquences de nos actes et de nos discours, surtout quand il s'agit des actes de la vie civique et des opinions sur les affaires générales. L'électeur armé de son bulletin de vote qui peut amener la guerre ou la paix, la prospérité ou la misère, est comme l'aiguilleur qui peut décider du sort d'une multitude d'hommes.

Déraillement d'un train de chemin de fer.

Encore un autre exemple. Le jeune étudiant en médecine qui, par sa paresse ou par sa légèreté, manque les leçons de ses professeurs, s'imagine peut-être qu'il ne fait de tort qu'à lui-même. Mais un jour il sera médecin, un jour il peut être appelé à soigner des maladies graves ou peu connues. Qui sait si la maladie qu'il aura à soigner ne sera pas de celles dont il a négligé l'étude? Qui sait si cette négligence ne coûtera pas la vie au malade mal soigné par un ignorant? Conséquence terrible, qui est malheureusement trop fréquente!

Et croyez-le, nous sommes tous comme ce médecin. Nous pouvons tous, d'une foule de manières, dans la vie privée et civique, rendre les autres hommes victimes de notre ignorance et nous en rendre victimes nous-mêmes. Toutes nos actions ont des conséquences à l'infini; elles peuvent être nuisibles ou utiles à la patrie ou à l'humanité pendant des milliers de siècles.

Celui qui, par le travail de son intelligence, a découvert une idée utile, a beau mourir; son idée reste, et l'humanité en profite toujours.

Celui qui a fait le mal a beau mourir; son action porte encore des conséquences à travers les siècles.

Ne soyez donc jamais négligent ni paresseux, enfant, et ne dites pas : « Je suis trop jeune pour que mes actions aient de l'importance dans le monde. » Car chaque chose exerce une influence sur les autres, et nos moindres actions donnent lieu à toute une suite de conséquences qui se déroulera au loin dans l'avenir, comme le flot poussé par le flot se déroule dans l'immense océan.

Enfant, écoutez le bruit de la mer; chaque petite goutte d'eau fait sa partie dans ce concert des vagues. Pourtant, si elle était seule, on ne l'entendrait pas; mais toutes ces gouttes d'eau ajoutées l'une à l'autre produisent par leur mouvement la grande voix de la mer.

Mon enfant, chacune de vos actions est comme la goutte d'eau, et exerce dans l'univers une influence tantôt heureuse, tantôt malheureuse. Mais, comme nous sommes intelligents et libres, tandis que la goutte d'eau ne l'est pas, notre influence peut être beaucoup plus grande en bien et en mal. Heureux si nous faisons le bien et sommes utiles à nos concitoyens, malheureux si nous faisons le mal et sommes nuisibles à notre patrie!

Le chapitre était fini, et Francinet, se levant, rendit le cahier à M. Edmond. Il s'était appliqué de si grand cœur, qu'il avait lu d'une façon vraiment digne d'éloges.

— Bravo! Francinet, s'écrièrent les deux enfants, en frappant des mains.

M. Edmond félicita aussi Francinet, et lui tapant sur la joue : — Voyons, mon cher enfant, lui dit-il, as-tu fait attention à ce que tu as lu?

FRANCINET. — Oh oui! monsieur.

M. EDMOND. — Eh bien! tu as donné toi-même autrefois un bel exemple de réflexion et de prévoyance, le jour où l'incendie a failli dévorer la maison de M. Clertan; et l'une des heureuses conséquences de cette action a été de t'appeler à recevoir une instruction meilleure, dont tu profiteras un jour, je l'espère, mon cher petit Francinet, quand tu seras homme et citoyen.

CLXXIII. — Harmonie des vrais intérêts entre les nations. — L'amour de notre Patrie et de l'Humanité.

Les devoirs et les droits des nations les unes à l'égard des autres sont les mêmes que ceux des individus.

Le mois d'août touchait à sa fin. Le moment des vacances approchait pour Henri et Aimée : leur grand-père, un peu fatigué par les tracas du commerce, avait reçu du médecin l'ordre d'aller passer un mois dans les montagnes des Pyrénées, près de Pau. Les deux enfants devaient être du voyage, et M. Edmond avait promis à M. Clertan de le remplacer dans la surveillance de la manufacture, tout le temps que durerait son absence. Le départ devait avoir lieu dans huit jours, et la vieille Catherine commençait déjà à préparer les malles.

Les Pyrénées vues de *Pau* (30,000 h.).

Henri et Aimée, préoccupés par la mauvaise santé de leur cher grand-père, étaient devenus presque sérieux; Francinet, lui, n'était pas moins triste.

M. Edmond profitait des dernières journées pour donner aux enfants quelques leçons et conseils.

Il se plaisait à revenir sur cette grande idée, que tous les vrais intérêts des hommes s'accordent entre eux, ainsi qu'avec la justice, et que l'intérêt durable des uns n'est jamais opposé à l'intérêt durable des autres.

Il étendait cette vérité aux nations elles-mêmes, et montrait que l'amour ardent de la Patrie et l'amour de l'Humanité doivent être inséparables dans nos cœurs. Nos jeunes amis l'écoutaient avec un recueillement plus grand encore qu'à l'ordinaire.

Les *Pyrénées* séparent la France de l'Espagne. Ces hautes montagnes contiennent des glaciers et des neiges éternelles, de vastes cirques de rochers où coulent des cascades, des vallées étroites entre des cimes couronnées de sapins. Les sources chaudes d'*eaux minérales* y jaillissent en abondance et sont renommées dans le monde entier pour leurs vertus médicinales. Les animaux pyrénéens sont l'ours, l'isard, le chien des Pyrénées, les chevaux de Navarre, les aigles et les vautours.

— Mes enfants, disait-il, les nations sont les unes par rapport aux autres comme de grands individus; elles sont soumises aux mêmes lois de justice que les individus eux-mêmes. Une injustice, parce qu'elle est faite ou acceptée par des millions d'hommes, ne devient pas pour cela une chose juste: c'est une injustice plus grande, voilà tout. Aussi saint Augustin donnait-il aux guerres injustes faites par les Romains le nom de « brigandage en grand. »

Les lois de la charité et de la fraternité sont aussi les mêmes pour les peuples que pour les individus. Un peuple éclairé sur ses devoirs et sur ses vrais intérêts ne doit pas plus se réjouir du malheur qui arrive à un autre peuple, que le voisin de M. Clertan n'aurait dû se réjouir si l'incendie eût détruit la manufacture.

D'ailleurs les vrais et durables intérêts des diverses nations sont d'accord entre eux. Il y a eu parfois des peuples jaloux de nos gloires, de nos lumières, de notre prospérité. Cette jalousie des peuples entre eux n'est pas moins blâmable que celle des individus.

Observez-le bien, en effet, mes amis, plus un peuple est *éclairé* et *vertueux*, plus les autres ont lieu de s'en féliciter : car, si ce peuple fait une découverte dans les sciences, dans les arts, dans l'industrie, les autres en profiteront; et s'il est habitué à respecter toujours la justice, les autres, loin d'avoir à craindre, seront en sûreté et compteront même sur son appui. Lequel préféreriez-vous, d'avoir pour voisin un homme éclairé et honnête ou un homme ignorant et méchant? Le choix ne saurait être douteux.

De même, la *prospérité matérielle* d'un peuple n'est nullement un malheur pour les peuples voisins; loin de là, quand le commerce et les finances sont florissants et que les affaires vont bien dans un pays, les autres en ressentent une heureuse influence. C'est un fait qui devient de plus en plus sensible, à mesure que les relations de commerce et d'argent deviennent plus fréquentes entre les divers peuples. Survient-il quelque grande crise dans les affaires d'un pays, les autres s'inquiètent aussitôt et en ressentent plus ou moins le contre-coup. Par exemple, si les rentes sur l'État subissent une baisse considérable à la Bourse de Paris, elles baissent aussitôt dans les autres États.

La Bourse de Paris, où se vendent et s'achètent les *rentes sur l'État*, les *obligations* des chemins de fer et autres valeurs.

Ainsi, même sous le rapport de la prospérité matérielle, comme sous le rapport des intérêts moraux, les nations sont unies par des liens de solidarité.

Aussi la maxime de l'Évangile devrait-elle être pratiquée par les peuples comme par les individus : — Aimez-vous les uns les autres; vous êtes tous frères.

Un temps viendra où les peuples ne feront plus consister leur prospérité dans la grandeur de leur territoire;

ce qui engendre des inimitiés et des guerres interminables. Si la prospérité d'une nation se mesurait à l'étendue de son territoire, la Russie devrait être dix fois plus heureuse que la France, car elle est dix fois plus grande. Mais il n'en n'est pas ainsi. Les peuples sont comme les agriculteurs : il vaut mieux pour eux avoir un champ bien cultivé que deux champs incultes. Non, ce qui fait la grandeur d'un pays, c'est son progrès dans la moralité, dans la science, dans les arts, et aussi dans l'agriculture, l'industrie et le commerce.

Eh bien, mes enfants, tous ces progrès finiront par engendrer la paix et la concorde, au lieu d'engendrer la discorde et la guerre. Demandons donc toujours au ciel, pour nous et notre Patrie, ces biens véritables qui sont aussi des biens pour tous les autres hommes; et travaillons, dans la mesure de nos forces, au progrès moral, intellectuel et matériel de notre pays. Par là nous aurons contribué tout ensemble, et au bonheur de notre Patrie bien-aimée, et au bonheur de cette autre grande patrie, non moins chère à nos âmes : l'Humanité.

CLXXIV.—**La visite à la bibliothèque.— Revue générale des sciences.** — *SCIENCES MATHÉMATIQUES.* — **La géométrie et l'arithmétique.**

« Dieu a tout fait avec mesure, nombre et poids. »

M. Edmond, qui avait emprunté plusieurs livres à la bibliothèque de la ville, voulut, à l'approche des vacances, les reporter; il emmena avec lui les trois enfants, pour leur faire voir la bibliothèque, riche d'un grand nombre de volumes.

Francinet fut émerveillé de voir tant de livres.

— Monsieur, dit-il en sortant, comment avez-vous jamais eu le temps de lire tout cela?

M. Edmond, *en souriant.* — Mais, mon ami, je suis loin d'avoir tout lu.

Francinet. — Cependant, monsieur, vous êtes si savant, qu'on dirait que vous avez lu tous les livres.

M. EDMOND. — Cher enfant, tu me fais beaucoup trop d'honneur. Du reste, il n'est personne qui les ait tous lus. Quand même j'aurais lu toute cette bibliothèque, il y a dans les autres bibliothèques, en France et à l'étranger, des millions de livres de toute sorte, que la vie de plusieurs centaines d'hommes ne suffirait pas à lire.

FRANCINET. — Oh! mon Dieu! il y a tant de choses à lire et à apprendre! Comment les savants peuvent-ils se reconnaître au milieu de tout cela?

M. EDMOND. — As-tu donc oublié, cher petit, ce que font tous les travailleurs pour venir à bout d'une besogne qu'un seul ne pourrait faire? Ils *divisent* entre eux le travail. Ainsi font les savants, ces grands travailleurs, ces grands ouvriers de la pensée, qui s'efforcent de conquérir et de cultiver un domaine sans limites : celui de la vérité. Chacun s'occupe d'une science particulière, pour laquelle il se sent plus d'aptitude et de goût. Car, ne l'oubliez pas, mes enfants, il y a un très grand nombre de sciences, et personne ne les possède toutes.

FRANCINET. — Que je voudrais au moins connaître le nom de ces différentes sciences!

HENRI et AIMÉE. — Nous aussi, monsieur!

M. EDMOND. — Voilà un désir très légitime, mes enfants. Eh bien donc, parcourons un peu, si vous voulez, et comme à vol d'oiseau, le vaste domaine des sciences, si riche en beautés et en merveilles.

Commençons par les *sciences* de la *matière*.

D'abord, où sont placées ces maisons, ces jardins qui nous entourent? Où sommes-nous nous-mêmes avec notre corps, et qu'est-ce que nous parcourons en marchant?

HENRI. — Dame! monsieur, nous sommes sur la terre.

M. EDMOND. — Et la terre même, mon ami, où est-elle.

HENRI, *après avoir réfléchi quelques instants.* — Monsieur, elle est dans l'espace.

M. EDMOND. — A la bonne heure. Tous les objets matériels sont ainsi dans l'espace, et ont pour premier caractère l'étendue. Eh bien! Henri, comment appelle-t-on la *science de l'étendue,* la science qui étudie toutes les propriétés des figures : carré, cercle, triangle, etc.?

HENRI. — C'est, je crois, monsieur, la *géométrie,* que vous devez m'apprendre l'année prochaine.

M. EDMOND. — Précisément. Pascal, dont nous avons parlé à propos de la brouette, était un grand géomètre.

Mais regardons de nouveau autour de nous. Voici un homme qui passe, et un autre, puis un autre encore. Combien cela fait-il, Francinet.

FRANCINET. — Monsieur, cela fait trois.

M. EDMOND. — Mais *trois,* qu'est-ce, mon enfant?

FRANCINET. — Un nombre.

M. EDMOND. — Et comment s'appelle la *science des nombres,* Francinet?

FRANCINET. — Celle-là, par exemple, je la connais bien, car vous nous l'avez enseignée : c'est l'*arithmétique.* Ce n'est pas toujours très facile, ces longues opérations.

LES MATHÉMATIQUES. — L'*arpentage* est l'application de la géométrie à la mesure des terrains, au levé des plans, au nivellement et à une foule d'autres opérations pratiques. Le *nivellement* consiste à rechercher les différences de niveau entre plusieurs endroits, comme une plaine et une colline. Pour cela, on se sert d'un *niveau d'eau* à travers lequel on regarde, et d'une *mire* ou poteau peint de blanc et de rouge que l'on place successivement aux divers endroits dont on veut comparer la hauteur. — Dans les constructions des routes et des chemins de fer, le nivellement est une des opérations les plus importantes.

M. EDMOND. — Mon ami, si ce n'est pas facile, c'est au moins fort utile. Vous vous le rappelez, mes enfants, c'est grâce à la géométrie et à l'arithmétique qu'on a pu faire des calculs assez exacts pour entreprendre de percer le mont Cenis. C'est grâce à ces deux sciences qu'on peut arpenter, mesurer les terrains, lever des plans, construire enfin ces grandes voies si unies des chemins de fer.

Aimée, me diriez-vous bien le nom de ces deux premières sciences prises ensemble?

AIMÉE, *après un moment de réflexion.* — Monsieur, je crois me rappeler que ce sont les *mathématiques*, dans lesquelles s'est distinguée Sophie Germain.

M. EDMOND. — Très bien, mon enfant. « Dieu a fait tout, dit la Bible, avec nombre, mesure et poids. » De là la nécessité de ces sciences mathématiques qui apprennent à compter, à mesurer et à peser les objets.

CLXXV. — *SCIENCES PHYSIQUES.* — **Utilité de la mécanique et de l'astronomie. — Les satellites de Jupiter et la navigation. — Les récifs. — La physique. — Galvani et ses grenouilles. — La chimie.**

Il n'est point de découverte de la pensée qui ne soit ou ne devienne tôt ou tard utile à l'humanité.

M. EDMOND. — Il y a une autre propriété de la matière non moins importante que les précédentes, et non moins générale. Tâchez de la trouver, mes enfants. Voyons, que faisons-nous en ce moment avec nos jambes?

FRANCINET. — Nous marchons.

M. EDMOND. — Marcher, c'est se *mouvoir*. Eh bien, tout se meut autour de nous, même les choses qui paraissent immobiles : car, vous le savez, la terre est emportée dans l'espace autour du soleil, et le soleil autour d'une autre étoile, et ainsi de suite.

Comment appelle-t-on, Henri, la *science du mouvement,* cette science qui étudie le jeu des machines de toutes sortes, et qui apprend à en construire?

HENRI. — La *mécanique*. C'est la science que Stephenson aimait tant?

M. EDMOND. — Vous y êtes, mes amis ; mais le mouvement ne se trouve pas seulement sur la terre, et les plus belles machines ne sont pas celles que l'homme a construites. Dieu, l'*éternel géomètre,* n'a-t-il pas construit une machine infiniment plus merveilleuse, une machine infiniment grande et qui ne se dérange jamais, une machine où se trouve réalisé ce que les hommes ont vainement cherché : le mouvement perpétuel ? Qui va me dire le nom de cette machine, et de ses grands rouages tournant sans cesse les uns autour des autres?

Les trois enfants réfléchirent. Bientôt, Aimée s'écria avec sa vivacité habituelle : — Monsieur, cette admirable machine doit être le *monde*, dont la terre fait partie ; et les grands rouages sont les *astres*, qui tournent les uns autour des autres sans s'arrêter jamais.

M. Edmond. — Très bien, petite Aimée. Dites-moi maintenant le nom de cette science qui, avec l'aide du télescope, étudie les mouvements des astres!

L'astronomie : le *télescope*. — L'invention du télescope date du commencement du XVIIe siècle. Il a été perfectionné par Newton et Herschell. Il se compose d'un long tube muni à l'intérieur de verres grossissants, et qu'on peut faire tourner en divers sens pour fixer les yeux sur un astre. Il existe des télescopes tellement puissants, que, s'il y avait par exemple dans la lune des troupeaux d'éléphants ou de gros animaux, ces télescopes permettraient de les apercevoir.

Aimée. — C'est l'*astronomie,* dont s'occupaient Képler et Newton. Que cette science doit être belle, monsieur!

M. Edmond. — Bien belle en effet, et bien intéressante. A l'aide du télescope, l'astronome découvre les merveilles de l'espace infiniment grand, comme le naturaliste, à l'aide du microscope, découvre les merveilles des êtres infiniment petits. Les étoiles sont si loin de nous dans l'espace que leur lumière met des milliers d'années à nous arriver.

Henri. — Oh! monsieur, cela est bien surprenant ; mais, dites-moi, est-ce que la science des astres sert à autre chose qu'à nous intéresser? A quoi cela peut-il être utile, de savoir ce qui se passe dans les astres?

M. Edmond. — Mon ami, quand cela ne servirait qu'à élever notre âme vers Dieu et à nous faire admirer ses œuvres, ce serait déjà beaucoup. Mais l'astronomie nous rend des services tout à fait pratiques, et elle est même utile au commerce.

Henri. — Au commerce! Comment est-ce possible? On ne voyage pas dans les astres.

M. Edmond. — Non, sans doute, on ne voyage pas dans les astres; mais on voyage sur terre et sur mer. Or, pour se diriger, le marin regarde les astres, et c'est en calculant leur position qu'il peut calculer aussi la place exacte où est son navire.

Henri. — C'est vrai! Où avais-je l'esprit?

M. Edmond. — Ne dites jamais, mes enfants, ce que bien des hommes disent quand on leur parle des sciences : « A quoi cela sert-il? » Car toute vérité est bonne à connaître; toutes les vérités se tiennent, et des choses qui semblaient d'abord inutiles ont eu plus tard des conséquences pratiques d'une très grande utilité.

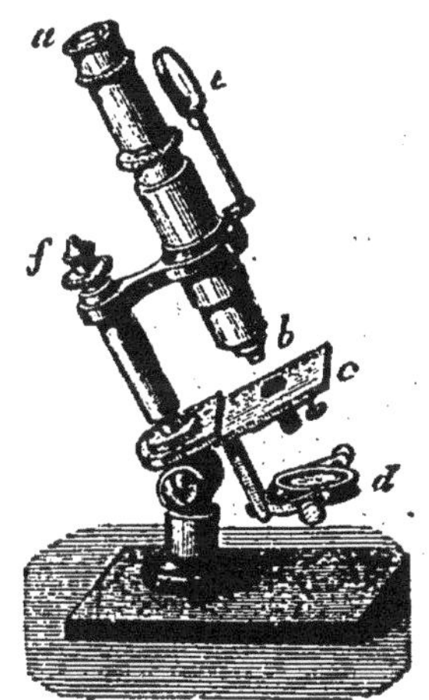

L'histoire naturelle. — Le *microscope*, découvert à la fin du seizième siècle, sert à grossir pour les yeux et à faire apercevoir de très petits objets, qui échapperaient à la simple vue. Dans une goutte d'eau, le microscope peut faire apercevoir une multitude de petits êtres animés et tout un monde vivant.

Par exemple, il y a 250 ans, Galilée découvrit que la planète Jupiter, la plus belle de celles que nous voyons briller la nuit, est entourée de quatre petites lunes ou *satellites*, qui tournent autour d'elle comme notre lune tourne autour de la terre. En apprenant cette découverte, bien des indifférents ont dû s'écrier : « A quoi cela sert-il? » Eh bien, c'est seulement depuis cette époque qu'on a pu faire des cartes marines assez exactes pour épargner toute erreur et tout malheur aux navires. Auparavant, les erreurs des cartes occasionnaient bien des naufrages, surtout dans les mers lointaines, comme celles de l'Océanie : en croyant être à un endroit, on était à un autre ; on ne savait pas éviter

1. ASTRONOMIE. *Jupiter et ses satellites.* — Jupiter est la plus grosse des planètes tournant autour du soleil. Elle est 1400 fois plus grosse que la terre.

les parages dangereux, où se cachent les rochers sous-marins et ces récifs de coraux dont je vous ai déjà parlé. Les progrès de l'astronomie ont donc amené ceux de la *géographie,* qui est la description de la terre, notre planète.

Autre exemple. Un savant, appelé Galvani, après avoir disséqué des grenouilles, les avait suspendues à son balcon. Il en approcha par hasard un de ses instruments en cuivre, et une des grenouilles mortes se mit à remuer les pattes, ce qui le surprit beaucoup.

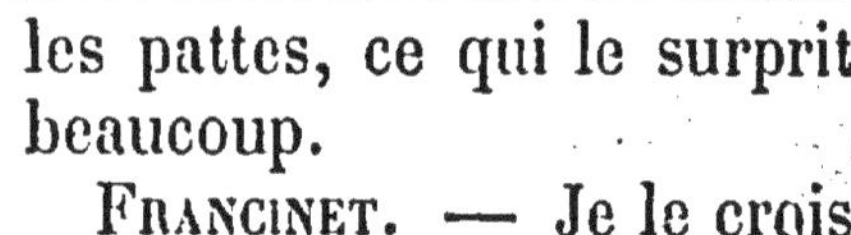

FRANCINET. — Je le crois bien !

LA PHYSIQUE : le *baromètre.* — Cet instrument, dont Galilée eut le premier l'idée et que Torricelli construisit, sert à mesurer la pesanteur de l'air qui est sur nos têtes. Selon que l'air est plus ou moins léger, il y a lieu de s'attendre au beau ou au mauvais temps, au calme ou à la tempête.

Le *thermomètre.* — Cet instrument sert à apprécier la température : il indique les degrés de chaleur ou de froid. Quand il fait chaud, le liquide monte dans le tube du thermomètre ; quand il fait froid, il redescend. Lorsque le thermomètre marque 0, l'eau gèle ; lorsqu'il marque 100° l'eau entre en ébullition.

M. EDMOND. — Galvani, aussitôt, applique son attention à observer ce phénomène. Il fait toutes sortes d'expériences sur les grenouilles et sur les contractions électriques qu'elles peuvent subir. Un indifférent aurait pu dire : « A quoi cela sert-il ? Ce savant s'amuse comme un grand enfant. » Eh bien, ces expériences ont fait découvrir la pile électrique, et ensuite le télégraphe, et ensuite les câbles sous-marins et enfin la lumière électrique qui éclaire les phares. Demandera-t-on encore : « A quoi cela sert-il ? »

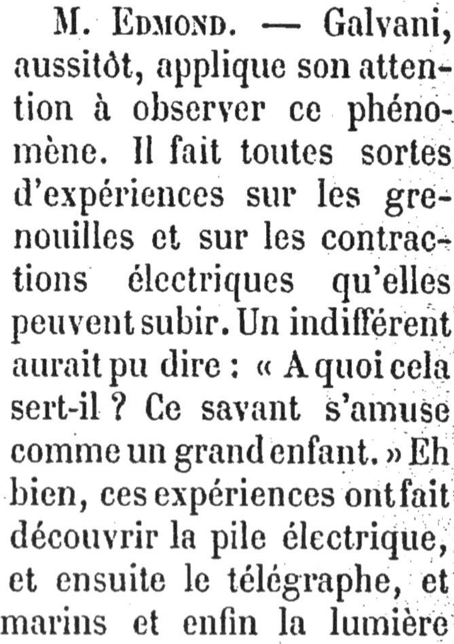

HENRI. — Je comprends maintenant, monsieur, que

toutes les découvertes de la pensée ont des conséquences, comme nos actions qui ont des suites à l'infini.

M. Edmond. — Voilà une excellente réflexion, Henri. Maintenant, dis-moi le nom de la science qui étudie l'électricité, la chaleur, la lumière, la pesanteur et les *propriétés générales* de la matière?

Henri. — Ce doit être la *physique*, monsieur?

M. Edmond. — Oui, mon ami; rappelez-vous la découverte du paratonnerre par Franklin, et des oscillations du pendule par Galilée: ce sont des découvertes relatives à la physique.

Aimée. — Le *thermomètre* de papa, qui nous indique la chaleur de la température, et son *baromètre*, qui nous prédit parfois le temps, ne sont-ils pas des instruments de physique?

M. Edmond. — Oui, mon enfant, et des instruments de première nécessité pour le physicien.

Outre leurs propriétés générales, les corps acquièrent des propriétés particulières très curieuses en se combinant entre eux. Vous rappelez-vous qu'à l'isthme de Suez, pour former des blocs de granit, on a combiné la chaux et le sable? Savez-vous comment s'appelle la science qui étudie toutes les *combinaisons des corps?*

La chimie. — La *cornue* est un vase en verre recourbé, rempli des objets qu'on veut soumettre à l'action du feu et distiller. Les vapeurs de ces objets sont reçues dans un ballon de verre. Le fourneau et la cornue sont les principaux instruments du chimiste.

Les enfants cherchèrent sans trouver.

M. Edmond reprit alors: — Cette science se nomme la *chimie*. Le chimiste, dans ses vases recourbés appelés *cornues*, mêle les différents corps, les décompose et les recompose. La chimie est une des sciences les plus nécessaires à l'industrie.

CLXXVI. — *SCIENCES NATURELLES.* — **Les anciens âges de la terre. — L'étude des plantes et des animaux.**

« Chaque être vivant est un petit monde. »
(LEIBNITZ.)

M. EDMOND. — La terre, notre séjour, a été d'abord en feu comme une vaste fournaise. Elle a pris ensuite peu à peu la forme qu'elle offre aujourd'hui. Sa surface, autrefois brûlante et enflammée, s'est refroidie lentement, les mers se sont formées. Mais l'intérieur est resté brûlant et forme comme un vaste noyau de feu. C'est sous l'action de ce feu intérieur que les montagnes se sont soulevées ; c'est ce feu qui, de nos jours encore, lance ses flammes et sa fumée à travers les volcans, comme le Vésuve et l'Etna, fait bouillonner et jaillir en gerbes les eaux souterraines, comme en Islande. La science qui explique ces faits, et qui étudie l'histoire de la terre aux diverses époques de sa formation, est la *géologie*.

L'HISTOIRE NATURELLE : *éruption du Vésuve.* — L'an 79 après J.-C., le Vésuve, situé non loin de Naples, ensevelit sous ses cendres les villes d'Herculanum et de Pompéi. — En 472, il y eut une nouvelle éruption : la quantité de cendres qui sortit du volcan fut telle, qu'elle changea le jour en nuit dans toute l'Italie ; le vent porta des cendres jusqu'à Constantinople et jusqu'à Tripoli en Afrique. Les bombes volcaniques, vomies par le Vésuve, étaient si grosses, que plusieurs ne purent être transportées par vingt bœufs.

Quand la surface de la terre fut devenue assez solide, et l'air respirable, les êtres vivants se sont montrés. Ce furent d'abord les végétaux et les plantes de toute sorte, des forêts énormes et des arbres gigantesques. Vous connaissez, mes enfants, ce petit arbuste qu'on appelle la fougère?

AIMÉE. — Oui, monsieur. Nous en avons vu encore dans notre dernière promenade à la campagne.

M. EDMOND. — Eh bien, les fougères avaient, au commencement du monde, plus de deux cents pieds de haut. Elles étaient plus élevées que les tours de la cathédrale.

AIMÉE. — Oh! mon Dieu!... Comment a-t-on pu savoir cela?

M. EDMOND. — Mon enfant, on retrouve aujourd'hui encore les fougères et les autres grands arbres dans le sol, sous la forme de charbon et de houille. Les filons

L'HISTOIRE NATURELLE : *cratère de l'Etna.* — L'Etna est une haute montagne de Sicile toujours couverte de neige et qui vomit sans cesse de la fumée et des cendres. En 1755, les laves coulèrent sur la neige qu'elles firent fondre tout à coup en torrents; une partie de la montagne s'effondra, formant les précipices que la gravure représente.

des mines, comme celle où travaillait Stephenson, ne sont autres que les troncs et les rameaux des grands arbres d'autrefois. Les arbres de notre époque sont beaucoup moins grands, Dieu merci; car nous ne pourrions pas vivre au milieu d'une telle végétation.

Savez-vous comment on appelle la science qui étudie les plantes de toute sorte.

HENRI. — Je sais cela, moi, monsieur : dans nos promenades au milieu des montagnes, vous aviez soin de prendre sur votre dos une boîte en ferblanc, et vous y mettiez des plantes curieuses que nous trouvions. Vous m'avez fait plusieurs fois porter cette boîte à moi-même. Nous grimpions sur les rochers pour cueillir les jolies fleurettes : je vous apportais toutes celles que je trouvais, et vous les examiniez avec attention. Vous m'avez parlé alors de cette science des plantes, qui est la *botanique*.

L'HISTOIRE NATURELLE : les *sources jaillissantes* ou *geysers* d'Islande. — En temps ordinaire, c'est une simple source. A certains moments, on entend des bruissements comme des décharges d'artillerie : le sol tremble, l'eau déborde, puis il se produit un jet d'eau bouillante qui s'élève en immenses gerbes de 30 mètres de hauteur. Ensuite on n'aperçoit plus qu'un nuage de vapeur blanche.

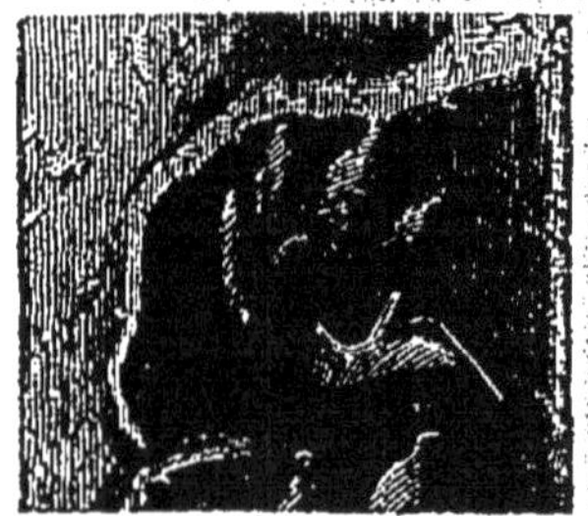

L'HISTOIRE NATURELLE. — I. Feuille de *fougère* dans la houille. — II. Empreintes laissées sur le grès par les pas d'un monstre des anciens âges.

M. EDMOND. — C'est cela même, mon ami.

Les plantes ont peu à peu cédé la place sur la terre aux animaux, qui ont commencé, eux aussi, par être gigantesques et gros comme des maisons.

L'HISTOIRE NATURELLE : *glaces flottantes*. — Dans les contrées voisines du pôle, d'énormes blocs de glace aux formes fantastiques, et qui ont parfois jusqu'à 100 mètres de hauteur, flottent sur l'Océan. Ces blocs de glace ou *banquises* sont un danger permanent pour les navigateurs, et brisent comme des coques de noix les vaisseaux qu'ils rencontrent. C'est sur un bloc de glaces flottantes qu'en 1799, un pêcheur trouva un énorme éléphant d'espèce inconnue, qui s'était parfaitement conservé dans la glace. Il en prit les défenses, et les tribus sauvages voisines le dépecèrent pour nourrir les chiens de sa chair. Plus tard, on découvrit encore un autre animal de ce genre dans les glaces. C'était un mammouth ou éléphant des anciens âges, dont la race vivait il y a plusieurs milliers d'années.

FRANCINET. — Ils étaient donc comme la baleine qui faillit briser d'un coup de queue le câble transatlantique ?

M. EDMOND. — Oui. On retrouve leurs ossements dans le sol, la trace de leurs pas sur la pierre ; parfois même on a retrouvé des ani-

L'HISTOIRE NATURELLE : le *mammouth*. — La race de cet éléphant gigantesque a disparu du globe. Sa peau était recouverte de longs poils rouges-brunâtres ; sa tête avait une épaisse crinière ; ses défenses étaient longues et contournées.

maux entiers conservés dans les glaces flottantes du

pôle. C'est ainsi qu'on a connu un énorme éléphant appelé *mammouth* dont la race aujourd'hui a disparu.

D'autres monstres d'une force extrême, appelés *mégathériums*, arrachaient des arbres entiers avec leurs griffes pour en manger les racines, les fruits et les feuilles. Aujourd'hui, ces monstres ont fait place à des animaux moins énormes, et aussi moins terribles.

La science qui étudie toutes les espèces d'animaux se nomme la *zoologie*.

La botanique et la zoologie réunies forment une grande

L'HISTOIRE NATURELLE : le *mégathérium*. — Sous ce nom, qui signifie *monstre énorme*, on désigne des animaux d'une race aujourd'hui disparue dont la taille dépassait celle de l'éléphant.

science, l'*histoire naturelle*, qui est l'étude des êtres vivants et leur histoire sur la terre.

Parmi ces êtres vivants, quel est, petite Aimée, le plus parfait que nous connaissions ?

AIMÉE. — C'est l'homme, monsieur.

M. EDMOND. — L'étude du corps de l'homme fait partie de l'histoire naturelle. Mais l'homme a-t-il seulement un corps ?

AIMÉE. — Monsieur, il a aussi un esprit, dont son corps est l'instrument.

M. EDMOND. — Oui, mon enfant. L'esprit, l'âme, c'est ce qui est capable de penser, d'aimer et de vouloir. Mais, dites-moi, n'arrivons-nous pas ici dans un monde tout nouveau? La pensée et la volonté ne peuvent se voir ni se toucher, ni tomber sous aucun de nos sens : pour les étudier, on ne se sert plus d'instruments, comme le physicien et le médecin ; on se sert de la réflexion intérieure, de la pensée toute seule. Nous entrons dans le monde invisible, dans le monde de l'*esprit*.

CLXXVII. — Les *SCIENCES MORALES. PHILOSOPHIE.*

« Connais-toi toi-même. » (*Socrate.*)

« Considérez-vous attentivement vous-mêmes. » (*Évangile.*)

M. EDMOND. — Ne croyez pas, chers enfants, que le monde de l'esprit soit bien étranger et éloigné de nous ; c'est au contraire notre véritable patrie. Par notre corps, nous vivons dans le monde matériel ; mais quel est, petite Aimée, le monde où nous vivons par notre pensée, par nos sentiments, par notre volonté, par nos désirs et nos espérances ?

AIMÉE. — Monsieur, c'est sans doute le monde invisible, le monde de la pensée et de l'esprit.

M. EDMOND. — Vaste région, mes enfants, que ce monde où vivent les âmes et dont le souverain est Dieu.

FRANCINET. — Ce doit être bien difficile, monsieur, d'étudier ce grand monde invisible.

M. EDMOND. — Sans doute, Francinet ; mais les savants se sont, ici encore, partagé la besogne. D'abord, mes enfants, savez-vous comment se nomme la science de l'esprit? C'est la *philosophie*.

— La philosophie ! s'écria Henri. — Vous nous avez

dit, je crois, que Socrate, Platon, Aristote, étaient de grands philosophes de la Grèce, Cicéron un philosophe de Rome, Pascal un philosophe français.

— Précisément, mon enfant. *Philosophie* veut dire *recherche de la sagesse*, parce que celui qui connaît bien le monde de la pensée est un *sage*. Comme le domaine des choses morales est très vaste, on a divisé la philosophie en plusieurs parties. La première s'appelle l'*étude de l'âme*, ou *psychologie*. Vous rappelez-vous, mes enfants, que nous avons étudié dans nos premiers entretiens le rôle de la souffrance?

AIMÉE. — Je crois bien, que je me le rappelle; j'ai tant pensé à cela, monsieur! et j'y pense encore bien souvent. J'ai été si étonnée de voir combien la souffrance est utile pour nous avertir de tous nos besoins, et combien la Providence est bonne envers nous, même quand elle nous fait endurer de pénibles épreuves!

M. EDMOND. — Eh bien, ma chère enfant, en étudiant ainsi tous les effets que la souffrance produit en nous, nous faisions l'étude de notre âme, nous faisions de la *psychologie*.

AIMÉE. — Que j'aime cette science-là, monsieur!

M. EDMOND. — Après avoir étudié l'âme humaine, la philosophie s'occupe des meilleurs moyens de découvrir la vérité et des meilleures règles du raisonnement. Voyons, Henri, que dit-on de celui qui fait un raisonnement faux? Ne dit-on pas qu'il manque aux règles de la...

M. Edmond s'arrêta, laissant à Henri le soin d'achever.

HENRI, *après un instant*. — Aux règles de la *logique*.

M. EDMOND. — C'est cela même, et la logique est l'*art de bien raisonner*.

Mais, au-dessus du vrai, il y a le bien, pour lequel notre âme est faite. La science du bien et de nos devoirs a un nom que vous ne chercherez pas longtemps.

— La *morale*, s'écria Aimée, n'est-ce pas, monsieur?

M. EDMOND. — Justement. C'est, de toutes les sciences

la plus importante pour nous et celle que nous devrions le mieux connaître; car, en nous faisant comprendre les raisons de nos devoirs, elle nous les rend plus faciles et plus doux. L'étude de nos devoirs de citoyen, que nous avons faite ensemble, s'appelle *morale civique.*

La philosophie a encore une quatrième partie dont je vous parlerai plus tard, où l'on recherche les motifs de croire en Dieu que nous pouvons trouver dans notre raison et dans le spectacle de la nature.

CLXXVIII. — Les *BEAUX-ARTS.*— Architecture, sculpture, peinture, musique, poésie, éloquence.

Celui qui aime le beau aimera aussi le bien.

M. Edmond. —Notre esprit n'est pas seulement fait pour découvrir le vrai et le bon; il est fait aussi pour aimer et admirer le *beau.* Ainsi, Aimée n'avez-vous jamais admiré, pendant la nuit, le ciel étoilé où Dieu a répandu les mondes comme une poussière lumineuse?

L'Architecture : la *maison carrée de Nîmes.* — Ce sont les beaux restes d'un ancien temple d'architecture grecque. On y a placé un musée de tableaux et de sculpture.

Aimée. — Oh! si, monsieur, bien des fois. Le ciel est si beau à voir!

M. Edmond. —Et les petites fleurettes, dans les champs, ne sont-elles pas belles aussi? Ne les avez-vous pas aussi bien des fois admirées?

Aimée. — Oui, monsieur, car j'aime beaucoup les fleurs.

M. Edmond. — Outre toutes les belles choses que produit la nature, depuis l'étoile du ciel jusqu'à la fleur des

L'Architecture : *château féodal* de Pierrefonds (Oise). — Ce sont les ruines imposantes d'une forteresse élevée au moyen âge et qui soutint un long siège sous Henri IV.

champs, il y a aussi des choses très belles qui sont l'ouvrage des hommes : tous les chefs-d'œuvre des *arts*.

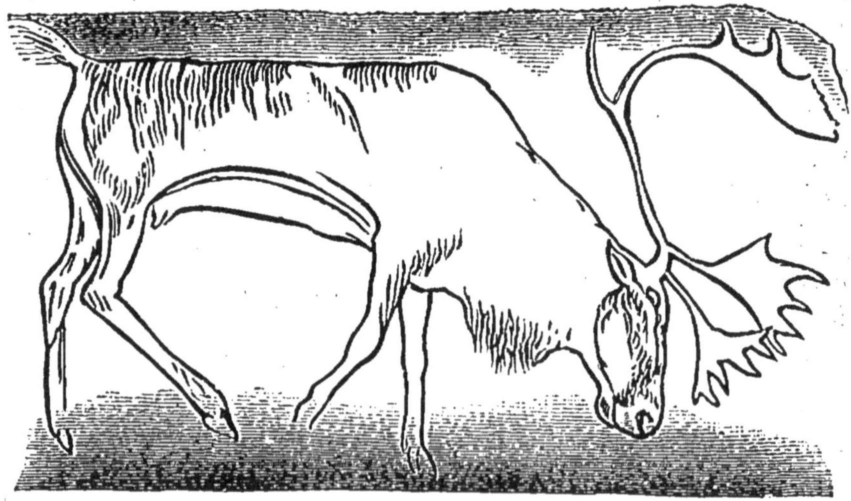

La sculpture : *une des premières sculptures de l'humanité*. — Dans la caverne d'Aurignac, dont on a parlé plus haut, se trouvaient des couteaux et des instruments en bois de renne ayant appartenu aux anciens hommes. Sur l'un de ces instruments était sculptée l'image du *renne*, et il y a déjà, dans ce premier essai de sculpture, un certain art.

Henri. — Monsieur, vous m'avez fait voir une foule de ces chefs-d'œuvre dans notre voyage. Vous m'avez montré plusieurs cathédrales magnifiques, des châteaux,

La peinture : *un des premiers dessins de l'humanité.* — C'est un dessin fait sur les murs de la caverne d'Aurignac par un des anciens hommes qui y cherchaient un abri, et qui souvent disputaient leur repaire à l'ours des cavernes. Ce dessin, encore grossier, représente l'ours des cavernes lui-même.

des maisons élégantes, et vous m'avez dit que l'art de

PAQUIER del. POUSSIN pt PANNEMAKER SC

La peinture. — Un tableau du plus grand peintre français : *la peste chez les Philistins*, par Nicolas Poussin. Il naquit en 1594 et mourut en 1665. Il était d'un caractère doux, noble, désintéressé ; il aimait l'art pour l'art lui-même, vendait ses chefs-d'œuvre au dessous de leur valeur, et vécut longtemps pauvre.

faire ces belles constructions s'appelle *architecture.*

M. Edmond. — Te rappelles-tu aussi les belles statues que je t'ai montrées dans plusieurs cathédrales, et sur les places des villes? L'art de faire ces statues s'appelle la *sculpture.* Je vous ai parlé, mes enfants, de la statue de Gutenberg, par David d'Angers.

Et l'art de dessiner et de peindre des tableaux, comment l'appelle-t-on, Francinet?

Francinet. — C'est la *peinture.*

M. Edmond. — Et l'art de composer ou d'exécuter de beaux chants avec la voix ou avec les instruments?

Un des grands poètes de la France : *Lamartine*, né près de Mâcon, en 1770, mort en 1869.

Francinet. — C'est la *musique.* Oh! par exemple, voilà un art que j'aime beaucoup, moi. Quand je suis tout seul, rien ne me plaît autant que de me mettre à chanter tant que je peux : cela me fait une compagnie.

M. Edmond. — La musique est en effet, mes enfants, un des meilleurs délassements pour les travailleurs.

Aimée. — Moi, j'aime aussi beaucoup la musique, et j'aime peut-être encore plus la *poésie* et les beaux vers, par exemple ceux de Racine, de Corneille, de la Fontaine, de Molière, de Boileau, d'André Chénier, de Lamartine et de Victor Hugo.

Henri. — Et l'*éloquence* donc, que nous oublions!

M. Edmond. — Mes enfants, vous venez de nommer presque tous les *beaux-arts,* ainsi appelés parce qu'ils ont pour but de charmer l'âme par l'amour du *beau* pour l'élever vers le bien.

CLXXIX. — Les *SCIENCES DE LA SOCIÉTÉ.* — Droit et politique. — Vrai sens de la souveraineté nationale.

« Les hommes ne peuvent changer par leur volonté les lois éternelles de la justice, dont leurs lois *écrites* ne sont que l'expression imparfaite. » (Saint AUGUSTIN.)

M. EDMOND. — Aux sciences morales se rattachent d'autres grandes et belles sciences qui étudient la société humaine : les *sciences sociales.* La première est le *droit.*

HENRI. — Je suis content d'entendre parler de cette science, car grand-papa désire que je fasse mon *droit.*

M. EDMOND. — Eh bien, mon ami, la science du droit, appelée aussi *jurisprudence,* étudie d'abord les règles de justice telles qu'elles s'imposent à notre conscience; ensuite elle étudie les lois établies par les hommes.

Comprenez-vous bien, mes enfants, la différence qui existe entre la *justice naturelle* et les *lois écrites* par les hommes? Les lois des hommes ne sont pas toujours bonnes et justes. Ainsi les lois de Carthage, — cette ville près des ruines de laquelle s'élève aujourd'hui Tunis —, ordonnaient d'immoler des enfants au dieu Moloch : on les brûlait vifs; cette odieuse violation de la justice naturelle, quoique commandée par la loi carthaginoise, n'empêchait pas ce qui est mal de rester mal.

Tunis (150 000 h.), capitale de la Tunisie, qui est aujourd'hui sous le protectorat de la France.

Une nation a le droit de se donner à elle-même les lois qu'elle veut et de nommer elle-même les députés chargés de faire le code. C'est ce qu'on veut dire quand on dit que la nation est *libre* et *souveraine*, qu'elle n'appartient à aucun maître, à aucun souverain. Mais cela ne veut pas dire qu'une nation ait le droit de tout faire, même des choses injustes, et de changer le mal en bien.

Une nation doit s'efforcer de mettre ses lois civiles et politiques d'accord avec la justice naturelle.

Henri, ce sont les lois de la France, c'est le *code* français que tu apprendras quand tu feras ton droit. L'étude de la législation usuelle fait partie de l'*instruction civique* et est obligatoire même dans les écoles. C'est une des plus belles et des plus nécessaires connaissances que celle de nos droits civils et politiques.

CLXXX. — (*Suite.*) **Droits civils. — Actes de l'état civil. — Naissances, mariages et décès. — Majorité. — Maires et préfets. — Tribunaux civils et de commerce. Cours d'appel. Cour de cassation.**

> Depuis 1789, les principes de notre droit sont devenus ceux de tous les peuples civilisés. C'est là une des gloires les plus pures de la France.

Henri. — Vous nous avez parlé souvent, monsieur, des droits civils et des droits politiques; en quoi consistent donc ces deux sortes de droits?

M. Edmond. — Mon enfant, les droits civils accordés par la loi depuis 1789 à tout Français majeur, et dont tu jouiras toi-même ainsi que Francinet quand tu auras 21 ans, sont l'*inviolabilité* de la personne et du domicile, le droit de *propriété*, le droit d'*acheter*, de *vendre*, de *contracter*, le droit de faire des *dons* et *donations* ou d'en recevoir, le droit d'*hériter*, le droit de donner ses biens par *testament*, le droit de professer son *culte* selon sa conscience, le droit de travailler à son gré ou *liberté du travail*, enfin le droit de se marier et de fonder une famille nouvelle. On peut même se marier avant 21 ans.

Henri. — Mais, monsieur, pour se marier n'est-on pas obligé de consulter ses parents?

M. Edmond. — Sans doute; l'homme avant 25 ans, la femme avant 21 ans ne peuvent se marier sans le consentement de leurs père et mère. Le mariage est un acte si grave et qui entraîne de si graves conséquences pour toute la vie que la loi l'a entouré de ces précautions.

Le mariage, comme la naissance et la mort, sont constatés à la mairie, devant témoins, par ce qu'on appelle un *acte de l'état civil*. Les différents actes de l'état civil sont : 1° l'*acte de naissance*, qui sert à établir avec certitude l'âge d'une personne. Ainsi, Francinet, quand tu es né, on t'a présenté au maire, qui est le premier magistrat de la commune comme le préfet est le premier magistrat du département. Le maire a inscrit ton nom, avec ceux de tes père et mère, et la date de ta naissance, sur un grand registre de la mairie, appelé registre de l'état civil. Quand le moment de la conscription sera venu pour toi, tu présenteras ton *acte de naissance* pour établir que tu as bien 20 ans. 2° On inscrit aussi sur les registres de la mairie l'*acte de mariage*, qui atteste qu'un mariage a été célébré tel jour, à telle heure, par exemple le mariage de ta mère avec ton père M. Roullin. 3° On inscrit de même l'*acte de décès*, qui atteste que telle personne est morte tel jour à telle heure. Quand tu as eu le malheur de perdre ton père, Francinet, on a inscrit à la mairie le jour de son décès.

La *mairie*, ou maison commune. — Le *maire* est le chef de la commune. Il est assisté d'un ou de plusieurs *adjoints*. Dans les communes qui ont moins de 20 000 habitants, c'est le *conseil municipal* qui élit le maire pour 3 ans. Dans les communes qui ont plus de 20 000 habitants, ou dans celles qui sont chefs-lieux de département, d'arrondissement ou de canton, le maire est nommé par le gouvernement, mais choisi ordinairement dans le conseil municipal. Le maire rédige les *actes de l'état civil* ; il *préside* le conseil municipal, lui propose les dépenses ou les recettes à faire, c'est-à-dire le *budget* de la commune ; il vend, achète, loue pour le compte de la commune, dirige les travaux, surveille les établissements communaux. Il est aussi chargé de la *police municipale* et *rurale*.

Ces différents actes, inscrits sur les registres de la mairie, établissent l'*état* exact des personnes, c'est-à-dire leur âge, le lieu de leur naissance, leur état de célibataire ou de marié, etc. C'est ce qu'on appelle l'*état civil*.

FRANCINET. — Mais, monsieur, à quoi cela sert-il d'avoir un *état civil* ?

M. EDMOND. — Mon ami, si les gendarmes te prenaient pour un autre à qui tu ressemblerais de visage et t'arrêtaient comme voleur, ne serais-tu pas très heureux de pouvoir prouver que tu es bien François Roullin, fils de Mme veuve Roullin, né à tel endroit et en telle année? Et si quelque parent te laissait un héritage, ne faudrait-il pas aussi prouver que tu es bien son parent, et à quel degré ? Si l'on te contestait ton héritage devant le tribunal, n'aurais-tu pas besoin de toutes ces pièces!

FRANCINET. — C'est vrai, monsieur, je comprends maintenant à quoi servent tous ces gros registres de la mairie; mais est-ce que les tribunaux s'occupent d'héritages?

M. EDMOND. — Certainement, quand il s'élève des contestations entre les citoyens sur leurs propriétés, leurs testaments, leur héritages, etc., et que le juge de paix n'a pu les mettre d'accord, l'affaire est portée devant le *tribunal civil* de première instance, ou, quand il s'agit de choses commerciales, devant le *tribunal de commerce*.

HENRI. — Oui, mon grand-père est juge au tribunal de commerce. Hier, il a jugé un procès intenté par un négociant en vins à la compagnie du Chemin de fer d'Orléans, pour un fût perdu par le chemin de fer. La compagnie d'Orléans a été condamnée au remboursement et à des dommages et intérêts. Mais il paraît qu'elle n'accepte pas le jugement et va reporter le procès devant un tribunal supérieur : la *Cour d'appel*.

M. EDMOND. — Il existe un tribunal encore supérieur qui casse le jugement des autres quand ils ne sont pas rendus selon les lois; c'est la *Cour de cassation*.

CLXXXI. — (*Suite.*) **Droits politiques. — Origine de notre droit français. — Tout droit engendre un devoir. — Conseils municipaux et conseils généraux.**

HENRI. — Monsieur, vous nous avez parlé des droits civils; mais les *droits politiques*, en quoi consistent-ils?

M. EDMOND. — Les droits politiques sont ceux qui font que tous les citoyens prennent part au gouvernement de leur pays. C'est donc le droit d'être *électeur*, qu'il s'agisse d'élire les *conseillers municipaux* qui font les affaires de la commune, les *conseillers généraux* qui font les affaires du département, les *députés* ou *sénateurs* qui font les affaires de la France. Puis vient le droit d'être *élu* par ses concitoyens, le droit de parvenir, si on en est capable à toutes les *fonctions* civiles, militaires ou politiques, enfin le droit d'être *juré* dans les cours d'assises. Vous vous rappelez que 12 jurés sont tirés au sort et c'est à eux que le tribunal demande : « Oui ou non, l'accusé est-il coupable ? » De cette manière, la justice publique se substitue à la vengeance privée, qui est aveugle et injuste. *Nul individu n'a le droit de se faire justice à lui-même.*

Le *conseil municipal*, qui se rassemble à la mairie, est une réunion d'hommes chargés des affaires de la commune. Ils sont élus par les habitants de la commune pour 3 ans. Ils *délibèrent* sur les *dépenses* et *recettes* de la commune; ils en administrent les *biens*, votent les réparations à faire, les *rues* ou *places* à ouvrir, les fontaines à faire, les *chemins* à tracer, les *écoles*, *collèges communaux*, *hospices*, *églises* à construire, les *cimetières* à faire, les *octrois* à établir sur les vins, sucres, cafés, bougies, etc.

Avant 1789, les droits civils et politiques n'étaient point reconnus ni respectés des gouvernements. Ces droits ont été solennellement proclamés et consacrés par l'*Assemblée nationale* dans la célèbre *Déclaration des droits de l'homme*, qui contient les grands principes de législation et de politique appelés *principes de* 89. Cette déclaration est la première origine de notre droit français et de notre constitution. En voici le début.

« Les représentants du peuple français, constitués en *Assemblée nationale*, considérant que l'ignorance, l'oubli ou le mépris des droits de l'homme, sont les seules causes des malheurs publics ou de la corruption des gouvernements, ont résolu d'exposer, dans une déclaration solennelle, les *droits naturels, inaliénables et sacrés de l'homme*... En conséquence, l'Assemblée nationale reconnait et déclare, en présence et sous les auspices de l'Être suprême, les droits suivants de l'homme et du citoyen.... »

Vient ensuite l'énumération des droits civils et politiques. Tous ces droits, mes enfants, imposent à celui qui

16.

les exerce des *devoirs* correspondants. Combien il est nécessaire d'étudier, pour connaître à la fois ses droits et ses devoirs, et acquérir ainsi l'instruction civique!

CLXXXII. — (*Suite.*) **Politique, économie politique, histoire.**

La justice est la meilleure des politiques.

M. Edmond. — A la jurisprudence se rattache la *politique*, ou science du gouvernement. Elle étudie les meilleurs moyens de faire respecter la justice et le droit dans toute une nation ou entre les diverses nations.

Vous rappelez-vous, mes enfants, le nom d'un grand politique dont je vous ai raconté l'histoire, et qui a fait accomplir en France de justes réformes?

Francinet. — C'est Turgot.

M. Edmond. — Oui, mon ami; et ce qui fait la grandeur de ce ministre célèbre, c'est qu'il a toujours considéré la justice et le respect du droit comme la meilleure règle de gouvernement, la meilleure règle de politique.

Aimée. — Mais, monsieur, ne nous avez-vous pas dit aussi que Turgot était un grand *économiste?*

M. Edmond. — Oui, chère enfant. Vous vous en souvenez, l'*économie politique* est la science de la richesse et de l'intérêt bien entendu. Elle recherche ce qui est le plus utile à la prospérité des particuliers ou des peuples.

Enfin, la dernière des sciences sociales est l'*histoire*. L'histoire étudie les progrès de l'humanité. Vous rappelez-vous, chers enfants, l'histoire de l'esclavage, l'histoire de l'industrie en France, et bien d'autres faits qui nous montrent le progrès de la société vers le bien?

Aimée. — Oh! monsieur, nous n'oublierons jamais toutes ces belles choses dont vous nous avez fait l'histoire.

CLXXXIII. — **Les *SCIENCES RELIGIEUSES*. — Réflexions d'Aimée.**

« Le dernier but de la science, c'est de nous faire connaître et aimer la perfection, ou Dieu. » (Platon.)

M. Edmond. — Aimée, dites-moi quel est le but suprême de tous les efforts de l'humanité, le modèle éternel de beauté et l'idéal de bonté dont nous devons nous efforcer de reproduire l'image en nos âmes ?

Aimée. — C'est Dieu.

M. Edmond. — Eh bien, mon enfant, c'est à Dieu, comme dit Platon, que toute science aboutit, et la plus haute de toutes les études philosophiques, c'est celle de Dieu.

Il y a, dit saint Jean, une lumière naturelle qui éclaire tout homme venant en ce monde, la raison ; et cette lumière nous fait comprendre que, pour assurer le triomphe final du bien et de la justice, il doit exister un Dieu souverainement puissant, sage et bon, providence bienfaisante qui a créé nos âmes pour l'immortalité.

L'étude de Dieu par les lumières naturelles de la raison se nomme *théologie naturelle* ou *théodicée* ; elle constitue la quatrième partie de la philosophie.

Il ne faut pas la confondre avec l'étude de Dieu fondée sur la foi surnaturelle et sur les autorités religieuses, étude qu'on nomme *théologie révélée,* et qui se distingue de la philosophie naturelle. Saint Augustin, Bossuet, Fénelon, que je vous ai cités étaient d'illustres théologiens en même temps que des philosophes.

Les sciences religieuses sont ainsi appelées parce qu'elles nous montrent le lien d'amour par lequel nous devons nous *relier* à la justice suprême, à Dieu. Elles élèvent notre âme au-dessus de tout ce qui est périssable, et nous ouvrent l'horizon d'une vie immortelle.

Tel est, chers enfants, l'ensemble des sciences morales, sociales et religieuses ; ce sont les plus hautes sciences, et toutes les autres n'en sont que la préparation.

Aimée. — Monsieur, je trouve toutes ces sciences bien belles ; mais en même temps j'ai comme le cœur serré et triste de voir qu'il y a tant de choses à savoir, et que j'en sais si peu.

Francinet. — Moi aussi, M. Edmond. Je me croyais déjà devenu un peu savant depuis que j'assistais à vos leçons ; mais je vois bien, hélas ! que je ne sais rien.

M. Edmond. — Mes chers enfants, les plus grands savants ont sur eux-mêmes l'opinion que vous venez d'exprimer sur votre compte ; plus on sait de choses, disait Socrate, plus on s'aperçoit que ce qu'on sait n'est rien auprès de ce qui reste à apprendre. Le savant est comme le voyageur qui, gravissant la montagne, voit à mesure qu'il monte l'horizon s'agrandir autour de lui. Pourtant ce n'est pas une raison de se décourager; car, si notre science ne peut être infinie comme celle de Dieu, nous pouvons du moins et nous devons l'agrandir sans cesse.

Continuez donc, mes enfants, de vous instruire : vous n'avez fait que les premiers pas dans un chemin qui est sans limites et où vous devez avancer toujours.

CLXXXIV. — **Henri et Aimée partent pour les Pyrénées.**

S'instruire, c'est travailler à devenir bon.

Le jour qui suivit la leçon de M. Edmond sur les différentes sciences était le jour fixé pour le départ.

Le précepteur, suivi de Francinet, conduisit M. Clertan et ses enfants jusqu'à la gare. Là on se fit de part et d'autre des adieux pleins d'affection. Henri promit à Francinet de lui écrire ; Francinet s'engagea à répondre avec exactitude. Aimée avait laissé une provision de livres au jeune apprenti : elle lui recommanda de les lire avec attention. M. Clertan, alors, posant sa main amaigrie sur l'épaule du bambin, lui dit d'une voix grave :

— Adieu, mon petit homme ; travaille à devenir bon, en travaillant à t'instruire.

L'enfant leva la tête pour sourire au vieillard ; mais, le souvenir des bienfaits dont M. Clertan l'avait comblé depuis six mois lui revenant tout entier à la mémoire, une subite émotion le prit ; et tandis que sa bouche essayait un sourire, ses yeux s'emplirent de larmes.

— Merci, monsieur, s'écria-t-il, merci pour tout le bien que vous m'avez fait ! Je tâcherai de devenir bon comme vous, et de faire dans ma vie, moi aussi, beaucoup de bien.

— Voilà d'excellentes paroles, Francinet. Embrasse-moi, mon garçon.

L'enfant se haussa sur la pointe des pieds; le grand vieillard s'inclina vers lui et le baisa sur le front. Puis on se sépara en silence, en se faisant encore de loin quelques signes d'adieu et d'amitié.

M. Edmond et Francinet reprirent ensuite le chemin de la manufacture. L'enfant était bien triste de penser que M. Clertan était malade et qu'il serait longtemps sans le revoir, ainsi qu'Henri et Aimée. Néanmoins il se remit à ses occupations et à ses devoirs avec courage, songeant que le meilleur remède au chagrin, c'est le travail.

Henri écrivait chaque semaine à Francinet; mais les nouvelles qu'il lui donnait n'étaient pas rassurantes. M. Clertan, loin de reprendre ses forces par le repos, semblait les perdre davantage. Les médecins, effrayés, s'opposèrent formellement au prochain retour du vieillard à sa manufacture. L'air trop froid du nord et l'hiver qui s'approchait pouvaient lui être mortels. On l'envoya passer l'hiver à Nice, et le retour fut ajourné au printemps.

Nice (70 000 h.), port de commerce. Oranges, citrons, fleurs, huiles. Belle promenade de palmiers.

Cinq mois s'écoulèrent ainsi. Les lettres d'Henri étaient devenues plus joyeuses : M. Clertan allait mieux, le soleil du midi l'avait ranimé; on parlait déjà de retour prochain. On ferait les malles dès que Francinet pourrait annoncer la venue de la première hirondelle.

Francinet était transporté de joie; le dimanche, lorsque sa mère l'emmenait se promener à la campagne, il ne cessait de regarder en l'air, prenant chaque moineau qui passait pour l'une de ces premières hirondelles tant désirées et qu'il trouvait bien paresseuses à venir.

L'hirondelle.

Ces joies furent courtes. Brusquement, sans que rien eût pu faire présager ce malheur, M. Clertan s'éteignit, bien qu'il eût semblé être en pleine convalescence.

Huit jours après, les ouvriers escortaient au cimetière le cercueil du vieillard, qui avait désiré être ramené dans sa ville natale, pour être enterré près de sa fille et de son gendre. Henri et Aimée, complètement orphelins désormais, étaient placés sous la tutelle d'un parent éloigné de leur père, qui devait les emmener à Paris dans quelques jours. La manufacture était mise en vente, et Francinet, lorsqu'il arrivait le matin à sa journée, ne pouvait regarder sans se sentir les yeux pleins de larmes les deux grandes affiches posées sur la muraille avec ces mots : A VENDRE.

M. Edmond n'était pas moins triste que Francinet. Il s'était attaché aux deux aimables enfants de M. Clertan comme s'ils eussent été les siens ; il était accablé en songeant qu'il allait être désormais séparé d'eux. En effet, Aimée devait entrer dans l'un des meilleurs pensionnats de Paris, et Henri au lycée Louis-le-Grand.

CLXXXV. — **Derniers conseils de M. Edmond.**

Choisir toujours le bien.

M. Edmond voulut avoir du courage pour tous ; il ne fit point trop voir à ses chers élèves la tristesse qu'il éprouvait de les quitter.

La veille de leur départ, il les emmena, ainsi que Francinet, faire une dernière promenade dans ce beau pays dont ils allaient s'éloigner. Aimée demanda à porter un dernier bouquet à la tombe de son grand-père, et l'on se dirigea vers le cimetière.

On était aux premiers jours d'avril ; le temps était bleu, le soleil chaud, et dans l'air tiède s'entrecroisaient maintenant les hirondelles. Il y avait des violettes et des pervenches dans les haies, des marguerites partout; c'était une vraie fête du printemps dans la nature. Mais Francinet n'avait jamais trouvé la campagne plus triste. Il regardait Henri, si gai autrefois, si sérieux à présent, et il marchait près de lui sans trouver rien à dire. Et puis c'était Aimée qui, toute pâle sous ses vêtements noirs, semblait à peine reconnaissable. Les longues boucles de l'enfant avaient, comme sa robe blanche, disparu en signe de deuil : elle marchait silencieuse et les yeux rougis, faisant son bouquet tristement. Phanor, lui, enchanté d'avoir retrouvé sa petite maîtresse, courait follement sur la route, aboyant de plaisir, et de temps à autre revenant vers Aimée pour solliciter une caresse. Elle, brusquement, l'écartait, comme impatiente de la gaieté du pauvre animal.

Francinet observait tout cela en songeant qu'il y avait un peu plus d'un an, à pareille époque, il s'était rencontré en face d'Aimée pour la première fois; il lui avait déclaré qu'il la haïssait parce qu'elle était riche, heureuse, sans souci de la vie, tandis que lui était pauvre, triste, condamné au travail. Par la pensée il revoyait Aimée courant à travers la pelouse, au grand soleil, les cheveux au vent, le sourire aux lèvres, suivie de son fidèle épagneul. Que les temps étaient changés! Le plus heureux des deux enfants à cette heure, n'était-ce pas Francinet? Francinet toujours pauvre, c'est vrai, mais ayant une famille, une mère dont il devenait le soutien, une mère qui l'aimait, le soignait, le consolait quand il était triste; une mère dont rien ne le séparait! Que restait-il à Aimée, hormis sa fortune? Emportée loin du lieu où elle était née, n'allait-elle pas vivre désormais au milieu de visages inconnus? Henri, qui l'aimait tant, allait partager le même sort; les deux pauvres enfants ne se verraient plus que rarement. Privés des caresses de leur cher grand-père, séparés l'un de l'autre, combien ils allaient être malheureux!... Francinet, accablé par ses réflexions, s'écria au moment où l'on arrivait au cimetière :

— Oh! mademoiselle Aimée, combien j'étais méchant autrefois de vous haïr parce que vous étiez plus heureuse que moi!

— Que veux-tu dire, Francinet? interrompit Henri avec étonnement.

— Je veux dire, monsieur Henri, qu'il y a un an, en comparant le sort de mademoiselle Aimée au mien et en la voyant plus heureuse que moi, j'avais été jaloux un jour, au point de lui souhaiter du mal. Hélas! à l'heure qu'il est, je voudrais être le plus pauvre des pauvres malheureux qui sont au monde, si cela pouvait vous rendre, vous et elle, heureux comme autrefois.

Aimée regarda affectueusement le petit garçon.

— Merci, Francinet, dit-elle; mais, si tu es meilleur qu'il y a un an, si je le suis aussi, moi, c'est à mon grand-père, c'est à M. Edmond que nous le devons; et je voudrais, au moment de les quitter, savoir leur dire tout ce que je sens!...

— Oh! oui, s'écrièrent Henri et Francinet, en prenant avec affection les mains de M. Edmond, et en jetant un regard expressif du côté de la tombe de M. Clertan.

— Chers enfants, s'écria le précepteur, partout où vous serez, je vous suivrai par le cœur et par la tendresse. Je vous ai donné, autant que je l'ai pu, le meilleur de mes pensées et de mes sentiments. Entre nous désormais il y a un lien doux et fort que rien ne saurait rompre.

« Entre nous et celui que nous pleurons, votre cher grand-père, notre ami à tous, il y a aussi un lien plus fort encore : un souvenir qui appelle sans cesse nos pensées vers un monde supérieur aux choses de la terre.

« Ne vous semble-t-il pas, mes enfants, que vous aimez encore plus votre grand-père depuis que vous avez eu la douleur de le perdre, et qu'à présent vos âmes sont unies à la sienne plus fortement que jamais?

— Ah! monsieur, dit Aimée, cela est vrai. Je pense toujours à mon grand-père; il me semble qu'il voit tout ce que je fais, qu'il sait tout ce que je pense, et cela me console un peu.

M. Edmond. — Vous ne vous trompez pas, chère petite. Comme les sages de tous les pays l'ont enseigné dès la plus haute antiquité et comme le répétait Socrate mourant, l'amour et la pensée sont des actes de notre âme immortelle. Ainsi qu'elle, ils survivent à la destruction de notre corps. L'âme de ceux que nous aimons et qui nous aiment a donc encore des liens avec la nôtre, même après la mort; elle nous suit, et elle suit en nous les traces qu'elle y a laissées : elle jouit du spectacle du bien qu'elle a pu faire et des heureuses conséquences qu'entraînent les bonnes actions. De même que nous aimons toujours ceux qui ne sont plus de ce monde, de même nous sommes toujours aimés d'eux; car l'amour triomphe de la mort.

» La mort n'est donc qu'une séparation passagère. Hélas! les accidents de la vie ont plus de rapport qu'on ne pense avec ceux de la mort. La vie, elle aussi, est pour nous l'inconnu. Quel est l'avenir qui vous est réservé, chers enfants? nul ne le sait.

» Mais ce que vous savez, ce que je vous ai dit bien des fois, ce que je vous répète encore, ce qui est certain en un mot, — c'est le devoir!

» Quel que soit donc le sort qui vous attende, chers enfants, faites toujours votre devoir.

» Laissez-moi, à cette heure triste et fugitive qui nous rassemble pour la dernière fois peut-être, vous donner, comme dernier enseignement et comme résumé de toutes mes leçons, la devise que je voudrais voir celle de votre vie entière : — *Choisir toujours le bien!*

» Vous êtes là, trois jeunes âmes également pures, également neuves, mais pourtant destinées à suivre des voies différentes dans la vie; mes enfants, il y a un moyen sûr de ne vous séparer jamais, de ne jamais vous trouver dans des rangs ennemis, c'est de choisir toujours le même but, *le bien!*

» Dans les heures d'incertitude, comme la vie en a pour tous, ne dites jamais : — Quelle résolution sera plus avantageuse à mes intérêts? De quel côté sont la fortune, les honneurs ou le plaisir? mais simplement : — De quel côté est le bien?

» Et alors, quand même du côté du bien seraient là souffrance, les périls et le plus petit nombre d'hommes, n'hésitez pas, le choix est bon : l'avenir est au bien, car le bien est impérissable. Répétez-vous donc le dernier mot que je vous adresse sur cette tombe : — Choisir toujours le bien! »

En achevant ces paroles, M. Edmond s'agenouilla sur la terre fraîchement remuée, et les trois enfants l'imitèrent. Chacun priait en son cœur.

— Grand-père, disait intérieurement la petite Aimée, les belles paroles de M. Edmond sont celles que vous m'avez dites bien des fois. Votre petite-fille ne les oubliera jamais dans l'existence nouvelle qu'elle va mener désormais loin de vous; elle vivra comme si elle était encore sous vos yeux, comme si elle attendait encore pour récompense le baiser que vous lui donniez le soir quand elle avait bien agi... Oh! grand-père, je serai bonne, je serai douce, j'aimerai tous ceux qui souffrent, je choisirai le bien toujours; je tâcherai d'avoir, comme vous le vouliez, *un grand cœur,* pour être aimée de tous et mériter le beau nom que vous m'avez donné! Grand-père, bénissez-moi, car je n'oublierai jamais vos leçons et vos exemples.

Henri, animé des mêmes sentiments qu'Aimée, prenait en son âme les mêmes résolutions, et il promettait de plus à son grand-père d'être désormais dans la vie l'appui et le protecteur de sa jeune sœur.

Pour Francinet, le front dans ses deux mains, le cœur ému, dissimulant ses yeux humides, il pleurait et priait tout ensemble. Il se répétait la dernière parole que M. Clertan lui avait adressée au moment du départ, il répétait celle de M. Edmond, et il se disait : — Je continuerai de travailler à devenir bon, en continuant de travailler à m'instruire. Je choisirai toujours le bien et je garderai toujours en mon âme le cher souvenir de ceux qui me l'ont fait connaître et aimer.

Plusieurs années se sont écoulées depuis ce jour; mais nos trois enfants n'en ont point perdu la mémoire.

Aimée devient une jeune fille d'une rare perfection.

C'est une âme noble et élevée qui tient tout ce que sa jeunesse promettait.

Henri continue vaillamment ses études. Il songe à racheter un jour la manufacture de son grand-père et à employer dignement sa fortune lorsqu'il en sera le maître. Il écrit souvent à M. Edmond et à Francinet.

M. Edmond n'a point quitté la direction de l'usine, quoiqu'elle ait changé de maître. Francinet est donc toujours sous la protection de l'excellent précepteur, qui lui continue ses leçons et ses conseils. Aussi Francinet devient-il un jeune ouvrier aussi instruit qu'intelligent et bon. Il gagne de fortes journées, et l'aisance arrive chaque jour chez la veuve Roullin. Le petit Eugène suit les traces de son grand frère; il lit déjà couramment dans les livres qu'Aimée avait laissés à Francinet en partant; il sait aussi la chanson du pauvre, qui avait porté bonheur à Francinet, et que celui-ci n'a point oubliée. Souvent encore, lorsque Francinet est triste, le soir à la veillée, il chante à demi-voix, et il se rappelle M. Clertan, Henri, la petite Aimée; puis il songe que, quoique séparé d'eux par les accidents de la vie, il leur demeurera cependant toujours uni par la reconnaissance et l'affection, marchant comme eux vers un même but, obéissant à une même devise : — Choisir toujours le bien !

CHANSON DU PAUVRE

PAROLES ET MUSIQUE DE G. BRUNO

Du berceau jusqu'au cimetière,
Longue est ma chaîne de labeurs !
Mais le travail fait l'âme fière ;
L'oisiveté, les lâches cœurs.
Seigneur ! donne-moi ta lumière :
Je suis le fils des travailleurs !

C'est le travail qui rend féconde
La vieille terre aux riches flancs ;
C'est le travail qui prend à l'onde
Corail, perles et diamants.
Au travail appartient le monde,
Aux travailleurs, à leurs enfants !

— Mon riche frère aux mains oisives,
Je suis fils de Dieu comme vous !
Nous sommes d'inégaux convives
Dans le banquet servi pour tous.
Mais l'amour rend les forces vives ;
Si tu veux, mon frère, aimons-nous !

Si notre origine est commune,
Pourquoi nous haïr plus longtemps ?
De ton orgueil naît l'infortune,
Ma haine a des rêves sanglants.
De deux âmes n'en faisons qu'une
Dieu nous a nommés ses enfants ?

Si tu veux, nous irons sans cesse,
Bras enlacés, âmes sans fiel,
Oubliant tout ce qui nous blesse
Dans un même effort fraternel :
J'aurai nom : Force ! et toi : Tendresse ;
Frère, l'amour est fils du ciel !

TABLE DES MATIÈRES

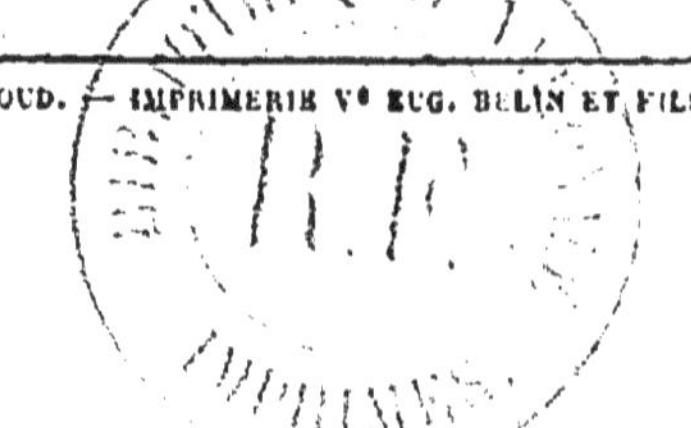

SAINT-CLOUD. — IMPRIMERIE Ve EUG. BELIN ET FILS.

www.ingramcontent.com/pod-product-compliance
Ingram Content Group UK Ltd.
Pitfield, Milton Keynes, MK11 3LW, UK
UKHW020300230726
13925UKWH00001B/153

9 782013 486286